DAS GROSSE

AUTOWANDERBUCH

DEUTSCHLAND

Brandenburg an der Havel kann man herrlich entspannt mit dem Kanu vom Wasser aus erkunden (Tour 16).

Deutschland individuell und aktiv entdecken!

Deutschland ist ein Land voller Kontraste und Überraschungen: Zwischen Nordsee und Alpen, Rhein und Oder finden sich unzählige Facetten, die entdeckt werden wollen – landschaftlich, kulturell und historisch. Dieses Buch lädt dazu ein, das Reisen neu zu denken: mobil, flexibel und entschleunigt zugleich.

Mit dem Auto lassen sich bekannte Sehenswürdigkeiten ebenso ansteuern wie versteckte Winkel abseits der üblichen Routen. Doch nicht das bloße Fahren steht im Mittelpunkt, sondern das bewusste Erleben – beim Spazieren durch mittelalterliche Altstädte, beim Wandern durch Nationalparks oder beim Radeln entlang malerischer Flusstäler. Die Kombination aus Roadtrip und Aktivität schafft einzigartige Erlebnisse und bietet eine tiefergehende Verbindung zur Region.

»Das große Autowanderbuch« stellt 50 sorgfältig ausgewählte Routen vor – jede einzelne eine Einladung, Deutschland aus neuen Perspektiven zu entdecken. Übersichtliche Karten, interessante Beschreibungen der Orte entlang der Strecke und digitale GPX-Tracks erleichtern die Vorbereitung und sorgen dafür, dass man unterwegs entspannt bleiben kann.

Ob für den Wochenendausflug oder den großen Urlaub – dieses Buch ist ein praktischer Begleiter für alle, die mit Neugier, Abenteuerlust und offenen Augen unterwegs sind.

Wir wünschen viele schöne Entdeckungen und sichere Fahrten!

Zum Gleich-Los-Fahren: QR-Code scannen und GPX-Tracks herunterladen!

0
100 km
Nordfriesische Inseln
NORDSEE
OSTSEE
DÄNEMARK
Bornholm (DK)
Ostfriesische Inseln
Kiel
Lübeck
Rostock
Wilhelmshaven
Bremerhaven
HAMBURG
Schwerin
Oldenburg
Bremen
NIEDERLANDE
POLEN
Groningen
Leeuwarden
Emmen
Alkmaar
Zaanstad
AMSTERDAM
Amersfoort
Enschede
Apeldoorn
Utrecht
Nijmegen
's-Hertogenbosch
Eindhoven
Venlo
Szczecin
Gorzów Wielkopolski
BERLIN
Potsdam
Osnabrück
Hannover
Wolfsburg
Hildesheim
Braunschweig
Salzgitter
Magdeburg
Münster
Bielefeld
Bottrop
Recklinghsn.
Hamm
Oberhsn.
Duisburg
Dortmund
Bochum
Essen
Hagen
Düsseldorf
Mönchengladbach
Neuss
Wuppertal
Leverkusen
KÖLN
Paderborn
Göttingen
Kassel
Halle(S.)
Dessau
Cottbus
Leipzig
DEUTSCHLAND
Dresden
Heerlen
Maastricht
Liège
Aachen
Bonn
Siegen
Erfurt
Gera
Chemnitz
Zwickau
BELGIEN
Koblenz
Liberec
LUXEMBOURG
Luxembourg
Trier
Wiesbaden
Mainz
Frankfurt(M.)
Offenbach
Darmstadt
Würzburg
PRAHA
Pilsen
TSCHECHIEN
Thionville
Metz
Saarbrücken
Kaiserslautern
Ludwigshafen
Mannheim
Heidelberg
Heilbronn
Erlangen
Nürnberg
Regensburg
Nancy
Karlsruhe
Pforzheim
Stuttgart
Strasbourg
Budweis
Reutlingen
Ulm
Augsburg
Linz
Freiburg
MÜNCHEN
Mulhouse
Belfort
Basel
Salzburg
Zürich
Bern
LIECHTENSTEIN
Innsbruck
ÖSTERREICH
Lausanne
SCHWEIZ
Genève
Bolzano/Bozen
1
2
3
4
5
6
7
8
9
10
11
12
13
14
15
16
17
18
19
20
21
22
23
24
25
26
27
28
29
30
31
32
33
34
35
36
37
38
39
40
41
42
43
44
45
46
47
48
49
50

Tolle Kulisse für ein abendliches Picknick: das Rheinufer von Köln mit dem Dom und der Hohenzollernbrücke (Tour 18).

Am Lautersee bei Mittenwald lässt es sich entspannt wandern und die Kulisse des Karwendelgebirges genießen (Tour 49).

Wind-und-Weite-Tour von der Ems bis zur Jade

Diese Tour führt durch die Fehngebiete von Papenburg bis zum Dollart. Hinter Aurich geht es ins Jeverland und vom Jadebusen weiter durch das Ammerland bis Oldenburg.

Dank seines roten, rund 50 Meter hohen Eckturms ist das Rathaus von Leer bereits aus der Ferne gut sichtbar.

TOUR 1

- **Länge:** rund 240 Kilometer
- **Dauer:** 3–4 Tage
- **Start | Ziel:** Papenburg | Oldenburg

1 Wer in die Emsstadt **Papenburg** kommt, mag sich in Holland wähnen. Die älteste und längste der Fehnkolonien weist insgesamt über 40 Kilometer der typischen schnurgeraden Kanäle auf, und so führt ein Spaziergang durch die Stadt über Brücken und an malerischen Grachten entlang.
Die jahrhundertealte Schiffsbautradition in der Stadt setzt heute die bekannte Meyer-Werft fort, die man besichtigen kann. Zahlreiche Schaulustige säumen die Deiche, wann immer ein Ozeandampfer sich auf dem Weg zum Meer erst einmal durch die schmale Ems zwängen muss. Auf der »Deutschen Fehnroute« geht es anschließend ins Overledingerland.

2 Im Jahr 1766 gründeten fünf Unternehmer den Verband der »Entrepreneure des **Rhauderfehns**« und begannen mit der Anlage eines Kanals, der die unwirtlichen Moorgebiete entwässern und für die Torfgewinnung erschließen sollte. Der Kanal, heute »Untenende« genannt, liegt im Zentrum des heutigen Hauptortes Westrhauderfehn. Interessantes und Wissenswertes über die Geschichte der Moorkolonien erfährt man im Fehn- und Schifffahrtsmuseum.

3 Die Stadt **Leer** mit ihrer mehr als 1000-jährigen Geschichte hat eine wunderschöne Altstadt, die ihr Gepräge nicht zuletzt auch den zahlreichen holländischen Glaubensflüchtlingen verdankt. Mit der Mennonitenkirche, der Lutherkirche, der Großen Kirche und der Kirche St. Michael gehören vier stattliche Gotteshäuser dazu. Die Harderwykenburg und die stolze Haneburg waren die Sitze ostfriesischer Häuptlinge; die Evenburg und das Schlösschen Philippsburg stammen aus der Barockzeit. Groß und Klein lockt das Leeraner Miniaturland: eine Modellbauwelt mit Miniaturzügen, Gebäuden und Landschaften aus Ostfriesland. Etwas südlich der Stadt sollte man einmal mit der **Fähre (Pünte) »Wiltshausen«** über die Jümme setzen. Sie ist die älteste handgezogene Fähre in ganz Nordeuropa.

WANDERN & FREIZEIT

Die als Rundstrecke angelegte rund 160 Kilometer lange **Deutsche Fehnroute** führt beinahe durchweg über flache, asphaltierte Radwege und ruhige Landstraßen. Auf den Spuren der Moorkultivierung passiert man die im 16. und 17. Jahrhundert entstandenen Fehnsiedlungen, in denen einst Torf abgebaut wurde. Schiffbare Kanäle zum Abtransport des Torfes wurden angelegt. Entlang dieser Wasserwege, den Fehnkanälen, führen heute Radwege. Galerieholländer (ein spezieller Windmühlentyp), Klappbrücken, Wiesen und Weiden säumen den Weg. Die Deutsche Fehnroute verläuft zwischen Aurich im Norden und Papenburg im Süden. Da die Route aufgrund mangelnder Steigungen leicht zu bewältigen ist und keinerlei Anforderungen stellt, ist sie ideal für Familien mit kleinen Kindern und auch für untrainierte Radwanderer geeignet. Entlang der Weges laden sogenannte Melkhuskes zur Rast ein. Dort kann man seinen Durst bei einem Glas Milch, Buttermilch oder einem Eiskaffee löschen.

Der knapp 24 Kilometer lange Wanderabschnitt der **Deutschen Fehnroute** führt von der Gemeinde Rhauderfehn nach Barßel. Westrhauderfehn, das seinen Fehncharakter weitgehend bewahren konnte, ist der Sitz der Gemeindeverwaltung Rhauderfehn. Weiße Zugbrücken, schnurgerade Kanäle und ein Sportboothafen prägen den Ort. Auf dem Weg zur Gemeinde Ostrhauderfehn sind Moorgebiete wie das Westermoor und das Klostermoor die vorherrschende Landschaftsform. Der historische Seemannsort Barßel, in dessen Süden das Sumpfland zwischen den Flüssen Soeste und Sagter Ems liegt, ist für sein Hafenfest am 4. Wochenende im August bekannt.

Entlang der Deutschen Fehnroute gibt es mehrere sogenannte **Paddel-und-Pedalstationen.** Dort lassen sich Fahrräder oder Kanus für Wasser- und Radwanderungen mieten, sowohl für Tagesausflüge als auch für ausgedehnte Rundtouren. Man steigt an einer der ausgewiesenen Stationen, zum Beispiel in Barßel, vom Rad in ein Kanu, Kajak oder einen Kanadier um und fährt bis zur nächsten. Dort wartet bereits entweder das eigene per Anhänger transportierte Fahrrad oder ein Leihrad, um damit die Radtour fortzusetzen (paddel-und-pedal.de).

Am Ratsdelft in Emden, dem historischen Teil des heutigen Hafens, erhebt sich das Feuerschiff »Amrumbank« vor dem Alten Rathaus.

Das Auricher Schloss wurde auf den Grundmauern der Burg von 1448 errichtet.

4 Die stolze Hafenstadt **Emden** ist die kulturelle Metropole und der in wirtschaftlicher Hinsicht bedeutendste Ort Ostfrieslands. Durch die Fußgängerzone der Großen Straße gelangt man zum Ratsdelft, wo sich mit dem Rathaus, den hier vor Anker liegenden Museumsschiffen und dem 1585 erbauten Pelzerhaus die wichtigsten Sehenswürdigkeiten der Stadt befinden. Vom Rathausturm aus bietet sich ein ausgedehnter Blick über die Stadt bis weit in den Hafen mit seinen Kränen und Docks hinein. In der Nähe ragt die Neue Kirche, ein imposanter Barockbau, hoch in den Himmel. Ein Spaziergang auf den begrünten Wallanlagen, die noch immer einen großen Teil Emdens umgeben, führt an Stadtgraben und Altem Graben entlang.
Emden liegt an der 290 Kilometer langen Friesenroute »Rad up Pad«, auf der man das westliche Ostfriesland wunderbar mit dem Fahrrad erkunden kann.

5 Aurich, ehemalige Residenzstadt und über Jahrhunderte die Hauptstadt Ostfrieslands, ist keineswegs »schaurich«. Beeindruckende Ausmaße hat der riesige Marktplatz, der sowohl von alten als auch von modernen Gebäuden gesäumt wird. Ein Wahrzeichen ist der Lam-

Ein markanter Bau in Jever ist das Schloss mit seinem barocken Turmaufbau. Hier ist ein kulturhistorisches Museum untergebracht.

bertiturm, der getrennt von der Lambertikirche (1832–1835) auf dem Lambertshof steht. Durch die wunderschönen historischen Gebäudeensembles in der Innenstadt gelangt man zum Neuen Schloss (1851–1855), heute ein Behördensitz, und zum Marstall.
Am Georgswall findet sich nahe der Ostfriesischen Landschaft, einer Art Kulturparlament, das man nicht verpassen sollte, das kleine »Pingelhus«, dessen Glocke früher das Ablegen der Schiffe verkündete.

6 Im flachen Land, irgendwo hinter Wittmund verläuft die Grenze zwischen Ostfriesland und dem **Jeverland.** Auch wenn die meisten Besucher zunächst – und auch naheliegend – an friesisch-herbes Bier denken – **Jever,** seit Jahrhunderten ein bedeutender Handelsplatz, wurde früher von ausgesprochen kunstsinnigen Herrschern bewohnt. Die Turmspitze des Schlosses der Stadt erkennt man in der flachen Landschaft schon von Weitem. Das Renaissancerathaus am Kirchplatz beeindruckt vor allem durch seine Fassade. Zum Abschluss empfiehlt sich ein Bummel durch die engen Gassen der Altstadt. Oder doch ein Besuch der Brauerei, die den Ort so bekannt gemacht hat.

Einem Heimatverein ist der Erhalt der Sengwarder Mühle zu verdanken.

Das Wahrzeichen Wilhelmshavens, die 1905 bis 1907 errichtete Kaiser-Wilhelm-Brücke, galt mit ihrer Spannweite von 159 Metern, ihrer

7 Wilhelmshaven, Deutschlands größter Marinestützpunkt und Tiefwasserhafen am Jadebusen, verdankt seine Existenz preußischer Initiative. Ab 1856 wurde hier der preußische Kriegshafen gebaut, der König erschien zur Einweihung und gab der jungen Stadt ihren Namen. Die Rolle als Kriegshafen hatte allerdings auch ihren Preis: Zweimal wurde Wilhelmshaven sozusagen dem Erdboden gleichgemacht. Und doch finden sich heute immer noch beeindruckende städtebauliche Zeugnisse aus dem 19. und 20. Jahrhundert. Das Rathaus, 1929 unter der Leitung Fritz Högers erbaut, ist das prächtige Glanzstück der vielen streng geplanten Gebäudeensembles.
Mit dem JadeWeserPort verfügt Wilhelmshaven über ein tidenunabhängiges Containerterminal, das auch die größten Containerschiffe abfertigen kann. Beim Südstrand beginnt die sogenannte Maritime Meile, dort lohnen u. a. das Aquarium und das Besucherzentrum des Weltnaturerbes Wattenmeer einen Besuch; Hafenrundfahrten sind mit der »MS Harle Kurier« möglich. Das Feuerschiff »Weser« und das Dampfschiff »Kapitän Meyer« liegen am Bontekai.

Auf dem Rathausmarkt von Oldenburg locken Cafés zu entspannten Pausen.

8 Im Herzen des Ammerlandes liegt **Bad Zwischenahn.** Der recht mondäne Moor- und Kneippkurort am Zwischenahner Meer hat den Gästen allerlei Abwechslungsreiches zu bieten: Wassersport, Kur- und Fitnessanlagen sowie idyllische Wanderwege an den Seeufern, aber auch zahlreiche Cafés und kleine Läden an den Straßen, in denen es sich entspannt flanieren lässt. Die Restaurants servieren regionale Spezialitäten wie den Ammerländer Schinken oder den köstlich geräucherten »Smoortaal«. Und für spannende Abendunterhaltung sorgt etwa die Spielbank.

9 Oldenburg, die ehemalige großherzogliche Residenz, zeigt sich heute als lebendige Universitätsstadt und als Zentrum der Informationstechnologie. Die Altstadt, größtenteils zur Fußgängerzone ausgebaut, wird beherrscht von klassizistischen Repräsentationsbauten und ist von Wallanlagen und zahlreichen Wasserläufen umgeben.
Unter den vielen Sehenswürdigkeiten seien der Markt mit dem Rathaus und die imposante Lambertikirche erwähnt. Das Schloss und der als englischer Landschaftspark gestaltete Schlossgarten zeugen von großherzoglicher Pracht vergangener Tage. Der Lappan, der 1468 erbaute Glockenturm einer nicht mehr erhaltenen Kapelle, ist das älteste Gebäude und Wahrzeichen der Stadt.

Durchfahrtshöhe von neun Metern und ihrer Durchfahrtsbreite von 58,60 Metern einst als größte Drehbrücke auf europäischem Boden.

WANDERN & FREIZEIT

Auf der 49 Kilometer langen **Rundfahrt der »Fernen Fürsten«** lernt man viele kleine Friesendörfer und auch das historische Jeverland kennen, das zwischen 1667 und 1793 zum mitteldeutschen Fürstentum Anhalt-Zerbst gehörte. Die Radtour beginnt in Jever und führt entlang der Graften in Richtung Wittmund. Hinter der Stadtgrenze zweigt man auf die alte Bahnstraße Jever-Harlesiel nach rechts Richtung Norden ab. Über Wiefels und Große Scheep geht der Weg nach Eggelingen und Tettens, wo man die Grenze Harlingerland-Jeverland passiert. Im weiteren Verlauf geht es zum Wurtendorf Ziallerns in Richtung Carolinensiel über Neugarmssiel, vorbei an der Sophienmühle nach Sophiensiel. Nachdem man Friederiekensiel erreicht hat, nimmt man den Weg über Hohenkirchen und Waddewarden wieder zurück nach Jever, wo sich natürlich auch eine Besichtigung der Jever-Brauerei anbietet.

Die sogenannte **Tour de Fries** (250 Kilometer) führt auf überwiegend asphaltierten Wegen durch die weite, flache Landschaft Frieslands zwischen Jever und Jadebusen. Reizvoll und abwechslungsreich präsentiert sich die Landschaft: Von der Nordsee ins grüne Binnenland, durch urige Dörfer, vorbei am Neuenburger Urwald bis zum Wattenmeer führt das 40 Kilometer lange **Teilstück** von Wilhelmshaven nach Dangast über Sande, Neustadtgödens und Zetel. Entlang der Strecke finden sich Windmühlen sowie Cafés und Melkhuskes, wo man sich bei Kaffee und Kuchen bzw. Milchgetränken stärken kann.

Im **Badeort Dangast** lockt der Sandstrand von zwei Kilometer Länge, der mit Eisbuden und Cafés gespickt ist. Im DanGastQuellbad mit diversen Becken und Riesenrutsche lassen sich Erholung und Freizeitspaß gut kombinieren.

Von Mai bis Oktober werden im Nordseebad Dangast geführte **Wattwanderungen,** sowohl kürzere als auch anspruchsvolle, angeboten. Auf einer Wattwanderung zum Leuchtturm Arngast in der Mitte der Bucht erfährt man viel Interessantes und Wissenswertes über das Wattenmeer. Die rund siebenstündige Tour durch das Watt ist für Kinder ab zehn Jahren geeignet (dangast.de).

Entlang dem 1888 fertig gestellten Ems-Jade-Kanal, der Emden mit Wilhelmshaven verbindet, verläuft der **Ems-Jade-Weg** (75 Kilometer; Wegezeichen: weißer Anker auf schwarzem Grund). Der Wanderweg von der Ems zur Jade folgt weitestgehend der Wasserstraße. Urige Dörfer sowie historische Schleusen und Brücken säumen den Weg, auch auf dem etwa 25 Kilometer langen **Abschnitt** von Emden, der westlichsten Hafenstadt Deutschlands, nach Aurich, der heimlichen Hauptstadt Ostfrieslands. Die Rückreise nach Emden kann man mit dem Bus antreten.

Eine schöne Tagesfahrt auf dem Ems-Jade-Kanal von Aurich nach Emden kann man mit der »MS Stadt Aurich« antreten. Auf der insgesamt achtstündigen **Schiffsreise** mit zweistündigem Aufenthalt in Emden durchfährt man die weite Landschaft Ostfrieslands (Abfahrt um 9.30 Uhr vom Auricher Hafen, Rückfahrt von Emden um 14.30 Uhr; aurich-tourismus.de).

Der **Park der Gärten** in Bad Zwischenahn überzeugt die Großen mit über 40 Mustergärten und die Kleinen mit tollem Kletter- und Wasserspielplatz.

Von Cuxhaven bis ins Weserbergland

Von Cuxhaven geht es durch die Wesermarsch nach Bremerhaven. Ein Abstecher führt nach Bad Bederkesa in die Moore der Geest. Über das Teufelsmoor und die Künstlerkolonie Worpswede erreicht man die Wesermetropole Bremen, und von hier geht es über die Reiterstadt Verden schließlich nach Nienburg.

Kein Wasser mehr unter dem Kiel hat das Museumsschiff »Hermine« (Stapellauf 1904) in Cuxhaven.

TOUR 2

- **Länge:** rund 230 Kilometer
- **Dauer:** 4–5 Tage
- **Start | Ziel:** Cuxhaven | Nienburg

1 An der Elbmündung liegt das Nordseebad **Cuxhaven,** ein beliebtes Ziel für Urlauber und Ausflügler. Duhnen und Döse weisen ausgedehnte Kuranlagen und weite Strände auf. Die Wald- und Heidegebiete in Sahlenburg und im Umland sind wie geschaffen für Reitausflüge und Wandertouren.

An der Alten Liebe in Cuxhaven bietet sich ein Panoramablick auf die vorbeiziehenden Elbschiffe. Von vergangenen Zeiten, als hier noch die großen Transatlantikschiffe ablegten, zeugt der im Jahr 1896 angelegte Amerikahafen. Nach einer kurzen Wanderung auf dem Döser Deich erreicht man die Kugelbake, das Wahrzeichen der Stadt, und steht an dem Punkt, an dem die Elbe in die Nordsee eintritt.

Ein unbedingtes Muss ist ein Ausflug zur kleinen **Insel Neuwerk,** die zum Nationalpark Hamburgisches Wattenmeer gehört. Für Familien eignen sich am besten eine kurze Schifffahrt oder bei Ebbe der Wattwagen, einer Pferdekutsche. Die rund zwölf Kilometer zwischen Cuxhaven und Neuwerk kann man bei Ebbe auch zu Fuß bewältigen, entlang eines mit Reisigbündeln (Pricken) markierten Wattwanderweges. Am Besten sollte man das aber mit einer professionellen Führung tun, denn die Wanderung dauert wenigstens drei Stunden. Neuwerk ist ein Vogelparadies und lockt u. a. mit dem Nationalparkhaus sowie Erlebnispfaden, der Aussicht vom Leuchtturm und der Bernsteinsammlung in der Schule.

Von Cuxhaven geht es weiter durch die weiten Marschgebiete des Landes **Wursten** nach Süden. Die sehenswerten Wurster Kirchen, zumeist aus dem 13. Jahrhundert, sind in der Ebene kilometerweit zu erkennen. Sie wurden auf künstlichen Hügeln, den »Wurten«, errichtet. Diese schützten sie jahrhundertelang vor den schweren Fluten, die die Deiche immer wieder durchbrachen. Lohnend ist auch ein Halt an den malerischen Kutterhäfen von **Dorum** und **Wremen,** von wo aus man auch wunderbare Deichspaziergänge oder bei Ebbe spannende Wattwanderungen unternehmen kann.

2 Die Seestadt **Bremerhaven,** die sich zu beiden Ufern der Geeste erstreckt, bevor sie in die Weser mündet, entstand im Jahr 1827, als Bremen das Gebiet von Hannover erwarb, um hier einen Hafen zu gründen. Die Stadt, die bis heute zum Bundesland Bremen gehört, wird in ihrer ganzen Länge von weitläufigen Hafenanlagen beherrscht: Im Norden breitet sich der größte Containerterminal seiner Art in Europa aus. Den südlichen Teil bedeckt der Fischereihafen, an dem heute etwa die Hälfte aller deutschen Fischfänge angelandet wird. Mit ein wenig Glück kann man bei einer Auktion zusehen.

Im Zentrum der Stadt liegen der Alte Hafen, heute ein Museumshafen, und das Schifffahrtsmuseum, darüber erheben sich die Hochhäuser des in den 1970er-Jahren erbau-

WANDERN & FREIZEIT

Der **Nordseeküsten-Radweg** ist ein rund 6000 Kilometer langer Rundweg entlang der Küsten von sieben Nordsee-Anrainerstaaten. Ein **Teilabschnitt** hiervon ist die etwa 54 Kilometer lange Strecke von Cuxhaven bis nach Bremerhaven.

Eine etwas längere Radrundtour (rund 35 Kilometer), die sich auch für Familien mit größeren Kindern eignet, führt über asphaltierte Radwege und Feldwege durchs **Wurster Land.** Die Tour startet in Wremen vom Parkplatz am Gästezentrum aus und geht in der ersten Etappe über das Museum für Wattenfischerei, das Kuriose Muschelmuseum und den Leuchtturm »Kleiner Preuße« etwa zehn Kilometer weiter ins Landesinnere nach Sievern zur Pipinsburg mit ihrem mächtigen Rundwall. Nun folgt eine Etappe

mit leichten Steigungen nach Dorum (nach zwölf Kilometern), wo beispielsweise das Deichmuseum oder das Meerwasserwellenfreibad Watt'n Bad zur Abwechslung einladen. Weiter geht es in Richtung Küste durch eine reizvolle Marschlandschaft auf rund acht Kilometern über Paddingbüttel nach Solthörn Grohden. Der letzte Abschnitt führt schließlich entlang des Deiches wieder nach Wremen zurück, wo man die Tour am Strand ausklingen lassen kann.

Durch das **Teufelsmoor:** Eine besonders schöne Radstrecke führt rund um die Hammerwiesen von Worpswede entlang der Hamme bis in den Ort Teufelsmoor und zurück. Dabei geht es durch unberührt gebliebene oder jüngst renaturierte weite Sumpfgebiete.

Samstags und an Feiertagen kann man im von Mai bis Oktober das Teufelsmoor auch mit dem historischen **Moorexpress,** der »Moormolly«, erkunden (evb-elbe-weser.de/meine-fahrt/moorexpress).

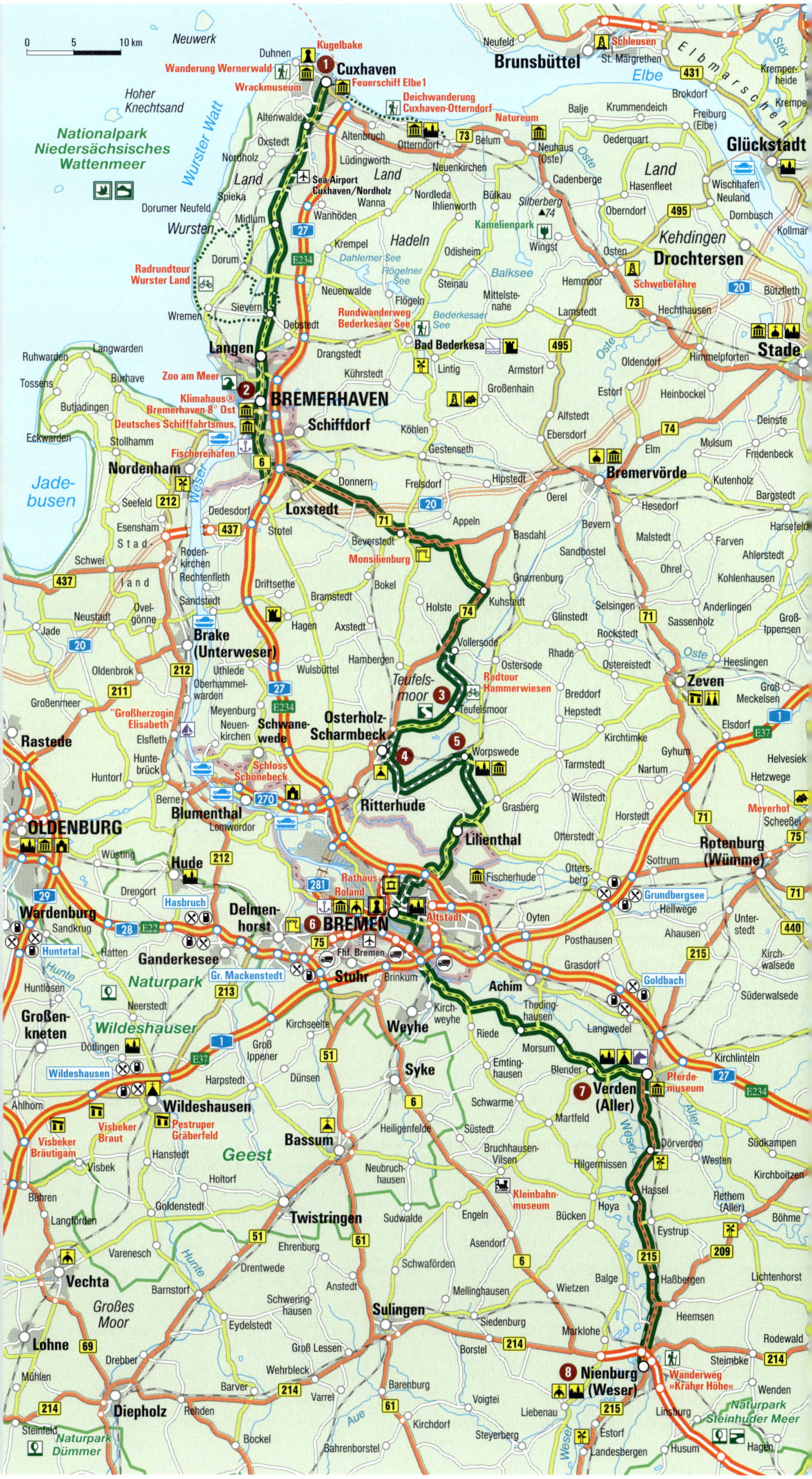

Das »Haus im Schluh« ist eines der Museen in Worpswede, die Künstler und Werke der Kolonie authentisch präsentieren.

ten Columbus-Center mit seiner Einkaufspassage. Unbedingt sollte man sich die Zeit für einen Spaziergang auf dem Weserdeich nehmen, denn hier reihen sich perlenkettenartig andere Sehenswürdigkeiten aneinander, wie etwa das Klimahaus, in dem man auf dem 8. Breitengrad durch die Erde spaziert, der Zoo am Meer oder die Aussichtsplattform Sail City bis hin zum Weser-Strandbad.
Ein Abstecher führt von Bremerhaven in das Moorheilbad **Bad Bederkesa.** Mittelpunkt des beliebten Urlaubs- und Ausflugsortes ist die von einem Graben umgebene Burg aus dem 12. Jahrhundert, die heute ein Museum beherbergt. Bad Bederkesa bietet zahlreiche Kureinrichtungen, darunter auch die Moor-Therme. Bei schönem Wetter empfiehlt sich eine Tour mit einem Tret- oder einem Paddelboot auf dem Bederkesaer See, einem Paradies für Wassersportler. Außerdem gibt es einen Rundweg um das Gewässer. Ein weiterer Rundweg führt durch das Naturschutzgebiet Holzurburger Wald, das die Seeufer säumt. Nördlich von Bad Bederkesa lädt etwa das Ahlenmoor zu einer Wanderung auf einem Lehrpfad ein.

3 Über Beverstedt und Hambergen erreicht man den Rand des **Teufelsmoors,** dessen Name auf das niederdeutsche Wort »duven« zurückgeht; dieses bedeutet so viel wie »taub« oder »unfruchtbar«. Die planmäßige Besiedlung der unwegsamen Wildnis dieses Hochmoores begann erst im 18. Jahrhundert und dauerte Jahrzehnte. Auf dem Weg durch die weiten Ebenen lohnt es sich, langsam zu fahren, immer wieder auszusteigen, ein wenig zu wandern und das einzigartige Licht und die Ruhe zu genießen. **Fischerhude** am südlichen Rand lockt mit dem liebevoll eingerichteten Heimathaus Irmintraut. Das Teufelsmoor selbst ist ideal für einen Radurlaub erschlossen. Ein ausgedehntes, gut beschildertes Radwegenetz ermöglicht attraktive Toueen sowohl für Gelegenheitsradler als auch für eingefleischte Radwanderer.

4 Osterholz-Scharmbeck nennt sich stolz die »Gartenstadt des Teufelsmoors«. Von einer bedeutenden Gründung der Bremer Erzbischöfe, einem Benediktinerinnenkloster, der Keimzelle des Ortes, zeugt die St.-Marien-Kirche in Osterholz. Die romanische Basilika ist in ihrer mittelalterlichen Gestalt erhalten. In Scharmbeck verdienen die historischen Gebäude des Guts Sandbeck besonderes Interesse. Gleiches gilt für die Biologische Station Osterholz, die Wissenswertes rund um das Moor liefert und auch geführte Wanderungen durchs Teufelsmoor anbietet (1–2 Stunden, biologische-station-osterholz.de). Beliebte Ausflugsziele für Groß und Klein sind der Tiergarten Ludwigslust und im Sommer der Ohlstedter Quellsee mit Badestrand.

5 Im Jahr 1889 schlug die Geburtsstunde der berühmten Künstlervereinigung **Worpswede,** die dem bis dahin völlig abgeschiedenen kleinen Ort sein heutiges Gesicht als »Weltdorf der Kunst« geben sollte. Ein Rundgang durch die Ortschaft, für den man sich genügend Zeit nehmen sollte, führt zu den architektonischen Zeugen der Kolonie, dem im Jugendstil gehaltenen Bahnhof Worpswede von Heinrich Vogeler oder den expressiven Bauten von Bernhard Hoetger, dem Kaffee Worpswede und der »Großen Kunstschau«.
Die Werke der Künstlervereinigung in den Ausstellungen lassen erahnen, welche Kraft und Inspiration die Kunstschaffenden aus der sie umgebenden Natur und dem einfachen Leben gewannen. Bis heute ist Worpswede die Wahlheimat vieler Künstler, die sich in den malerischen Fachwerkhäusern Ateliers, Werkstätten und Galerien eingerichtet haben und die Tradition der Gründer der Kolonie fortführen. Die Umgebung von Worpswede und die Nähe zum Teufelsmoor machen den Ort selbst zum guten Ausgangspunkt für Wanderungen und Radtouren.

Das Klimahaus in Bremerhaven ist nicht nur ein Museum zu Klima, Klimawandel und Wetter, sondern auch architektonisch ein Hingucker.

Wie lieblich das Teufelsmoor seinem Namen zum Trotz sein kann, erlebt man bei einer Kanutour auf der Hamme.

6 Die Freie Hansestadt **Bremen,** im Mittelalter Sitz des mächtigen Erzbistums und einer der wichtigsten Handelsplätze der Hanse, zeigt sich heute als eine gemütliche Stadt mit weltoffenem Flair.
Vor dem Rathaus auf dem Markt steht der Bremer Roland, steinernes Sinnbild für die Freiheit der Stadt und gleichzeitig deren Wahrzeichen. Das gotische Rathaus wurde in den Jahren zwischen 1405 und 1410 errichtet und später mit einer prächtigen Renaissancefassade versehen. Von den Repräsentationsräumen zeugen der Obere Saal, an dessen Decke vier Modellschiffe hängen – das älteste von 1545 –, und die kostbaren Gemälde sowie Wandmalereien am eindrucksvollsten vom Stolz der Bremer Bürger. Die bewegte Baugeschichte des Doms St. Petri, der Hauptkirche des Erzbistums Bremen, nahm ihren Anfang im 11. Jahrhundert. Bei einem Rundgang beeindrucken neben den gewaltigen Raummaßen die zahlreichen sakralen Kunstwerke. Ein Abstieg in den Bleikeller unter dem Dom rundet den Besuch ab. Der Schütting gegenüber war bis zum Jahr 1849 Sitz der Kaufmannschaft, deren viel zitierter Leitspruch »buten un binnen – wagen un winnen« (»draußen und drinnen – wagen und gewinnen«) noch über dem Portal zu lesen ist.
Durch einen kunstvoll gestalteten Durchgang tritt man in die Böttcherstraße. Hier wurden im Mittelalter Fässer gefertigt, in denen man die Güter auf Schiffe verlud. Der Kaffeekaufmann und Mäzen Ludwig Roselius begann 1924 mit dem Wiederaufbau der verfallenen Gasse und ließ ein bedeutendes Gesamtkunstwerk niederdeutscher Architektur schaffen: Das HAG-Haus, das Haus Roselius, das Haus des Glockenspiels und nicht zuletzt das Haus Atlantis sind Beispiele für die gelungene Verbindung norddeutschen Backsteins und expressiver Formen. Das Viertel um den Schnoor wiederum ist ein wie durch ein Wunder erhalten gebliebenes Stück Altstadt, das seinen besonderen Charme durch die engen Gassen und kleinen Plätze erhält, die von liebevoll restaurierten alten Häuschen aus dem 16.–19. Jahrhundert gesäumt werden – und natürlich durch die zahlreichen kleinen Restaurants und Kneipen, die sich im Viertel niedergelassen haben. Auch ein Bummel durch das Ostertor

WANDERN & FREIZEIT

Eine reizvolle **Deichwanderung** führt von Cuxhaven-Groden über Altenbruch nach Otterndorf; zurück geht es dann mit der Bahn. Die Strecke ist etwa 14 Kilometer lang und mit dem Symbol **»Blaues Schiff«** und Schildern markiert. Während der Wanderung hat man immer wieder den Großschifffahrtsweg und das Meer im Blick. Die Tour startet im Wolfenbütteler Weg in Groden an der B83 hinter der Bahnschranke. Der Wegmarkierung folgend erreicht man nach etwa 15 Minuten den Deich, von dem bei guter Sicht auch das Ufer Schleswig-Holsteins zu sehen ist. Am Grodener Leuchtturm vorbei führt der Deichkronenweg über die Altenbrucher Schleuse zum Strandbad Altenbruch. An Wehldorf entlang erreicht man Müggendorf und die Otterndorfer Schleuse. Von dort braucht man rund 30 Minuten zum Bahnhof von Otterndorf. Und von dort geht es dann mit der Bahn wieder nach Cuxhaven zurück.

Durch die Heide: Von Berensch im Süden Cuxhavens unternimmt man eine Wanderung durch herbschöne Heide- und Geestlandschaft, an uralten Hügelgräbern und Naturoasen vorbei bis in die Ortschaft Nordholz. Im Nordholzer Forst hat eine bedeutene Graureiherkolonie ihre Brutplätze.

Wald mit Meerblick: Von Sahlenburg aus geht es durch den **Wernerwald** mit seinem abwechslungsreichen Baumbestand und der reichen Tierwelt, bis am seewärts gelegenen Waldrand das einzigartige Erlebnis des freien Blicks auf die Insel Neuwerk wartet.

Auf zwei geführten Rundwegen lassen sich der **Bederkesaer See** und der **Holzurburger Wald** erwandern. Der gut vier Kilometer lange Waldweg beginnt direkt im Holzurburger Wald und führt über bewaldete Flächen hinunter zum See. Mehrere Info-Tafeln auf dem Weg liefern Wissenswertes zur Entstehung, Nutzung, Entwicklungsgeschichte sowie zur Tier- und Pflanzenwelt des Waldes. Der etwa sieben Kilometer lange Seerundweg beginnt am Hafen von Bad Bederkesa und führt entlang des Elbe-Weser-Schifffahrtsweges direkt zum See. Auf der Strecke laden zwei Aussichtstürme zum Blick auf den See und die umliegenden Flächen ein.

Der **Weser-Radweg** gehört zu den schönsten Radwanderstrecken in Deutschland. Er ist knapp 500 Kilometer lang, beginnt in Hannoversch Münden und führt durchs Weserbergland nach Norden über Bremen bis nach Bremerhaven. Der **letzte Abschnitt** von Bremerhaven bis hoch nach Cuxhaven verläuft auf der gleichen Strecke wie der Nordseeküsten-Radweg. Auf der mehrtägigen Tour fährt man überwiegend abseits der Hauptverkehrsstraßen, auf gut befahrbaren Wegen und fast ohne Steigungen. Dabei geht es durch eine vielfältige Landschaft, vorbei an Burgen und Schlössern ins flache Tiefland mit Geest und Marsch, Deichen, Häfen und Schifffahrtswegen.

Eine rund acht Kilometer lange Rundtour mit dem Rad verläuft durch die Altstadt von **Bremen** und die Stadtteile Schnoor, Ostertor, Steintor sowie am Weserufer entlang. Die Tour ist mit Schildern mit dem Logo der Bremer Stadtmusikanten sowie dem Schriftzug **»Bremer Stadtweg«** markiert, beginnt beim Hauptbahnhof und endet auch dort. Dazwischen erlebt man eine Mixtur aus städtischem Grün, historischen Gebäuden und Straßenzügen, moderner Architektur, maritimem Flair, kulturellen und Shopping-Angeboten.

Einen etwa 20 Kilometer langen Ausflug zu Pferde kann man auf dem ganzjährig bereitbaren **Verdener Reitwegenetz** machen. Der Parcour führt auf vornehmlich sandigen Wegen durch den Verdener Stadtwald sowie Feld und Flur und ist durch Beschilderung und durch weiße Banderolen an den Bäumen gekennzeichnet. An vier Streckenabschnitten im Stadtwald befinden sich insgesamt 45 Hindernisse (Natursprünge) mit unterschiedlichen Höhenmaßen von 60 bis 120 Zentimetern. Am Brunnenweg, der Lindhooper Straße sowie Max-Planck-Straße stößt man auf Kreuzungsbereiche mit der Landstraße. Wegen des Wildschutzes darf allerdings nicht zur Dämmerungszeit geritten werden.

Etwas ungewöhnlich erscheint einem der Wanderweg auf der ehemaligen Zentraldeponie Nienburg/Krähe, die gut verpackt und von der Umwelt abgeschirmt heute als Erholungsgebiet **»Kräher Höhe«** genutzt wird. Auf dem rund 64 Meter hohen Berg befindet sich ein etwa ein Kilometer langer Wanderweg mit einem guten Überblick auf die bewaldete Umgebung. Auf den Hängen des Berges grasen sogar Schafherden.

lohnt sich, und nicht zuletzt nennt Bremen zahlreiche bedeutende Museen sein Eigen. Bei schönem Wetter lockt außerdem der Bürgerpark, ein »englisch« angelegter Landschaftsgarten, der seit seiner Gründung im Jahr 1866 von den Bürgern der Stadt unterhalten wird.
Bremen und Umgebung laden auch zu Spaziergängen und Radtouren ein. Der Grüne Ring ist ein Radwegenetz mit etwa 800 Kilometer Streckenlänge, das diverse kurze und lange Touren ermöglicht.

7 Die lange Geschichte von **Verden** als Sitz eines Erzbistums zeigt sich in der eigentümlichen Gestalt des Doms St. Maria und Caecilia. Der kleine gedrungene Turm stammt aus dem 12. Jahrhundert. Im darauffolgenden Jahrhundert verschwanden die drei Schiffe unter dem gewaltigen Dach des Gotteshauses, dessen Inneres umso reicher gestaltet erscheint. Heute ist Verden an der Aller ein Zentrum der Pferdezucht und des Reitsports. Der Stadtwald und die Umgebung laden zu Rad- und Wandertouren und natürlich auch zu Ausritten ein. Bei einem Bummel durch die Stadt, am barocken Rathaus vorbei, findet der Besucher das Deutsche Pferdemuseum.

8 Nienburg ging aus einer Festung hervor, die jahrhundertelang einen der wichtigsten Weserübergänge bewachte. Die Altstadt ist geprägt von zahlreichen Fachwerkhäusern und Hofanlagen und vermittelt ein lebendiges Bild des Mittelalters. Zu den schönsten Höfen gehören der Fresenhof von 1263 und der Burgmannhof. Das Rathaus, das prächtigste Gebäude der Stadt, stammt aus dem 14. Jahrhundert. Die St.-Martins-Kirche, eine Hallenkirche im Stil der norddeutschen Backsteingotik, birgt zahlreiche Kunstschätze. Die Altstadt und ein paar Waldgebiete sowie die ehemalige Altdeponie, heute ein Naherholungsgebiet, laden zum Wandern ein.

Verschiedenste Baustile hinterließen am Dom in Verden ihre Spuren.

Die 10 Meter hohe Rolandstatue vor dem Bremer Rathaus gehört gemeinsam mit dem Rathaus selbst seit 2004 zum UNESCO-Welterbe.

Von der Nordseeküste in die Elbmarschen

Ausgangspunkt dieser Zwei- bis Dreitagestour entlang der Westküste Schleswig-Holsteins ist der kleine nordfriesische Ort Seebüll. Von hier geht es südwärts über die Storm-Stadt Husum und das Holländerstädtchen Friedrichstadt – verbunden mit einem Abstecher auf die Halbinsel Eiderstedt – bis vor die Tore Hamburgs, nach Glückstadt.

So ruhig geht es im Rickelsbüller Koog nicht immer zu: Besonders im Frühling und Herbst ist die Luft erfüllt von Tausenden Zugvögeln.

TOUR 3

- **Länge:** rund 220 Kilometer
- **Dauer:** 5–7 Tage
- **Start | Ziel:** Seebüll | Glückstadt

1 Kurz vor der dänischen Grenze, bei Neukirchen, liegt **Seebüll.** Hierhin zog sich der Expressionist Emil Nolde, der 1941 totales Berufsverbot erhielt, zurück. Sein ehemaliges Wohnhaus, das er nach eigenen Plänen bauen ließ, ist heute Museum. Neben Werken Noldes, dessen Thema auch die Landschaften der Nordseeküste waren, kann man seinen farbenprächtigen Garten bewundern.
Wenige Kilometer westlich von Seebüll liegt der idyllische **Rickelsbüller Koog,** direkt an der deutsch-dänischen Grenze und des Hindenburgdammes, auf dem Autozüge zwischen Sylt und dem Festland verkehren. In dem Naturschutzgebiet leben zahlreiche Küsten- und Watvögel, die man bei einem Spaziergang am Deich gut mit dem Fernglas beobachten kann. Ein ebenfalls guter Ort zur Vogelbeobachtung befindet sich im **Hauke-Haien-Koog** bei Schlüttsiel, auf dem Weg nach Bredtstedt. Der Verein Jordsand bietet geführte Touren durch das Vogelschutzgebiet an (jordsand.de).

2 Über **Niebüll** mit seiner malerischen Kirche gelangt man nach **Bredstedt,** dessen hübscher Marktplatz mit der Alten Apotheke aus dem 17. Jahrhundert und zahlreichen kleinen Geschäften den Besucher zum Bummeln einlädt. Sehenswert ist auch die spätgotische Backsteinkirche St. Nikolai aus dem 15. Jahrhundert. Taufbecken und Kanzel weisen kunstvolle Schnitzwerke auf. Ihren Sitz in Bredstedt haben sowohl das Naturzentrum Mittleres Nordfriesland, in dem man sich über die verschiedenen Landschaftsformen der Region informieren kann, als auch das Nordfriisk Institut, das sich der Pflege der friesischen Sprache und Kultur verschrieben hat. Von Bredstedt aus bietet sich ein Ausflug zum Sönke-Nissen-Koog an, von dem aus man über den Damm zum Vogelschutzgebiet auf die **Hamburger Hallig** gelangt. Unmittelbar am Damm gibt es im Amsinck-Haus

Noldes Wohn- und Ateliergebäude in Seebüll.

WANDERN & FREIZEIT

In Schleswig-Holstein verläuft ein Abschnitt des **Nordseeküsten-Radwegs** auf einer Länge von 300 Kilometern am Meer entlang, durch die Orte Klanxbüll, Niebüll, Dagebüll, Husum, St. Peter-Ording, Büsum und Meldorf bis nach Brunsbüttel. Von dort geht es an der Elbe weiter durch Marschlandschaften bis nach Wedel und Hamburg. Man fährt fast ausschließlich auf asphaltierten Wegen entlang der Deiche, auf Radwegen, Nebenstraßen und verkehrsarmen Landstraßen. Will man diese mehrtägige Tour in Angriff nehmen, dann sollte man viel Zeit mitbringen, denn es erwarten die Schönheiten des Nationalparks Schleswig-Holsteinisches Wattenmeer. Unterkünfte findet man unter bettundbike.de

Auf der 19 Kilometer langen **Hauke-Haien-Route** rund um den Koog bekommt man radelnd Einblicke in das Leben am Rande der Nordsee. Die Tour startet am Infoturm »Watt'n Blick« in Schlüttsiel und führt zunächst landeinwärts. Die Radtour geht am Bongsleier Kanal entlang durch die Köge und weiter zum Schöpfwerk mit seinen starken Pumpen. Vorbei an Äckern und Wiesen kommt man dann nach Ockholm, das vor der Eindeichung eine Hallig war. Darauf geht es Richtung Küste zur Schwarzen Wehe, einem Relikt vergangener Sturmfluten, und vorbei an den Speicherbecken. Am Deich und an der Küste entlang geht es wieder zum Ausgangspunkt zurück.

Der **Kulturpfad von Husum** führt über mehrere Kilometer quer durch die Stadt und hat historische Gebäude, Theodor-Storm-Stätten, Wohnhäuser weiterer wichtiger Söhne der Stadt sowie große Museen als Etappen. Die Route beginnt am Alten Rathaus am Marktplatz. Rundherum reihen sich weitere Sehenswürdigkeiten, wie etwa die Marienkirche, Husums Wahrzeichen, die »Tine« und das Geburtshaus Theodor Storms. Wer Husum auf den Spuren Storms erkundet, sollte die Süderstraße nicht auslassen: In der Nr. 6 ging der Dichter zur Schule, im Haus Nr. 12 lebte er mit seiner ersten Frau Constanze, und den Schützenhof (Nr. 42) beschreibt er in der Novelle »Pole Poppenspäler«. Das Theodor-Storm-Zentrum mit Archiv und Museum wurde in Storms letztem Husumer Wohnhaus in der Wasserreihe 31 eingerichtet. Weitere Museen sind das Schifffahrtsmuseum Nordfriesland sowie das Nordfriesland-Museum im Nissenhaus, wo der Pfad endet.

Angesichts der Grachten und schönen Giebelhäuser wähnt man sich in Friedrichstadt fast schon in Holland.

Informationen über die Region, Land und Leute und den Nationalpark Schleswig-Holsteinisches Wattenmeer. Außerdem werden hier auch Fahrräder ausgeliehen. Danach kann man also zu Fuß oder per Rad auf der knapp vier Kilometer langen Strecke eine herrliche Aussicht auf das Meer sowie eine frische Meeresbrise genießen. Auf halber Strecke liegt der Schafberg, wo der Naturschutzwart des NABU zu einem Besuch einlädt. Auf der Hallig sind geführte Wanderungen durch die Salzwiesen ebenfalls möglich. Abschließend lädt der gemütliche »Hallig-Krog« zu regionalen Spezialitäten ein.

3 Die »graue Stadt am Meer« oder »Theodor-Storm-Stadt« – allerlei Beinamen hat man schon gefunden für **Husum.** Neben den verschiedenen Gedenkstätten, die an das Leben und Schaffen des Dichters erinnern, besitzt Husum einen schönen, von Bürgerhäusern gesäumten Marktplatz mit dem Tine-Brunnen und der Marienkirche sowie einen beschaulichen alten Binnenhafen. So manches über Land und Leute erfährt man in den Museen der Stadt: Das Ostenfelder Bauernhaus, das Schifffahrtsmuseum und das NordfrieslandMuseum »Nissenhaus« sowie das Pole Poppenspäler Museum sind nicht nur an weniger sonnigen Tagen zu empfehlen. Der Park, der das Schloss aus dem 16. Jahrhundert umgibt, ist besonders im Frühling zur Zeit der Krokusblüte, wenn sich ein leuchtender Teppich in Lila ausbreitet, einen Besuch wert.

Donnerstag und Samstag findet vor der Marienkirche in Husum der Markt statt.

Auf der Weiterfahrt nach Friedrichstadt sollte man einen kleinen Umweg über Witzwort machen und den **Roten Haubarg** – ein prächtiges altes Gehöft mit lohnenswerter Ausstellung und Restaurant – besichtigen. Für diejenigen, die ein oder zwei Tage länger in Husum verweilen, bietet sich eine Radtour zum Roten Haubarg an, denn die einfache Strecke ist knapp zehn Kilometer lang und führt durch eine reizvolle Umgebung.

4 Am Zusammenfluss von Treene und Eider liegt das schmucke Holländerstädtchen **Friedrichstadt.** Im 17. Jahrhundert von Herzog Friedrich III. von Schleswig-Gottorf gegründet, erhielt es sein geschlossenes Stadtbild von niederländischen Glaubensflüchtlingen: Die vielen Grachten, auf denen man romantische Bootsfahrten unternehmen kann, und die engen, von Giebelhäusern gesäumten Gassen erwecken den Eindruck eines »Klein-Amsterdam«. Hier sollte man eine gemächliche Paddeltour durch die Grachten unternehmen. Wer es etwas bequemer möchte, dem sei die romantische Fahrt auf einem Schiff empfohlen. Informationen über Boots-

Das Schloss vor Husum wurde im 16. Jahrhundert außerhalb der damaligen Stadtmauer errichtet und beherbergt heute ein Museum.

WANDERN & FREIZEIT

Von Husum aus in Richtung Simonsberg radelt man bis zur Halbmondwehle. Dort geht es links ab und auf beschilderten Wegen am Westerdeich entlang nach **Friedrichstadt.** Der Rückweg über Koldenbüttel und durch die Südermarsch ist mindestens ebenso schön.

Die Nase im Wind: Vom Husumer Dockkoog aus kann man immer am Deich entlang bis in den kleinen Luftkurort **Schobüll** marschieren. Auf dem Katastrophenweg auf der anderen Seite des Deiches geht es wieder nach Husum zurück.

Ein besonderes Erlebnis für Kinder ist der Besuch des **Pole Poppenspäler Museums** in Husum. In den Räumen des Museums gibt es Puppen, Requisiten und Bühnenbilder zu bestaunen. Gezeigt werden nicht nur Kasper und Seppl, sondern auch Figuren des chinesischen Schattentheaters, aus Indonesien, der Türkei, Tschechien, Sizilien und vielen anderen Winkeln der Welt. Das Museum versteht sich auch als Erlebnisraum: So stehen Handpuppen, Marionetten- und Papiertheater zum selbst Spielen bereit und laden zu spontanem Puppenspiel im kleinen Theater ein. Unweit lädt das nette Schlosscafé, direkt im Nordflügel des Schlosses vor Husum, zur Stärkung ein.

Mit dem Rad auf dem **Wikinger-Friesen-Weg**, der vom Eidersperrwerk bis nach Holm in der Schlei-Mündung verläuft, fährt man auf asphaltierten Radwegen durch eine malerische Landschaft von Friedrichstadt nach Schwabstedt. Dort kann man am Bootssteg in Mietkanus einsteigen und paddelt auf der Treene wieder zurück nach Friedrichstadt, wo die etwa neun Kilometer lange Tour mit einer Fahrt durch die sehenswerten Grachten ihren Abschluss findet. Auf der Treene und in den Grachten muss man gelegentlich mit Motorboot-Verkehr rechnen.

Fünf beschilderte Radwanderwege von 21–60 Kilometer Länge erschließen den **Kirchenrundweg,** auf dem Pedalritter sich an den 19 wunderschönen Kirchen der Halbinsel Eiderstedt orientieren können. Eine ebenso wundervolle Tour verläuft von St. Peter-Ording bis zum Leuchtturm von Westerhever (34 Kilometer). Die Tour beginnt am Erlebnis-Hus in St. Peter-Ording, und führt am Deich entlang in nördlicher Richtung. Die Fahrt geht am Deich weiter über Brösumsiel, Tümlauer Hafen bis Leikenhusen. Schließlich erreicht man den wohl bekanntesten Leuchtturm Deutschlands, den Westerheversand, den man auch besichtigen kann. Danach fährt man den selben Weg wieder zurück nach St. Peter-Ording.

Auf der Weiterfahrt von Friedrichskoog nach Brunsbüttel kommt man durch Marne. Hier kann man von Mai bis September einen kleinen Abstecher mit der **Fahrrad-Draisine** nach St. Michaelisdonn machen. Das Schienenfahrzeug wird wie ein Fahrrad von zweien der vier Gäste (pro Draisine) über Pedale bedient. Wer Glück hat, kann bei günstigem Wind aber auch das Segel setzen (marschenbahn-draisine.de).

Von der Friedrichskoog-Spitze am Hauptstrand werden in den Sommermonaten verschiedene **Wattwanderungen** angeboten (watterleben.de).

Nordic Walking in Brunsbüttel wird auf zwei Routen angeboten: Die eine ist knapp 17 Kilometer lang, die andere etwa sieben. Start- und Zielpunkt ist jeweils das Freizeitbad im Zentrum von Brunsbüttel.

Wahrzeichen der Halbinsel Eiderstedt ist der 1906 etwa einen Kilometer vor dem Seedeich errichtete Leuchtturm Westerheversand.

Der Strand von St. Peter-Ording bezaubert mit seinen Pfahlbauten und den für die nordfriesische Küste typischen Strandkörben.

verleih und Grachtenfahrt hält der Tourismusverein der Stadt bereit (Am Markt 9, friedrichstadt.de). Zu den Sehenswürdigkeiten von Friedrichstadt zählen das Doppelgiebelhaus, die Alte Münze, die Marktpumpe und das Paludanus-Haus sowie mehrere Kirchen verschiedener Konfessionen: Die evangelisch-lutherische Kirche, der Mennoniten-Betsaal, die Remonstranten-Kirche und die katholische Kirche sind Zeugen der Glaubensfreiheit an der Eider.
Von Friedrichstadt aus bietet sich ein Besuch von **Schwabstedt** an. Seine reizvolle Lage an der Treene lädt zu Bootstouren und zum Angeln ein.

5 Tönning an der Eidermündung war einst ein wichtiger Umschlagplatz, an dessen frühere Bedeutung noch das gut 200 Jahre alte Packhaus am Hafen mit einer sehenswerten Ausstellung erinnert. Beim Bummel über den Marktplatz mit seinen malerischen Bürgerhäusern und der das Stadtbild dominierenden romanischen St.-Laurentius-Kirche wird das Geschichtsbild des Besuchers ergänzt. Familien sollten unbedingt auch das hiesige Multimar Wattforum besuchen, das mit seiner Erlebnisausstellung zu Walen und dem Nationalpark Wattenmeer sowie mit zahlreichen Aquarien interessante Einblicke und Eindrücke vermittelt. Verschiedene Aktionsstationen, interaktive Computeranimationen und vieles mehr runden das Ganze ab. Im angeschlossenen Restaurant kann man dann kleine oder große Gerichte zu sich nehmen. Auf der Weiterfahrt in Richtung St. Peter-Ording liegen die Ortschaften **Tetenbüll, Katharinenheerd, Garding** und **Tating,** die ihrer schönen alten Backsteinkirchen wegen auf alle Fälle einen Kurzbesuch wert sind.

6 Im Südwesten der Halbinsel Eiderstedt liegt **St. Peter-Ording.** Der Kurort verspricht nicht nur Heilung für Erkrankungen der Haut und der Atemwege, sondern auch Erholung und Freizeitspaß für Urlauber: Endlos lange Sandstrände, Pfahlbauten-Restaurants, die bei Flut wie Inseln aus dem Wasser ragen, würzig-salzige Luft, Wind, Wellen und Sonne lassen keine Wünsche offen. Besonders schön ist der Ortsteil St. Peter, dessen Kirche noch aus dem 13. Jahrhundert stammt.

7 Beim Verlassen der Halbinsel Eiderstedt sollte man unbedingt einen Zwischenstopp beim **Eidersperrwerk** einlegen. Dieses Bollwerk gegen die Sturmfluten der Nordsee, eine Meisterleistung der Ingenieurskunst, wurde 1973 fertiggestellt. Auf beiden Seiten des Staudammes wurde durch Aufschüttungen Land gewonnen. Auf der inneren Seite befindet sich das Katinger Watt, ein Naturschutzgebiet, das man gut auf Reit-, Rad- und Wanderwegen erkunden kann.

Über Wesselburen gelangt man in die Krabbenfischerstadt **Büsum,** die einst eine Insel war und im 16. Jahrhundert durch einen Damm zum Festland kam. Das Aquarium am Hafen beherbergt über 30 interessante Schaubecken, in denen sowohl heimische als auch tropische Meeresbewohner und Lebewesen des Süßwassers gezeigt werden. Im Science Center »Phänomania« erwartet große und kleine Besucher eine interaktive Ausstellung zum Thema Naturwissenschaften mit vielen Mitmachstationen. Im Hafen von Büsum liegen zahlreiche Krabbenkutter. Ein besonderes Ausflugserlebnis für Familien mit Kindern verspricht eine Wattwanderung mit Krabbenfischen wie anno dazumal (buesumfuehrungen.de).

8 Heide nennt mit einer Fläche von 4,68 Hektar stolz den größten Marktplatz Deutschlands sein Eigen. Früher tagte dort die Landesversammlung, heute preisen Marktleute ihre Waren an. Hier befinden sich auch die sehenswerte Kirche St. Jürgen und eine Reihe schöner Bürgerhäuser, die aus dem 19. Jahrhundert stammen. Die Kreisstadt Dithmarschens besitzt mehrere interessante Museen, unter anderem die Museumsinsel Lüttenheid mit Heimatmuseum und das Brahmshaus.

9 St. Johannis zu **Meldorf** wird gern als »Dom der Dithmarscher« bezeichnet – eine reich ausgestattete, frühgotische Steinbasilika aus dem 13. Jahrhundert. An die wirtschaftliche und kulturelle Vergangenheit der einstigen Hauptstadt der Bauernrepublik erinnert das Dithmarscher Landesmuseum. Interessant ist auch das Landwirtschaftsmuseum, das über die Entwicklung des bäuerlichen Lebens dieser Region informiert.
Auf dem Weg zwischen Meldorf und Brunsbüttel liegt im Westen **Friedrichskoog,** in dessen Hafen zahlreiche bunte Fischkutter ankern. Die Tierfütterungen in der Seehund-Aufzuchtstation, in der von ihren Müttern verlassene Heuler lebenstüchtig gemacht werden, sind ein interessantes Erlebnis für Jung und Alt.
Auf der Weiterfahrt lohnt eine Besichtigung der **Schleusenanlagen von Brunsbüttel.** Hier mündet der Nord-Ostsee-Kanal in die Elbe.

10 Das schöne **Glückstadt** wurde im 17. Jahrhundert vom Dänenkönig Christian IV. gegründet. Die Anlagen der früheren Festungsstadt sind noch zu besichtigen. Die Stadt beeindruckt durch das Renaissance-Rathaus am Markt und schmucke Adels-, Bürger- und Beamtenhäuser. Auch ein Besuch des Detlefsen-Museums, wo Wissenswertes zur Geschichte des Walfangs zu erfahren ist, lohnt sich.

Entlang der Ostseeküste bis ins Herzogtum Lauenburg

Die Tour beginnt in Flensburg und führt entlang der Buchten der Ostseeküste in die Städte Schleswig und Kiel. Durch die Holsteinische Schweiz geht es in die Lübecker Bucht und dann auf die Insel Fehmarn. Hinter Ratzeburg endet die Tour in der Eulenspiegel-Stadt Mölln.

Über den Flensburger Hafen hinweg bietet sich der beste Blick auf die Marienkirche.

TOUR 4

- **Länge:** 300 Kilometer
- **Dauer:** 5–8 Tage
- **Start | Ziel:** Flensburg | Mölln

1 Flensburg bezaubert mit seiner Altstadt. Prächtige Kaufmannshöfe aus dem 16. und 18. Jahrhundert reihen sich in der Norderstraße aneinander. Sie stehen alle auf der zum Hafen gelegenen Seite, weshalb man diese Straßenseite auch Groschenseite nannte. Die gegenüberliegende Seite nannte man Fünf-Pfennig-Seite, denn dort wohnten Handwerker in bescheideneren Häusern. Sehenswert sind auch die kleinen Häuschen, die im Oluf-Samsons-Gang Spalier stehen. Er war einst eine Wohngasse von Handwerkern und Seeleuten, die später zur Rotlichtmeile avancierte. Von dem Reichtum, den die Flensburger durch den Ostseehandel, aber auch durch den bis heute wichtigen Handel mit Rum erlangten, zeugen die Kirchen St. Marien und St. Nikolai mit ihrem prächtigen Rokokoaltar.
Bei einem Spaziergang am Museumshafen kann man historische Segelschiffe bestaunen und einige von ihnen auch besichtigen. Manche der Schiffe nehmen alljährlich Ende Mai an der Rum-Regatta teil. Am Hafen ist auch das Schifffahrtsmuseum im ehemaligen Zollhaus untergebracht.

2 Inmitten mächtiger Bäume erstreckt sich ein stiller See, auf dem das weiß leuchtende Wasserschloss **Glücksburg** regelrecht zu schweben scheint. In der Ende des 16. Jahrhunderts errichteten Residenz der Herzöge von Glücksburg wohnten bis in unser Jahrhundert hinein Mitglieder des europäischen Hochadels – entsprechend glanzvoll zeigt sich das Schlossinnere. Nicht entgehen lassen sollte man sich einen Spaziergang durch das Rosarium im Schlossgarten. Auf gut einem Hektar Fläche blühen dort in der warmen Jahreszeit über 500 verschiedene Rosenarten. Ebenso lädt die heimelige Residenzstadt zu einem Bummel ein.

3 Durch die weiten Landschaften Angelns, an Dörfern und Gehöften vorbei, gelangt man nach **Kappeln.** Der historische Heringszaun am Schleiufer ist das letzte Relikt einer jahrhundertealten Fangmethode. Über der Schleienge erhebt sich der Ort, den eine imposante Kirche überragt. Der Backsteinbau erweist sich innen als eine der gelungensten Schöpfungen des Spätbarock.

WANDERN & FREIZEIT

Der 500 Kilometer lange **Ochsenweg** führt von dänischen Viborg in Jütland über Flensburg bis zum Elbufer bei Wedel und verspricht eine interessante, mehrtägige Radtour. Man fährt auf ausgeschilderten Wegen durch weite Heidelandschaften und urtümliche Wälder. Zum Sightseeing laden Städte wie etwa Flensburg, die ehemalige Residenzstadt Schleswig, die alte Festungsstadt Rendsburg oder der alte Marktort Wedel ein. Der Ochsenweg war einst eine wichtige Nord-Süd-Fernverbindung für den Viehhandel. In Dänemark ist der Weg unter dem Namen »Hærvejen« (Heerweg) bekannt, denn der Weg war auch Marschroute für Kriegszüge.

Die schönsten Seiten der Stadt **Flensburg** kann man auf zwei Rundwegen (StadtRundUm) entdecken. Sie führen durch malerische Gassen, vorbei an faszinierenden Altbaufassaden, über steile Treppen zu herrlichen Aussichtspunkten und verbinden Parks, begrünte Höfe und Gärten. Auf den Wegen informieren Auskunftstafeln über Umweltthemen sowie Geschichte, Entstehung und diverse Besonderheiten Flensburgs. Beide etwa vier Kilometer langen Rundwege beginnen an der Spitze im Südteil des Hafens.

Glücksburg: Durch den Staatsforst Flensburg-Friedeholz führt ein **archäologischer Rundwanderweg** zu zehn frühgeschichtlichen Monumenten. Infotafeln geben auf dem rund fünf Kilometer langen Dolmenpfad Auskunft über die Relikte aus der jüngeren Stein- und Bronzezeit. Der Wanderweg beginnt und endet am Parkplatz »Schauenthal« (Holnisstraße) oder am Parkplatz »Friedeholz« (Paulinenallee). Gleich in der Nähe sind das Wildgehege mit Wildschweinen und die Spielplätze Anziehungspunkte für Kinder.

D A N M A R K
Kieler Bucht
Langeland
Ærø
Flensburg
Padborg
Kruså
Wasserschloss
Glücksburg
Flensburger Förde
Nordertor
Bismarckturm
Küstenwanderweg
Schleimünde
Kappeln
Angeln
Schlei
Schleswig
Schloss Gottorf
Haithabu
Naturpark Schlei
Schwansen
Eckernförde
Eckernförder Bucht
Nikolaikirche
Dänischer Wohld
Naturpark Hüttener Berge
Schwansener See
Aqua Tropicana
Damp
Olympiahafen
Marine Ehrenmal
Laboe
Kiel
Kronshagen
Kieler Woche
Freilicht-museum
Preetz
Plön
Großer Plöner See
Eutin
Malente
Holsteinische Schweiz
Naturpark Westensee
Rendsburg
Büdelsdorf
Hochbrücke
Nord-Ostsee-Kanal
Neumünster
Naturpark Aukrug
Itzehoe
Bad Bramstedt
Bad Segeberg
Karl-May-Festspiele
Kaltenkirchen
Henstedt-Ulzburg
Norderstedt
Quickborn
Elmshorn
Uetersen
Pinneberg
Glückstadt
Stade
Hamburg
Ahrensburg
Bargteheide
Bad Oldesloe
Reinfeld
Lübeck
Travemünde
Timmendorfer Strand
Scharbeutz
Neustadt in Holstein
Hansapark
Ratekau
Bad Schwartau
Ratzeburg
Mölln
Eulenspiegel-museum
Naturpark Lauenburgische Seen
Oldenburg in Holstein
Naturpark Wagrien
Hohwachter Bucht
Heiligenhafen
Elbmarschen
Land Kehdingen
Drochtersen
0 5 10 km

Schloss Glücksburg am Südufer der Flensburger Förde ist Deutschlands größtes Wasserschloss.

Maasholm an der Mündung der Schlei ist ein Fischerort, der sich im Sommer in einen beliebten Treffpunkt der Ostseesegler verwandelt. Zahlreiche Buden und Kneipen bieten frisch geräucherten Fisch an.
Auf der Weiterfahrt durch die Hügellandschaft von **Schwansen** sollte man die Straße der Herrenhäuser über Damp und Waabs nach Eckernförde nutzen. Einer kleiner Badestopp lässt sich gut am Sandstrand des Ostseebades **Damp** einrichten. Bei schlechtem Wetter kann man auch ins Entdeckerbad im Ostsee Resort Damp ausweichen.

4 Schleswig, die Residenz derer von Gottorp, kann auf eine wechselvolle Geschichte zurückblicken. Bei einem Bummel durch die Altstadt, über die Marktplätze und an restaurierten Häusern vorbei, gelangt man zum eindrucksvollen gotischen Dom St. Petri aus dem 12.–15. Jahrhundert mit seinem 112 Meter hohen Turm. In den einstigen Residenzgebäuden von Schloss Gottorf auf dem Friedrichsberg befinden sich die Landesmuseen. Zu den Attraktionen zählen u. a. die Moorleichen aus dem Windebyer Moor bei Eckernförde, das Nydam-Wikingerschiff (um 320 n. Chr.), das älteste bekannte hochseetüchtige Schiff Nordeuropas, sowie eines der 49 Exemplare der Gutenberg-Bibel von 1452/54.
Südlich der Stadt, am Haddebyer Noor, lag früher einmal **Haithabu,** der legendäre Wikingerhafen und heutiges UNESCO-Weltkulturerbe. Dessen noch sichtbare Befestigungsanlagen und das Museum sollte man sich nicht entgehen lassen. Die Anlagen, Runensteine sowie einige rekonstruierte Gebäude können im Rahmen einer Führung besichtigt werden. Von dem Befestigungswall führt ein Wanderweg zum Museum.
In der alten Stadt **Rendsburg,** deren hübsche Altstadt auf einer Insel in der Eider liegt, trifft man dann auf den Nord-Ostsee-Kanal, dem man in östlicher Richtung folgt.

5 Das Herz der Stadt **Eckernförde** ist noch immer der Hafen, in dem Fischkutter festmachen. Gleich dahinter findet sich die Altstadt mit ihren Giebelhäusern und prächtigen Bürgerbauten. St. Nikolai birgt bedeutende Werke barocker Holzschnitzkunst. Anziehungspunkt für die meisten Besucher ist der vier Kilometer lange Strand, der fast bis ans Ende der Eckernförder Bucht reicht.
Die Aalregatta zu Pfingsten, die Sprottentage Mitte Juli sowie das Piratenspektakel im August locken mit Musik und buntem Treiben im Hafen viele Besucher an. Gleiches gilt für den Hochseilgarten Altenhof und das Ostsee Info-Center mit seinen Meeresaquarien und dem großen Fühlbecken, wo kleine Besucher Plattfische, Strandkrabben und Seesterne berühren dürfen.

6 Die Landeshauptstadt **Kiel** ist eine Werft- und Hafenstadt, in der ein lebendiges Kulturangebot mit schönen Museen entstanden ist. Im Norden der Innenstadt kann man dem Treiben auf dem Nord-Ostsee-Kanal zusehen, der hier in die Förde mündet. In Kiel-Schilksee liegt der Olympiahafen, in dem 1972 die Segelwettbeewerbe stattfanden.
Das **Freilichtmuseum Molfsee** lässt das Landleben in Schleswig-Holstein wieder lebendig werden. Dort wurden Bauernhäuser, Scheunen, Mühlen und Handwerksstätten aufgestellt, die zuvor anderswo im Lande standen. Man kann selbst gebackenes Brot sowie selbstgemachten Schinken und Käse genießen und weitere Produkte kaufen, wie etwa Honig und Geschmiedetes oder Töpfer- und Korbwaren. Bei Kindern steht der alte Jahrmarkt mit Karussell und Schiffschaukel hoch im Kurs.

Und dann lockt der Ausflugs- und Badeort **Laboe** am Ostufer der Förde mit Hafenbetrieb und Stränden.

7 Plön am Großen Plöner See liegt im Herzen der Holsteinischen Schweiz. Bei einem Bummel durch die Kleinstadt trifft man auf einige imposante Gebäude, die aus der Zeit stammen, als Plön noch Residenzstadt war. Deren eindrucksvollstes Zeugnis thront über den Ufern des Sees auf dem Burgberg: Das im 17. Jahrhundert erbaute Schloss diente als kaiserliche Residenz und preußische Kadettenanstalt und bis 2001 als Internat. Heute ist es in Privatbesitz und dient als Bildungsstätte. Besichtigungen sind nach Voranmeldung möglich (fielmann-akademie.com).

8 Auch **Eutin** kann auf eine Vergangenheit als Residenz zurückblicken: Im historischen

Im Dom von Schleswig zieht der geschnitzte Altar von 1521 die Blicke auf sich.

Ausflugsschiffe laden im Hafen Kappelns zu Erkundungstouren auf dem Schlei ein.

Lübecks schönste Seiten sieht man nur, wenn man sich durch die engen Durchlässe in die Gassen und Höfe hinter den Häusern wagt.

Zentrum finden sich viele künstlerische und kulturelle Zeugnisse, die den vergangenen Glanz im »Weimar des Nordens« erahnen lassen. Ganze Straßenzüge sind von der klassizistischen Bebauung aus der Blütezeit Eutins geprägt. Der von Cafés und Kneipen gesäumte Marktplatz ist noch immer das Zentrum des städtischen Lebens. Nach einer Besichtigung des Eutiner Schlosses empfiehlt sich ein Spaziergang durch den Park.
Auf der Weiterfahrt bietet sich für Familien ein Abstecher in den **Hansa-Park** an der Neustädter Bucht an. Von dort fährt man entlang der Küste mit malerischen Badeorten und Stränden über **Sierksdorf, Haffkrug, Scharbeutz** und **Timmendorfer Strand** bis nach Travemünde.

9 Travemündes markantestes Bauwerk strahlt jede Nacht weit in die Lübecker Bucht hinein: Auf einem Hotelturm in 118 Meter Höhe blinkt ein Leuchtfeuer. Das Seebad bietet Sandstrände, Promenaden, Kuranlagen, Spielkasino, feudale Hotels und Restaurants. An der Strandpromenade oder entlang der Promenade an der Trave kann man kilometerweit spazieren oder Rad fahren. Wer es ruhiger mag, macht einen Abstecher mit der Fähre zum Priwall, der auf der anderen Uferseite der Trave liegt.
Ein größerer Ausflug führt auf die **Insel Fehmarn,** die seit 1963 durch eine Brücke mit dem Festland verbunden ist. Endlose Strände und weite Landschaften machen den Reiz dieser Insel aus, die geschäftige Seebäder wie Burg oder kleine Fischerorte wie Lemkenhafen zu bieten hat. Der Leuchtturm Flügge im Naturschutzgebiet Krummsteert ist mit 37 Metern der höchste der Insel und auch der einzige, der besichtigt werden kann. Das lohnt sich schon wegen des tollen Blicks von oben.

10 Die **Freie und Hansestadt Lübeck,** die »Königin der Hanse«, gehört mit ihrer von Wasser umschlossenen Altstadt zum Weltkulturerbe der UNESCO. Wie durch ein Wunder sind die historischen Bauten, deren Backsteingotik für den gesamten Ostseeraum stilbildend war, erhalten geblieben. Ebenso schön wie kunstgeschichtlich lehrreich ist ein Spaziergang durch das berühmte Holstentor in die Altstadt mit ihren prächtigen Patrizierhäusern und dem riesigen Rathaus aus dem Jahr 1308. Stiftungsbauten wie das Heilig-Geist-Hospital und einige mächtige Gotteshäuser, etwa die Marienkirche (»Kirche des Rats«) oder der Dom, zeugen vom Reichtum der hansischen Kaufleute, die jahrhundertelang den Handel zwischen Nord- und Ostsee kontrollierten.
Ebenfalls in der Altstadt befinden sich das Gängeviertel, das Buddenbrookhaus in der Mengstraße mit dem Heinrich-und-Thomas-Mann-Zentrum, das Günter-Grass-Haus sowie das immer gut besuchte Café Niederegger, wo man auch das weltberühmte Marzipan bekommt.

11 Ratzeburg im Herzogtum Lauenburg liegt auf einer Insel, die durch Dämme mit dem Festland verbunden ist, und besticht durch den historischen Stadtkern. Besonders schön ist der Dombezirk mit der Bischofskirche, einem Meisterwerk der Spätromanik, und dem Domkloster. Ernst Barlach, der einen Teil seiner Jugend in der Stadt verbrachte, ist ein sehenswertes Museum gewidmet. Und im A.-Paul-Weber-Museum erhält man einen Überblick über die Werke des Karikaturisten.

12 Mölln ist durch Salz wohlhabend geworden, denn hier verlief im 10. Jahrhundert die alte Salzstraße von Lüneburg nach Lübeck. Lübischem Einfluss verdanken die Möllner auch ihr prächtiges Rathaus. Beim Bummel durch die mit liebevoll restaurierten Fachwerkhäusern gesäumten Straßen sollte man einen Blick in die spätromanische St.-Nicolai-Kirche werfen. Außen am Westportal befindet sich ein Gedenkstein für einen Mann, der im 14. Jahrhundert in Mölln starb und dem die Stadt ihre Bekanntheit zu verdanken hat: Dem Schelm Till Eulenspiegel sind ein Brunnen und ein ganzes Museum gewidmet.
Entspannend ist ein gemütlicher Spaziergang durch den rund vier Hektar großen Kurpark, der zu den schönsten Norddeutschlands zählt. Hier laden neben Freizeitaktivitäten wie Minigolf, eine Boule-Bahn, Schach- und Mühlebrett sowie verschiedene Themengärten und der Rosengarten zum Verweilen.

Die trutzige, spätromanische Basilika St. Nikolai wacht über der Eulenspiegelstadt Mölln.

WANDERN & FREIZEIT

Ein kleines Stück nördlich von Glücksburg lädt auf der **Halbinsel Holnis** der Theodor-Fontane-Weg zu einer rund neun Kilometer langen Wanderung ein. Der mit roten Markierungen gekennzeichnete Weg beginnt im Dorf Drei und führt zunächst entlang der Außenförde, am Fährhaus vorbei, bis zum Steilufer der Innenförde Flensburgs. Von dort geht es weiter über Holnis-Hof, Holnis Noor und Leuchtturm Schausende zum Neu Pugumer See, der einer Kormorankolonie Heimat bietet.

Den Küstenwanderweg von Maasholm nach Norden bis Gelting erwandern: In der Geltinger Bucht liegt die **Geltinger Birk,** ein landschaftlich reizvolles Naturschutzgebiet, in dem über 150 Vogelarten leben. Mittlerweile durchqueren vier Wanderwege und ein Reitweg die Birk, die meist beim Parkplatz bei der Mühle Charlotte beginnen. Zwei Rundwanderwege beginnen bei der Schutzhütte des NABU und führen über die Birkspitze bis zum Leuchtturm Falshöft, wo sich im ehemaligen Lotsenhaus eine weitere Info-Station befindet. Die Wanderwege sind zwischen drei und 13 Kilometer lang.

Ab Kiel-Heikendorf am Ostufer der Förde führt ein kilometerlanger Wanderweg Richtung **Laboe** und immer am Ostseestrand entlang. Badesachen nicht vergessen!

Mit Blick auf den Wasserstraßen-Verkehr: Zu Fuß oder noch besser mit dem Rad immer gemütlich auf den Deichen am **Nord-Ostsee-Kanal** entlang.

Eine etwa 25 Kilometer lange Radtour führt um den **Westensee.** Die Tour startet in Achterwehr und führt über die Etappen Gut Marutendorf, Wrohe und Westensee wieder zurück. Man kann auch per Rundkursbus die Tour abkürzen. Der Westensee selbst lädt mit idyllischen Badestellen zum Verweilen ein. Der See ist Teil eines Naturparks.

Eine schöne Rundfahrt durch die **Holsteinische Schweiz:** Diese vierstündige Radtour führt, ausgehend von Eutin, über Kreuzfeld am Suhrer und Vierer See vorbei zum Großen Plöner See. Anschließend geht es den Bicheler Berg hinauf, und an der Braaker Mühle vorbei führt der Weg zurück zum Ausgangsort Eutin.

Die etwa 48 Kilometer lange **Seenradtour** beginnt und endet in Ratzeburg und führt durch den Naturpark Lauenburgische Seen. Es geht entlang der Rapsfelder und zahlreiche Seeblicke erwarten den Besucher, wie etwa in Bäk mit

Blick über den Domsee auf die malerische Ratzeburger Domhalbinsel oder vom Aussichtsturm am Mechower See. Der ausgeschilderte Rundweg führt weiter zum Museum Grenzhus in Schlagsdorf, durch die sanft hügelige Landschaft bis an das Ufer des Schaalsees. Einen schönen Blick über den nördlichen Teil des Sees bietet der Aussichtsturm in Dargow. Von hier aus geht es entlang der Ufer des Pfuhl-, des Piper- und des Salemer Sees wieder zurück nach Ratzeburg.

Von der Mecklenburger Bucht in die Boddenlandschaft

Von Wismar aus führt diese Tour über die Seebäder Kühlungsborn und Bad Doberan nach Rostock und Warnemünde. Nach einer Fahrt durch die Vorpommersche Boddenlandschaft über Fischland, Darß und Zingst endet die Reise in der alten Hansestadt Stralsund. Ein Abstecher führt durch den Klützer Winkel nach Boltenhagen.

TOUR 5

- **Länge:** rund 240 Kilometer
- **Dauer:** 5–7 Tage
- **Start | Ziel:** Wismar | Stralsund

Als »ein Stück England in Mecklenburg« gilt Schloss Bothmer.

1 Die alte **Hansestadt Wismar** gehörte zu den Gründern der Hanse und hat sich die typische Backsteingotik einer reichen Handelsstadt bis heute erhalten können. Im Zentrum der mittelalterlichen Altstadt, die zum UNESCO-Kulturerbe zählt, liegt der riesige Marktplatz mit dem Pavillon der Wasserkunst, gesäumt von barocken, neugotischen und klassizistischen Gebäuden sowie zahlreichen Giebelhäusern. Am Markt steht auch der Alte Schwede, das älteste Gebäude (1380) und berühmtestes Gasthaus von Wismar zugleich. Die Altstadt wird von den Türmen der drei Hauptkirchen überragt. Die im Zweiten Weltkrieg zerstörte St.-Georgen-Kirche (15. Jahrhundert) präsentierte sich Jahrzehnte lang als gewaltige Ruine und erstrahlt seit 2010 in altem Glanz. Beim Bummel durch die Straßen und Gassen trifft man am Südrand der Altstadt auf die Hanse Sektkellerei, die am nördlichsten gelegene Sektkellerei Deutschlands. Große Parkflächen am Alten Hafen laden zum Spazieren ein, eignen sich aber auch als Startpunkt für den Bummel durch den Hafen und in die Altstadt. Am Hafen erinnern die Schwedenköpfe vor dem barocken Baumhaus an die Schwedenherrschaft (1632–1803).
Ein Abstecher von Wismar aus führt ins Herz des Mecklenburger Landes: Der **Klützer Winkel** lag bis 1989 im Schatten der innerdeutschen Grenze. Hier findet man sanftes, einsames Bauernland, winzige Dörfchen mit malerischen Häusern und immer wieder satte Weiden. Der Herr eines der größten Güter im Junkerland Mecklenburg ließ sich das Barockschloss Bothmer in der kleinen Ortschaft Klütz errichten. Dessen Landschaftsgarten gehört wahrlich zu den schönsten des Landes. Das gemütliche Seebad **Boltenhagen** wartet mit Kuranlagen und einer Promenade vor alten Logierhäusern auf. Der etwa vier Kilometer lange, steinfreie Strand lädt nicht nur zum Baden, sondern auch zum Wandern ein. Der Weg führt nach Westen, wo man bei Großklützhöved eine atemberaubende Steilküste sieht, von der man einen herrlichen Ausblick auf Meer und Umgebung hat. Besonders Familien mit Kindern schätzen den breiten, windgeschützten Sandstrand, der sich entlang der Bucht Wohlenberger Wiek entlangzieht.
Ein anderer Abstecher führt über einen Damm zur idyllischen **Insel Poel,** der drittgrößten Insel Mecklenburg-Vorpommerns. Flach und weitgehend waldlos, hat man vom rund 27 Meter hohen Kickelberg eine gute Aussicht. Die schönsten Badestrände der Insel erstrecken sich zwischen Timmendorf und Schwarzer Busch im Nordwesten. Nett ist auch eine Fahrt mit der Barkasse »Salzhaff« von Gollwitz, ganz im Nordosten, bis nach Rerik (nur für Fußgänger und Radfahrer). Auf dem Weg dorthin geht es vorbei an der Vogelschutzinsel Langenwerder mit Zwischenstopps an Orten auf dem Festland und entlang der Halbinsel Wustrow.

WANDERN & FREIZEIT

Im **Klützer Winkel:** von der Kurverwaltung im Seebad Boltenhagen unter Alleebäumen und durch Waldgebiete zum Schlösschen Bothmer in Klütz (ca. 18 Kilometer).

phanTECHNIKUM in Wismar: In einem ehemaligen Kasernengebäude sind vier Bereiche untergebracht, die den vier Elementen zugeordnet sind. Hier lässt sich die Technikgeschichte Mecklenburg-Vorpommerns auf packende Weise erleben.

An der B105 im Eversdorfer Forst, unweit von Grevesmühlen, befinden sich etliche Hünengräber, Dolmen und andere monumentale Relikte aus der Steinzeit. Ein wenige Kilometer langer **archäologischer Lehrpfad** führt zu diesen Monumenten, die in eine Nordgruppe (zehn Gräber) und eine Südgruppe (fünf Gräber) unterteilt wurden. An den Stationen geben Tafeln Auskunft über die Objekte.

Von Wismar sind es nur ein paar Kilometer bis nach **Dorf Mecklenburg:** Am Ortseingang erwartet den Wanderer eine Windmühle, zu der ein Restaurant und ein Museum gehören.

Unweit von Rerik liegen mehrere **Großgräber** aus der Stein- und der Bronzezeit, die man auf eigene Faust oder im Rahmen einer Führung erkunden kann.

Prächtige Backsteinhäuser und das letzte erhaltene Stadttor (Wassertor) säumen die Uferzeile am historischen Hafen von Wismar.

Strandkörbe warten in Kühlungsborn auf sonnenhungrige Badegäste.

2 Das kleine, reizvoll gelegene Ostseebad **Rerik** hat sich seinen ländlichen Charakter bewahrt. Die Johanniskirche, ein frühgotischer Backsteinbau, ist mit ihren bezaubernden Innenmalereien eines der schönsten Gotteshäuser an der Ostsee. Der Sandstrand, der sich unter dem Steilufer ausbreitet, lädt zum Schwimmen und Sonnenbaden ein. Von der Reriker Seebrücke legen Ausflugsschiffe zu Rundfahrten ab.

3 Das waldreiche, bis zu 130 Meter hohe Hügelland der Kühlung gab dem Seebad **Kühlungsborn,** das 1937 aus drei Dörfern entstand, seinen Namen; gleiches gilt für den Beinamen »Grüne Stadt am Meer«. Der Badebetrieb in dem zu DDR-Zeiten größten Ostseebad begann schon 1857. Die prächtigen Villen in den Straßen erinnern an diese Zeit. Hier bleiben keine Wünsche offen, dafür sorgen ausgedehnte Sandstrände, Campingplätze sowie Sport- und Erholungsanlagen. Ein Hauptvergnügen der Gäste ist aber auch das Flanieren auf der vier Kilometer langen Strandpromenade, die von Bauten historischer Bäderarchitektur gesäumt wird. Für Familien mit großen Kindern ist auch der Kletterwald, lediglich 100 Meter hinter der Strandpromenade, interessant. Zur Auswahl stehen gleich mehrere Parcours mit unterschiedlichem Schwierigkeitsgrad, Base-Jump aus zehn Meter Höhe sowie eine der längsten Seilbahnen (103 Meter) in ganz Norddeutschland.
Über **Heiligendamm,** das sich nicht nur erstes deutsches Ostseebad – bereits seit 1793 –, sondern dank seiner klassizistischen Bauten auch »Weiße Stadt am Meer« nennen darf, geht es ins Landesinnere.

4 Bad Doberan geht auf ein Kloster aus dem 12. Jahrhundert zurück. An diese Zeiten erinnert das prächtige Doberaner Münster, ein Meisterwerk der stilreinen Backsteingotik mit reicher Innenausgestaltung. Das klassizistische Zentrum am Kamp und das Palais der herzoglichen Residenz verdanken ihr Entstehen einem der bedeutendsten Architekten Mecklenburgs. Und hier wurde zu Beginn des 19. Jahrhunderts auch die erste Pferderennbahn auf dem europäischen Kontinent angelegt. Ein nostalgisches Abenteuer verspricht eine Fahrt mit der **Dampflok »Molli«** zurück an die Küste; die Mitnahme von Fahrrädern ist natürlich gegen einen kleinen Aufpreis möglich.

5 An der Warnowmündung liegt die alte **Hansestadt Rostock**. Die größte Stadt Mecklenburg-Vorpommerns ist auch heute noch eine bedeutende Hafenstadt. In der östlichen Altstadt wetteifern schmucke mittelalterliche Patrizierhäuser wie das Kerkhof-Haus miteinander. Sehenswert sind das mächtige Rathaus am Alten Markt und die Marienkirche mit der astronomischen Uhr von 1472 am Neuen Markt. Im Herzen der Altstadt jedoch liegt das, was Rostock zur »Leuchte des Nordens« gemacht hat: die älteste Universität Nordeuropas, die über Jahrhunderte hinweg das geistige Zentrum im Ostseeraum war. Unweit lädt die Kröpeliner Straße zum Bummeln ein. In dieser Fußgängerzone, die beim Kröpeliner Tor beginnt, kann man viele historische Gebäude bewundern, wie das Ratschow-Haus mit seiner herrlichen Giebelfassade.
Nahe der grünen Wallanlagen finden sich die Gebäude des Klosters zum Heiligen Kreuz mit dem Kulturhistorischen Museum.

6 Warnemünde, bereits im Jahr 1323 ein Vorposten Rostocks und seit dem 19. Jahrhundert das beliebte Ziel von Sommerfrischlern, ist mit seinen prächtigen Villen und Logierhäusern an der äußeren Küste geradezu der Inbegriff eines modernen Seebades. Markenzeichen ist aber auch der vier Kilometer lange und an einigen Stellen über 100 Meter breite Sandstrand.
Auf der Strandpromenade gelangt man zum Alten Leuchtturm, der bei guter Sicht eine Panoramasicht bis hinüber nach Dänemark bietet. Durch die Kuranlagen und Parks geht es zum alten Fischerort, der mit den kleinen Kapitänshäusern und Katen noch recht ländlich und idyllisch wirkt. Der Ort am Alten Strom, wie der als Hafen genutzte Wasserarm auch genannt wird, ist aber die eigentliche Ader von Warnemünde und lässt sich in einem gemütlichen Spaziergang erkunden. Hier verkaufen Fischkutter ihren Fang, kommen Ausflugsschiffe, Jachten und Segelboote an. Außerdem beherbergen die malerischen Häuser Cafes, Restaurants und Kneipen.

7 In der Rostocker Heide liegt das See- und Heilbad **Graal-Müritz.** Schon Franz Kafka versprach sich Heilung von einem Aufenthalt in dem größten geschlossenen Waldgebiet (rund 12 000 Hektar) an einer deutschen Küste. 1938 entstand der Doppelort, der zum Baden und Wandern einlädt. Fünf Kilometer Sandstrand und ausgedehnte Waldgebiete, an die sich ein Küstenhochmoor anschließt, sind ein Paradies für Naturliebhaber. Die Flora und Fauna des Großen Moores kann man auf dem beschilderten Moorlehrpfad näher erkunden. Besonders zur Blütezeit (Mai/Juni) ist der über vier Hektar große Rhododendronpark mit über 50 Sorten und bis zu zehn Meter hohen Sträuchern sehenswert.

8 Ein Kuriosum: Mitten durch **Ribnitz-Damgarten** verläuft die Grenze zwischen Mecklenburg, zu dem Ribnitz gehört, und dem Vorpommerschen Damgarten. Die historische Altstadt lädt zum Bummeln ein; in der Kirche des Klarissenklosters von 1393 stehen die berühmten Ribnitzer Madonnen. Bevor man von hier aus in den einzigartigen Nationalpark Vorpommersche Boddenlandschaft eintritt, sollte man dem Deutschen Bernsteinmuseum der Kleinstadt unbedingt einen Besuch abstatten.
Bei der Gelegenheit kann man in der Schaumanufaktur Ostsee-Schmuck (an der B105, ostseeschmuck.de) sehen, wie Schmuckgegenstände aus Bernstein angefertigt werden, und diese auch kaufen.

9 Über das Seebad **Dierhagen** am Saaler Bodden mit seinen ausgedehnten Stränden

Die Kröpeliner Straße in Rostock lädt zum Einkaufsbummel ebenso ein wie zum Bestaunen der farbenfrohen Giebelhäuser.

Das imposante Zisterzienserkloster Bad Doberan ist ein Paradebeispiel der Hochgotik.

Inspiration pur für zahlreiche Künstler war und ist die verträumte Landschaft am Strand von Ahrenshoop.

WANDERN & FREIZEIT

Eine rund 32 Kilometer lange Radrundtour bei Graal-Müritz verläuft durch die wunderschöne Landschaft der **Rostocker Heide.** Die Tour startet im Ortsteil Müritz und führt über die Etappen Hirschburg, Jagdschloss Gelbensande, Köhlerhof Wiethagen, Beckerstein, Hinrichshagen und Krausestein wieder zurück in den Ortsteil Graal. Auf der Tour imponiert das Jagdschloss Gelbensande und lädt die Landgaststätte Schinkenkrug in Hinrichshagen zum Rasten und Einkehren ein.

Eine nette und leicht zu bewältigende Wanderung ist die rund 18 Kilometer lange Tour **von Kühlungsborn nach Rerik.** Sie beginnt in Kühlungsborn an der Promenade und führt nach Westen zum NSG Riedensee, einem Süßwassersee aus der Eiszeit, unmittelbar hinter der Stranddünung. Danach folgen die Stationen Kägsdorfer Strand mit seinem Surferparadies und der Campingplatz Ostseecamp. Von hier aus macht die Tour einen Abstecher landeinwärts zu einem Hünengrab mit Infotafel. Anschließend geht es zurück zur Steilküste, wo es im weiteren Verlauf immer wieder schöne Ausblicke auf die Ostsee gibt. In Rerik endet die Tour schließlich an der Seebrücke. Die Rückfahrt erfolgt mit dem Bus Linie 121 bis zum Bahnhof Kühlungsborn-Ost.

Unvergesslich ist eine Bootsfahrt im **Zeesboot,** dem traditionellen Fischerboot mit den braunen Segeln. Bei günstigem Wetter bieten (Mai bis Oktober) einige Besitzer dieser bildschönen, mittlerweile selten gewordenen Segelboote Törns über den Bodden an. Die rund 90 Minuten dauernde Fahrt geht entlang der malerischen Küste. Und gelegentlich dürfen auch Gäste Steuermann sein. Warme Kleidung und festes Schuhwerk werden empfohlen. Anbieter gibt es in Ahrenshoop-Althagen (raeucherhaus-ahrenshoop.de) und in Wustrow (kunstscheune-barnstorf.de/butt).

Fischland: Von Ahrenshoop führt der Weg an der romantischen **Steilküste des Hohen Ufers** entlang nach Wustrow. Bis zu 20 Meter fällt das Ufer hier ab, an anderen Stellen schlängelt sich der Weg durch dichtes Buschwerk.

Die grüne Stadt Marlow hat nach dem Motto **»Tour der Steine«** die ehemalige Kennzeichnung von Reiserouten mittels Wegsteinen wiederbelebt. Die Steine sind so dicht gesetzt, dass man sein Ziel auch ohne Landkarte erreicht. Unter den Routen befinden sich auch einige Radtouren, die sich auch für Familien mit Kindern eignen. Sie führen durch eine abwechslungsreiche Landschaft unweit des Recknitztals nach Marlow. Auf einer Etappe in Pantlitz bietet sich ein Halt bei der »Radfahrerkirche« mit ihrem schönen Seitenportal an. Von ihrem Turm hat man eine herrliche Aussicht auf die Umgebung. In Marlow selbst ist ein Abstecher in den **Vogelpark** ein gelungener Abschluss.

Wildromantisch: Quer durch den **Darßer Wald** führt eine markierte Wanderstrecke zum unberührten Darßer Weststrand, an dem die berühmten »Windflüchter« sich gegen den Wind in den Sand krallen.

Stolz erheben sich die ungleichen Türme von St. Nikolai über den Dächern der Altstadt von Stralsund.

gelangt man ins **Fischland,** einen schmalen Dünenstreifen, der jahrhundertelang ausschließlich von Fischern und stolzen Seefahrern bewohnt wurde.

Über den Permin, heute eine Bucht, früher eine Durchfahrt, die von den Hanseaten mit versenkten Schiffen kurzerhand geschlossen wurde, erreicht man **Wustrow.** Im Mittelalter war der Ort ein bedeutender Hafen, davon zeugt auch noch das Fischlandhaus, ein ehemaliges Kapitänshaus. Ganz in der Nähe liegen gleich zwei Naturschutzgebiete: Das Salzfloragebiet befindet sich an der Stelle eines alten Kalischachtes und bietet salzliebenden Pflanzen wie der Stranddistel oder dem Sand-Lieschgras einen Lebensraum. Im Blütlinger Holz wachsen Erlenbruch-, Eichen- und Buchenmischwälder ungestört heran.

Als 1889 die ersten Maler in dem bettelarmen, reetgedeckten Fischerdorf **Ahrenshoop** auftauchten, reagierten die Einheimischen mit beißendem Spott. Obschon die Hochzeit mit der Kolonie bald vorüber war, ließen sich in der malerischen Boddenlandschaft auch nach den beiden Weltkriegen sowie zu DDR-Zeiten Kunstschaffende und Prominente nieder. Der 1909 eröffnete »Kunstkaten« und die im Bauhaus-Stil gehaltene Buch- und Kunsthandlung »Bunte Stube« erhalten die Tradition der einstigen Künstlerkolonie aufrecht.

10 Ein unberührter Urwald mit jahrhundertealten knorrigen Buchen, dichtem Gestrüpp, finsteren Sümpfen, Moorgebieten und riesigen Farnwäldern bedeckt den größten Teil des **Darß.**

Das Ostseebad **Prerow** lockt mit weiten Sand- und Dünengebieten sowie Kuranlagen und dient als Ausgangspunkt für Wanderungen in den Darßer Urwald.

Born am Saaler Bodden ist ein idyllisches Dorf mit hübschen Häuschen und einer sehenswerten Fischerkirche. Noch romantischer und verschlafener zeigt sich **Wieck** am Bodstedter Bodden, dessen Fischer reiche Fänge einholen.

11 Die **Zingst,** eine schmale, 20 Kilometer lange Landzunge, beeindruckt durch Dünengebiete und Salzwiesen sowie eine weite, menschenleere Landschaft. Salzwiesen gehen hier in Wattlandschaften und seichte Bodden über. Zweimal im Jahr versammeln sich Zehntausende Kraniche auf der Zingst und machen das Gebiet dadurch zu einem der ausgedehntesten Rastplätze Nordeuropas.

Der einzige größere Ort ist das gleichnamige **Zingst** – längst kein armes Fischerdorf mehr, sondern ein mittlerweile vorbildlich ausgestattetes Ferienzentrum. Martha Müller-Grählert schrieb hier das berühmte »Ostsee-Lied«, das später auch für die Nordsee umgedichtet wurde. Vom Turm der Barther Marienkirche genießt man aus 80 Meter Höhe einen guten Ausblick.

12 Und noch eine **Hansestadt: Stralsunds** mittelalterlicher Kern, auf einer Landzunge im Strelasund gelegen, hat durch seine typische Backsteinbebauung einen besonders anmutigen Charakter. Die Sehenswürdigkeiten drängen sich auf engem Raum. Für das Rathaus mit seiner imposanten Schauwand und die gleich dahinter liegende mächtige Nikolaikirche mit ihren wertvollen Kunstwerken sollte man sich unbedingt Zeit nehmen. Das Wulflam-Haus von 1370 ist ein meisterhaft gestaltetes spätgotisches Wohnhaus, Knieper- und Kütertor zeugen von den alten Stadtbefestigungen, und St. Marien am Neuen Markt beherbergt eine bedeutende Barockorgel. Ebenfalls nicht versäumen sollte man einen Besuch in den Museen der Stadt. Dazu gehören etwa das Deutsche Meeresmuseum mit dem Nautineum, das Kulturhistorische Museum, das u. a. mit seiner Spielzeug- und Puppensammlung nicht nur Kinder begeistert, und das Ozeaneum, das mit seinen eindrucksvollen Aquarien Einblicke in die Unterwasserwelt der Erde gewährt.

Stralsund hat als Knotenpunkt für den Transitverkehr nach Skandinavien heute eine besondere Bedeutung und ist zudem Ausgangspunkt für die Fahrt nach **Rügen.**

Küstendreiklang – eine Reise über Hiddensee, Rügen und Usedom

Diese Tour führt auf die einzigartigen Inseln Hiddensee und Rügen und weiter den Greifswalder Bodden entlang. Von Greifswald wird ein Abstecher nach Grimmen unternommen. Über Anklam geht es auf die Insel Usedom mit ihren berühmten Seebädern bis nach Peenemünde.

An den Kreidefelsen im Nationalpark Jasmund kommt es immer wieder zu Abbrüchen.

TOUR 6

- **Länge:** rund 430 Kilometer
- **Dauer:** 5–7 Tage
- **Start | Ziel:** Hiddensee | Peenemünde

1 Hiddensee, die »Perle der Ostsee«, hat unberührte und abwechslungsreiche Landschaften zu bieten. Im Norden erstrecken sich die sanften, von Büschen bewachsenen Hügel des Dornbusch, die im Nordwesten an einer schroffen Steilküste enden. Endlose Dünen und Strände finden sich an der Westküste und im Süden. Mit Ausnahme der hübschen Dörfer steht die autofreie Insel unter Naturschutz. Die Nationalparkverwaltung bietet von Juni bis September naturkundliche Führungen an.

2 Auf dem Weg zum nördlichsten Punkt Rügens steigt die Halbinsel **Wittow,** das »Windland«, sanft an, um an der Steilküste von Kap Arkona jäh abzufallen. Zu beiden Seiten der Insel erstrecken sich die deutlich gegliederten, seichten Boddengewässer, wo im Schilf und auf den Salzwiesen zahlreiche Vogelarten brüten.

3 Der Landstrich rund um das **Kap Arkona** lässt sich am besten zu Fuß oder mit dem Rad erkunden. Von Putgarten aus führt ein Wanderweg zum Kap und seinen beiden Wahrzeichen, dem Schinkelturm und dem modernen Rundturm. Ein Hügel erinnert an die 1168 zerstörte Jaromarsburg, einstmals das größte Heiligtum der Slawen.

4 Das Herz des **Nationalparks Jasmund** ist die Stubnitz mit ihren berühmten Kreidefelsen, deren strahlendes Weiß zwischen den Bäumen und Büschen kilometerweit leuchtet. Ganze 119 Meter ragt der Königstuhl in die Höhe, von dessen Aussichtsplattform sich ein grandioser Ausblick auf das Meer bietet. Der Hochwanderweg führt an weiteren Aussichtspunkten und dem sagenumwobenen Herthasee vorbei zu den Wissower Klinken. Bei schönem Wetter lohnt sich ein Besuch im Alaris

WANDERN & FREIZEIT

Die reizvolle und sehr bemerkenswerte **Steilküste von Hiddensee** erschließt sich auf einer ungefähr acht Kilometer langen Rundwanderung vom Ausgangspunkt Kloster zum Enddorn und wieder zurück über Grieben.

Eine etwa 20 Kilometer lange Radtour auf Hiddensee führt vom Hafen von Neuendorf aus in den **Nordteil der Insel.** Von dort geht es durch das beschauliche Neuendorf entlang einer Pflasterstraße zu den Etappen Leuchtturm Dornbusch, den Orten Kloster und Vitte sowie der Dünenheide, die besonders während der Blütezeit im August sehr schön anzusehen ist. Von dort geht es dann wieder zurück nach Neuendorf. Im Süden von Neuendorf steht außerdem der malerische Leuchtturm von Gellen, der allerdings nur von gut trainierten Radlern angefahren werden sollte.

Rund um **Kap Arkona** bestehen verschiedene Möglichkeiten für Fahrradtouren, die man am besten bei Windflaute durchführen sollte. Eine etwa zehn Kilometer lange, ausgeschilderte Rundtour verläuft von Putgarten über Kap Arkona und das malerische Vitt wieder nach Putgarten zurück, wo man sich beispielsweise im netten Café des Helene-Weigel-Hauses stärken kann.

Schmetterlingspark sowie an die Schmale Heide oder die Schaabe schwimmen zu gehen, den schönsten Badestränden auf ganz Rügen.

5 Das Hafenstädtchen **Sassnitz,** von dem Fontanes Romanheldin Effi Briest so schwärmerisch spricht, schmiegt sich zwischen die Ostsee und die Hänge der Stubnitz. Das einst viel besuchte Seebad wurde bald zum Tor nach Skandinavien; zu DDR-Zeiten war Sassnitz mit einer großen Fischereiflotte wichtigster Ort der Fischverarbeitung. Ein netter Spaziergang entlang der 1,5 Kilometer langen Hafenmole mit ihren Fischerbooten und Ausflugsschiffen führt an die Strandpromenade, an der Seebrücke vorbei und schließlich zum Kurplatz.

6 Bergen geht auf die 1168 gegründete Residenz des Slawenfürsten Jaromar I. zurück. 1170 wurde mit dem Bau der Marienkirche begonnen, einer der schönsten Backsteinkirchen in Norddeutschland. Auf dem nicht weit entfernten Rugard steht in 91 Meter Höhe der Ernst-Moritz-Arndt-Turm, der an den Historiker und Dichter erinnert.

7 Binz genießt seit nun 100 Jahren den Ruf ‚mit seinem feinsandigen Strand und dem attraktivsten Angebot an Unterkünften das schönste Seebad Rügens zu sein. An der vier Kilometer langen Strandpromenade und den parallel dazu verlaufenden Straßen finden sich prächtige Beispiele der typischen Bäder-

Weiß ist die vorherrschende Farbe der Ostseebäder in Mecklenburg und Vorpommern.

Unmittelbare Nachbarn in Putbus sind die Schlosskirche und das Wildgehege.

architektur. Mit dem Anschluss an die Kleinbahn von Putbus im Jahr 1895 begann der Aufstieg von Binz zum Paradebad der Wilhelminischen Ära. Den besten Blick auf das imposante Kurhaus hat man heute vom Ende der 370 Meter langen Seebrücke aus. In Binz-Prora stößt man auf einen 1936 begonnenen und geradezu gigantoman anmutenden Komplex: das Seebad Prora. Hier reihen sich auf einer Länge von etwa 4,5 Kilometern und entlang der Küste acht baugleiche Häuserblocks aneinander. Der »Koloss von Prora« genannte Bau gilt heute als architektonisches Denkmal. Auf dem 107 Meter hohen Tempelberg thront das Jagdschloss Granitz.

8 Das Ostseebad **Göhren** auf der Halbinsel Mönchgut mit seinen beiden kilometerlangen Stränden gehört zu den beliebtesten Badeorten Rügens. Am Nordstrand ragt der Buskam, der größte Findling der deutschen Ostseeküste, aus dem Wasser. Keinesfalls versäumen sollte man einen Besuch im Heimatmuseum der Halbinsel.

9 Fürst Malte von Putbus erbaute sich zu Anfang des 19. Jahrhunderts die klassizistische Residenzstadt **Putbus,** die als Badeort die elegante Welt anlocken sollte. An alles war gedacht: Kleine Palais reihen sich um den »Circus«, und ein Rathaus sowie ein zauberhaftes Theater zieren den quadratischen Markt. Aus dem eleganten Kur- und Spielsalon entstand 1892 die Christuskirche. Der Schlosspark lädt mit kostbaren Pflanzen, versteckten weißen Gebäuden und einem Wildgehege zum Spazieren ein.

Der Strand und das Kurhaus des Ostseebades Binz lassen Urlaubsstimmung aufkommen. Binz ist Rügens ältester Badeort.

WANDERN & FREIZEIT

Auf dem Weg von Kap Arkona nach Jasmund kommt man an den **Badeorten Breege und Juliusruh** vorbei. In Juliusruh gibt es einen wunderschönen Landschaftspark im französischen Stil. Das rund 40 Hektar große Areal lädt zu einem Spaziergang ein.

Über eine etwa acht Kilometer lange Rundstrecke kann man mit dem Rad zum **Rugard und zum Nonnensee** fahren. Die Tour startet am Markt von Bergen und führt zum nahen Rugard auf den Aussichtsturm, wo man einen guten Blick auf die herrliche Umgebung hat. Weiter geht es über Parchtitz zum Nonnensee. Danach führt die Tour nach Bergen zurück.

365 Tage im Jahr Rodelspaß verspricht die **Inselrodelbahn** Bergen, die nördlichste Sommer- und Winter-Rodelbahn Deutschlands. Die etwa 700 Meter lange Bahn liegt inmitten der Naturlandschaft des Rugards. Die rasante Abfahrt geht durch sieben Steilkurven und über mehrere Jumps und endet im Tal in Steillage in einem Aktionskreisel.

Vom Ernst-Moritz-Arndt-Turm führt ein ausgeschilderter **Naturlehrpfad** nach Buschvitz am Jasmunder Bodden und von dort in nördliche Richtung auf die Halbinsel Pulitz in der Mitte des Boddens.

Eine etwa 2,5 Stunden dauernde Wanderung führt vom Ostseebad **Sellin** entlang der malerischen Küste nach **Binz.** Die Tour startet am Selliner Bahnhof und führt zum Steilufer auf den Falkenberg. Er ist mit 70 Metern die höchste Erhebung. Weiter in Richtung Binz folgen Granitzer Ort und Silvitzer Ort. Gleich danach geht es über die Piratenschlucht zum Strand, von wo aus man Binz schon sehen kann. Die Wanderung geht am Strand entlang weiter zur Strandpromenade von Binz und führt schließlich zum Bahnhof der Kleinbahn. Der Rückweg kann dann bequem mit dem Bäderexpress erfolgen.

Mit dem Rad auf der **Deutschen Alleenstraße:** Auf Rügen verläuft eine der schönsten Teilstrecken, der man von Putbus nach Garz folgen kann, um anschließend auf einer Parallelstrecke an der Küste wieder zurückzufahren.

Die Attraktionen **Greifswalds** lassen sich auf einem Spaziergang miteinander verbinden: Von der Altstadt geht es zur Ruine Eldena, weiter in das Dörfchen Wiek und über die historische Klappbrücke zurück nach Greifswald.

Ein Ausflug nach Polen: Vom schönen Seebad Swinoujscie setzt eine Fähre über zur **Halbinsel Wollin,** einem Nationalpark mit wunderbaren Wandermöglichkeiten.

Eine gut 35 Kilometer lange Radtour verläuft weitgehend entlang der Küste; sie

startet in **Ahlbeck** und endet in **Zinnowitz.** Von Ahlbeck geht es entlang lebendiger Strandpromenaden durch die drei Kaiserbäder (Ahlbeck, Heringsdorf, Bansin) in Richtung Kölpingsee. Dabei stößt man immer wieder auf feinsandige Strände und malerische Schilfgürtel. Vom Kölpingsee geht es weiter über Koserow und Zempin bis Zinnowitz. Dort kann man mit der Usedomer Bäderbahn die Rückfahrt nach Ahlbeck antreten.

In Ueckermünde kann man auf dem **Naturlehrpfad** »August Bartelt« eine 17,5 Kilometer lange Tour zu Fuß oder per Rad unternehmen. Gestartet wird in Liepgarten, Ziel ist der Tierpark.

10 Das altehrwürdige **Greifswald** gehört mit seinen prächtigen Patrizierhäusern und dem Rathaus am Markt und drei stattlichen Kirchen zu den wohl schönsten Hansestädten. Hier wurde die zweitälteste Universität Nordeuropas gegründet. Die Klosterruine Eldena außerhalb der Stadt war im 19. Jahrhundert ein Lieblingsmotiv des Malers Caspar David Friedrich.

11 Die günstige Lage an der Peene machte die alte Hansestadt **Anklam** zu einer mächtigen Stadt. Von der einstigen Befestigung zeugt noch das prächtige Steintor. Nach dem Besuch der Marienkirche sollte man das einzigartige Otto-Lilienthal-Museum besichtigen, das vom Leben des Flugpioniers berichtet.
Am Oderhaff, von Anklam aus leicht erreichbar, liegt **Ueckermünde,** das bereits im 12. Jahrhundert erstmals erwähnt wurde. Im Renaissanceschloss residierten früher die Herzöge von Pommern. Bei einem Blick in die barocke Kirche St. Marien entdeckt man reiche Malereien und einen Rokokoaltar. Gut erhaltene Fachwerkhäuser aus dem 18. und 19. Jahrhundert bestimmen das Stadtbild.

12 Von Anklam aus ist **Usedom** der erste Ort auf der gleichnamigen Insel. Das Anklamer Tor und die gotische Marienkirche stammen aus dem 15. Jahrhundert. Auf dem Schlossberg erinnert ein Kreuz an die Annahme des Christentums durch die Ostslawen.

13 Wie Perlen reihen sich die Kaiserbäder **Ahlbeck, Bansin** und **Koserow** am 40 Kilometer langen Sandstrand Usedoms aneinander. **Zinnowitz,** der größte und schönste dieser Badeorte, liegt malerisch zwischen Ostsee und der Bucht Achterwasser. Das charmante Seebad Ahlbeck auf Usedom ist stolz auf seine schmucke, verspielte Seebrücke mit dem viertürmigen Pavillon, einem ehrwürdigen Denkmal der Bädergeschichte. Bansin hat die jüngste Geschichte der Bäder auf Usedom: Erst im Jahr 1887 wurde neben dem mondänen Heringsdorf ein kleines Familienbad gegründet, in dem sich bis heute kaum etwas verändert hat.

14 **Wolgast** kann auf eine bewegte Geschichte zurückblicken, von der noch die wuchtige St.-Petri-Kirche, die spätgotische Gertrudenkapelle, das Rathaus und Fachwerkspeicher zeugen. Der Wolgaster Museumshafen lädt zu einem Spaziergang ein.
Man sollte unbedingt einen Abstecher nach **Trassenheide** auf der Insel Usedom machen, denn hier steht eine der größten Schmetterlingsfarmen Europas. Ferner gibt es hier einen bis zu 50 Meter breiten Sandstrand, der sich bis nach Peenemünde zieht.

15 **Peenemünde** war über 50 Jahre Sperrgebiet. Von Gras überwuchert werden heute die Betonruinen der einst streng geheimen früheren Heeresversuchsanstalt (HVA). Das Historisch-Technische Museum liefert Auskunft darüber. Hinter dem Kraftwerk der HVA befindet sich im Tiefseehafen das russische U-Boot U461, das heute ein U-Boot-Museum ist. Abwechslung vom Militärischem bieten die Phänomenta und die Spielzeug-Erlebniswelt, beide in der Museumstraße.

Auf der über 10 000 Quadratmeter großen Fläche des Marktplatzes in Greifswald finden auch verschiedene Märkte statt.

Im Peenestrom liegt der Museumshafen Wolgast, ein maritimes Freilichtmuseum mit der ältesten Dampffähre Europas.

Die Seebrücke von Ahlbeck hat als Einzige an der Ostseeküste ihre historische Bausubstanz bewahrt.

Durch den Naturschutzpark Lüneburger Heide

Diese etwas kürzere Tour führt dahin, wo die Heide am schönsten ist, aber auch nach Amerika, im Heidepark Soltau, und nach Afrika, im Safaripark Hodenhagen. Für die Sehenswürdigkeiten genügen zwei Tage, mit dem Besuch von Freizeitparks sollte man doppelt so viel Zeit veranschlagen.

Johann Michael Bossard begann im Jahr 1926 mit dem Bau des expressionistischen Kunsttempels in Jesteburg.

TOUR 7

- **Länge:** rund 150 Kilometer
- **Dauer:** 2–4 Tage
- **Start | Ziel:** Buchholz | Schwarmstedt

1 Buchholz in der Nordheide ist als Ausgangspunkt für Entdeckungstouren in die Nordheide bestens geeignet. Los geht es im Ortsteil Seppensen mit einer Stippvisite in die Tropen: Im »Alaris-Schmetterlingspark«, eigentlich ein in verschiedene Klimazonen unterteiltes Gewächshaus, kann man sich von April bis Oktober von einigen Hundert heimischen und exotischen Falterarten umflattern lassen.

2 Wenige Kilometer weiter südlich auf dem Weg nach Jesteburg, im Wald am Rande des Dörfchens Lüllau, liegt die **Kunststätte Bossard,** ein eigentümlicher Kunsttempel von Johann Michael Bossard (1874–1950). Das 1926 bis 1929 erbaute Haus ist das Lebenswerk des Schweizer Künstlers, der ab 1907 eine Kunstprofessur in Hamburg innehatte: ein fantastisches Gebilde aus kuriosen architektonischen, bildhauerischen und gartenbaukünstlerischen Elementen, das er immer weiter vervollkommnete.
Lüllau und das sich anschließende **Jesteburg** liegen am Flüsschen Seeve, an dem sich entlangwandern oder -radeln lässt und in dem man auch baden kann. Im hölzernen Turm von Jesteburgs Kirche schlägt Niedersachsens älteste Glocke, gegossen im Jahr 1190.

3 In **Hanstedt** ist man der eigentlichen Heide, wie man sie von Postkarten und aus Bildbänden kennt, bereits ganz nah: Der Naturpark Lüneburger Heide beginnt gleich an der westlichen Ortsgrenze. Wander- und Radwege führen von hier nach Undeloh – sehenswert ist u. a. die Magdalenenkapelle mit ihrem hölzernen Glockenturm – und zum Wilseder Berg, also mitten ins Herz der im August violett erblühenden Heidelandschaft. Die Attraktion Hanstedts liegt im Ortsteil Nindorf: der Wildpark Lüneburger Heide mit europäischem Großwild sowie Greifvögeln und einem Streichelzoo.

4 Auch **Bispingen** ist ein beliebtes »Tor« zum Naturpark. Ehe man in die Wanderstiefel schlüpft oder sich auf den Drahtesel

WANDERN & FREIZEIT

Die Heidewanderung schlechthin führt nach Wilsede, auf den 169 Meter hohen **Wilseder Berg** und durch den **Totengrund.** Gestartet wird in Bispingen – alternativ kann man diese Wanderung aber auch in Undeloh, Volkwardingen oder Haverbeck beginnen. Den Totengrund sollte man am besten im Morgengrauen erleben und zum Sonnenaufgang auf dem Berg sein – die Wanderung ist aber auch zu einer anderen Tageszeit ein Erlebnis. Ab Bispingen oder Schneverdingen sind der Wilseder Berg und der Totengrund auch lohnenswerte Radfahrziele.

Der **Naturlehrpfad am Berg Höpen** im Norden von Schneverdingen ist ideal für einen rund einstündigen Spaziergang geeignet. Auf dieser Wanderung ist all das zu sehen, was so charakteristisch für die Lüneburger Heide ist: Heidschnucken, Birken, Wacholder und Bienenkörbe. Auf sandigen Wegen geht die gemütliche Wanderung vorbei an grünen Mischwäldern und wogenden Weizenfeldern. Vom Höpenberg, mit 119 Metern die höchste Erhebung Schneverdingens, bietet sich ein wunderbarer Fernblick. Bei günstiger Wetterlage reicht die Aussicht sogar bis zum Wilseder Berg. Auf der Tour lohnt der Besuch des Heidegarten, der sich am Anfang des Höpens, direkt vor einem Heidschnuckenstall, befindet.

WANDERN & FREIZEIT

Ein besonderes Erlebnis für Kinder ist der 3,2 Kilometer lange **Märchenweg** mitten im Klecker Wald nördlich von Jesteburg. Hier gibt es 15 interaktive sowie fünf Kletter- und Balancestationen, die zum Mitmachen einladen. Der Weg ist ganzjährig begehbar, der Eintritt ist frei.

Ein gut acht Kilometer langer Wanderweg geht vom Schäferhof in Neuenkirchen zum **Stichter See,** in dem man auch baden kann. Hier führt der Hermann-Billung-Wanderweg von Lüneburg nach Verden vorbei. Er ist 125 Kilometer lang und natürlich auch für Teilstrecken geeignet.

Die schönste Radtour ab Soltau führt durchs idyllische, etwa 96 Hektar große **Naturschutzgebiet Böhmetal** über Fuhrhop nach Jettebruch (ca. elf Kilometer), von wo aus man auch auf anderem Wege zurückfahren kann. Das Naturschutzgebiet wird vom vom namengebenden Heideflüsschen Böhme durchflossen.

Der etwa 92 Kilometer lange **Seeve-Radweg** führt entlang dem 40 Kilometer langen Heideflüsschen Seeve in drei Ringen von Wehlen in der Lüneburger Heide bis nach Over an der Elbe. Dabei verzeichnet der mit Informationstafeln durchgängig beschilderte Radweg keine wesentlichen Steigungen und führt über Asphaltbelag, aber auch über Feld- oder Sandwege. Der etwa 31 Kilometer lange **Ring 2** (Mittlere Seeve: Lüllau-Jesteburg-Bendestorf-Horst-Ramelsloh-Jesteburg-Lüllau) beginnt in Lüllau. Von dort führt die Strecke nach Jesteburg, wo man dem Lauf der Seeve gut folgen kann, von kleinen Brücken aus erhält man einen guten Einblick in den Lebensraum eines weitgehend unberührten Heidebachs. Von Jesteburg, das für seine gut erhaltenen Reetdachhäusern und seinen großen Bestand an alten Bäumen bekannt ist, führt der Ring 2 nach Bendestorf zum hiesigen Filmmuseum. Am nördlichsten Punkt des Radwegs befindet sich die Gemeinde Horst mit ihrer Wassermühle aus dem Jahr 1595, die immer noch funktionstüchtig ist. Von dort geht es südwärts nach Ramelsloh zum Skulpturenpark der Gernot Huber-Stiftung. Über Jesteburg erreicht man schließlich wieder den Ausgangspunkt der Tour – das Dorf Lüllau.

Wenn man die Lüneburger Heide auf eine etwas andere Art und Weise erleben möchte – also weder mit dem Auto noch mit dem Rad oder zu Fuß –, dann bietet sich eine gemütliche **Kutschfahrt** an, vielleicht die schönste Art, das Naturschutzgebiet kennenzulernen. In **Undeloh** haben verschiedene Anbieter zum Teil mehrstündige Kutschfahrten, beispielsweise Landschaftstouren oder Heiderundfahrten, im Programm. Undeloh liegt mitten im Naturpark Lüneburger Heide, wo es zur Zeit der farbenprächtigen Heideblüte garantiert so aussieht wie auf der malerischsten Postkarte (ferienhofheins.de, garbershof.de).

Seit 1987, als man in Soltau eine Solquelle erschloss, gibt es hier auch einen Kurbetrieb, dazu das Erlebnisbad **Soltau Therme.** Bei Wassertemperaturen von 35–36 °C genießt man das Bad im 600 Quadratmeter großen Sole-Becken. Außerdem gehören zur Anlage ein Sole-Außenbecken mit einer weitläufigen Liegewiese, ein Therapiebecken (5% Sole), ein Whirlpool, Liegebuchten, Wasserdüsen, Wasserfälle, eine Solegrotte und ein Sole-Dampfbad (45 °C). Im Hallenbad befinden sich das 25-Meter-Hauptbecken, ein Nichtschwimmerbecken, eine 84 Meter lange Riesenrutsche, eine Sprunganlage und das Kinder-Badeland. Des Weiteren verfügt das Bad über eine großzügige Saunalandschaft mit Erd-, Kelo-, Heide-, Salzkristall- und Meditations-Sauna sowie über ein Rasul-Dampfbad. Im Wellness-Zentrum kann man sich von einer Rügener Kreidepackung, einem Kleopatrabad, einer verjüngenden Gesichtsbehandlung oder einer Ayurveda-Massage verwöhnen lassen (soltau-therme.de).

schwingt – denn die schönsten Ecken der Heide sind für Autos gesperrt –, sollte man einen Blick auf die aus Feldsteinen erbaute, schlichte »Ole Kerk«, die »alte Kirche«, von 1353 werfen und vielleicht auch den »Center Parc Bispinger Heide« besuchen, eine Bungalowsiedlung mit Hotel, eine künstliche, überglaste Badelandschaft mit Karibikflair.
Wer das wirkliche Leben vorzieht, nimmt ein Bad im Brunausee oder fährt zum Ortsteil Volkwardingen, von wo aus ein Wanderweg durch das Heidetal des Totengrunds geradewegs nach Wilsede führt.

5 Den Titel »Tor zur Lüneburger Heide« beansprucht allerdings auch **Schneverdingen** für sich. Wie in Amelinghausen wird hier Ende August ein Heideblütenfest gefeiert, das in der Kür einer Heidekönigin seinen Höhepunkt findet. Im Zentrum des Trubels steht die Freilichtbühne des Höpen. Der Höpen ist eine heidebewachsene Anhöhe, an der sich auch die Ställe der Schneverdinger Heidschnucken befinden.
Eine schöne Gestaltungsidee prägt den nahe gelegenen, etwa drei Hektar großen Heidegarten: Hier wurden allerlei Arten von Heidesträuchern, die unterschiedlich früh oder spät erblühen, so gepflanzt, dass ein »Blütenkalender« entstand. In der Zwischenzeit gibt es über 120 000 Pflanzen in mehr als 150 verschiedenen Heidevarianten zu bewundern.
Südöstlich des Ortes befindet sich das nasse **Pietzmoor,** durch das ein markierter Wanderweg führt. Mit 2,5 Quadratkilometern ist es das größte zusammenhängende Hochmoor der Lüneburger Heide.

6 Soltau ist auf angenehme Weise schlicht und freundlich. Dass das Städtchen schon über 1000 Jahre alt ist, sieht man ihm nicht an, da historische Gebäude fehlen. Die hübsche Ortsmitte »Am Hagen« erfreut mit kleinen Häusern, allerlei Gastronomiebetrieben, Handwerksstätten und dem Heiratsbrunnen, an dem sich einst die jungen Leute kennenlernten, wenn sie zum Wasserholen kamen. Besonders entlang dem Aller-Nebenflüsschen Böhme lässt sich gut radeln und wandern. Überregional ist die Stadt vor allem wegen ihres riesigen gepflegten **Heideparks** mit reichlich Nervenkitzel und tollen Attraktionen für die ganze Familie bekannt.

7 Im Schnuckendorf **Neuenkirchen** verbindet sich Erdig-Bodenständiges mit Modern-Witzigem. Zu Ersterem zuerst: Hier ist ein Zentrum des Kartoffelanbaus. Der Heideboden bringt besonders leckere Erdäpfel hervor. Daher wird die Ernte im September mit einem Kartoffelfest gefeiert. Auf Heideleben wie aus dem Bilderbuch braucht man aber nur bis gegen 18 Uhr zu warten, wenn an der B71 Richtung Soltau die große Heidschnu-

Mitte des 19. Jahrhunderts wurde in Soltau der Landschaftspark Breidingsgarten angelegt.

Über 20 Meter hoch wandelt man auf dem Baumwipfelpfad in Hanstedt durch den Wald.

ckenherde heim in die Ställe getrieben wird. Auch das Dörfchen selbst besticht durch seine Beschaulichkeit. Umso mehr Überraschendes versteckt sich im Umland: Dort entstanden seit 1974 allerlei kuriose Freiluftkunstwerke. Informationen darüber, wo sich was befindet, erhält man im Kunstverein Springhornhof, aber auch viele Neuenkirchener wissen gut Bescheid.

8 In **Bad Fallingbostel** gibt geruhsamer Kurbetrieb den Ton an. Zwischen Kurpark und Kurhaus beherrscht die ältere Generation das Geschehen. Von dem Truppenübungsplatz (NATO- Truppenübungsplatz Bergen) jenseits der Autobahn ist nichts zu spüren. Ihm verdankt Bad Fallingbostel sogar etwas: Aus dem gesperrten Areal wurde der aus mehreren Gebäuden bestehende Hof der Heidmark hierher versetzt. Er war im 17. Jahrhundert entstanden und dient heute als Kulturzentrum und Museum (März bis Oktober).

Die schönste Ecke von Fallingbostel ist jedoch der nördlich gelegene Ortsteil Dorfmark, ein idyllisches Fachwerkensemble mit einer alten Dorfkirche. Wer Zeit und Muße findet, sollte den Ort einmal von der Wasserseite her betrachten, denn auf der Böhme lässt es sich gut paddeln.

Flussabwärts gelangt man – auch auf dem Landweg – zum Vorort Tietlingen mit dem Grab des 1914 in Frankreich gefallenen Heidedichters Hermann Löns, das in einem ruhigen Wacholderhain liegt.

Auch eine Kutschfahrt durch die Heide und die traditionelle Heidschnuckenschäferei warten in Bad Fallingbostel auf Besucher.

9 Das Bekannteste an **Walsrode** ist heute wahrscheinlich das nahe Autobahndreieck, an dem die Verkehrsströme aus Hamburg, Bremen und Hannover aufeinandertreffen. Ein Aufenthalt in der über 1000 Jahre alten Ortschaft lohnt sich jedoch gleich in zweifacher Hinsicht.

Beginnen sollte man mit dem im Jahr 986 gegründeten Kloster, dem ältesten der sechs erhaltenen Heideklöster. Zwar brannte dieses 1486 weitgehend aus und erlitt auch später noch große Schäden, doch einige historische Kunstschätze blieben erhalten, so die bemalte Holzdecke und die Glasmalereien des Nonnenchors, die Figur des Jesuskinds mit ihrem bestickten Umhang, in dem Süßwasserperlen aus der Heide verarbeitet sind, ein gotischer Altarbehang sowie die um das Jahr 1300 entstandene Figur des Stifters. Es war Graf Wale, der durch Rodung hier einst den Platz für die Klosteranlage schuf und so dem Ort seinen Namen gab. Die Klosterkirche nebenan dient gleichzeitig als Stadtkirche.

Mehr Anziehungskraft als die bescheidenen historischen Schätze hat zweifellos der **Vogelpark.** In einer weitläufigen Parkanlage mit reichem Rhododendronbestand gelegen, verfügt dieser Privatzoo über 4200 Vögel in 675 verschiedenen Arten in Freigehegen und Freiflughallen; zudem gibt es ein Vogelbauermuseum und viele Spielmöglichkeiten für Kinder.

10 Wesentlich spektakulärere Tiererlebnisse bietet **Hodenhagen,** das verwaltungsmäßig zu Walsrode gehört. Hier hat sich der »Serengeti Park« einen Namen gemacht. Wie in den afrikanischen Nationalparks fährt man mit dem Auto durchs Gelände, wo Großsäugetiere wie Giraffen, Elefanten, Nashörner, Löwen und Tiger frei umherlaufen.

11 Schwarmstedt – hier mündet die Leine in die Aller – bringt noch einmal die Vogelfreunde ins Schwärmen. Die weiten, feuchten Auen dieser unbegradigt gebliebenen Flüsse bieten vielen Reihern, Störchen und Milanen einen Lebensraum. Blickfang im Ort selbst ist das prächtige Fachwerkhaus »Alte Burg« von 1632.

Das Kloster in Walsrode gehört zu den Heideklöstern und beherbergt heute ein evangelisches Frauenstift.

Im Vogelpark Walsrode zeigt dieser Pfauhahn die Pracht seiner Schwanzfedern in einem fächerförmigen Rad.

Dichter Hermann Löns wurde im Tietlinger Wacholderhain trotz seiner antisemitischen und frauenfeindlichen Gesinnung ein Denkmal gesetzt.

Die Lüneburger Heide

Die herb-schöne Heidelandschaft zwischen Aller und Elbe ist eine Schatzkammer der Natur, zugleich aber auch durch massiven Raubbau entstanden. Wie passt das nun zusammen? Die Heidjer jedenfalls begrüßen Jahr für Jahr Millionen Gäste.

Die Zerstörung der natürlichen Umwelt ist keineswegs ein Phänomen unserer Zeit. Seit Menschen die Erde besiedeln, haben sie natürliche Lebensräume ruiniert oder zumindest stark verändert. Und die überwiegend flachwellige Geestlandschaft rund um die alte Hanse- und Salzstadt Lüneburg ist schon seit über 5000 Jahren, seit der Jungsteinzeit, besiedelt. Hier fanden die ersten Siedler einen leichten sandigen Boden, der zwar ziemlich nährstoffarm, dafür jedoch leicht zu bearbeiten ist. Brandrodung, Überweidung, Bodenzerstörung und nicht zuletzt die Abholzung der ursprünglichen Wälder für die Salinen in Lüneburg haben die Landschaft in einem Ausmaß verändert, dass man fast von einer »Verwüstung« sprechen könnte. Aber gerade das Ergebnis dieses Raubbaus, eine im mitteleuropäischen Binnenland einmalige Heidelandschaft, macht die Lüneburger Heide zu einem Naturerlebnis und so schützenswert. Wo jedoch andere deutsche Naturreservate im Artenreichtum der Flora schwelgen, ist die Liste der heimischen Pflanzenspezies im Naturpark Lüneburger Heide eher knapp bemessen: »Heidekräuter« wie die Besenheide und die Glockenheide, dazu Wacholdersträucher und vereinzelte Kiefern sowie jede Menge von Flechten, Gräsern und Moosen beherrschen das Landschaftsbild, am schönsten im Spätsommer und Frühherbst, wenn sich die Sandheide flächendeckend zum purpurvioletten Meer verwandelt. Dass dies so bleibt, verdanken die Naturschützer in erster Linie den Heidschnucken, genügsamen Schafen, die durch Verbiss verhindern, dass die Heide

Auf Wanderungen durch die Lüneburger Heide wird man immer wieder auf reetgedeckte Schafställe treffen.

irgendwann wieder zum Wald wird und unersetzliche Biotope, unter anderem für die seltenen Birkhühner, verloren gehen.
Gerade für die Vogelwelt ist die weite, offene Heidelandschaft wie geschaffen. Fast 200 gefiederte Spezies sind hier vertreten, unter anderem auch die Heidelerche, der Große Brachvogel und die Wachtel. Für Wölfe wäre das offene, nur sehr dünn von Menschen besiedelte Terrain ebenfalls ein ideales Revier – kein Wunder, dass in jüngster Zeit in der Lüneburger Heide wieder Wölfe gesichtet wurden.
Wer auf den sandigen Wegen durch die Lüneburger Heide wandert, begegnet aber nicht nur Schönheiten der Natur, sondern auch stummen Zeugen einer bewegten Geschichte: angefangen bei Hügelgräbern und Denkmälern der Megalith-Kultur über stattliche Heidebauernhöfe und einfache Katen, die sich in den Windschutz knorriger Kiefern ducken; alte Ställe für die Heidschnucken und Bienenzäune bis hin zu meist aus eiszeitlichen Findlingsgeröllen errichteten Dorfkirchen und hier und dort einem Heidekloster.
Gerade die ehemaligen Klöster, die dann mit der Reformation in Damenstifte umgewandelt wurden, waren und sind bis heute Zentren der Kultur. Berühmt wurden sie insbesondere ihrer Kunstschätze und mittelalterlicher Handschriften wegen.

Langes Fell und schwarze Köpfe kennzeichnen die Heidschnucken.

Lüneburg und die Ostheide

Die Lüneburger Bürgerhäuser und ehrwürdigen Heideklöster, die Fachwerkstadt Celle und die Mühlenmuseen von Suhlendorf und Gifhorn: Das sind die Hauptstationen dieser Dreitagesroute.

Die mittelalterliche Fachwerkstadt Lüneburg ist durchzogen von Kopfsteingassen.

TOUR 8

- **Länge:** rund 190 Kilometer
- **Dauer:** 3–4 Tage
- **Start | Ziel:** Lüneburg | Gifhorn

1 Gleich die erste Station, **Lüneburg,** präsentiert sich als ein Juwel. Der Reichtum, den die Salzvorkommen den Bürger der mittelalterlichen Stadt bescherten, ist bis zum heutigen Tag augenfällig. Die Geschichte lebt fort in den schmucken roten Wohnhausgiebeln der typisch norddeutschen Backsteingotik, wie vor allem am alten Handelsplatz »Am Sande«, in den großen Kirchen St. Johannis, St. Michaelis und St. Nicolai, im Rathaus mit seiner prunkvollen »Gerichtslaube«, die um 1330 entstand, und der Großen Ratsstube aus dem 16. Jahrhundert, aber auch auf dem Markt mit dem Lunabrunnen sowie am idyllischen Hafen samt seiner Kneipenzeile »Am Stintmarkt« mit dem alten Kran von 1797 und der Wassermühle. Wissenswertes und Interessantes über die Geheimnisse der Stadtgeschichte und der in Lüneburg betriebenen Künste vermitteln das Brauerei- und das Salzmuseum. Nicht vergessen sollte man das Kloster Lüne am nordöstlichen Stadtrand mit seinen prächtigen mittelalterlichen Bildteppichen.

2 Seit 1968 lebt auch **Bad Bevensen** vom Salz, das heute allerdings – wie in Lüneburg schon seit Längerem – nur für den Kurbe-

WANDERN & FREIZEIT

Die etwa sechs Kilometer lange Wanderung (ca. 75 bis 90 Minuten) in **Lüneburg am Hasenburger Bach** entlang startet in der Wichernstraße. Zwischen Haus 10 und 12 führt ein kleiner Pfad in den Wald. Dann folgt man dem mittleren Hauptpfad und erreicht den Hasenburger Bach. Der Weg verläuft weitgehend am Bach entlang. Bei der Unterführung der B4 nimmt man den Weg, der auf einem Steg unter der Unterführung durchführt. Direkt danach zweigt man nach rechts ab. Kurz bevor man das Forsthaus Rote Schleuse (mit Restaurant) erreicht, biegt man an einer Kreuzung nach links ab und folgt damit wieder dem Hauptweg. Kurz nachdem man einige der kleinen Teiche erreicht hat, schlägt man den Weg nach dem zweiten Tümpel schräg nach rechts ein. An den Teichen vorbei geht es bis zur Revierförsterei, wo man über eine Treppe die Bockelsberghütte erreicht. Hinter dem Spielplatz verläuft ein Pfad zur Uelzener Straße. Über die Scharnhorststraße erreicht man wieder den Ausgangspunkt.

Zu einer ausgedehnten Wanderung lädt das **Waldgebiet Rießel bei Bad Bevensen** ein. Findlinge markieren dort einen Naturlehrpfad, auf dem sich auch prähistorische Hügelgräber befinden. Nach einem kurzen Abstecher zum Elbe-Seitenkanal geht es dann zurück über Medingen und durch die Amtsheide.

1 Lüneburg
Lüneburg-Nord
Kloster Lüne
Salzmuseum
Reppenstedt
Adendorf
Neetze
Reinstorf
Thomasburg
Kirchgellersen
Deutsch-Evern
Vastorf
Bavendorf
Melbeck
Embsen
Dahlenburg
Tosterglope
Neu Darchau
Amt Neuhaus (Elbe)
Nindorf
Darchau
Jesenitz
Naturpark Mecklenburgisches Elbtal
Zeetze
Biosphärenreservat Flusslandschaft Elbe
Drethem
Tripkau
Nahrendorf
Kaarßen
Fachwerkkirche
Hitzacker
Metzingen
Göhrde
Neben-stedt
Naturpark
Dannenberg
Drawehn
Zernien
Karwitz
Jameln
Breustian
Elbufer
Hoher Mechtin 142
Sallahn
Lübeln
Küsten
Reddereitz
Rundling Lübeln
Clenze
Luckau (Wendland)
Bergen (Dumme)
Schnega
Findlingspark
Dallahn
Polau
Rosche
Gülden
Stoetze
Weste
Oetzen
Himbergen
Altenmedingen
Medingen
2 Bad Bevensen
Kurpark
Elbe-Seitenkanal
Bienenbüttel
Rieste
Natendorf
Barum
Hanstedt
Kloster Ebstorf
3 Ebstorf
103 Thonhopsberg
4 Uelzen
Bahnhof
Stöcken
Rätzlingen
Suhlendorf
5
Lehmke
Handwerks-museum
Wrestedt
Schloss Holdenstedt
Hundertwasser-Radtour
Gerdau
Eimke
Dreilingen
Suderburg
Stadensen
Wieren
Soltendieck
Henningen
Hösseringen
Unterlüß
130 Lüßberg
Bad Bodenteich
Breitenhees
Lüder
Bonese
Eversdorf
Wallstawe
Dähre
Kuhfelde
Diesdorf
Otterzentrum
Hankensbüttel
6
Kloster Isenhagen
Wittingen
Sprakensehl
Weyhausen
Mehmke
Beetzendorf
Jübar
Rohrberg
Darnebeck
Knesebeck
Zasenbeck
Dedelstorf
Steinhorst
Eldingen
Groß Oesingen
Raddenbeck
Mellin
Immekath
Boitzenhagen
Wahrenholz
Brome
Kusey
Tülau
Zicherie
Ehra-Lessien
Kunrau
Wesendorf
Neudorf-Platendorf
Grußendorf
Bergfeld
Parsau
Barwedel
Naturpark
Drömling
Kästorf
Triangel
Sassenburg
Gamsen
Rühen
Jembke
Mühlenmuseum
9 Gifhorn
Weyhausen
WOB-Sandkamp
Wey-hausen
WOLFSBURG
Autostadt
WOB-Autostadt
WOB-Fallersleben
Grafhorst
Oebisfelde
Danndorf
Velpke
Nord-steimke
Wasbüttel
Isenbüttel
Ribbes-büttel
Leiferde
Meinersen
Ahnsen
Müden
Langlingen
Hohne
Eicklingen
Kloster
8 Wienhausen
Ahnsbeck
Lachendorf
Beedenbostel
7 Celle
Schloss
Garßen
Höfer
Eschede
Landgestüt
Fachwerk-häuser
Altenhagen
Adelheidsdorf
Nienhorst
Wathlingen
Bröckel
Hänigsen
Schillerslage
Erse Park
Uetze
Burgdorf
Beinhorn
Dolbergen
Hillerse
0 5 10 km
Wolthausen
Winsen (Aller)
Groß Hehlen
Bergen
Belsen
Gedenkstätte Bergen-Belsen
Örtze
Südheide
Naturpark
Beckedorf
Hermannsburg
Müden
Heide
Faßberg
Wietzendorf
Munster
Soltau-Ost
Eimke
Brockhöfe
Wriedel
Lüneburger
Bispingen
Diersbüttel
Amelinghausen
Soderstorf
Heide
Brunautal
Lüneburger
Heidemuseum
Evendorf
Wilsede
169 Wilseder Berg
Egestorf
Lübberstedt
Bethen
Salzhausen
Naturpark
Wildpark
Garlstorf
Hanstedt
Asendorf
Toppenstedt

trieb genutzt wird. Die Stadt mit ihrer Jod-Sole-Therme bezaubert durch ihr schmuckes Äußeres und ihren ruhigen Charakter.
Besonders sehenswert ist das 1336 gegründete **Medinger Kloster** nördlich der Stadt. Nachdem dieses im Jahr 1781 abgebrannt und lediglich das Brauhaus übrig geblieben war, baute man es anschließend im spätbarocken Stil wieder auf, sodass es heute fast wie ein Schloss wirkt.

3 Ebstorf ist weltbekannt – zumindest bei Kartografiehistorikern. Im hiesigen Heidekloster wurde um 1830 die bedeutendste mittelalterliche Weltkarte entdeckt, die vermutlich um das Jahr 1330 geschaffen wurde. Zwölf Quadratmeter groß, stellte sie die Erde als Scheibe mit Jerusalem in der Mitte dar – bis sie im Jahr 1943 im hannoverschen Staatsarchiv bei einem Bombenangriff den Flammen zum Opfer fiel. Heute ist im Kloster eine Replik der Karte ausgestellt. Zwar nicht ganz so bekannt, jedoch fast noch schöner sind die Glasmalereien im Kreuzgang sowie die Truhen, in denen die Benediktinernonnen einst ihr persönliches Hab und Gut verwahrten.

4 Uelzen ist ein Zentrum der Zuckerindustrie. Trotz zweier Stadtbrände und Kriegszerstörungen ist rings um die gotische Stadtkirche St. Marien aus dem 13. Jahrhundert ein Großteil der Fachwerkromantik erhalten geblieben. Das Gotteshaus birgt einen herrlichen Flügelaltar aus dem Jahr 1506 sowie Uelzens Wahrzeichen, das »Goldene Schiff«, einen im Jahr 1598 aus London erworbenen Tafelaufsatz aus vergoldetem Kupfer. »Dat Nige Hus«, das »neue Haus«, trägt seinen Namen seit 1647, als es nach dem ersten Stadtbrand erneuert und mit einer Renaissancefassade versehen wurde.
Auf dem rechten Ilmenauufer liegt Oldenstadt, die Keimzelle Uelzens. Die dortige Klosterkirche aus dem 12. Jahrhundert ist die einzige aus Feldsteinen errichtete Basilika in Deutschland. Technikinteressierte fahren ein Stück in Richtung Süden, wo die größte Kanalschleuse Europas die Schiffe auf dem Elbe-Seitenkanal 23 Meter in die Höhe hebt.

5 Suhlendorf ist die Stadt der Mühlen, die allerdings meist als Modelle im Handwerksmuseum am Mühlenberg ausgestellt sind. Von denen, die sich als hierher versetzte Originale in voller Größe präsentieren, ist die Bockwindmühle »Auguste« aus dem Jahr 1810 die bemerkenswerteste. Am Wochenende kann man das Mahlen von Getreide erleben. Auch die Werkstätten ländlicher Berufe wie Stellmacher und Sattler sind zu sehen. Zu den alljährlichen Höhepunkten zählt der Deutsche Mühlentag am Pfingstmontag.

6 Hankensbüttel am Südostrand der Lüneburger Heide ist in Tierschützerkreisen ein Begriff: Den stark gefährdeten Fischottern mehr Lebensraum zu verschaffen und ihre Lebensgewohnheiten gründlich zu erforschen, ist nämlich Ziel des von einem Verein getragenen Otter-Zentrums, von dessen Arbeit und Engagement natürlich auch andere Tierarten in der Region profitieren.
Im nahe gelegenen **Kloster Isenhagen** sind die Ausstattung der Kirche, die Truhen und besonders teilweise über 700 Jahre alte Stickereien mit Flussperlen aus der Heide ausgestellt.
Wer Arno Schmidt, den ungewöhnlichen Autor von »Zettels Traum«, kennt, wird seine

Eindrucksvolle Fachwerkhäuser mit detailreichem Schmuckwerk lassen sich in Celle bewundern.

Reise auf der folgenden Etappe in **Bargfeld** unterbrechen. Eine Besichtigung des Wohnhauses des bekannten Schriftstellers, der von 1958 bis zu seinem Tod 1979 in dem Heidedorf lebte, sowie ein Besuch der Arno-Schmidt-Stiftung sind allerdings nur nach vorheriger Anmeldung möglich (arno-schmidt-stiftung.de).

7 Die übersichtliche Altstadt von **Celle** ist ein wahrer Besuchermagnet. Hier reiht sich Fachwerkhaus an Fachwerkhaus, und auch das Renaissanceschloss der Lüneburger Herzöge mit seiner überreich ausgeschmückten Kapelle und dem Barocktheater, dem ältesten noch bespielten Theatersaal Deutschlands, sollte man auf keinen Fall versäumen.
Vom Schlosspark führt die Stechbahn, auf der einst Turniere ausgefochten wurden und heute besonders schöne Fassaden zu sehen sind, zum Rathaus und zur Stadtkirche. Die Synagoge im Südosten der Altstadt – jetzt eine Gedenkstätte – ist das älteste jüdische Gotteshaus Niedersachsens.
Um Celle dafür zu entschädigen, dass es nach dem Aufstieg Hannovers seine Stellung als

Unverkennbar ist der Bahnhof Uelzen Plänen von Friedensreich Hundertwasser entsprungen.

Als einziger Klosterneubau des Protestantismus in Norddeutschland gilt das Kloster Medingen.

Fresken zieren Wände und Decken des Nonnenchors in Wienhausen. Sie zeigen die Schöpfungsgeschichte und Leben und Sterben Jesu.

Mühlen aus aller Welt kann man im Mühlen-Freilichtmuseum in Gifhorn bewundern. Eine lohnende Pause bei der Kanutour!

Residenzstadt einbüßte, siedelte man hier das Oberlandesgericht an und baute ein Zuchthaus sowie das Landgestüt, die Hannoveraner Pferdezucht.

8 Um **Wienhausens** größte Schätze zu sehen, muss man zwischen April und Mitte Oktober kommen, wenn im Textilmuseum des Klosters die kostbaren Bildteppiche gezeigt und erklärt werden, die die vornehmen Bewohnerinnen des einstigen Klosters und heutigen Damenstifts Wienhausen während des 14. und 15. Jahrhunderts schufen. Herzogin Agnes von Landsberg gründete das Kloster südöstlich von Celle 1230 nach den Regeln des Zisterzienserordens. Das historische Ensemble ist weitgehend erhalten. Besonders sehenswert sind der Kreuzgang und der Nonnenchor mit seinen Fresken.

9 In erster Linie sollte man in **Gifhorn,** das einst aufgrund seiner Lage an der Kreuzung wichtiger Handelsstraßen Bedeutung gewann, das Renaissanceschloss besichtigen, zu dem eine Schlosskapelle aus der Reformationszeit gehört. Außerdem beeindrucken zahlreiche alte Gebäude wie das Kavalierhaus (mit Museum).
Wen sein Weg jedoch bis dorthin geführt hat, der befindet sich auch schon direkt vor Gifhorns Hauptattraktion: dem **Internationale Mühlenmuseum.** Im Mittelpunkt des Freilichtmuseums liegt der Dorfplatz mit einem Ensemble von drei schönen Fachwerkhäusern, die ein Rundlingsdorf darstellen sollen. Im Backhaus kann man ein traditionelles Müller-Frühstück zu sich nehmen. Auf dem rund 16 Hektar großen Freigelände mit zahlreichen Gräben und Teichen sowie dem fünf Hektar großen Mühlensee befinden sich 13 Mühlen – teils Originale, teils Nachbauten in Originalgröße –, davon stammt eine aus Griechenland und eine aus der Ukraine. In Modellen präsentiert sich Mühlentechnik aus aller Welt. Die goldenen Kuppeln einer russisch-orthodoxen Holzkirche künden von der sakralen Kirchenbaukunst Russlands.

WANDERN & FREIZEIT

Sich einmal wirklich Zeit nehmen für Yoga-Übungen – das geht am besten, wenn man den hektischen Alltag hinter sich lässt und sich eine kleine **Yoga-Auszeit** gönnt. In Bad Bevensen ist man dafür an der richtigen Adresse. Hier kann man bei einem Yoga-Wochenende einen Ausgleich zu Stress und Hektik finden und Körper, Seele und Geist wieder in Einklang bringen. Neben den täglichen Yogaeinheiten bietet die weitläufige Bade- und Saunalandschaft der Jod-Sole-Therme Entspannung pur. Und bei einem Klangbad in den leisen Tönen von Klangschalen, Gong und Handpans kommt die Lebensenergie wieder richtig zum Fließen (bad-bevensen.de).

Auf dem etwa 3,5 Kilometer langen **Otter-Pfad in Hankensbüttel** begibt sich der Wanderer sozusagen auf die Spuren und in die Welt eines Fischotters. Der Weg verläuft durch Hankensbüttel, vorbei an Bächen und dem Isenhagener See sowie durch das Waldgebiet Hagen. Dabei folgt man im günstigsten Fall immer der Fährte der Fischotter, die sich seit einiger Zeit hier in freier Wildbahn wieder heimisch fühlen (mal abgesehen vom bekannten Otter-Zentrum). Start des Naturlehrpfads ist das Otter-Zentrum in der Sudendorfallee 1.

Von **Hankensbüttel** aus bietet sich ein Fahrradausflug, der einschließlich Rückweg etwa 26 Kilometer beträgt. Über Nebensträßchen und Waldwege führt der Radweg nach **Bodenteich.** Dabei kommt man über Lüder, das man auch das »Dorf der 1000 Eichen« nennt.

Die **»Hundertwasser-Radtour«** beginnt am »Hundertwasser-Bahnhof« Uelzen und führt zunächst ins Fleckchen Suhlendorf. Der Streckenverlauf: Hundertwasser-Bahnhof Uelzen – Kunstpfad »Weg der Steine« – Innenstadt Uelzen – Handwerksmuseum, Suhlendorf – ehemalige Wassermühle Oetzmühle – Woltersburger Mühle – historisches Zentrum (ehemalige Klosteranlage) Oldendstadt – Oldenstädter See (Badesee, Grill- und Rastplatz) – Uelzen. Die knapp 52 Kilometer lange Tour führt an »zwei Feldsteinen« und »neun Eichen« vorbei, durch Heidedörfer bis zu einem Zwischenstopp im Handwerksmuseum Suhlendorf. Behutsam radelt man auf dieser Strecke durch die Natur, stark befahrene Straßen werden auf der »Hundertwasser-Radtour« vermieden. Sehenswerte Mühlen und historische Gebäude und Museen säumen den Verlauf. Der Radweg ist trotz einer Routenlänge von etwa 52 Kilometern ohne Probleme zu bewältigen, da die Tour beinahe durchgehend durch ebenes und flaches Gelände verläuft. Nur im Bereich Suhlendorf gibt es einige kurze, allerdings kaum nennenswerte Steigungen.

In Scharnebeck, einem nordöstlich gelegenen Vorort von Lüneburg, bietet sich ein Besuch des dortigen Schiffshebewerks an. Das **Schiffshebewerk Lüneburg Scharnebeck** wurde in den Jahren zwischen 1974 und 1976 als weltgrößtes seiner Art erbaut. Dieses gewaltige Bauwerk am Elbe-Seitenkanal bietet modernen Frachtschiffen die Möglichkeit, eine Höhe von 38 Metern zu überwinden. Ein sehenswertes technisches Schauspiel kann man bei einer Gruppenführung bzw. einer Durchfahrt mit dem Schiff durch das Schiffshebewerk erleben. Angeboten werden technisch informative und gesellige Führungen für Familien oder Gruppen (schiffshebewerk-scharnebeck.de).

Im Bade- und Freizeitparadies **SaLü,** die Salztherme Lüneburg, ist für die ganze Familie Erholung, Spaß, Fitness und Vergnügen angesagt. Im 32 °C warmen Außenbecken kann man sich durch den Strömungskanal treiben lassen oder sich im

Sole-Wellenbecken mit den Wellen wie an der Nordsee treiben lassen. Wer eher Ruhe und Wohlbefinden sucht, begibt sich ins Sole-Entspannungsbecken zu sanften Klängen klassischer »Unterwassermusik«; dabei »schwebt« man auf warmem Wasser mit 4% Sole. Auf etwa 1200 Quadratmetern erstreckt sich die modern gestaltete Sauna- und Wellnesslandschaft, die sich auf zwei Saunabereiche verteilt. Für Kinderspaß sorgen lustige Wassertiere, die Dreier-Rutsche oder Wasserbretter, mit denen man auf den Wellen surfen kann. Für die größeren Kinder stehen zwei lange Riesenrutschen mit Licht- und Farbeffekten sowie einem »Black Hole« bereit (salue.info).

Die Mecklenburger Seenplatte erkunden

Ausgangspunkt dieser Tour ist die Landeshauptstadt Schwerin. Über Ludwigslust geht es am Plauer See und der Müritz vorbei durch das »Land der 1000 Seen« in das Städtchen Neubrandenburg. Über Burg Stargard endet die Tour in Neustrelitz. Abstecher führen nach Güstrow und Sternberg.

TOUR 9

- **Länge:** rund 240 Kilometer
- **Dauer:** 4–5 Tage
- **Start | Ziel:** Schwerin | Neustrelitz

Am Ufer des Schweriner Sees liegt der großzügige Museumskomplex.

1 Inmitten von sieben Seen liegt die altehrwürdige Residenzstadt **Schwerin.** Mittelpunkt unter den vielen historischen Prachtbauten der Stadt ist das märchenhafte Schloss mit seinen Türmchen und Erkern, in dessen barockem Schlossgarten sich elegant flanieren lässt. Weitere schöne Bauten spiegeln sich in den Gewässern: das Staatstheater, das Staatsmuseum und der klassizistische Marstall. Die Altstadt wird beherrscht vom Markt, dem Rathaus und dem im 12. Jahrhundert begonnenen imposanten Dom. Einen Bummel durch die Stadt sollte man mit einem Bootsausflug auf dem Schweriner See abrunden.
Obwohl sie abseits der Route und nördlich von Schwerin liegen, lohnt sich ein Abstecher nach Sternberg und Güstrow durchaus. Das etwa 30 Kilometer von Schwerin entfernte **Sternberg** liegt in einem der schönsten Wandergebiete des Landes inmitten der Sternberger Seenplatte. Auf einem Hügel thront die Stadtkirche, um die sich Gassen und Häuschen des Stadtkerns schmiegen. Unbedingt anschauen sollte man das nahe gelegene Freilichtmuseum von Groß Raden.
Gut weitere 30 Kilometer von Sternberg entfernt liegt das schmucke **Güstrow** mit seinem Schloss aus dem 16. Jahrhundert. Die imposante Anlage wurde im Stil der Spätrenaissance gestaltet. Am wuchtigen, in seinem Inneren kostbar ausgestalteten gotischen Dom vorbei erreicht man den Markt mit dem Rathaus und den Bürgerhäusern. Die Gertrudenkapelle, ein einschiffiger Backsteinbau aus dem 15. Jahrhundert etwas außerhalb der Altstadt, zeigt eine Sammlung von Werken Ernst Barlachs.

2 In **Ludwigslust** in der flachen Sandeinöde der »Griesen Gegend« findet sich ein besonderes Juwel: Die große Barockanlage Schloss Ludwigslust errichtete sich Herzog Friedrich II. als Residenz und natürlich nach dem Vorbild von Versailles. Die Staatsfinanzen wurden jedoch bald knapp, und so verfiel der

WANDERN & FREIZEIT

Durch das Naturparadies **Schaalsee,** das leicht von Schwerin aus erreichbar ist, führen Wanderwege mit Hinweisen auf die Flora und Fauna. Das Biosphärenreservat untersteht dem Schutz der UNESCO; es werden auch geführte Touren angeboten.

Eine kurze, fünf Kilometer lange Radtour führt über befestigte Wege rund um den **Faulen See** mitten in Schwerin. Die Route startet am Zoo und führt zur Südspitze des Sees, wo sich ein herrlicher Blick auf das Gewässer bietet. Es geht linker Hand weiter bis zu einem Rastplatz und weiter zur Schleifmühle an der Nordspitze des Sees. Info-Tafeln berichten über die Mühlentechnik und die Steinschleiferei im 18. Jahrhundert. Die nächsten Etappen auf der Strecke sind das Kanucamp und kurz darauf ein Rastplatz mit Spielplatz. Schließlich geht es wieder zurück zur Südspitze des Sees.

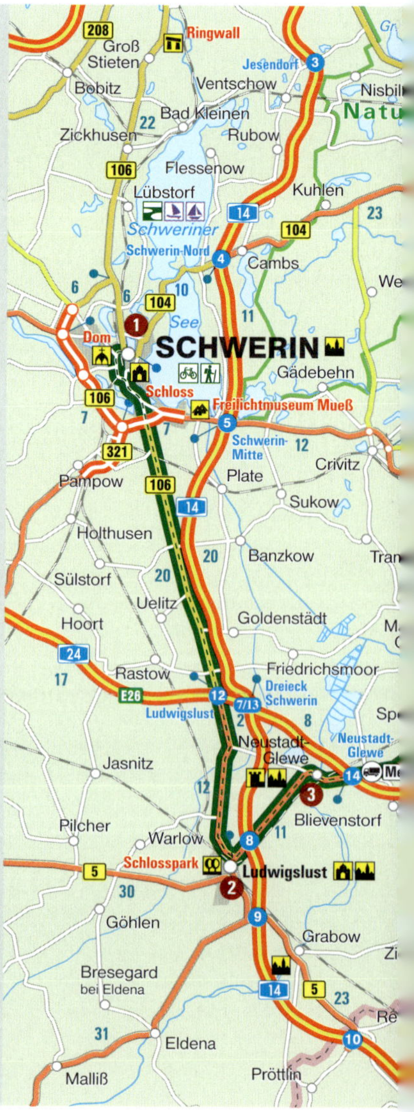

Mitte des 19. Jahrhunderts wurde das Schweriner Schloss vollendet. Seit 2024 gehört der märchenhafte Bau auch zum UNESCO-Welterbe.

Herzog für die Innengestaltung von Schloss und Schlosskirche auf ein neuartiges Dekorationsmaterial, das sich bis heute als Rarität in Europa erhalten hat: Die Pappmanufaktur im heutigen Rathaus lieferte den preiswerten Baustoff für den »schönen Schein« der prächtigen Ausstattung. 1860 vollendete der Gartenbaumeister Peter Joseph Lenné den überwältigenden Schlosspark mit den beiden Mausoleen und einem neugotischen Kirchlein.

3 Die Kleinstadt **Neustadt-Glewe** wird dominiert von der Alten Burg, die um 1248 entstand. Auf einem künstlichen Hügel hat sich der älteste Profanbau des Landes erhalten: die Alte Burg aus dem 13. Jahrhundert, heute mit Burgmuseum. Im 17. Jahrhundert entstand das Schloss, das als Nebenresidenz der Mecklenburger Herzöge diente.

4 Parchim liegt in einer hügeligen Landschaft inmitten ausgedehnter Waldgebiete. Um die Burg, die um 1170 erstmals erwähnt wird, bildete sich die Altstadt, die mit ihren schmuck gestalteten Fachwerkhäusern um den Marktplatz und dem einzigartigen Rathaus aus dem 14. Jahrhundert absolut sehenswert ist. Die gotische Georgenkirche am Alten Markt birgt in ihren gigantischen Mauern einen schönen Schnitzaltar.
Von Parchim bietet sich ein Ausflug in die besonders stille **Nossentiner/Schwinzer Heide** an. Hier finden sich klare Seen, unberührte Wälder und eine reiche Fauna. Auf der Weiterfahrt von Parchim nach Plau sollte man einen Stopp in **Lübz** einplanen. Die Kleinstadt ist u. a. für das mild-herbe Pils bekannt, das die hier ansässige Brauerei herstellt. Hier bietet sich eine Brauereibesichtigung an (luebzer.de).

5 Die liebenswürdige Kleinstadt **Plau am See** am Westufer des Plauer Sees ist geprägt von einfachen Fachwerkhäusern. Plau ist Ausgangspunkt der bei Wassersportlern und Wanderern so beliebten Müritz-Elde-Wasserstraße, die hier ihren Weg nach Dömitz aufnimmt, wo sie in die Elbe mündet. Von den Anfängen Plaus als Sommerfrische zeugen historische Logierhäuser in Seelust.
Unweit vom Plauer See gibt es weitere interessante Gewässer wie etwa den **Fleesensee,** der zu einer Bootstour einlädt. Vom Boot hat man einen schönen Blick auf den malerischen See und die neugotische Klosterkirche von Malchow, die ebenfalls bei Ausflüglern beliebt ist. Als letztes Beispiel sei der **Krakower See** genannt. Er bietet mit seinen zahllosen Inseln und den vielen versteckten Buchten großen Kolonien von Flussseeschwalben und Reiherenten einen Lebensraum. Schon der Heimatdichter Fritz Reuter weilte gern in der »lieblichen Krakowschen Gegend«, einem der reizvollsten Plätze auf der Seenplatte.

6 Röbel liegt im Südwesten der Müritz in einer kleinen Bucht und erscheint als verträumte Kleinstadt, geprägt von Kopfsteinpflaster und kleinen Häusern. Der Backsteinbau der Marienkirche stammt aus dem 13. Jahrhundert und war das Gotteshaus der Fischer. In der Neuen Stadt steht am Marktplatz die frühgotische Nicolaikirche aus dem 13. Jahrhundert.

7 Waren, die »Metropole« der Seenplatte, ist eines der Eingangstore zum Nationalpark Müritz, der sich über 322 Quadratkilometer am Ostufer des zweitgrößten deutschen Sees erstreckt. Bei einem Bummel durch das viel besuchte historische Zentrum, das von zwei sehenswerten Gotteshäusern überragt wird, sollte man unbedingt einen Blick in das Müritzeum werfen, um sich auf einen Besuch im Naturschutzgebiet einzustimmen. Hier befindet sich u. a. Deutschlands größtes Aquarium für einheimische Süßwasserfische.

8 Neubrandenburg am Nordufer des Tollensesees wird auch die »Stadt der vier Tore« genannt. Das Friedländer Tor aus dem 14. Jahr-

Die Müritz-Elde-Wasserstraße nennt man treffend auch »Blaue Allee«.

Ein schönes Bild bietet sich vom Turm der Marienkirche in Röbel aus:

Schloss Ludwigslust lockt nicht nur mit einem Museum in den historischen Hallen, sondern auch mit dem weitläufigen Schlosspark.

Ein Ausflugsschiff fährt in die Bucht des kleinen Städtchens am südlichen Zipfel der Müritz. Pittoreske Fischerhütten säumen das Buchtufer.

hundert birgt heute ein Café. Das höchste Tor ist das Treptower Tor aus der zweiten Hälfte des 14. Jahrhunderts, in dem sich ein kleines Museum befindet. Das Stargarder Tor mit den farbenfrohen Ziegeln und Giebeln ist das schönste. Die vier prachtvollen Gebäude, reich verzierte Beispiele der Backsteingotik, sind in die vollständigste Stadtmauer Norddeutschlands eingelassen, die kreisrund das historische Zentrum umgibt. Geht man entlang der Mauer um die Stadt, entdeckt man 56 sogenannte Wiekhäuser, Fachwerkbauten, die im Abstand von 30 Metern wie Nester auf der Mauer sitzen und einst zur Verteidigung dienten. Ein Spaziergang durch die krummen Gässchen der Altstadt bringt den Besucher zur Marienkirche, einem aus dem 14. Jahrhundert stammenden bedeutenden Backsteinbau, der heute als Konzertkirche dient. Der nahe gelegene **Tollensesee** bietet vor allem Seglern, Surfern, Tauchern und Paddlern beste Bedingungen für Aktivitäten.

9 In der bewaldeten Hügellandschaft thront, schon von Weitem zu erkennen, die wehrhafte **Burg Stargard** über einem kleinen Städtchen. Die Feste entstand im 13. Jahrhundert zur Verteidigung eines wichtigen strategischen Punktes während der deutschen Ostexpansion. Die Anlage besteht aus einer Vor- und Hauptburg mit elf noch erhaltenen Gebäuden und prägt mit dem Bergfried als Wahrzeichen die Erscheinung der gleichnamigen Stadt. In den kleinen Straßen der Altstadt, die in ihrer heutigen Gestalt aus dem 18. Jahrhundert stammt und immer noch den Charakter einer idyllischen Handwerkerstadt aufweist, befindet sich die sehenswerte Stadtkirche.

10 Neustrelitz wurde 1733 als letzte geplante Barockstadt Europas angelegt, erkennbar am symmetrischen Stadtplan, auf dem acht Straßen sternförmig auf den zentralen Marktplatz mit seinem herrlichen Rathaus und der Stadtkirche, einem Backsteinbau aus dem 18. Jahrhundert, zulaufen. Von der herzoglichen Residenz sind noch der prächtige Schlosspark, ein Werk Lennés, und die 1755 errichtete Orangerie erhalten. Ein Anziehungspunkt ist der Luisentempel.
Das Sehenswerteste an Neustrelitz aber ist wohl die umliegende Landschaft: Mehr als 300 kleine Seen bilden die **Neustrelitzer Kleinseenplatte,** eine herrliche Gegend voller Möglichkeiten für Wanderungen oder weite Bootsausflüge. In dem größtenteils von Wald bedeckten Hügelland liegen Heidelandschaften und Talsandflächen mit Dünen.

WANDERN & FREIZEIT

Die Sternberger Seenplatte hat lohnende Wanderziele zu bieten: Die tiefe **Schlucht des Darnow-Durchbruchs** ist eine besondere Naturschönheit. Im Mittleren Warnowtal geht es durch Wiesen und an einem begehbaren Großsteingrab vorbei.

Ein Spaziergang über die **Insel Kaninchenwerder** im Schweriner See mit ihren idyllischen Wäldern, wo auf hohen Bäumen auch Seeadler brüten, sollte mit einem Besuch in einem der schön gelegenen Cafés beendet werden.

Eine rund 20 Kilometer lange **Paddeltour** führt auf einem Teilabschnitt der **Alten Müritz-Elde-Wasserstraße** von Plau am Plauer See nach Lübz. Die Tour führt auf Kanälen durch mehrere Schleusen, vorbei an einer reizvollen Landschaft. Auf dem Weg bieten sich diverse Gasthöfe am Ufer sowie eine ganze Reihe von Rastplätzen als Zwischenstopp an.

Im **Nationalpark Müritz** kann man seit einigen Jahren am sogenannten **Kunstring** Arbeiten internationaler Künstler betrachten, die mit ihren Werken die Verbindung von Kunst und Natur vertiefen möchten. Ein **Naturlehrpfad** im Ostteil führt durch den gänzlich unberührten Serrahner Wald.

Mit dem Rad lässt sich eine gut 9,5 Kilometer lange Runde um den **Tiefwarensee** bewältigen. Die Tour beginnt am Müritzeum und führt in Richtung See zum Hotel Am Tiefwarensee, wo man vom Cafè und vom anliegenden Schaugarten einen Blick auf Waren genießen kann. Der Weg geht weiter um den Mühlenberg herum und dann am Ufer entlang bis ans Nordende des Sees zur »Klinik Amsee«. Anschließend folgt man dem Eiszeit-Lehrpfad, der in eine Waldzone und schließlich zu einem Rastplatz führt. Von hier aus geht es wieder am Ufer entlang zurück. Im letzten Abschnitt laden einige Aussichtsplattformen zum Verweilen ein. An den Bahngleisen angekommen, führt die Tour wieder zum Müritzeum zurück.

Viele Radtouren in und in der Umgebung von Neubrandenburg haben den **Tollensesee** als Etappe. Die Umrundung des Sees ist etwa 35 Kilometer lang und führt vom Radeltreff in Neubrandenburg über Klein Nemerow, Usadel, Prillwitz, Alt-Rehse und Broda wieder zurück nach Neubrandenburg. Man fährt auf asphaltierten und befestigten Wegen sowie auf verkehrsberuhigten Nebenstraßen. An einigen Stellen sind hügelige Passagen zu bewältigen. Die Tour verläuft teils am Seeufer, teils durch herrliche Landschaft und Alleen sowie auch durch schöne Dörfer mit Fachwerkhäusern. Zwischen Usadel und Prillwitz kommt man an der Lieps, einem See mit Kormorankolonie, vorbei. Auf der Route laden einige Aussichtstürme zum Aufstieg ein. Gute Einkehrmöglichkeiten gibt es in Klein Nemerow, in Alt Rehse sowie im großen Strandbad Broda, das außerdem diverse Freizeit- und Sportangebote bereithält.

Die gut 26 Kilometer lange Radtour führt zur **Burg Stagard,** die auf einem Hügel rund 50 Meter über dem gleichnamigen Ort steht. Vom Radeltreff Neubrandenburg geht es auf guten, aber unbefestigten Wegen sowie auf beruhigten Nebenstraßen über das Lindetal mit seinen Wiesen und Wäldern an den Resten einer alten Papiermühle vorbei ins Dorf Hinterste Mühle mit Findlingsgarten. Anschließend geht es weiter nach Stagard und auf den Hügel zur Burg, von deren Bergfried man den Ausblick auf die Umgebung genießen kann. Nach einem weiteren Anstieg geht es abwärts über Rowa zum Ufer des Tollensesees. Schließlich gelangt man über Klein Nemerow wieder zurück nach Neubrandenburg.

Eine angenehme, etwa 14 Kilometer lange **Kanutour** führt von Neustrelitz nach Wesenberg. Die Tour startet im Hafen von Neustrelitz und geht über den **Zierker See.** Nach der Schleuse Vosswinkel verläuft die Route weiter durch den Kammerkanal zum Woblitzsee, wo sich der Camping- und Ferienpark Havelberge mit seinem Lokal und dem Hochseilgarten für eine Pause anbietet. Anschließend fährt man auf dem Woblitzsee weiter bis zum Hafen von Wesenberg. Hier kann man die Burganlage besichtigen, einen Bummel durch die Altstadt machen oder nett in einem Café einkehren. Vom Bahnhof aus kann man bequem mit dem Zug zurück nach Neustrelitz fahren.

Bei Kanutouren auf der Warnow hat man die Wahl zwischen abenteuerlichen Strecken und ruhigen Abschnitten.

Als eine der ältesten Burgen in Norddeutschland gilt die Höhenburg Stargard. Ihr Museum lädt dazu ein, ins Mittelalter abzutauchen.

Rund um das Münsterland

Mit dem Auto lässt sich die Münsterland-Tour von Havixbeck zum Schloss Westerwinkel gut in zwei bis drei Tagen bewältigen. Wer etwas mehr Zeit mitbringt, sollte sich ruhig einmal aufs Fahrrad schwingen und auf den stillen Seitenwegen, den »Pättkes«, durch die Parklandschaft radeln, um die Perlen des Münsterlandes auch wirklich angemessen zu würdigen.

Giebelhäuser und Bogengänge charakterisieren den Prinzipalmarkt in Münster, der auch als die »gute Stube« der Stadt bezeichnet wird.

TOUR 10

- **Länge:** rund 200 Kilometer
- **Dauer:** 3–5 Tage
- **Start | Ziel:** Havixbeck | Ascheberg

1 An jeder Ecke der kleinen Stadt **Havixbeck** entdeckt man historisches Gemäuer, zum Beispiel die gotische Hallenkirche St. Dionysius, die Pestkapelle, das mittelalterliche Torhaus sowie zahlreiche Kapellchen, Wegekreuze und Bildstöcke. Eine besondere Besucherattraktion ist das ungewöhnliche Baumberger Sandsteinmuseum, das einen wichtigen Baustoff der Region anschaulich präsentiert.
Von der 1000-jährigen Geschichte Havixbecks am Fuße der Baumberge erzählen auch die drei sehenswerten Wasserburgen Haus Havixbeck, Haus Stapel und Burg Hülshoff. Burg Hülshoff, Geburtsort der Dichterin Annette von Droste-Hülshoff, lädt mit ausgedehnten Parkanlagen zu geruhsamen Spaziergängen ein.

2 Die Westfalenmetropole **Münster** ist heute eine lebendige Universitätsstadt mit reichlich historischem Ambiente – eine Stadt, die man am besten zu Fuß oder per Fahrrad erkundet, hier ohnehin das Hauptverkehrsmittel. Um den St.-Paulus-Dom im Zentrum (hier sollte man sich um zwölf Uhr den Auftritt der Figuren an der Astronomischen Uhr anschauen) liegt wie ein Ring der alte Prinzipalmarkt mit seinen schönen Staffelgiebelhäusern aus Sandstein und den berühmten Arkadengängen. Blickfang und Wahrzeichen am Prinzipalmarkt ist das historische Rathaus mit dem

Christophorus-Statue im Doms zu Münster.

Die ersten rund 30 Jahre ihres Lebens verbrachte die Dichterin Annette von Droste-Hülshoff auf der Burg Hülshoff in Havixbeck.

WANDERN & FREIZEIT

Wandern in grüner Parklandschaft, mit Blick aufs Wasser und bunte Segelboote, und das alles in Stadtnähe und mit gutem gastronomischem Angebot? Möglich ist das am **Aasee in Münster** – an einem Anfang des 20. Jahrhunderts künstlich angelegten See. Ausgangs- und Zielpunkt sind die stadtnahen Aaseeterrassen; auf einer Strecke von knapp sechs Kilometern führen gut ausgebaute Wege am Ufer entlang rund um den See. Unterwegs entdeckt man einige Werke bekannter Künstler, die seit 1977 entstanden sind.

Die **Baumberge** zwischen Münster und Coesfeld eignen sich mit ihren Wäldern, Wiesen und Feldern vorzüglich zur Freizeitgestaltung. Höchste Erhebung der Baumberge ist mit 187 Metern der **Westerberg,** der von Billerbeck und Havixbeck aus leicht zu erreichen ist. Oben auf dem Berg steht der Longinusturm, ein 32 Meter hoher Aussichtsturm, ein beliebtes Ausflugsziel. Von oben reicht der Panoramablick über Münster bis zum Teutoburger Wald, zum Sauerland und zum Ruhrgebiet.

An lauen Sommerabenden lässt es sich am Stadthafen von Münster herrlich entspannen. Das einstige Industrieviertel ist nun ein Kreativquartier.

WANDERN & FREIZEIT

Für Wanderfreunde ist **Tecklenburg** eine gute Adresse, denn der Ort liegt direkt am **Hermannsweg,** einem 156 Kilometer langen Fernwanderweg auf dem Höhenkamm des Teutoburger Waldes. Selbstverständlich kann man auf dem gut beschilderten Hermannsweg auch kleinere Etappen zurücklegen – und dann den gleichen Weg zurückwandern oder die Rückfahrt mit dem Bus antreten. Kleine, familienfreundliche Strecken ab Tecklenburg sind etwa der Weg nach Brochterbeck (Richtung Ibbenbüren im Nordwesten) oder nach Lengerich (Richtung Bad Iburg im Südosten).

Eine etwa 25 Kilometer lange **Radtour auf den Spuren der Annette von Droste-Hülshoff** führt vom Münsteraner Schloss über Haus Rüschhaus in Münster-Nienberge, dem langjährigen Wohnsitz der Dichterin, zur Burg Hülshoff in Havixbeck und dann am Aasee (mit Allwetterzoo, Naturkundemuseum und Freilichtmuseum Mühlenhof) entlang wieder zurück nach Münster.

Für vorbildlich gestaltet hält der ADFC den **EmsRadweg,** der den Fluss von der Quelle am Teutoburger Wald bis zur Mündung in die Nordsee begleitet. Selbstverständlich sind auch Teilstücke dieses Radwegs durch die Auenlandschaft lohnend; schön radelt es sich zum Beispiel entlang der Ems zwischen Telgte und Warendorf, sodass man eine Station unserer beschriebenen Rundreise zur Abwechslung einmal mit dem Fahrrad ansteuern kann.

Ein Fahrraderlebnis besonderer Art bietet der Radweg **»RadBahn Münsterland«,** dessen Strecke von Coesfeld bis Rheine 2012 eröffnet wurde. Das Besondere daran: Der Radweg folgt einer stillgelegten Bahntrasse – und so radelt man mitten durch die Landschaft, oft weitab von Straßen, und genießt ganz neue Perspektiven. Wer nur Zeit für ein kurzes Stückchen hat, startet unweit vom Bahnhof Lutum (zwischen Billerbeck und Coesfeld) und fährt zumindest bis zum ehemaligen Bahnhof von Rosendahl-Darfeld, wo man bei gutem Wetter mit etwas Glück sogar Kaffee und Kuchen bekommt.

Friedenssaal, in dem 1648 über das Ende des Dreißigjährigen Krieges verhandelt wurde. Unweit davon überragt der 90 Meter hohe Turm der Lambertikirche die Innenstadt; nachts wacht dort bis heute ein Türmer über den Schlaf der Einwohner. Der berühmte Barockarchitekt Johann Conrad Schlaun erbaute hier das Stadtschloss, die Clemenskirche und den Erbdrostenhof.
Einen guten Eindruck von Münster vermittelt ein Rundgang auf dem lindenbestandenen Promenadenring, der die gesamte Innenstadt umschließt und am Schloss vorbeiführt. Über die Promenade gelangt man auch zum innenstadtnahen **Aasee.** Dort lockt in der warmen Jahreszeit eine besondere Attraktion: die Fahrt mit dem Ausflugsboot »Solaaris« zum Allwetterzoo. Vom Zoo ist es übrigens nicht weit zum Mühlenhof-Freilichtmuseum, einem hübschen Museumsdorf mit historischen Bauten aus ganz Westfalen.

3 Bis zu 150 000 Pilger zieht es alljährlich zum Gnadenbild der schmerzhaften Muttergottes nach **Telgte.** Der dortige »Dreiklang« setzt sich aus drei historischen Gebäuden zusammen: der barocken Wallfahrtskapelle mit ihrer Pietà aus dem Jahr 1370, der Clemenskirche und dem Westfälischen Museum für religiöse Kultur (Relígio), in dem auch das berühmte Telgter Hungertuch aus dem Jahr 1623 ausgestellt ist. Nicht nur für Kinder interessant ist das Krippenmuseum mit Exponaten aus aller Welt, heute ebenfalls Teil des Museums Relígio. Nach dem reichhaltigen Kulturprogramm bietet sich ein Bummel durch die historische Innenstadt an, gefolgt von einem gemächlichen Spaziergang am Ufer der Ems.

4 Der »Bauerndom« im Warendorfer Ortsteil **Freckenhorst** gehört zu den bedeutendsten romanischen Bauwerken Westfalens. Die fünftürmige Stiftskirche St. Bonifatius geht auf das 11. und 12. Jahrhundert zurück. Der Taufstein mit seinen beinahe vollplastisch herausgearbeiteten Figuren gilt als bedeutendes Kunstwerk des Mittelalters.

5 Warendorf begrüßt den Gast in seiner bezaubernden Altstadt mit den historischen Giebelhäusern rund um den Marktplatz, mit dem Heimathaus aus dem Jahr 1404, dem Münstertor, der St.-Laurentius-Kirche, dem Bentheimer Turm, der Promenade und dem Franziskanerkloster. In erster Linie aber ist Warendorf eine Stadt des Sports – insbesondere des Pferdesports. Die alljährliche Warendorfer Hengstparade lockt Besucher von weither an.

6 Von der einstigen Burg der Grafen von **Tecklenburg** im Teutoburger Wald stehen heute nur noch Ruinen, in denen regelmäßig

Freckenhorsts berühmteste Sehenswürdigkeit ist die Stiftskirche St. Bonifatius.

Cafés laden auf dem Marktplatz von Warendorf mit Blick auf das Rathaus zu Entspannung ein.

Eine Sphinx wacht über Schloss Nordkirchen, das inmitten einer weitläufigen Parkanlage mit See liegt.

die überregional bekannten Freilichtspiele eine Bühne gefunden haben. Auch die malerische Altstadt mit ihren Fachwerkhäusern aus dem 16.–18. Jahrhundert und das im 14. Jahrhundert entstandene Wasserschloss machen einen Besuch zum Erlebnis. Eine wunderschöne Aussicht genießt man vom Wierturm – und ganz generell Richtung Süden, denn die Lage der Stadt am Höhenzug des Teutoburger Waldes ermöglicht einen weiten Panoramablick ins flache Münsterland.

7 Das imposante Schloss **Burgsteinfurt** im gleichnamigen Ortsteil von Steinfurt ist die älteste Wasserburg Westfalens. Die Burganlage mit ihrem schönen Fachwerktorhaus befindet sich in Familienbesitz und wird bewohnt, ist also nur von außen und aus einiger Entfernung zu betrachten. Bei einem Rundgang durch die Altstadt von Burgsteinfurt sollte man die Patrizierhäuser und das historische Rathaus am Marktplatz sowie das Stadtweinhaus von 1445, das Kornschreiberhaus aus dem 15. Jahrhundert und das Geisthaus aus dem 16. Jahrhundert keinesfalls versäumen.
Wer gern in reizvoll gestalteter Natur spazieren geht, darf den **Steinfurter Bagno** nicht auslassen, eine um einen See und Wasserläufe herum gestaltete Parkanlage aus dem 18. Jahrhundert. Der ursprünglich französische Park, der dann zum englischen Garten umgestaltet wurde, war schon im 19. Jahrhundert das Ziel von Wochenendausflüglern.

8 Schon von Weitem grüßen die Türme des 1889 vollendeten Ludgerus-»Doms« von **Billerbeck.** Er steht an dem Ort, an dem der heilige Liudger, Missionar und erster Bischof von Münster, im Jahr 809 gestorben ist. Nicht ohne Stolz nennt sich Billerbeck die »Perle der Baumberge«. Viele Kurzurlauber genießen die Natur der bewaldeten Höhen, bummeln durch den Ort und bewundern Kulturdenkmäler wie den Ludgerusbrunnen, die 1234 fertiggestellte St.-Johannis-Kirche oder das Haus Beckebans.
Auf der Weiterfahrt Richtung Coesfeld bietet sich ein weiterer Stopp bei der **Benediktinerabtei Gerleve** an. Auf dem Klostergelände kann man einkehren, die hübsche Buchhandlung besuchen, auf den Feldwegen ringsum spazierengehen – oder einfach mit den Kindern eine Pause auf dem Spielplatz einlegen.

9 Die Kreisstadt **Coesfeld** hat sich zu einer attraktiven Einkaufs- und Kulturstadt entwickelt. Auf dem Marktplatz, der vom Rathaus, der gotischen Lambertikirche und der ehemaligen Jesuitenkirche eingefasst wird, treffen sich die Menschen bei schönem Wetter an den Tischen von Café und Eisdiele. Von hier aus ist man zu Fuß in

Die Steinfurter Aa ist ein Zufluss der Vechte. In Burgsteinfurt darf sie das Wasserschloss umfließen.

Burg Vischering in Lüdinghausen, eine der besterhaltenen Wasserburgen im Münsterland.

wenigen Minuten am Kino, beim modernen Konzerttheater und beim CoeBad (mit Freibadgelände). Für einen Spaziergang im Grünen eignen sich beispielsweise das Gelände um Schloss Varlar (im Norden), der Aussichtspunkt Dreilinden auf dem Coesfelder Berg oder die Bauerschaft Flamschen: Dort kann man einen Blick auf das schlichte Geburtshaus der Mysterikerin Anna Katharina Emmerick (1774–1824) werfen.

10 Die Dreiburgenstadt **Lüdinghausen** an der Stever ist das ideale Ziel für einen Familienausflug. Der historische Stadtkern, Burg Lüdinghausen und die Pfarrkirche St. Felizitas (mit den dicksten Sandsteinsäulen Europas) gehören unbedingt auf das Besichtigungsprogramm. Am beeindruckendsten ist jedoch ein Besuch auf **Burg Vischering:** Die kompakte Burg mit ihrer hohen Ringmauer und der schützenden Gräfte zählt zu den relativ wenigen Wasserburgen im Münsterland, deren Wehrcharakter noch deutlich zu erkennen ist. Und wer mehr über das Leben der Ritter auf Burg Vischering erfahren will, sollte unbedingt das Museum besuchen. »Ritter zum Anfassen« gibt es dann im speziell eingerichteten Kindermuseum. Denn hier ist Anfassen ausdrücklich erlaubt. Und welche Kinderaugen würden da nicht glänzen, wenn man eine echte Ritterrüstung tragen darf?

Der Ortsteil Seppenrade ist wegen seiner Vielzahl an Restaurants bei Ausflüglern beliebt; zur Blütezeit sollte man auch dem dortigen Rosengarten einen Besuch abstatten.

11 Das hübsche Städtchen **Nordkirchen** kann mit einer ganz besonderen Attraktion aufwarten: Hier steht das barocke Schloss Nordkirchen, das »Westfälische Versailles«, Westfalens größte Wasserschlossanlage. Ein Rundgang durch den 170 Hektar großen Schlosspark mit seinen Gartenskulpturen ist sehr zu empfehlen.

12 Frische Luft, viel Wald, romantische Wasserburgen, alte Rittersitze und edle Pferde findet man in und um **Ascheberg.** Sehenswert sind Haus Itlingen, die spätgotische Pfarrkirche St. Lambertus, der Davertturm und die Burgkapelle in Davensberg.
Die wichtigste Sehenswürdigkeit ist aber wohl **Schloss Westerwinkel** in Herbern. Die an niederländischen Vorbildern orientierte, im Sinne des Barock streng symmetrisch konzipierte Anlage wurde von drei Architekten entworfen: zunächst von Gottfried Laurenz Pictorius, später von Peter Pictorius d. J. und schließlich vom berühmten Architekten des nord- und westdeutschen Barock, Johann Conrad Schlaun. Eine Führung ist nach vorheriger Anmeldung möglich.

Entlang der Weser bis Hannoversch Münden

Von der 1000-jährigen Domstadt Minden führt die Tour über die einstige Schaumburger Grafschaft durch das Corveyer Land und den Reinhardswald nach Hannoversch Münden, »wo Werra sich und Fulda küssen«. Man sollte die Fahrt eher gemächlich angehen und durchaus vier Tage einplanen.

Bis heute wird das Schloss Bückeburg von der Fürstenfamilie zu Schaumburg-Lippe bewohnt.

TOUR 11

- **Länge:** rund 200 Kilometer
- **Dauer:** 4–6 Tage
- **Start | Ziel:** Minden | Hann. Münden

1 An der Westfälischen Mühlenstraße, die 43 historische Mühlen miteinander verbindet, liegt die rund 1200 Jahre alte Bischofsstadt **Minden.** Eine ihrer bedeutendsten Sehenswürdigkeiten ist denn auch der Dom St. Gorgonius und St. Peter mit seiner wertvollen Innenausstattung, ursprünglich Zentrum der unter Karl dem Großen eingerichteten Diözese Minden. Nach Aufhebung des Bistums wurde der Dom zur einfachen Pfarrkirche herabgestuft. An die früheste Zeit erinnert noch das Westwerk, das einer Verteidigungsanlage gleicht; das Langhaus stammt aus der Zeit der Hochgotik. Der in seinen Bauformen seit dem Mittelalter kaum veränderte Dom fiel noch im Jahr 1945 den Bomben des Zweiten Weltkriegs zum Opfer und wurde in den 1950er-Jahren wiederaufgebaut. Neben dem Dom gibt es in Minden noch weitere interessante Sakralbauten, darunter die heute evangelische Martinikirche (11. Jahrhundert) im romanisch-gotischen Stil und weitere mittelalterliche Gotteshäuser. Beachtenswerte Profanbauten sind die Alte Münze (um 1260) mit Staffelgiebel und Fenstern aus dem 13. Jahrhundert, das historische Rathaus, das Hansehaus, Haus Hagemeyer und Haus Hill. Stadtgeschichtliches und Wissenswertes über die Weserrenaissance erfährt man im Mindener Museum in der Oberen Altstadt. Eine technische Attraktion ist die 375 Meter lange Kanalbrücke, auf welcher der Mittellandkanal in 13 Meter Höhe die Weser überquert.

2 Die Grafen von Schaumburg-Lippe errichteten am Hellweg eine Wasserburg, die ihr

268 Meter hoch: Kaiser-Wilhelm-Denkmal.

WANDERN & FREIZEIT

Ein äußerst ungewöhnliches Freizeitvergnügen hat die Stadt Rinteln im Angebot: **Radeln auf Schienen.** Auf der 18 Kilometer langen ehemaligen Bahnstrecke von Rinteln nach Alverdissen im Extertal

kann man heute auf Draisinen durch die Landschaft fahren, die ebenso wie echte Fahrräder mit Muskelkraft angetrieben werden. Auf einer Draisine haben zwei »Radfahrer« und zwei Beifahrer Platz (draisinen.de, April–Oktober).

In der Münchhausenstadt Bodenwerder erinnert nicht nur ein Museum an den berühmten Baron und seine unglaublichen Geschichten. Beim sogenannten **Münchhausen-Spiel** tragen Laiendarsteller interessante Begebenheiten vor. Die Aufführungen finden von Mai bis Oktober an jedem ersten Sonntag um 15 Uhr vor dem Rathaus statt.

Dank seiner Lage am Wasser ist **Hannoversch Münden** ein idealer Ausgangsort für **Schiffsrundfahrten** und Linienverkehr. Von Mai bis Oktober kann man von hier aus die Flusslandschaften der Fulda und der Weser entdecken.

Sechs bis sieben Stunden sollte man für die Wanderung **von Bad Karlshafen nach Höxter** schon einplanen. Der Weg führt über Brüggenfeld, Drental, Fürstenfeld und Boffzen.

Etwas Ausdauer braucht man schon, um auf dem **Frau-Holle-Pfad** von Hannoversch Münden aus durch das Naturschutzgebiet Hühnerfeld und vorbei an Großem und Kleinem Steinberg und Haferberg bis zum Bilstein zu wandern. Dabei handelt es sich um eine ausgewählte Etappe; insgesamt ist der Frau-Holle-Pfad, der sich an dem bekannten Grimmschen Märchen orientiert, 185 Kilometer lang.

Im Kurpark von Bad Pyrmont kann man bereits seit dem 19. Jahrhundert Entspannung suchen und finden.

Schönes Beispiel der Weserrenaissance ist das Leisthaus in Hameln.

barockes Aussehen Anfang des 17. Jahrhunderts erhielt. Die **Bückeburg** mit dem berühmten Goldenen Saal birgt zahlreiche Schätze, so zum Beispiel Gemälde von Lucas Cranach, Rubens und Dürer. Das gleichnamige niedersächsische Städtchen hat in einem 350 Jahre alten Burgmannshof eine besondere Rarität eingerichtet: ein Hubschraubermuseum – das einzige seiner Art in Deutschland und eines der ganz wenigen Hubschraubermuseen auf der Welt. Gezeigt werden über 50 Drehflügler, außerdem Zubehör und Modelle. Alte Uniformen, Waffen und andere Exponate zur Stadtgeschichte werden im Museum Bückeburg gezeigt. Zu den prominenten Bürgern der Stadt zählte der Schriftsteller und Theologe Johann Gottfried Herder, der in den 1770er-Jahren in Bückeburg als Geistlicher tätig war. Anfang des 20. Jahrhunderts arbeitete der Schriftsteller Hermann Löns als Zeitungsredakteur in Bückeburg.

3 Nahe der Extermündung und südlich des Wesergebirges präsentiert die malerische Altstadt von **Rinteln** die zahlreichen Zeugnisse ihrer gut 700-jährigen Geschichte. Am Markt findet man alte Fachwerkhäuser, die Stadtkirche St. Nikolai und das ehemalige Rathaus im Stil der Weserrenaissance. Schöne Fachwerkhäuser kann man aber auch an vielen anderen Stellen im Ort bewundern, etwa in der Weserstraße. Sehenswert ist überdies die Kirche des ehemaligen Jakobsklosters aus dem 13. Jahrhundert. Im Jakobskloster war einst eine besondere Einrichtung der Stadt untergebracht, die man dort heute nicht mehr vermuten würde: die Alma Ernestina, die Universität von Rinteln. Gegründet wurde die Hochschule im Jahr 1619, Bestand hatte sie immerhin bis 1810.

4 Die Entwicklung der Rattenfänger-Sage kann man im Museum von **Hameln** im Stiftsherrenhaus und im Leisthaus aus dem Jahr 1589 nachvollziehen. Diese legendäre Episode der Stadtgeschichte wird übrigens jedes Jahr zwischen Mai und September von einer Laienspielgruppe in prächtigen Kostümen nachgestellt – ein Ereignis, das regelmäßig Zehntausende von Besuchern nach Hameln führt.

Seit dem 13. Jahrhundert zieren die Fachwerkhäuser in Rinteln den Marktplatz – der dennoch alles andere als verstaubt wirkt.

In der Osterstraße stößt man auf schöne alte Bürgerhäuser wie das Hochzeitshaus, das Demptersche Haus oder das Rattenfänger-Haus. Das Hochzeitshaus mit dem modernen Rattenfänger-Glockenspiel diente den Bürgern von Hameln einst als Stätte für besondere Festlichkeiten; erbaut wurde das imposante Sandsteinhaus Anfang des 17. Jahrhunderts im Stil der Weserrenaissance. Besucher warten gern auf den Einsatz des Glockenspiels mit Figurenumlauf, der um 13.05 Uhr, 15.35 Uhr und um 17.35 Uhr beginnt. Sehenswert sind auch zwei mittelalterliche Gotteshäuser: die heute evangelische Münsterkirche St. Bonifatius mit einer Krypta aus dem 9. Jahrhundert und die evangelische Marktkirche St. Nicolai. An die Tage der Wesermühlen erinnert die Pfortmühle, einst eine Wassermühle, die Ende des 19. Jahrhunderts im damaligen Stil des Historismus wiederaufgebaut wurde und heute als bedeutendes Industriedenkmal gilt.

5 Humboldt, Goethe, Zar Peter I. und Friedrich den Großen sowie andere Prominente hat es auch bereits in früheren Zeiten zu den Heilquellen ins Emmertal nach **Bad Pyrmont** gezogen. Kurpark und Palmengarten sorgen für ausreichend Grün und Blütenpracht. Eine Wasserburg wurde im Jahr 1710 durch das barocke Schloss ersetzt. Aus sehr viel früherer Zeit stammt die Hünenburg, die Ruinen einer Höhenburg auf dem Königs-

WANDERN & FREIZEIT

Der **Urwald Sababurg** ist ein nicht forstwirtschaftlich genutzter ehemaliger Hutewald, der zumindest annähernd den Wäldern gleicht, die im Mittelalter große Teile des Landes bedeckten. Durchwandern kann man das heutige Schutzgebiet im nordhessischen Reinhardswald auf eigens angelegten Rundwegen, wobei Besucher sich strikt an die Vorgaben halten und auf den Schutz von Tier- und Pflanzenwelt achten sollten.

Eine Radtour von Bückeburg bis Minden folgt dem Verlauf der – wesentlich längeren – **»Fürstenroute im Schaumburger Land«.** Der Weg führt nach Nordholz und dann am Mittellandkanal entlang.

Der 1300 Hektar große **Hamelner Stadtwald** besitzt ein gut ausgebautes Netz an Wanderwegen. Schöne Ausblicke ins Weser- und Hummetal bietet der etwa acht Kilometer lange Rundweg von Klüt über Finkenborn und Riepen. Ausgangspunkt ist der Klütturm, heute ein Aussichtsturm. Die Route führt vorbei am Forsthaus Finkenborn; den weiteren Weg säumen Hügelgräber aus der Bronzezeit. Bis 1960

in Betrieb war der Riepensteinbruch, der dem Abbau des heimischen braungrauen Sandsteins diente. Von dort gelangt man zum ehemaligen Schießstand der Hannoverschen Armee aus dem 18. Jahrhundert und zum Ausgangspunkt zurück.

491 Kilometer lang ist der **Weserradweg,** einer der großen Radfernwege. Der Weg beginnt am Zusammenfluss von Werra und Fulda und folgt der Weser bis zur Mündung. Stationen an dieser Route sind Bad Karlshafen, Höxter, Bodenwerder, Hameln und Rinteln. Selbstverständlich kann man auch kürzere Etappen radeln.

Das Westwerk des Klosters Corvey ist von einem schönen Park umgeben.

Uralte Eichen stehen im Naturschutzgebiet des nordhessischen Reinhardswaldes.

Grimms Märchen auf der Spur ist man im »Dornröschenschloss« Sababurg.

berg, die von einer Burg aus dem 9. oder 10. Jahrhundert übrig geblieben sind. Eine besondere geologische Attraktion der Stadt ist die von Mauern eingefasste Dunsthöhle; dort tritt Kohlendioxid direkt aus der Erde. Entdeckt wurde das eigenartige Phänomen bereits im 18. Jahrhundert; allerdings glaubte man damals, es handle sich um Schwefelgase. Seinen geologischen Besonderheiten verdankt der Kurort insgesamt sieben Heilquellen, die für Bäder und Trinkkuren genutzt werden. Die Quellen gehören zu gleich zwei unterschiedlichen Kategorien: Es gibt Säuerlinge und Solequellen.

6 Vieles weist in **Bodenwerder** auf den berühmtesten Sohn der Stadt hin: Dem Baron von Münchhausen sind ein eigenes Museum mit nicht immer ganz ernstzunehmenden Exponaten, ein Brunnen und jener Gartenpavillon gewidmet, in dem der Lügenbaron seine unglaublichen Abenteuer zum Besten gab. Das Grab des Barons findet man in der 1046 geweihten Klosterkirche Kemmnade.
Bei einem Altstadtbummel kann man sich von den malerischen Fachwerkstraßen und den Resten der Stadtbefestigung bezaubern lassen und anschließend die St.-Nicolai-Kirche besichtigen. Ältestes Ausstattungsstück ist vermutlich der Taufstein von 1608. Ein beachtenswertes modernes Erscheinungsbild besitzt die katholische Pfarrkirche Maria Königin auf der östlichen Seite der Weser. Die Kirche in Form eines Zeltes wurde 1960 vom Paderborner Architekten Lipsmeier erbaut. Ungewöhnlich ist das orthodoxe Dreifaltigkeitskloster im Ortsteil Buchhagen, das der bulgarisch-orthodoxen Diözese untersteht. Ein Kleinod der Weserrenaissance ist Schloss Hehlen.

7 Auf dem Weg nach Höxter gehört ein Zwischenstopp am **Kloster Corvey** unbedingt ins Programm. Das ehemalige Benediktinerkloster mit seinem imposanten Westwerk geht noch auf die Zeit der Karolinger zurück; bemerkenswert sind u. a. die Fresken aus dem 9. Jahrhundert. Die Abteikirche wurde barock ausgestaltet. Kloster Corvey war eine reichsunmittelbare Abtei, das heißt: Sie unterstand direkt dem Kaiser und keiner anderen Herrschaft. Nach der Säkularisierung erfolgte der Umbau zum Schloss. Der Schriftsteller Heinrich Hoffmann von Fallersleben war hier als Bibliothekar tätig; sein Grab befindet sich auf dem Friedhof neben der Kirche.

8 Das Stadtbild der früheren Hansestadt **Höxter** ist von einer anheimelnden Facharchitektur geprägt. Neben der Nicolaikirche mit ihrer schönen Barockfassade und der wertvoll ausgestatteten Kilianikirche aus dem 12. Jahrhundert sollte man dem Rathaus im Stil der Weserrenaissance sowie dem alten Adelshof, der Dechanei, einen Besuch abstatten.

9 Vom Hugenottenturm aus hat man eine wunderbare Aussicht auf die Weser und auf **Bad Karlshafen,** das Landgraf Carl eigens für die aus Frankreich geflohenen Hugenotten anlegen ließ. So sind die meisten der historischen Gebäude im barocken Stil gehalten, darunter das Rathaus – einst Packhaus – am ehemaligen Hafenbecken, das Invalidenhaus, das Freihaus oder das Thurn- und Taxis'sche Postgebäude. Einen Blick lohnen auch das alte Pegelhaus am historischen Hafen und der Hugenottenturm auf einer der Hessischen Klippen am Weserufer. An die Glaubensflüchtlinge aus Frankreich, die hier aufgenommen wurden, erinnert das Deutsche Hugenotten-Museum in einer ehemaligen Tabakfabrik. Das kleine Bad Karlshafen ist umgeben vom Reinhardswald, einer waldreichen Hochfläche. Das sehr ursprüngliche und kaum besiedelte Waldgebiet ist das größte Deutschlands. Hier lebten die Brüder Grimm und sammelten ihre Märchen. Wer sich auf die Suche nach den märchenhaften Orten begeben möchte, wird im Reinhardswald, dem »Schatzhaus der europäischen Wälder«, fündig.

10 Im Reinhardswald erhebt sich auf einem Sandsteinfelsen der Luftkurort **Trendelburg** über die Diemel. Der 38 Meter hohe Bergfried der Burg aus dem 15. Jahrhundert gewährt einen prächtigen Blick über Stadt und Fluss. Er soll die Brüder Grimm zu der Geschichte über Rapunzel inspiriert haben. Im schönen Fachwerk-Rathaus werden seit 1548 die Geschicke des Ortes gelenkt. Spätgotische Fresken kann man in der evangelischen Stadtkirche (ehemals St. Maria) aus dem 15. Jahrhundert bewundern. Im Jahr 1331 will ein Schmied im Waldgebirgsdorf Gottsbüren, einem Ortsteil Trendelburgs, eine blutende Hostie gefunden haben. Die im 15. Jahrhundert errichtete Wallfahrtskirche erinnert an die davon angelockten mittelalterlichen Pilgerscharen. Ein Zeugnis der ehemaligen jüdischen Gemeinde wurde erst im Jahr 2001 wiederentdeckt: ein Gewölbekeller mit einer Mikwe, einem jüdischen Ritualbad für Frauen.

11 Quer durch den Reinhardswald geht es zur **Sababurg,** die der Erzbischof von Mainz im Jahr 1334 zum Schutz der Pilger auf einem Basaltkegel anlegen ließ. Im 16. Jahrhundert ließen die Landgrafen von Hessen über ihren Ruinen ein Jagdschloss erbauen. Die romantische Ruine mit den von welschen Hauben bekrönten Türmen gilt allgemein auch als »Dornröschenschloss« – zum einen, weil sie zur Zeit der Brüder Grimm tatsächlich einem verwunschenen Schloss ähnelte, zum anderen, weil die Anlage im 16. Jahrhundert wirklich einmal von einer hohen Dornenhecke eingefasst war. Der Tierpark nahe beim Schloss geht auf das 16. Jahrhundert zurück; er ist einer der ältesten Tiergärten Europas.

12 Bei **Hannoversch Münden** vereinigen sich Werra und Fulda zur Weser. Der Ort wurde von Alexander von Humboldt zu den sieben schönstgelegenen Städten gezählt – so heißt es jedenfalls. Der mittelalterlich-frühneuzeitliche Stadtkern mit seinen prachtvollen Fachwerkhäusern ist nahezu vollständig erhalten. Das gotische Rathaus am Markt wurde zwischen 1603 und 1619 im Stil der Weserrenaissance umgestaltet. Besonders das Schloss ist ein frühes Beispiel für diese Stilrichtung; es beherbergt heute das Städtische Museum, das auch über den legendären Doktor Eisenbarth informiert. Die steinerne Werrabrücke zählt zu den ältesten der Region.

Reich verziert mit Fächerrosetten und Schnitzereien sind die Bürgerhäuser im Stil der Weserrenaissance in Höxter.

Von Hannover ins alte Herzogtum Braunschweig

Die Tour hat es in sich: Schon für eine kurze Besichtigung Hannovers und Braunschweigs ist jeweils auf jeden Fall ein Tag nötig. Kunstinteressierte brauchen für Hildesheim mindestens ebenso viel Zeit; sonst mag, wie auch für Wolfenbüttel, ein halber Tag genügen.

Über den Maschteich blickt man auf das Neue Rathaus, das Wahrzeichen Hannovers.

TOUR 12

- **Länge:** rund 140 Kilometer
- **Dauer:** 4–5 Tage
- **Start | Ziel:** Hannover | Schöningen

1 Hannover, Niedersachsens Landeshauptstadt, ist kein Touristenmagnet und dennoch weltbekannt: Jedes Jahr strömen Zehntausende zur weltgrößten, mittlerweile in einzelne Bereiche aufgeteilten Industriemesse. Das Messegelände war auch Veranstaltungsort der Expo im Jahr 2000. Aber auch in der Stadt gibt es einiges zu sehen und zu entdecken. Die meisten Ziele verbindet der aufs Pflaster gemalte, 4,2 Kilometer lange »Rote Faden«. Wer ihm folgt, gelangt zum klassizistischen Opernhaus, zum gewaltigen, schlossartigen Rathaus von 1913, das repräsentativ im Maschpark liegt, zum Maschsee, einem

WANDERN & FREIZEIT

Ein 4,2 Kilometer langer **Stadtspaziergang** ist eine perfekte Entdeckungstour durch Hannover. Der Spaziergang entlang des »Roten Fadens«, das sind Linien und Pfeile entlang der Wegstrecke, verbindet 35 Sehenswürdigkeiten und Erlebnisstationen. Ausgangs- und Endpunkt ist die Tourist-Info am Ernst-August-Platz 8.

Vor den Toren Hannovers lädt der größte Binnensee Norddeutschlands, das **Steinhuder Meer**, zu einer Radumrundung ein. Dabei sind 30 Kilometer ohne Steigungen zu bewältigen. Der Weg ist mit einem »M« gekennzeichnet. Die Uferbereiche sind im nördlichen und südlichen Teil bebaut, während Ost- und Westufer unter Naturschutz stehen. Wer die Strecke abkürzen will, kann in Mardorf ein Schiff der Steinhuder Personenschifffahrt nach Steinhude besteigen.

Segel- und Badesee, um den manche Stadt Hannover beneidet, und schließlich ins historische Zentrum. Viel von der Altstadt hat der Krieg nicht übrig gelassen, aber das alte Rathaus (15.–19. Jahrhundert) steht noch, ebenso wie die gotische Marktkirche und die Fachwerkhäuser auf der Kramer- und der Burgstraße. Dann der Beginenturm – ein Stadtmauerrest, vor dem sich am Leibnizufer drei bunte »Nanas« von Niki de Saint Phalle befinden –; das Leineschloss, der Sitz der niedersächsischen Landesregierung; der Ballhof von 1649 und die Kreuzkirche mit dem Lucas-Cranach-Altar.

Nicht am »Roten Faden« hingegen liegt Hannovers größter Schatz: die **Herrenhäuser Gärten,** allen voran der Große Garten, der größte erhaltene Barockgarten Deutschlands.

2 Das alte **Hildesheim,** bis zur Zerstörung im März 1945 ein einziges Fachwerkwunder, hat seit 1989 seinen großartigen Marktplatz wieder. Dessen Prunkstück, das Knochenhaueramtshaus, wurde – wie auch das Bäckeramtshaus und die Fassaden anderer Häuser – fachmännisch rekonstruiert. Den Krieg beschädigt überlebt hatten einzig das Rathaus und das Tempelhaus.

Weitgehend neu erbaut werden mussten auch der sehenswerte Mariendom und die Kirche St. Michael, beide fast rein romanisch. Im Dom blieben unter anderem das Taufbe-

Tausende alte Handschriften, Bücher und Inkunabeln hütet die Herzog-August-Bibliothek.

cken, die Bronzetür zu Ehren Bischof Bernwards, die Madonna mit dem Tintenfass, der Hezilo-Radleuchter – der das himmlische Jerusalem darstellt – und die Bernward-Säule erhalten. Der »1000-jährige« Rosenstock im Kreuzgang verbrannte, trieb aber 1946 neu aus. Die bemalte Holzdecke in St. Michael aus dem Jahr 1300 stellt einen Kunstschatz von unermesslichem Wert dar. Beide Kirchen gehören zum Weltkulturerbe.
Ein Aufenthalt in der Stadt wäre unvollständig ohne einen Besuch des Roemer- und Pelizaeusmuseums mit seiner eindrucksvollen ägyptischen und altperuanischen Sammlung.

3 Salzgitter – eine Stadt ohne Mitte: 1942 wurde der Ort aus 31 Dörfern und Städtchen gebildet, nachdem man mit dem Abbau von Eisenerz begonnen und sich die Schwerindustrie hier angesiedelt hatte. Namengebend war das historische Salzgitter-Bad mit seiner Salzquelle. Bekannter als die Baudenkmäler – die Barockkirche des Damenstiftes in Steterburg, das Schloss in Salder, der schlossartige Konvent sowie die Klosterkirche mit barocker Ausstattung und dem 1000 Jahre alten Kruzifix in Ringelheim – dürfte jedoch das hervorragende Sport- und Freizeitangebot sein.

Bereits in den 1980er-Jahren wurde die Michaeliskirche in Hildesheim zum Welterbe erklärt.

4 Wolfenbüttel ist ein Kleinod der Renaissance. Schön ist es dank seiner weitgehend erhaltenen, vom Fachwerk geprägten Altstadt mit romantischen Winkeln an der Oker, dank seines prächtigen Schlosses mit barocker Fassade und Renaissanceturm und dank der Marienkirche, einem prunkvollen Monument des Protestantismus aus dem frühen 17. Jahrhundert. Nachdem die Welfen 1255 Wolfenbüttel erobert hatten, wichen sie vor den streitbaren Braunschweigern dorthin aus und wohnten ab 1432 ständig dort. Ab 1553 wurde Wolfenbüttels alte Wasserburg zu einem Renaissanceschloss ausgebaut, die Stadt vergrößert und befestigt.
Richtig berühmt aber wurde die Stadt durch ihre Büchersammlung: Die 1572 gegründete Herzog-August-Bibliothek galt im 17. Jahrhundert als die größte Bibliothek Europas. Zu ihren Leitern zählten u. a. der Philosoph Leibniz und der Dichter Lessing. Zu den 12 000 alten Handschriften dieses Schatzhauses, das besichtigt werden kann, gehört auch das Evangeliar Heinrichs des Löwen, das als teuerstes Buch der Welt bekannt wurde.
Ein gemütlicher Bummel durch die Fußgängerzone des malerischen Städtchens ist empfehlenswert. Und für Hobbyfotografen bieten sich unzählige schöne Motive.

5 Braunschweig wurde trotz wechselvoller Geschichte ein Zentrum von Kultur und Wissenschaft und steht darin auch heute der niedersächsischen Landeshauptstadt kaum nach. Berühmter »Stadtvater« ist Heinrich der Löwe (12. Jahrhundert), der wohl berühmteste Welfe. Er war Herzog von Sachsen und Bayern. Zu seiner Residenz wählte er Braunschweig, wo er ab 1160 die kaiserpfalzartige Burg Dankwarderode errichten ließ. Der Bau brannte mehrfach aus, daher beruht seine heutige Form auf einer Rekonstruktion von 1886–1889.
Heinrich war auch der Bauherr des benachbarten Doms und Stifter des Bronzelöwen auf dem Burghof – alle drei Werke sollten seinem Machtanspruch anschaulich Nachdruck verleihen. Kostbar sind die teilweise erhaltene Ausmalung des Doms aus dem 13. Jahrhundert und die dortigen alten Grabmäler.
Der Altstadtmarkt mit dem gotischen Altstadtrathaus (13.–15. Jahrhundert), dem Gewandhaus, dem Kaufhaus der Tuchhändler aus der Zeit vor 1300 und der frühgotischen Bürgerkirche St. Martin bildet ein zweites, ebenso eindrucksvolles historisches Zentrum. Unbedingt besuchen sollte man auch die Museen der Stadt.

6 Bevor es nach Königslutter weitergeht, lohnt ein kleiner Abstecher. Die **Wolfsburg** – ein imposantes Schloss der Weserrenaissance, das zwischen dem 13. und 16. Jahrhundert errichtet wurde – lieh der 1938 gegrün-

Auf dem Braunschweiger Burgplatz wacht der bronzene Löwe über die alte Welfenstadt.

Fachwerk umringt den Marktplatz von Wolfenbüttel mit dem Herzog-August-Denkmal.

Bis 1810 wurde der rote Prachtbau des Juleums als Universität genutzt. Heute findet man hier ein Museum.

Erst bei einer Restaurierung des Kaiserdoms von Königslutter traten die unter Kalkschichten verborgenen mittelalterlichen Malereien zutage.

deten »Stadt des KdF-Wagens« ihren Namen. Heute hat die am am Reißbrett geplanten Industriestadt einen hohen Freizeitwert.

Der Reichtum der Kommune, den sie dem VW-Werk verdankt, zeigt sich vor allem in der modernen Architektur: im Theater (Architekt: Hans Scharoun), im Planetarium, im Kulturhaus und in der Heilig-Geist-Kirche (beide vom finnischen Star-Architekten Alvar Aalto) sowie im Kunstmuseum. Als Wahrzeichen der Stadt gilt das Verwaltungshochhaus des VW-Konzerns. Direkt neben dem VW-Werk wartet seit 2000 eine architektonisch faszinierende Erlebniswelt, die »Autostadt«. Acht Pavillons widmen sich den Fahrzeugmarken des Konzerns. Das Zeithaus ist zu einem beeindruckendem Automobilmuseum avanciert. Und die parkähnliche Außenanlage der Autostadt lädt zu Fahrexperimenten ein.

Fußballfans besuchen vielleicht ein Bundesliga-Heimspiel des VfL Wolfsburg in der Volkswagen Arena, die man an Werktagen im Rahmen einer Stadionführung (jeweils um 14 Uhr, nach vorheriger Anmeldung) besichtigen kann.

Im Ortsteil Fallersleben findet man schöne Fachwerkhäuser sowie das Geburtshaus des Dichters der Nationalhymne Hoffmann von Fallersleben. Im Schloss Fallersleben ist heute ein Museum untergebracht, das das Werk des Dichters und die Demokratiebewegung seiner Zeit beleuchtet.

7 Königslutter – ein kleiner Ort mit einer großer Kirche, die aus Kalksteinquadern aus dem Höhenzug Elm erbaut wurde. Der Stifter des romanischen »Kaiserdoms«, der im Jahr 1135 begonnen wurde, war Kaiser Lothar III., der im nahe gelegenen Süpplingenburg residierte. Berühmt sind das Löwenportal, der Jagdfries an der Apsis – in der Mitte fesseln zwei Hasen ihren Jäger – und der Kreuzgang. Ebenso beeindruckend, wenn auch kunstgeschichtlich vielleicht etwas weniger interessant, ist das historische Ortsbild.

8 An **Helmstedts** jahrzehntelange Funktion als innerdeutscher Grenzübergang erinnern eine Gedenkstätte und ein Museum. Das Städtchen hat jedoch einiges mehr zu bieten, wie das Ludgeri-Kloster mit der Doppelkapelle und der Felicitas-Krypta, die gotische Stephani-Kirche mit einer Renaissancekanzel und das schmucke Juleum. Dabei handelt es sich um den 1592–1597 errichteten Hauptbau der Universität, die Helmstedt bis 1810 besaß.

9 Schöningen ist schon seit 748 belegt. Sogar Karl der Große kam 784 hier vorbei. Wo Karl damals wohnte, steht seit 1120 die Pfarrkirche St. Lorenz. In der Stadtmitte besticht der Marktplatz, um den herum und in dessen Nähe das einstige Rathaus, die Kirche St. Vincenz, das Amtsgericht und die Burg versammelt sind.

WANDERN & FREIZEIT

Ein rund 60 Kilometer langer thematischer **Kulturradweg auf Till Eulenspiegels Spuren** führt durch den Landkreis Wolfenbüttel. Eine Radtour, die auch die Kinder begeistert, da an allen 27 Orten der Route Schilder die Eulenspiegel-Geschichte erzählen. Schilder mit einem Kopf des Narren weisen den Weg. Der Start ist vor dem Wolfenbütteler Schloss. An der Oker entlang geht es weiter nach Neindorf und Kissenbrück und über Wittmar in die Asse. Wem hier die Strecke zu steil ist, der schiebt das Rad. Über Groß Vahlberg geht es nach Kneitlingen und weiter nach Schöppenstedt, wo ein Besuch des Till-Eulenspiegel-Museums (eulenspiegel-museum.de) Pflicht ist. Von hier wird der Rückweg angetreten. Wem die gesamte Strecke für einen Tagesausflug zu anstrengend ist, der kann die Tour auch in zwei Abschnitten bewältigen und dabei einmal in Wolfenbüttel und einmal in Schöppenstedt starten.

Vor den Toren Braunschweigs liegt im Osten das romantische Riddagshausen mit dem **Naturschutzgebiet Riddagshauser Teiche,** dessen Gewässer und Baumbestand ein regelrechtes Vogelparadies darstellen. Seine Bedeutung unterstreicht die Bezeichnung Europareservat. Die Mönche des Zisterzienserklosters Riddagshausen schufen im 12. und 13. Jahrhundert in einem sumpfigen Gelände die Teiche, die sie zur Fischzucht nutzten. Ein schöner Spaziergang um das Teich- und Naturschutzgebiet beginnt am besten ab dem Kloster Riddagshausen. Der befestigte Weg führt am Kreuzteich entlang, weiter über den Fischerweg am Ufer des Mittelteiches und im weiteren Verlauf um den Schapenbruchteich zum Dr.-Bernd-Weg. Eine Einkehrmöglichkeit besteht beim Ausflugslokal Schäfer's Ruh, bevor es wieder gemütlich über den Dr.-Wilke-Weg nach Riddagshausen zurückgeht. Wer den Ausflug noch etwas erweitern will, geht parallel zur Ebertallee zum Wirtshaus Grüner Jäger, wo gegenüber ein Waldweg in den Staatsforst Braunschweig führt. Ein kleiner Wildpark lädt hier zur Beobachtung der Tiere ein.

Königslutter liegt am Rand des **Elm,** eines vorwiegend mit Laubbäumen bewaldeten Höhenzugs. Rund drei Stunden braucht man für eine Wanderung einschließlich Rückweg zur sehenswerten Burgruine Langeleben und noch eine Stunde mehr zum Waldrestaurant Tetzelstein.

Der **Elm** ist auch ein ideales Gebiet für Radfahrer: entweder mittendurch – anstrengende lange Steigungen sucht man hier vergeblich – oder darum herum; über Schöningen und Schöppenstedt sind dies allerdings knapp 60 Kilometer, die oft auch über Straßen ohne einen Radweg führen.

Ein lohnenswertes Ziel für eine ein- bis zweistündige Wanderung ab Helmstedt ist der **Lappwald,** und hier insbesondere das idyllische Brunnental mit seinen Weihern, der winzige Badeort **Bad Helmstedt** und die Walbecker Warte mit Blick auf die Stadt. Je fünf Kilometer hin und zurück sind es durch den Wald zum **Kloster Mariental.**

Perlenkette am Nordrand des Harzes

Von Goslar im Nordwesten bis Meisdorf im Nordosten ist es zwar nur eine kurze Strecke, doch was sich nach einer Tagestour anhört, füllt mit all den Sehenswürdigkeiten ohne Weiteres drei, mit Wanderungen ins Gebirge gut und gern auch vier Tage. Glanzpunkte sind die alten Städte mit ihren Fachwerkhäusern.

Die Trink- und Wandelhalle in Bad Harzburg präsentiert sich im klassizistischen Stil. Bis heute lässt sich hier vom Heilwasser trinken.

TOUR 13

- **Länge:** rund 90 Kilometer
- **Dauer:** 3–4 Tage
- **Start | Ziel:** Goslar | Meisdorf

1 Goslar kann man als heimliche Hauptstadt des Harzes bezeichnen. Mit rund 50 000 Einwohnern ist es nicht nur der größte Ort des Mittelgebirges, sondern gleichzeitig ein besonders geschichtsträchtiger: Man sieht es an den von prächtigen Fachwerkhäusern gesäumten Gassen des über 1000 Jahre alten Ortskerns, besonders aber an der Kaiserpfalz, dem gut 950 Jahre alten Palast des Salierkaisers Heinrich III. Beinahe ebenso alt ist die vor der Pfalz stehende Domvorhalle mit dem Kaiserthron – der 1056 geweihte Dom selbst wurde um 1829 abgebrochen. Zu dieser Zeit war der Glanz Goslars längst Geschichte. Der einstige Reichtum der Stadt beruhte auf dem Silberbergbau, ehe die Erlöse daraus im 16. Jahrhundert an Braunschweig fielen. Noch bis 1988 wurde aus dem Rammelsberg am Südrand der Stadt Silber gefördert. Heute ist ein Teil des über 1000 Jahre alten Bergwerks als Museum eingerichtet. Bei einem Bummel durch die Gassen zum Marktplatz – mit Rathaus und Marktbrunnen – sollte man das Figurenspiel an der Kämmerei gegenüber dem Rathaus nicht versäumen (Vorführungen um 9, 12, 15 und 18 Uhr). Seit 1999 stehen die Altstadt und das Bergwerk auf der Liste des Weltkulturerbes.

2 Bad Harzburg mondän zu nennen wäre vielleicht übertrieben, aber mit dem gepflegten Kurpark, den Kurkonzerten, feinen Restaurants, der »Bummelallee« Herzog-Wilhelm-Straße, der Galopprennbahn und den vielen Pensionären hat die Kleinstadt doch ein sehr eigenes Flair. Das Gesicht der Stadt ist noch immer von den klassizistischen Bauten der Jahrhundertwende geprägt. Ihre Karriere als Kurort verdankt die Stadt der Salzquelle »Harzburger Brunnen«. Schönster Punkt ist der 482 Meter hohe Burgberg – auf den eine Kabinenseilbahn fährt – mit den Resten der einstigen Harzburg.
Ein kurzer Abstecher nach Süden führt zum **Radau-Wasserfall:** eine hübsche kleine Attraktion, die im 19. Jahrhundert angelegt wurde, doch heute leider direkt an der lauten B4 liegt. Einige kurze Wanderwege erschließen das Gebiet um den 22 Meter hohen Fall.

WANDERN & FREIZEIT

Das Gebiet zwischen Hornburg, Vienenburg, Bad Harzburg, Ilsenburg und Wernigerode lädt zu einer rund 70 Kilometer langen **Radtour entlang des Grünen Bandes** ein, das die ehemalige innerdeutsche Grenze nachzeichnet. An den Resten ehemaliger Grenzanlagen und an den Kreuzungspunkten mit dem ehemaligen Grenzverlauf sind Hinweistafeln zu Sehenswürdigkeiten oder zur Fauna und Flora aufgestellt. Der Start ist in Ilsenburg bei der Tourismusinformation.

Schatten spendende Bäume, malerisches Fachwerk, gemütliche Cafés – Goslars Altstadt lädt zu entspannten Sommerstunden ein.

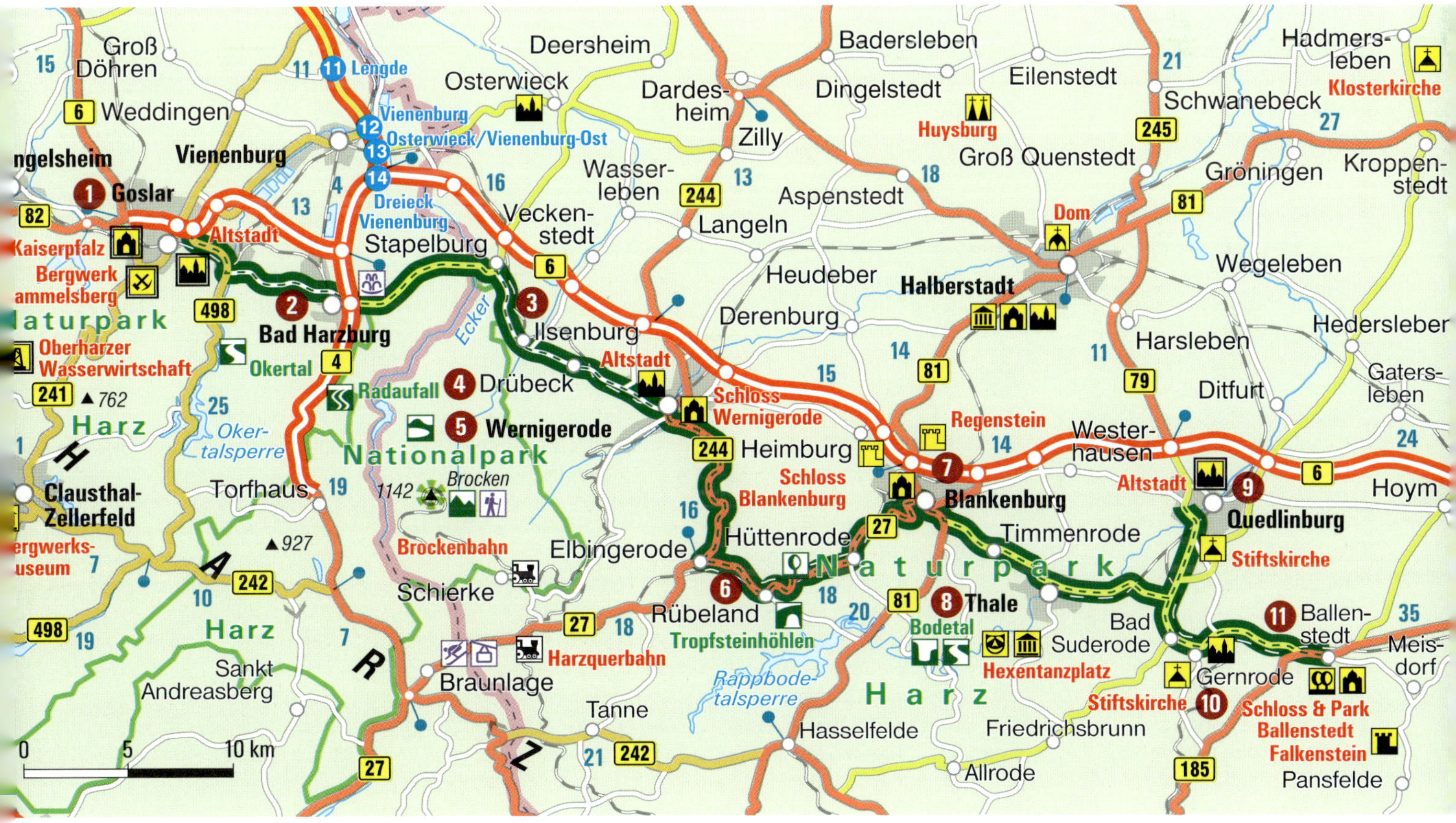

Die Baumannshöhle in Rübeland gilt als die älteste Schauhöhle Deutschlands.

WANDERN & FREIZEIT

Vom Kurpark in Bad Harzburg führt ein gemütlicher Spaziergang in rund 60 Minuten hinauf auf den Hausberg der Kurstadt, den Großen Burgberg (483 Meter). Oben angelangt, ziehen die Ruinen der Harzburg die Wanderer in ihren Bann. Ein historischer Rundwanderweg mit zwölf Informationstafeln läßt die Geschichte um die Harzburg sowie von Heinrich IV. und Otto IV. lebendig werden. Der Weg führt auch zur Canossa-Säule, einem 19 Meter hohen Obelisken auf dem Plateau des Burgberges, der 1877 zum Gedenken an Bismarck errichtet wurde. Nun gibt es zwei Möglichkeiten: Man steigt hinab ins Tal oder fährt bequem mit der Burgberg-Seilbahn nach Bad Harzburg. Oder man wandert weiter zu den Rabenklippen, wo Luchse in einem großen Eingewöhnungsgehege auf ihr zukünftiges Leben in Freiheit im Nationalpark Harz vorbereitet werden. Im Waldgasthaus besteht eine Einkehrmöglichkeit, bevor es über die Tiefe Kohlstelle und die Untere Sonnenpromenade zurück nach Bad Harzburg geht.

Besonders schöne Wanderwege führen von Ilsenburg ins romantische Ilsetal mit den Ilsefällen, von Thale ins wilde Bodetal und von Meisdorf über die Burg Falkenstein und die Ruine der Burg Anhalt durchs liebliche untere Selketal. Eine gute Variante besteht darin, ab Gernrode bis Mägdesprung die Schmalspurbahn zu nehmen und von dort durchs Selketal abwärts zu wandern.

Der Brocken ist Mythos und mit 1142 Metern der höchste Gipfel Norddeutschlands, der als Granitmassiv über die Waldgrenze hinausragt. Von Wernigerode aus hat man den besten Zugang zum Brocken: Hoch geht es mit der Harzquerbahn bis Drei Annen Hohne, von dort fährt die Brockenbahn fast bis zum Gipfel. Die Strecke endet am Brockenbahnhof in 1125 Meter Höhe. Oben gibt es einen halbstündigen Rundweg. Einen Blick wert ist auch der bereits im Jahr 1890 angelegte Brockengarten, ein botanischer Garten. Zurück läuft man rund elf Kilometer bergab bis Schierke (Bahnhof) oder wieder bis Drei Annen Hohne.

Für Familien mit Kindern sei ein Besuch des Löwenzahn-Entdeckerpfades empfohlen. In der Nähe des Parkplatzes Drei Annen Hohne weist ein Tor mit zwei Löwenzahnblüten und -blättern den weiteren Weg. An sieben Stationen kann die Natur mit allen Sinnen erlebt werden. Die Stationen lauten u. a. »Spurensuche im Wald«, »Geheimnisvolles Leben im toten Holz«, »Im Körper der Eule« oder »Barfuß die Natur spüren«. Ein riesiger Spaß, verbunden mit einem Lerneffekt.

Im Harz gibt es mehrere Fernwanderwege. Einer, der Harzer Hexen-Stieg, zählt zu den schönsten Wanderwegen Deutschlands. Die Wanderung führt von Thale in Sachsen-Anhalt über rund 95 Kilometer nach Osterode in Niedersachsen (oder in umgekehrter Richtung). Wer die gesamte Strecke wandert, legt dabei über 3000 Höhenmeter zurück und wird den Weg in fünf Tagesetappen einteilen. Die abwechslungsreiche Route präsentiert die vielfältigen Facetten quer durch das nördlichste Mittelgebirge Deutschlands: die faszinierende Berglandschaft des Nationalparks Harz mit dem Brocken, alte Hochmoore, felsige Schluchten, steile Klippen, mittelalterliche Fachwerkstädtchen und Zeugen der mehr als 1000-jährigen Bergbaugeschichte der Region. Der Weg ist mit der Harz-Hexe mit dem Schriftzug Harzer-Hexen-Stieg gut beschildert. Wer sich den Aufstieg zum Brocken ersparen möchte, der wandert von Königshütte nach Braunlage und an St. Andreasberg vorbei nach Torfhaus. Die gesamte Tour erfordert eine gute Kondition und eine gute Ausrüstung (hexenstieg.de).

Eine verspielte Fachwerk-Architektur und hübsche Türmchen machen das Rathaus von Wernigerode zum beliebten Fotomotiv.

3 Der erste Ort jenseits der einstigen deutsch-deutschen Grenze ist das kleine, fein renovierte **Ilsenburg.** Dank einem Marktplatz an einem Forellenteich, dem Rathaus und einer Schloss- und Klosteranlage mit würdiger romanischer Kirche wirkt es fast wie ein Städtchen aus dem Bilderbuch, wenn man einmal die Industrierelikte am Ortsrand außer Acht lässt.

Ilsenburg bietet sich als Ausgangspunkt für Wanderungen durch das **Ilsetal** an – eines der schönsten Täler im Harz. Das Ilsetal ist längst kein Geheimtipp mehr. Zu schön ist es, am rauschenden Bach entlangzuwandern, und das mitten durch die dichten Wälder des Harzes. In den Buchen- und Fichtenwäldern sieht man mit etwas Glück Schwarzstörche oder Feuersalamander.

4 Nur ein kleines Dörfchen ist **Drübeck.** Seine einzige, aber bedeutende Attraktion ist die romanische Klosterkirche, die in Teilen auf das Jahr 1004 zurückgeht. Vom zugehörigen Benediktinerinnenkloster existieren nur noch wenige, von einer großen, alten Linde beschattete Reste – ein Ort der Stille.

5 Neben Goslar und Quedlinburg gehört **Wernigerode** zum großen Dreigestirn der wichtigsten nördlichen Harzrandstädte. Das sehenswerte Fachwerkrathaus mit den zwei spitzen Turmhauben hat ein halbes Jahrtausend auf dem Buckel und zeigt großartigen Figurenzierrat mit Liebespaaren, Bischöfen und Narren. Sehenswert in der historischen Altstadt sind auch das Krummelsche Haus (Breite Str. 72) von 1674 mit seinen üppigen Schnitzereien sowie das Gadenstedtsche Haus mit einem Renaissance-Erker (Oberpfarrkirchhof 13). Kurios wirkt das Schiefe

Haus, eine ehemalige Mühle (Klintgasse 5). Am berühmtesten aber sind das märchenhaft anmutende Schloss (mit Museum) sowie der grandiose Blick vom Schlossturm auf den nahen Brocken.
In Wernigerode startet die alte **Harzquerbahn** (»Quirl«) mit alten Dampfloks, deren schöner Bahnhof allein schon den Besuch lohnt. Die Schmalspurbahnstrecke führt auf steilen Wegen durch das Drängetal bis nach Nordhausen.

6 Der **Höhlenort Rübeland** liegt zwischen steilen Hängen im Bodetal. Hierher locken zwei der beeindruckendsten Tropfsteinhöhlen Deutschlands: die Baumanns- und die Hermannshöhle mit ihren Kammern, Gängen und Sälen sowie Tausenden von Stalaktiten und Stalagmiten. Der imposante »Goethesaal« der Baumannshöhle wird gern auch für Theateraufführungen genutzt. Die Hauptattraktion der Hermannshöhle ist die fantastische Kristallkammer. In den Höhlen ist es ständig kalt und feucht – unbedingt warm anziehen!

7 Bergab wieder zurück an den Harzrand erreicht man **Blankenburg,** ein altes Residenzstädtchen, das allerdings durch den letzten Krieg und die Industrialisierung sehr gelitten hat. Über der Altstadt mit engen Gassen und Fachwerkhäusern erhebt sich das imposante, doch schlichte Große Schloss vom Anfang des 18. Jahrhunderts, das man im Rahmen von Führungen besichtigen kann. Der Aufstieg lohnt aber allein wegen der Aussicht. Durch den Schlosspark gelangt man zum Kleinen Schloss von 1725, in dem bis 1945 die Braunschweiger Herzöge wohnten. Sein kleiner Barockgarten ist einzigartig.
Nördlich von Blankenburg sitzt auf einem wild zerklüfteten Sandsteinfelsen die **Burgruine Regenstein.** Sie ist, außer mit dem Pkw, auch über einen drei Kilometer langen Wanderweg erreichbar.

8 Richtung **Thale** führt die Straße an einem kilometerlangen Kliff, der Teufelsmauer, entlang. So wird man schon auf die Harzgespenster eingestimmt, die oberhalb von Thale auf dem **Hexentanzplatz,** einem steil aufragenden, 454 Meter hohen Felsplateau, ihr Unwesen trieben, ehe sie vor den Besuchermassen und Andenkenverkäufern Reißaus nahmen. Der Weg hinauf ist per Seilbahn bequem, lohnt aber nur, wenn man den Tierpark oder eine Aufführung im Bergtheater besuchen will. Ansonsten sollte man einem zweiten, ebenfalls per Seilbahn erreichbaren Felsen den Vorzug geben, nämlich der 403 Meter hohen **Rosstrappe.** Von beiden Stellen aus kann man einen herrlichen Blick ins romantische Bodetal genießen. Das Tal selbst ist autofrei und durch einen beliebten – und daher meist auch sehr belebten – Wanderweg erschlossen.

9 Das über 1000-jährige **Quedlinburg,** die Stadt Heinrichs I. – des ersten deutschen Königs – und seiner Frau Mathilde, bildet noch vor Goslar den kunsthistorischen Höhepunkt der Tour. Weit über 1000 Fachwerkhäuser sowie bedeutende Kirchen prägen das Stadtbild, das vom Schlossberg mit der Kirche St. Servatius (12. Jahrhundert) überragt wird. Diese romanische Basilika und das benachbarte, im Laufe der Geschichte mehrfach umgebaute Schloss (10.–18. Jahrhundert) sind Teile des mächtigen Damenstifts, das hier im Jahr 936 von Mathilde gegründet wurde und bis 1803 die Stadt beherrschte.
Nicht viel jünger als die Stiftskirche ist St. Nikolai in der sogenannten Neustadt, dessen 72 Meter hohe Doppeltürme weithin sichtbar sind. Vor allem aber lohnt die Altstadt zwischen Schlossberg und Kornmarkt einen Bummel. In der Straße Finkenherd nahe dem Schlossberg steht das Geburtshaus des Dichters Friedrich Gottlieb Klopstock (1724–1803). Die Adresse Wordgasse 3 verweist auf das älteste Fachwerkhaus der Harzregion; der urtümliche Ständerbau beherbergt heute ein Museum zu dieser Bauweise.

Bereits seit 1994 gehören die Stiftskirche St. Servatius und die Altstadt von Quedlinburg zum UNESCO-Welterbe.

10 Im landschaftlich schön gelegenen **Gernrode** beginnt die Selketalbahn, eine der drei Harzer Schmalspurbahnen. Schon der alte Bahnhof ist sehenswert. Vor allem aber weist das Städtchen einen kulturhistorischen Leckerbissen auf: Die ottonische Kirche St. Cyriakus entstand bereits im 10. Jahrhundert und ist damit die älteste im an alten Kirchen so reichen Sachsen-Anhalt. Wie schon die Quedlinburger Stiftskirche verdankt auch St. Cyriakus seine Größe dem Reichtum eines Damenstifts. Das Grab im Kircheninnern ist eine Nachbildung des Grabes Christi.

11 Ballenstedt ist eine kleine alte Residenzstadt – man sieht es schon an der kilometerlangen Schlossallee. Das restaurierte Barockschloss geht auf ein spätmittelalterliches Kloster zurück. Hübsch sind das klassizistische Schlosstheater von 1788 und der im 19. Jahrhundert von Peter Joseph Lenné angelegte Schlossgarten. Daneben sind auch die Reste der mittelalterlichen Stadtmauer sowie die Gebäude der historischen Altstadt sehenswert. Auch **Meisdorf** hat ein Schloss. 1787 erbaut, dient es heute als Hotel. Berühmter ist die Burg Falkenstein. Sie blieb gut erhalten – trotz oder gerade wegen eines Umbaus im 16. Jahrhundert. Um 1220 schrieb der Ritter Eike von Repgow hier das erste deutsche Rechtsbuch, den »Sachsenspiegel«.

Die Teufelsmauer bei Thale ist mit ihren bizarren Gesteinsformen legendenumrankt.

Der Mühlgraben in Quedlinburg wird von pittoreksen historischen Häusern und Kopfsteingassen flankiert.

Der Harz

Kein anderes deutsches Gebirge nördlich des Mains ragt höher und schroffer über das Tiefland empor als der urwüchsige »Bergwald«, in dem regelmäßig das Brockengespenst gesichtet wird. Zu jeder Jahreszeit lockt der Harz Besucher an.

Das Brockengespenst ist nur eines von vielen sagenhaften Wesen, die sich im und am Harz tummeln. Da gibt es zum Beispiel die hässlichsten Hexen, die sich in der Walpurgisnacht an bestimmten Plätzen zu wilden, unzüchtigen Tänzen treffen. Oder holde Quellnixen, »Wilde Männer« und jede Menge bösartiger Zwerge. Der Teufel ist sowieso allgegenwärtig, nicht nur an der Teufelsmauer. Das nach dem höchsten Gipfel des Gebirges benannte Gespenst ist jedoch kein Geschöpf der Fantasie, sondern ein reales atmosphärisches Phänomen, das in den oft von Wolken verhüllten Gipfellagen unserer Mittelgebirge auftritt. Und mit knapp 1142 Meter Meereshöhe ragt der majestätische Brocken oder Blocksberg klar in jenes Gebirgsstockwerk hinein.
Kein Berg im deutschen Norden ist höher als diese massige Kuppel aus Granit. Aber auch nirgendwo sonst führen die Bergwerksschächte tiefer hinab als in dem »steinreichen« Gebirge zwischen Oker und Ilse, wo jahrhundertelang Silber- und andere wertvolle Erze gefördert wurden. Für den Bergbau und die Verhüttung der Erze benötigte man früher riesige Mengen von Holz. Daran ist in einem zu etwa vier Fünfteln seiner Fläche bewaldeten Gebirge kein Mangel. Doch schon bei ungefähr 1000 Meter Meereshöhe stoßen die dichten Fichtenwälder an ihre natürlichen Grenzen. So tief verläuft die Waldgrenze von Natur aus in keinem anderen Gebirge unseres Landes.
Darüber ist ein Hauch von Bergtundra zu spüren, mit bizarr verkrüppelten Bäumen, denen man die Strapazen durch Schnee- und Eislasten ansieht; mit Zwergstrauch-

Die Rabenklippe bei Bad Harzburg ist ein beliebtes Wanderziel – kein Wunder bei dem schönen Ausblick auf den Brocken.

heiden und Mooren, aber auch mit hübschen Blumen wie der Brockenanemone. Das auch in den Alpen heimische Gewächs gehört zu den botanischen Schätzen des schon vor über 100 Jahren angelegten Brockengartens im Mittelpunkt des Nationalparks Harz.

Der grenzübergreifende Nationalpark in Niedersachsen und Sachsen-Anhalt dient dem Schutz der seltenen Flora, aber mindestens ebenso sehr einer Tierwelt, die zwischen Alpen und Nordsee ihresgleichen sucht. Hier schleichen noch Luchse und Wildkatzen auf leisen Pfoten durch die Wälder, nisten Wanderfalken auf den zerklüfteten Felsklippen, kreisen farbenprächtige Smaragdlibellen über den graugrünen Hochmooren.

Was die Farbenpracht angeht, können die Harzer Städte locker mit der Flora und Fauna mithalten. Zum Beispiel Wernigerode, die »bunte Stadt am Harz«, oder Quedlinburg oder Goslar oder Stolberg oder ... – alle Schatzkammern deutscher Fachwerkbaukunst und oft unter den strengsten Schutz der UNESCO gestellt. Auf den Harzhöhen erwartet eine weitere Stätte des Welterbes kunstsinnige Besucher: ein in dieser Form weltweit einzigartiges Gesamtkunstwerk aus Teichen, Gräben und den »Wasserkünsten« an den Erzgruben, wie dem berühmten Rammelsberg bei Goslar.

Seit 2000 ist der Harz auch wieder Heimat für scheue Luchse.

Durch den Harz – über und unter Tage

Diese Tour führt von Bad Grund und den Städten am westlichen Harzrand aus tief in den Harz hinein und durch den lieblichen Ostharz wieder hinaus. Um die zahlreichen Zeugnisse des Harzer Bergbaus und die historischen Fachwerkstädte, Schlösser und Kirchen mit Muße zu erleben, sind drei Tage für die gesamte Tour nicht zu lang.

Bereits seit 1874 ist die Iberger Tropfsteinhöhle für Besucher als Schauhöhle zugänglich.

TOUR 14

- **Länge:** rund 190 Kilometer
- **Dauer:** 2–4 Tage
- **Start | Ziel:** Bad Grund | Sangerhausen

1 Nach **Bad Grund,** dem ältesten Bergbaustädtchen im Oberharz, kommen die Gäste weniger wegen der Kneipp- und Moorbäder: Publikumsmagnet ist vielmehr die **Iberger Tropfsteinhöhle** mit ihrem steinernen Wasserfall. Seit dem Fall der Grenze haben die Rübelander Höhlen ihr freilich den Rang abgelaufen. Der Albert-Turm oberhalb der Höhle bietet einen grandiosen Rundblick. Der Welt-Wald Harz ist ein Arboretum mit blühenden Bäumen und Sträuchern aus aller Welt.

Schmuckstück des Welfenschlosses in Herzberg ist der reich verzierte Treppenturm.

WANDERN & FREIZEIT

Der Harz ist mit seinen Wanderwegen eine der am besten erschlossenen Wanderregionen Deutschlands. Über **8000 Kilometer markierte Wanderwege** durchziehen den Harz. Von jedem Ort aus kann man Rundwanderungen unternehmen. **Sessellifte** führen von Thale zur Rosstrappe und von Bad Lauterberg zum Hausberg, die **Brockenbahn** verkehrt von Schierke zum Brocken, und **Kabinenseilbahnen** verbinden Braunlage mit dem Wurmberg, Hahnenklee mit dem Bocksberg, Thale mit der Station Hexentanzplatz und Bad Harzburg mit dem Großen Burgberg.

Ein besonderes Einkaufserlebnis unter freiem Himmel ist der **Bergbauernmarkt in Clausthal-Zellerfeld** von Juni bis Oktober. Immer donnerstags lädt die Bornhardtstraße zwischen 17 und 21 Uhr als »Grüne Meile« zum Shoppen und Schlemmen saisonaler Harzer Delikatessen ein (oberharz.de).

Ein kurzer Abstecher führt nach **Wildemann.** Der Name dieses Bergbaudörfchens kommt vom »wilden Mann« – einem Berggeist, der die fleißigen Bergleute mit guter Ausbeute belohnte. Das hiesige Bergwerk, der alte 19-Lachter-Stollen, kann besichtigt werden.

2 Mehr zum Thema Bergbau erfährt man im ausgezeichneten Oberharzer Bergwerksmuseum in **Clausthal-Zellerfeld.** Der Ort ist die Metropole des Oberharzes und besitzt eine international bekannte Technische Universität mit dem Schwerpunkt Bergbau, deren riesige Mineraliensammlung sehenswert ist. Die Marktkirche Zum Heiligen Geist gilt als größte deutsche Holzkirche.

3 Ein charmantes Städtchen ist **Osterode** am südwestlichen Harzrand. Eine teilweise erhaltene Stadtmauer, mit Flusskieseln erbaut, umschließt hier eine romantische Altstadt aus Fachwerkhäusern. Besonders schön ist der Kornmarkt, hinter dem sich die äußerlich schlichte, doch in ihrer Ausstattung bedeutende Kirche St. Ägidien erhebt.

4 Über dem südlichen Nachbarort **Herzberg** ragt auf einem Bergrücken das Fachwerk-Renaissanceschloss aus dem frühen 16. Jahrhundert auf, dessen Grundmauern zum Teil aus

Schönstes Fachwerk kann man in der Aegidienstraße in Osterode bewundern.

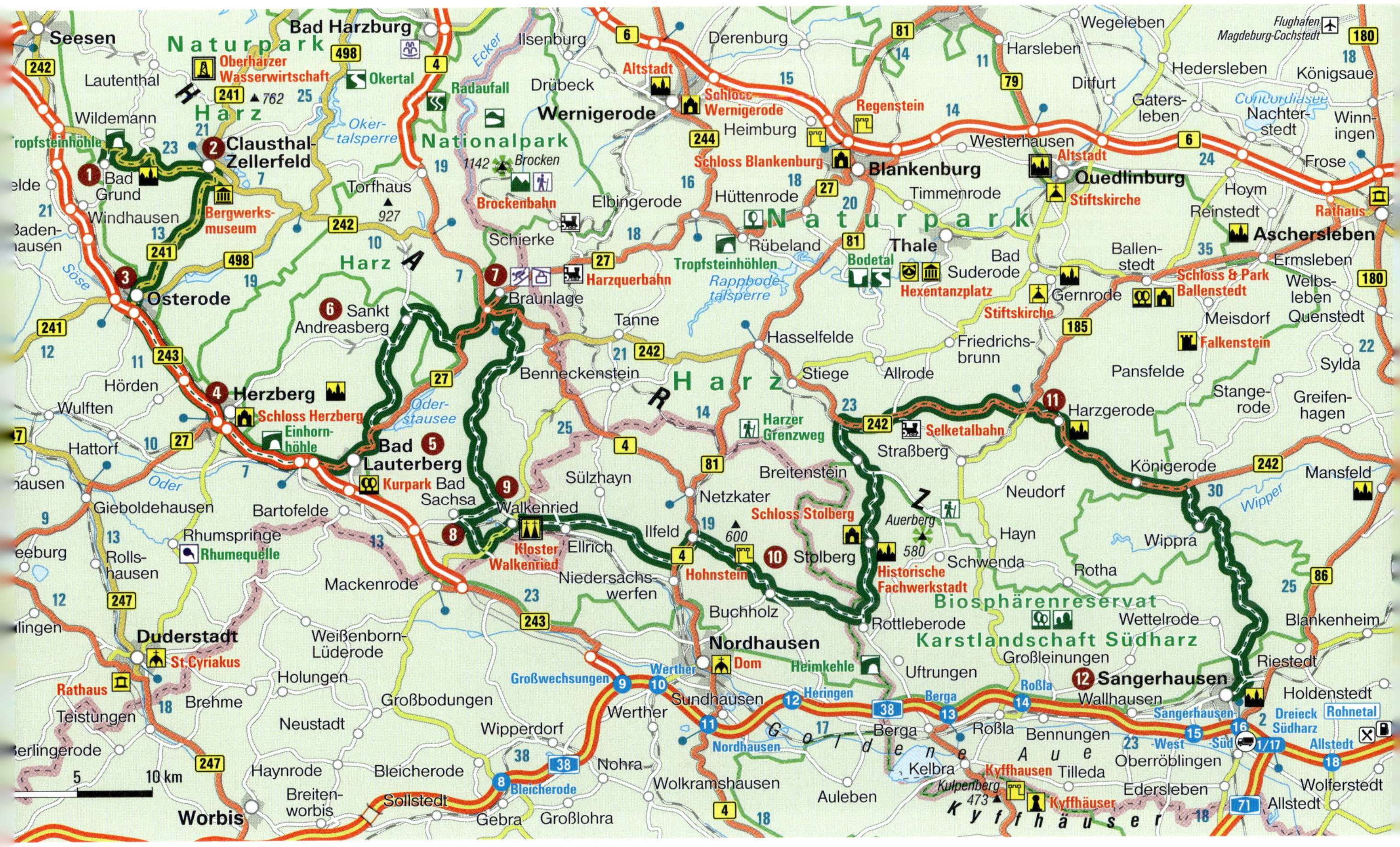

Der Innenraum der St.-Andreas-Kirche in Bad Lauterberg hat eine Doppelempore.

Ein kurzweiliges Wanderziel ist der Untere Bodewasserfall nördlich von Braunlage.

dem 11. Jahrhundert. stammen. Glanzstück des schön renovierten Baus ist der Treppen- und Uhrturm in einer Ecke des Innenhofs. Im Schloss sind unter anderem ein Forst- und ein Zinnmuseum untergebracht.
Die einstige **Burg Scharzfels** oberhalb der Straße nach Bad Lauterberg ist hingegen nur noch eine Ruine: Sie wurde 1761 im Siebenjährigen Krieg zerstört. Die Aussicht lohnt nach wie vor einen Besuch.
Oberhalb des Ortes **Scharzfeld** liegen die Einhornhöhle, in der Knochen eiszeitlicher Tiere entdeckt wurden, sowie eine weitere Höhle, die »Steinkirche«: Sie wurde im Mittelalter als Kirche gestaltet.

5 Bad Lauterberg, unterhalb des Oderstausees gelegen, machte wie viele andere Harzorte im 19. Jahrhundert den Wandel von einer Bergbausiedlung zum Ferien- und Kurort durch. Mit seinen Fachwerkhäusern und dem kleinen Kurpark wirkt das Städtchen recht gepflegt. Ein Teil der alten Zechenanlagen wurde als Schaubergwerk eingerichtet. Sehenswert – wenn auch nur von außen – ist ebenfalls eine 1733 gegründete Eisenhütte, ein Denkmal aus der Frühzeit der Industrialisierung.

6 Mit seinen steilen Straßen ist **St. Andreasberg** eine echte Herausforderung für Flachlandbewohner. Nur schade, dass die moderne Sommerrodelbahn ebenso wenig zur Entlastung des innerstädtischen Transportwesens beiträgt wie die wintertags stark frequentierten Skipisten. Der Silberbergbau wurde in St. Andreasberg im Jahr 1910 eingestellt. Nicht versäumen sollte man einen Besuch der Grube Samson: Sie ist Europas einzige Grube mit noch funktionierender Fahrkunst.

7 In **Braunlage** hat man die geografische Mitte des Harzes erreicht. Der quirlige Ort ist ein Schwerpunkt des Harztourismus, vor allem des Wintersports. Er selbst besitzt nur wenige Sehenswürdigkeiten, erfreut jedoch mit einem reichen Veranstaltungsprogramm und Wanderwegen in allen Richtungen. Besonders beliebt ist die Tour auf den 971 Meter hohen Wurmberg, auf dessen Gipfel man mit einem Blick auf den Brocken belohnt wird. Auf diesen zweithöchsten Berg des Harzes fährt auch eine Seilbahn.

8 Ebenfalls beliebt, aber dennoch beschaulich ist das am südlichen Harzrand gelegene **Bad Sachsa.** Obwohl der Ort über 1100 Jahre alt ist, gibt es außer der Kirche St. Nikolai nur wenige historisch wertvolle Gebäude. Das Rathaus hat einen Jugendstil-Saal. Stattdessen locken der Kurpark, ein Teich, auf dem man Boot fahren kann, das Grenzlandmuseum, der Märchengrund, in dem bewegte Mär-

Im ZisterzienserMuseum im Kloster Walkenried unternimmt man eine Zeitreise ins Mittelalter und lernt anschaulich über das Mönchsleben.

chenszenen zu sehen sind, sowie das »Salztal Paradies« – eine Badelandschaft mit Wellenbad und Rutschenturm, im Winter auch mit Eislaufhalle. Über dem Ort ragt der Ravensberg (660 Meter) auf, ein Wanderziel mit Aussichtspunkt und Skipisten.

9 Das imposante Zisterzienserkloster im nahe gelegenen **Walkenried** ist die großartigste Ruine im ganzen Harz. Der erste Bau wurde bereits 1179 bezogen, doch die heute noch zu besichtigenden Teile – die verfallene große Kirche sowie der erhaltene doppelschiffige Kreuzgang – wurden im 13. und 14. Jahrhundert in gotischem Stil neu errichtet. In den Sommermonaten finden im Kreuzgang klassische Konzerte statt.

10 Das sich in waldgesäumten Tälern erstreckende **Stolberg** ist der eigentliche Höhepunkt dieser Tour, ein wahres Schmuckstück. Alles ist hier seit zwei bis sieben Jahrhunderten original erhalten: die in Fachwerk errichteten Wohnhäuser (besonders schön ist das Haus Niedergasse 19 mit dem Museum Alte Münze), der Saigerturm aus dem 13. Jahrhun-

Erst steinzeitlicher Lagerplatz, dann mittelalterliche Kirche: die Höhle von Scharzfeld.

Reichlich Fachwerkschmuck und einladende schmiedeiserne Schilder der Gasthöfe und Hotels kennzeichnen die Altstadt von Stolberg.

Rosen über Rosen blühen und duften im Europa-Rosarium in Sangerhausen vom Frühjahr bis weit in den Herbst um die Wette.

dert, das prächtige Rathaus mit dem Denkmal für den in Stolberg geborenen Bauernführer Thomas Müntzer, die Martinikirche, ein Stadttor und das Renaissanceschloss auf der Höhe. Übrigens wurden die letzten beiden Hexen 1657 vor dem Rathaus verbrannt. Den besten Blick auf Schloss und Stadt genießt man von der Lutherbuche am gegenüberliegenden Hang.

11 Harzgerode liegt fernab von allem Trubel zwischen ausgedehnten Wäldern – ideal für geruhsame Wanderungen. Zentrum der Altstadt mit ihren schönen Fachwerkhäusern ist der Marktplatz mit dem historisierenden Rathaus von 1901. Als Hauptsehenswürdigkeit sind die Marienkirche und das kleine Renaissanceschloss, das im 16. Jahrhundert seine heutige Form erhielt, zu nennen.

12 Sangerhausen wird zwar von einer Abraumhalde, einem Relikt des inzwischen eingestellten Kupferbergbaus, überragt; doch dafür entschädigt das sehenswerte Rosarium, ein 15 Hektar großer Rosengarten. Mit über 6500 Arten ist es seit 1903 ein Wallfahrtsziel für Rosenfreunde. Die Stadt bietet im alten Ortskern noch weitere Sehenswürdigkeiten: die Jakobikirche mit ihrem schiefen Turm, das Rathaus (15.–16. Jahrhundert), das Neue Schloss (16.–17. Jahrhundert) und die romanische Ulrichskirche. Und nicht zu vergessen: das Spengler-Museum.

WANDERN & FREIZEIT

Das **Oberharzer Bergwerksmuseum** (oberharzerbergwerksmuseum.de) bietet Kindern und der ganzen Familie ein tolles Erlebnis im Rahmen einer Wanderung mit dem elektronischen e.Guide Emil. Im Museum kann man einen kleinen Computer ausleihen. Spannendes, Wissenswertes und auch Rätselhaftes über die Geschichte, die Spuren des Bergbaus und des UNESCO-Welterbes Oberharzer Wasserwirtschaft, liefert Emil, der kompetente Landschaftsdetektiv-Computer. Drei interessante Rundgänge werden angeboten: das Freigelände des Museums, das Schaubergwerk und der Kaiser-Wilhelm-Schacht II.

Die **»klassischste« Harz-Wanderroute** verläuft von Torfhaus (Start am Nationalparkdenkmal am Großparkplatz) an der B4 nördlich von Braunlage aus auf den Spuren Goethes auf dem nach ihm benannten **Goetheweg** zum Brocken (hin und zurück 16 Kilometer). Auf Waldwegen mit teilweise schöner Aussicht, aber auch über Holzbohlen und in Teilstrecken auch entlang eines alten Kolonnenweges, führt der mit »Brocken« ausgeschilderte Weg über den Quitschenberg zum Rastplatz am Eckersprung, der Quelle der Ecker; und weiter über den sogenannten Neuen Goetheweg zum Brockengipfel in 1142 Meter Höhe. Wer nach einer Rast oder Einkehr am Brockengipfel vor dem Rückweg noch eine rund einstündige leichte Wanderung unternehmen will, der genießt die Ausblicke und die Sehenswürdigkeiten entlang des ausgeschilderten **Brockenrundwanderweges** (u. a. mit dem Brockengarten, dem Hexenaltar, dem Brockengipfel mit der Brockenuhr und dem Brockenmuseum).

Direkt von Braunlage aus führt ein Wanderweg auf den **Wurmberg,** der neben der Seilbahnstation auch eine Sprungschanze und einen Aussichtsturm zu bieten hat. Etwa 410 Meter Höhenunterschied sind auf der elf Kilometer langen Rundwanderung zu meistern. Man kann die Strecke per Seilbahn abkürzen.

Am **Wurmberg** bietet sich Wagemutigen in den Sommermonaten ein neues Erlebnis: Am Großparkplatz in Braunlage kann man sogenannte **Monsterroller** ausleihen (monsterroller.de). Das sind äußerst stabile Tretroller mit perfekten Scheibenbremsen und breiten Stollenreifen. Hinauf geht es per Bergbahn auf den Wurmberg. Der Fahrpreis ist im Ausleihpreis inbegriffen. Oben angekommen, wird der Helm, der zur Ausrüstung gehört, aufgesetzt und dann geht es über 400 Höhenmeter eine fast fünf Kilometer lange Strecke hinab zum Ausgangspunkt.

Der **Harzer Grenzweg** führt zu den Zeugnissen der deutschen Teilung und zu einmaligen Biotopflächen entlang des alten Grenzstreifens. Der Weg ist Teil des Grünen Bandes, das sich rund 1400 Kilometer entlang der ehemaligen Grenze zieht. Etwa 100 Kilometer beträgt die Teilstrecke im Harz, die sich vom Grenzturm Rhoden (Osterwieck) im Norden bis zum Grenzlandmuseum Tettenborn (Bad Sachsa) im Süden zieht. Wer die Strecke oder auch nur Teile davon erwandert, ist häufig auch auf den alten Kolonnenwegen unterwegs. Auf den groben Betonplatten patrouillierten die DDR-Grenzsoldaten. Der Harzklub hat den Weg gut ausgeschildert. Zahlreiche Informationstafeln am Wegesrand klären über historische Stätten und Ereignisse sowie über interessante Biotope auf.

Idyllisch ist die Wanderung von Stolberg aus auf den 580 Meter hohen **Großen Auerberg,** auf dem das größte eiserne Gipfelkreuz der Welt als Aussichtsturm dient. Der Weg führt meist durch Laubwald. Der zu bewältigende Höhenunterschied beträgt 300 Meter, hin und zurück sind es etwa elf Kilometer.

Der Harz ist keine Region für einfache und familiengeeignete Radtouren. **Mountainbiker** finden aber eine große Auswahl an Strecken aller Schwierigkeitsgrade, wo sie in schöner Natur einige Höhenmeter hinter sich lassen können. Zurzeit bietet

der Harz 74 ausgeschilderte Mountainbike-Rundrouten mit etwa 2200 Kilometer Strecke. Weitere Informationen und Angebote von geführten Touren: volksbank-arena-harz.de und mtb-harz.de.

Nur eine Dreiviertelstunde braucht man von Bad Lauterberg aus auf dem mit einem Dreieck markierten Fußweg zum schönen **Oderstausee.**

Beim **DiscGolf** findet zusammen, was zusammengehört: Golf und Frisbee. Auf einem Kurs mit neun oder 18 Bahnen fliegen in Altenau statt Golfbällen Frisbeescheiben durch die Luft und müssen mit möglichst wenig Versuchen von der Abwurfzone in den Fangkorb gelangen. Die Wurfdistanz bewegt sich zwischen rund 50 und 100 Metern. Trifft die Scheibe nicht auf Anhieb das Ziel, geht es von ihrem Landepunkt aus weiter. Von Bahn zu Bahn spaziert man entspannt durch die idyllische Natur des Oberharz, wie beim klassischen Golf (discgolf-altenau.de).

Wo Geschichte lebt: von der Elbe an die Saale

Die Route führt zu den kulturhistorischen Glanzlichtern Sachsen-Anhalts. Man sieht Zeugnisse deutscher Reichsgeschichte und erlebt das Kernland der Reformation. Eigene Akzente setzen die Dessauer Bauhausarchitektur, der Wörlitzer Park und das schöne Saaletal.

Vor der Marienkirche in Stendal wacht die Rolandstatue mit Schwert und Wappen.

TOUR 15

- **Länge:** rund 350 Kilometer
- **Dauer:** 5–7 Tage
- **Start | Ziel:** Stendal | Naumburg

Altstadt Tangermündes mit Stephanskirche.

1 Wann **Stendal,** das Zentrum der Altmark, seine Blütezeit erlebte, zeigen die prächtigen Kirchen und das schmuckvolle Ünglinger Tor: Sie stammen aus dem 14./15. Jahrhundert, als die Stadt Mitglied der Hanse war. Besuchsziele sind der Marktplatz mit Roland und Rathaus, die dahinter liegende Marienkirche, die Jakobikirche im Norden und der Dom im Süden. Dom und Jakobikirche sind vor allem für die kostbaren mittelalterlichen Chorfenster und Glasmalereien berühmt.

2 Eine schnurgerade Allee führt nach **Tangermünde,** zur »Perle der Altmark« – mit fast vollständiger Stadtmauer (13. Jahrhundert), drei Stadttoren, der gewaltigen Stephanskirche (14.–15. Jahrhundert) und dem Rathaus von 1430, einem Juwel norddeutscher Backsteingotik. Die meisten Wohnhäuser entstanden nach dem großen Stadtbrand von 1617. Über der Mündung der Tanger in die Elbe wachen die Reste der Burg; sie diente im 10./11. Jahrhundert als Festung an der Grenze zum slawischen Siedlungsgebiet und war die Keimzelle der Stadt.

WANDERN & FREIZEIT

Der für Kinder konzipierte **Hansepfad** (Markierung: rotes Haus) führt vom Roland am Marktplatz ausgehend zu einigen Sehenswürdigkeiten von **Stendal.** Der Stadtspaziergang führt vom Marktplatz über die Brüderstraße zum Mönchskirchhof, dann weiter über den Westwall, Hartungswall und zum Uenglinger Tor. Die Tourist-Information (Kornmarkt 8) hält weitere Infos bereit.

Ein weites Wander- und Radfahrgebiet ist die rechte Elbaue südlich von Magdeburg. Sie geht in die teils bewaldete **Gommernsche Heide** über. Im Sommer locken dort viele Badeteiche.

Der **Elberadweg** erstreckt sich mit einer Länge von 1165 Kilometern von der Elbquelle im Riesengebirge bis hin zur Mündung des Flusses in die Nordsee. Ein Abschnitt des Weges liegt auch in und um Magdeburg und lädt zu Radtouren ein, sei es entlang der Sehenswürdigkeiten im Stadtgebiet oder zu nahe gelegenen Ausflugszielen wie dem Wasserstraßenkreuz oder dem Elbauenpark und dem Herrenkrugpark. Die Strecken sind mit dem blauen Logo »Elbradweg« markiert.

Auf der etwa zehn Kilometer langen **Reformations-Tour** (Route 11) erfährt man etwas über die Geschichte der Reformation in **Magdeburg.** Zu den wichtigen Etappen der Tour gehören die Johannis- und die Wallonerkirche, das Martin-Luther-Denkmal und der Dom St. Mauritius und Katharina. Mit dem Rad ist man etwa eine Stunde unterwegs.

Von Magdeburg aus bietet sich eine Bootsfahrt auf einem Schiff der **Weißen Flotte** an. Zur Auswahl stehen zwei Richtungen (hin und zurück) sowie Sonderfahrten nach Tangermünde. Die Tour flussaufwärts führt entlang der Stadtsilhouette am Dom und der Rotehorn-Spitze vorbei. Die Tour flussabwärts geht entlang von Auenwäldern in Richtung Wasserstraßenkreuz, über die Elbe mit der Schiffsschleuse Magdeburg/Rothensee sowie zur Brückenverbindung zwischen Mittelland- und Elbe-Havel-Kanal.

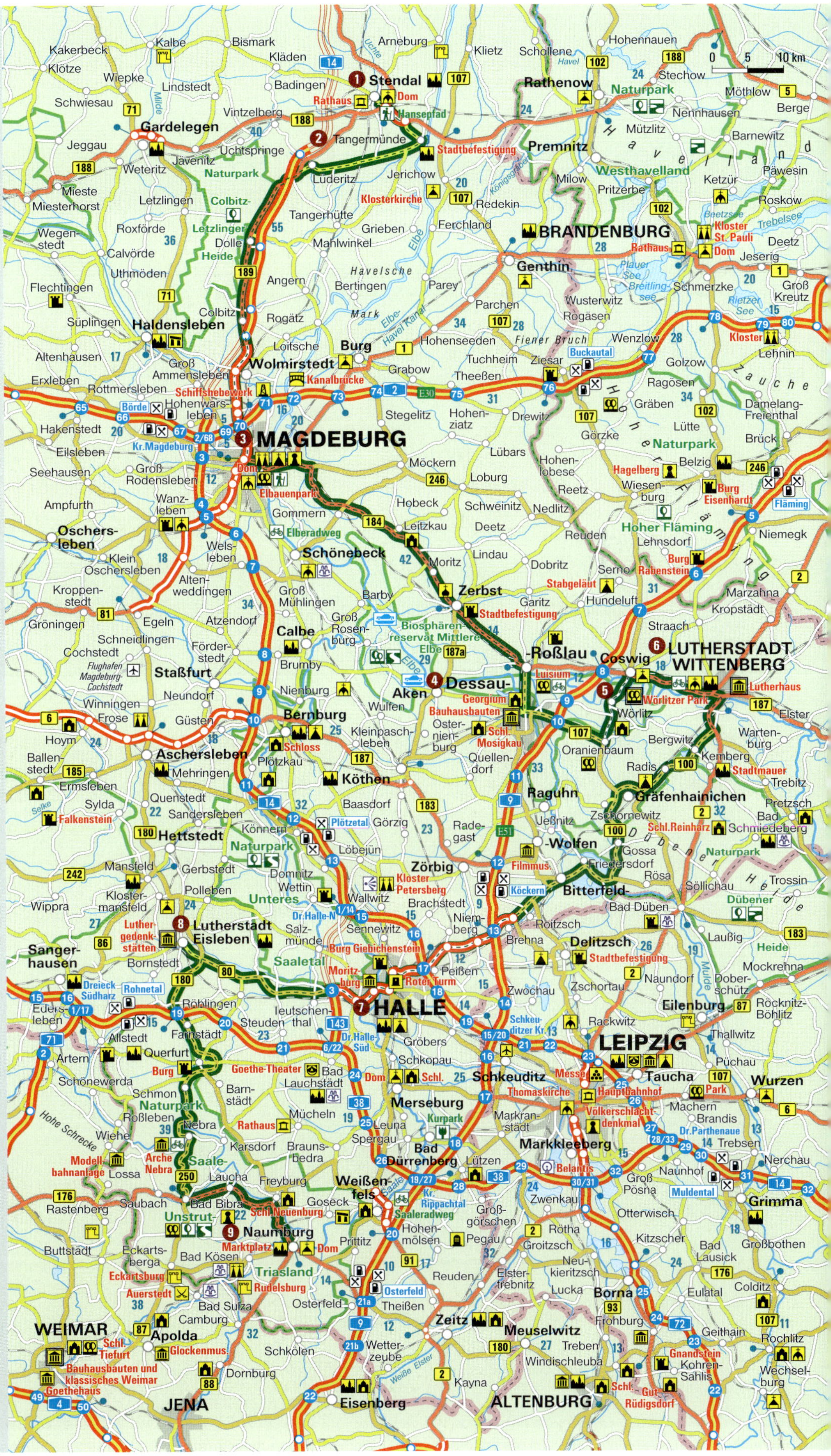

Der größte Blickfang des Stadtpanoramas von Magdeburg ist der St.-Mauritius-Dom.

Das verspielte Wörlitzer Gartenreich betört mit seinen Skulpturen und Teichen jedes Jahr Tausende von Besuchern.

Ein Genuss ist das Elbpanorama vom anderen Ufer aus.
Die 1220 vollendete **Klosterkirche von Jerichow** sollte den Slawen die Macht des Christentums vor Augen führen. Doch es fehlte an Naturstein, und so entstand hier die erste romanische Backsteinkirche.

3 Magdeburg, Landeshauptstadt von Sachsen-Anhalt, war eine Schatzkammer von Kunst und Kultur, ehe 1945 rund 90 Prozent der Innenstadt vernichtet wurden. Es »überlebten« einige Bauten und Kunstwerke höchsten Ranges, allen voran der großartige Dom, der im 13./14. Jahrhundert errichtet wurde. Beeindruckend sind die Figuren der fünf klugen und fünf törichten Jungfrauen am Nordportal sowie etliche Bildwerke im Innern, darunter das Gefallenendenkmal von Ernst Barlach. Glanzlicht des Kreuzgangs ist die hochgotische Brunnenkapelle. Das nahe Kloster Unser Lieben Frauen bewahrt noch fast überall den romanischen Stil seiner Bauzeit (11./12. Jahrhundert); zu ihm gehört das früheste deutsche Brunnenhaus. Der berühmte Magdeburger Reiter vor dem Rathaus (heute eine Bronzekopie) ist die älteste frei stehende deutsche Reiterfigur. Schöne Aussichten auf die darunter gelegene Stadt gewähren der Turm der Johanneskirche und das gegenüberliegende Elbufer.

4 Dessau, im 18. Jahrhundert ein weithin gerühmter Hort der Aufklärung, wurde weltbekannt durch eine Schule und ihre Lehrer, die hier – ab 1925 – für nur sieben Jahre wirkten: das Bauhaus unter Walter Gropius. Mit dem Schulgebäude, den Meisterhäusern in der Ebertallee, der Bauhaus-Siedlung im Stadtteil Törten sowie dem Arbeitsamt wurden die neuen Bauhausideen, die Architektur und Design fortan weltweit prägten, von Gropius und Kollegen am Ort selbst umgesetzt. Beinahe um die Ecke liegen Schloss und Park Georgium mit Staatlicher Galerie.

5 Unter den von der Aufklärung geprägten Schlössern und Gärten in und um Dessau ist der **Landschaftspark in der Elbaue von Wörlitz** der älteste und großartigste. Leopold III. Friedrich Franz von Anhalt-Dessau ließ ihn ab 1764 anlegen – aber nicht als Fürstengarten, sondern als Volkspark. Das weitläufige, mit Wasserflächen gesegnete Grün folgt englischen Vorbildern, integriert aber Idealbilder der Antike und Italiens und gibt zum Zeichen aufklärerischer Toleranz über Sichtachsen gleichermaßen den Blick auf Kirche, Schloss und Synagoge frei.

6 In der **Lutherstadt Wittenberg** wirkten neben dem großen Reformator auch sein Mitstreiter Melanchthon und viele andere Gelehrte und Künstler. Kurz bevor Luther 1511 hierher zog, hatte die Blütezeit der Stadt begonnen. 1502 wurde die Universität gegründet, von der nun die Reformation ihren Ausgang nahm. Hinter dem schönen Markt mit Rathaus ragt die Stadtkirche St. Marien auf, in der Luther predigte. Die befreundete Malerfamilie Cranach prägte deren Ausstattung wie den Reformationsaltar oder die Grabmäler. Das große Cranachhaus war Malakademie und Druckerei. Die Schlosskirche ist nicht nur wegen der darin befindlichen Gräber von Luther und Melanchthon berühmt, sondern auch wegen des Anschlags der 95 Thesen an der Kirchentür. Diese Aktion allerdings – da ist sich die Forschung heute sicher – hat wohl nie stattgefunden. Sie ist eine fromme Legende. Die Schlosskirche fiel einem Brand zum Opfer, der heutige Bau stammt aus den Jahren 1770 und 1892.

Das Lutherhaus, in dem der Reformator ab 1524 bis kurz vor seinem Tod 1546 lebte; die Stadtkirche; das Melanchthonhaus, das 1536 für Luthers Mitstreiter erbaut wurde; sowie die Schlosskirche sind Weltkulturerbestätten (seit 1996). Mit Ausnahme der Kirchen sind alle Gebäude heute Museen. Den besten Einblick in Luthers Wirken geben die Originaldokumente im Lutherhaus. Über die Lebensumstände jener Zeit sagt jedoch das Innere des gut erhaltenen Melanchthonhauses mehr aus.

7 Halle an der Saale, Stadt des Salzes und Heimat Georg Friedrich Händels, trägt die Narben des Sozialismus, jedoch nicht die des Zweiten Weltkriegs. Ein Rundgang könnte beim Marktplatz beginnen. Der frei stehende Rote Turm, davor eine Rolandsfigur, verkör-

Walter Gropius gründete in Dessau in den 1920er-Jahren das Bauhaus.

Auf dem Marktplatz der Lutherstadt Wittenberg mit Rathaus und St. Marien geht es lebhaft zu.

Standbild von Georg Friedrich Händel auf dem Marktplatz von Halle.

pert seit 1506 städtisches Selbstbewusstsein. Ein ungewöhnlicher spätgotischer Bau ist die viertürmige Marktkirche, die 1537 vollendet wurde. Der nahe gelegene, turmlose Dom entstand bis 1330 als Klosterkirche und wurde zwischen 1520 und 1523 mit antireformatorischem Ziel umgestaltet, ehe das Luthertum auch in Halle siegte. Besonders schön sind das Chorgestühl, die Kanzel und die Pfeilerfiguren. Die Neue Residenz gleich nebenan diente dem Kardinal als Schloss. Nur gut 30 Jahre, im Geiste aber gleich eine ganze Epoche älter ist die Moritzburg, eine antistädtische Feste des Erzbischofs (um 1500), in der heute ein Kunstmuseum untergebracht ist. 1698–1745 wurden die Franckeschen Stiftungen errichtet. Der Armenpfarrer und Professor August Hermann Francke brachte darin ein Waisenhaus, eine Schule und ein Krankenhaus unter. Besichtigen sollte man auf jeden Fall auch das Hallorenmuseum sowie die am Stadtrand gelegene Burg Giebichenstein. Jenseits von Industriebrache und Plattenbau liegt eine königliche Stadt: **Merseburg.** In vieltürmiger Silhouette ragen hier Dom und Schloss über einem Hang auf, dessen lieblich begrünten Fuß die Saale umspült. Vom 10. bis 13. Jh. hielten hier immer wieder deutsche Könige und Kaiser Hof. Am Dom wurde ab dem Jahr 1015 gebaut. Aus jener Zeit stammt die romanische Krypta. Das Langhaus wurde 1510–1517 neu errichtet. Von der reichen Ausstattung seien hier nur die bronzene Grabplatte von 1080 (ältestes deutsches Grabbildnis), die reich geschnitzte Kanzel und die prunkvolle Orgel erwähnt. Das Schloss beeindruckt als Gesamtanlage; es enthält jedoch kaum noch Kunstschätze.

WANDERN & FREIZEIT

Radfahrer können der **»Deutschen Alleenstraße«** folgen – zu empfehlen vom Wörlitzer Park aus über Dessau nach Halberstadt mit seinem berühmten Dom (110 Kilometer, beinahe nur ruhige Nebenstrecken). Von dort aus geht es auf der »Fachwerkstraße« rasch nach Quedlinburg.

Auf der **»Bauhaustour«** kommen Freunde der Bauhausarchitektur auf ihre Kosten. Die ausgeschilderte Rundtour startet am Hauptbahnhof und führt etwa 17 Kilometer durch das Stadtgebiet von Dessau. Vorbei an Bauhaus und Meisterhäusern geht es zum Kornhaus und nach Dessau-Süd in die Gropiussiedlung Dessau-Törten.

Eine etwa 29 Kilometer lange Radtour verbindet die beiden Elbstädte **Lutherstadt Wittenberg und Dessau.** Die ohne nennenswerte Höhenunterschiede, vorwiegend auf befestigten Wegen und ruhigen Nebenstraßen verlaufende Tour startet am Hauptbahnhof von Wittenberg. Am Schloss vorbei geht es durch die Stadt in Richtung Wörlitz. Auf dem Weg liegt das große Gebiet des Wörlitzer Parks, der ausschließlich für Fußgänger zugänglich ist. Von Wörlitz geht es weiter Richtung Vockerode und von da ab gut fünf Kilometer am Ufer der Mulde entlang. Danach führt der Weg vom Ufer weg Richtung Waldersee zum Park Luisium mit seinem bezaubernden Schlösschen. Hinter der Parkanlage verläuft die Route entlang einer Hauptstraße (B185) in Richtung Hauptbahnhof Dessau, wo diese Fahrt schließlich ihr Ende findet.

Eine interessante, an verschiedenen Natur- und archäologischen Sehenswürdigkeiten vorbeiführende Radtour bietet der gut ausgeschilderte **Himmelsscheibenradweg.** Er verbindet den Fundort der »Himmelsscheibe von Nebra«, den Mittelberg bei Wangen, mit ihrem Aufbewahrungsort, dem Landesmuseum für Vorgeschichte in Halle. Die rund 70 Kilometer lange Route lässt sich an verschiedenen Punkten mit der Bahn abkürzen (Nebra, Querfurt, Röblingen oder Halle).

Sehr lieblich ist das **Unstruttal** mit seinen Weinbergen. Ab Naumburg bietet sich die Winzerstadt Freyburg mit Schloss Neuenburg als Wander- und Radelziel an.

Ein Radwanderweg führt das gesamte **Saaletal** entlang. Am schönsten ist sicherlich das Teilstück von der Ilm-Einmündung bis Naumburg. Die malerischen Ruinen von Rudelsburg und Saaleck, die der Weg vor Bad Kösen passiert, sind von Naumburg aus auch sehr gut zu Fuß erreichbar (etwa zehn Kilometer über Kloster Schulpforta und Kösen).

Etwa 42 Kilometer liegen zwischen den beiden Domstädten **Naumburg und Merseburg,** die sich gut per Rad und

entlang der Saale erschließen lassen. Vom Hauptbahnhof in Naumburg geht die Tour am Dom vorbei zum Marktplatz und zum Marientor in Richtung Saale-Radweg bis nach Schönburg. Vorbei an der Burgruine geht es weiter entlang dem Saaleufer nach Leißling, wo man mit der Fähre nach Lobitzsch ans andere Ufer übersetzt. Von dort verläuft die Tour über Uichteritz und Marktwerben weiter nach Weißenfels. Nach Überquerung der Saalebrücke geht es weiter nach Burgwerben, Kriechau, Schkortleben und Großkorbetha.

8 In der **Lutherstadt Eisleben** stehen Luthers Geburts- sowie sein Sterbehaus. Sehenswert ist auch das hübsche Marktensemble mit Lutherdenkmal, Rathaus und Andreaskirche. Im Jahr 1996 wurden Luthers Geburtshaus mit einer Gedächtnisstätte (Lutherstr. 16) und sein Sterbehaus (Andreaskirchplatz 7) von der UNESCO als Weltkulturerbe anerkannt. Das bereits 1693 eingerichtete Museum im Geburtshaus Luthers gilt als eines der ältesten Museen Deutschlands.

9 Vier Türme ragen über dem idyllischen Saaletal auf und künden von **Naumburgs** größtem Schatz: dem frühgotischen Dom St. Peter und Paul. Berühmt sind die lebensgroßen Stifterfiguren (um 1250) am Lettner des Westchors, die sich in lebendigem Ausdruck anblicken oder voneinander abwenden. Eine wahre Freude ist auch das unzerstörte und von den Spuren sozialistischer Vernachlässigung weithin befreite historische Stadtbild: Neben Renaissance-Rathaus und Wenzelskirche als Mittelpunkt der Bürgerstadt sind Reste der Stadtmauer (15. Jahrhundert) zu besichtigen.

Die Türme von St. Andreas prägen die Stadtsilhouette von Lutherstadt Eisleben.

Seit 2018 gehört der hübsche Naumburger Dom mit seinen unterschiedlichen Türmen zum UNESCO-Weltkulturerbe.

Von Brandenburg durch den Spreewald bis nach Frankfurt/Oder

Im romanisch-gotischen Stil erstrahlt Kloster Lehnin.

Von Brandenburg aus führt die Tour in die Landeshauptstadt Potsdam und weiter durch den Spreewald südlich von Berlin nach Cottbus, bevor nach einem Besuch in Eisenhüttenstadt die polnische Grenze in Frankfurt an der Oder erreicht ist.

TOUR 16

- **Länge:** rund 220 Kilometer
- **Dauer:** 4–6 Tage
- **Start | Ziel:** Brandenburg | Frankfurt/O.

1 Im fluss- und seenreichen Gebiet der mittleren Havel liegt die älteste Stadt der Mark, die ihr auch den Namen gab. In **Brandenburg** ist vor allem der reich ausgestattete Dom St. Peter und Paul aus dem 13. Jahrhundert sehenswert. Auf einen Besuch des Dommuseums sollte man in keinem Fall verzichten. Weitere sehenswerte Gotteshäuser sind die Gotthard-, die Katharinen- und die Nikolaikirche. Außerdem lohnt sich eine Besichtigung des Rathauses, der Altstadt und der alten Befestigung. Im Stadtmuseum kann man sich über die Stadtgeschichte informieren. Wenn die Zeit reicht, sollte man Ausflüge zum **Kloster Lehnin** und zur **Burg in Plaue** einplanen.

2 Entlang der Havel geht es weiter nach **Potsdam.** Ein Besuch von Schloss Sanssouci ist ebenso wie die Besichtigung des UFA-Geländes in Babelsberg ein Muss. Der Krieg hat der Stadt arg zugesetzt, sodass die Garnisonskirche und das Stadtschloss nicht mehr vorhanden sind. Trotz aller Verwüstungen ist noch genug stehen geblieben, um einen ganzen Tag mit Besichtigungen in der Stadt verbringen zu können: die Nikolaikirche von Karl Friedrich Schinkel, das alte Rathaus, Jäger-, Nauener und Brandenburger Tor, Schloss Cecilienhof, das Lustschloss Belvedere, der Einsteinturm sowie Schloss und Park in Babelsberg. Erhalten geblieben ist auch das malerische Holländische Viertel, das Friedrich Wilhelm I. 1737 für niederländische Immigranten hatte errichten lassen. An der Glienicker Brücke, auf der zu Zeiten des Kalten Krieges Agenten ausgetauscht wurden, legen heute die Ausflugsdampfer der Weißen Flotte ab.
Von Potsdam aus lohnt sich ein Abstecher nach **Neuruppin,** wo Denkmäler an die berühmten Söhne der Stadt, Schinkel und Fon-

WANDERN & FREIZEIT

An die Wanderungen durch die Mark Brandenburg erinnert der **Fontane-Wanderweg.** Ausgangs- und Endpunkt dieser rund zehn Kilometer langen Strecke ist Bad Freienwalde.

Ein interessanter und schöner **Stadtspaziergang** bietet sich in **Brandenburg** an: Vom Ausgangspunkt Katharinenkirche folgt man der Beschilderung.

Von Potsdam aus lohnt es sich, den Besuch von **Studio Babelsberg** mit einer Radtour zu verbinden. Die zehn Kilometer lange Strecke führt vom Jägertor aus über die Humboldtbrücke und danach weiter durch den Park Babelsberg. Eine etwa acht Kilometer längere Alternativroute führt von Schloss Glienicke durch Potsdam und die Havellandschaft bei Schloss Babelsberg.

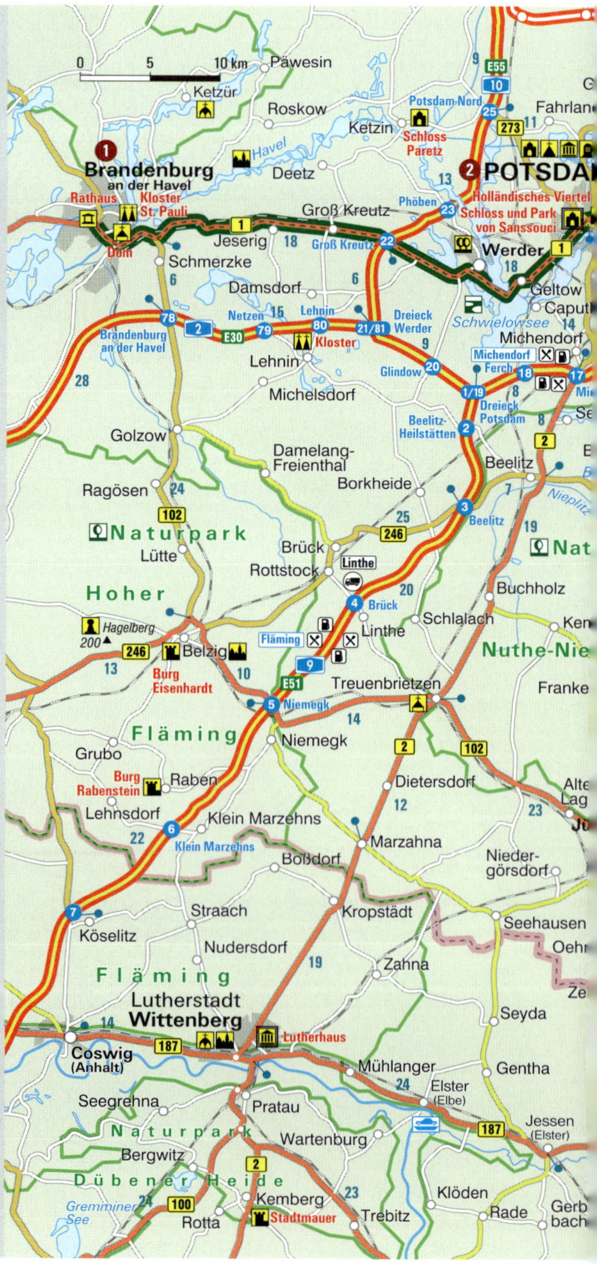

tane, erinnern. Die Stadt mit ihrer Marienkirche, der Dominikanerklosterkirche, dem Rathaus, dem Tempelgarten und dem Stadtpark von Lenné ist denkmalgeschützt.
Das nach holländischem Vorbild 1655 fertig gestellte **Wasserschloss in Oranienburg** bewohnte einst Kurfürstin Luise Henriette, die aus Nassau-Oranien stammte und der Stadt den Namen gab.
Im vier Kilometer entfernten ehemaligen Konzentrationslager **Sachsenhausen** sind Gedenkstätten für die 100 000 Menschen errichtet worden, die hier dem Naziregime zum Opfer fielen.
Im Norden von Berlin sollte man die gut erhaltene Ruine des **Zisterzienserklosters Chorin** besichtigen. Die eindrucksvolle Anlage gilt als eines der Meisterwerke brandenburgischer Backsteingotik.

Wasser statt Straßen, urige Häuschen und farbenfrohe Blumenpracht – Spreewald pur!

Am besten kombiniert man den Besuch von Kloster Chorin mit dem des nahe gelegenen **Schiffshebewerks Niederfinow.** Diese Schleusenanlage von 1934 ermöglicht es den Schiffen, einen Höhenunterschied von 36 Meter zwischen Havel und Oder zu überwinden.

3 Am Nordwestrand des Niederen Fläming gründete Erzbischof Wichmann 1174 die Stadt **Jüterbog,** die erst 1815 an Brandenburg-Preußen fiel. An die mittelalterliche Vergangenheit erinnern die Liebfrauenkirche, die seit dem 12. Jahrhundert ständig erweitert und umgebaut wurde, die Nikolaikirche aus dem 13. Jahrhundert mit dem »Tetzelkasten«, einer Baumtruhe als Zeugnis der Ablasspredigten Johann Tetzels von 1517, und die Mönchskirche des ehemaligen Franziskanerklosters. Von der Stadtbefestigung sind weite Teile mit Wiekhäusern, sieben Wehrtürme und drei Stadttore erhalten. Am Marktplatz steht das spätgotische Rathaus.
Etwa vier Kilometer nördlich findet man das 1171 gegründete **Zisterzienserkloster Zinna.** Um 1220 begann der Bau der Klosterkirche, die bis zum 18. Jahrhundert mehrfach erweitert und umgebaut wurde. Von den Klostergebäuden sind Siechen- und Gästehaus aus dem 14. Jahrhundertsowie das Abthaus aus dem 15. Jahrhundert erhalten. Im Abthaus ist auch das Museum untergebracht, das die Geschichte von Abtei und Ort für die Nachwelt festhält.

4 Am Westrand der Niederlausitz wurde nahe einer heute nicht mehr existierenden Burg um 1300 **Luckau** gegründet. Aus dieser Zeit stammt auch die Stadtkirche St. Nikolai, an der man mehrere Hundert Jahre lang baute. Nach einem Brand 1644 wurde die Kirche im barocken Stil neu gestaltet. Ebenfalls aus dem 13. Jahrhundert stammt die Georgenkapelle mit ihrem dominierenden Hausmannsturm. Die mittelalterliche Stadtmauer ist in weiten Teilen erhalten geblieben, wobei insbesondere der Rote Turm sehenswert ist. In der Umgebung des Marktes stehen noch viele alte Schmuckgiebelhäuser aus dem 18. Jahrhundert. Das Rathaus wurde 1852 im spätklassizistischen Stil fertiggestellt, die mittelalterlichen Ursprünge sind aber teilweise noch erkennbar.

5 Lubnjow ist der sorbische Name für **Lübbenau**, einen Ort, den man getrost auch zur »Saure-Gurken-Zeit« besuchen kann, denn bei den köstlich eingelegten grünen Kürbisgewächsen handelt es sich um eine bekannte lukullische Spezialität des Spreewaldes. Eine recht beliebte touristische Attraktion sind die Kahnfahrten auf den vielen Wasserstraßen durch eine idyllische Landschaft, die im krassen Gegensatz zum Braunkohlentagebau im

Das »preußische Versailles« prunkt nicht nur mit dem Schlossgebäude selbst, sondern auch mit dem umgebenden Park.

Schloss Babelsberg ist im Stil der englischen Neugotik erbaut und bildet mit der Havel im Vordergrund ein schönes Motiv.

Die Zisterzienserklosteranlage Chorin ist eine Tochtergründung des Klosters Lehnin.

Eine Kahnfahrt über die Wasserwege sollte jeder im Spreewald unternehmen.

Süden steht. Ähnlich wie die Gondolieri in Venedig staken Bootsleute die Gäste durch die ruhigen Wasserarme vorbei an bewaldeten Inseln und Kaupen (Schwemmsand) mit sorbischen Streusiedlungen.
Das klassizistische Schloss der Grafen von Lynar mit seinem großzügigen Park dient heute als Hotel. Das Spreewald-Museum ist im ehemaligen Kanzleigebäude untergebracht. Bis 1970 wurde die Kleinbahn »Spreewaldguste« betrieben. Die Dampflok und ein Waggon von 1897 können in einer Halle besichtigt werden

6 Die Herren von **Cottbus** verkauften die heutige Stadt 1455 an Brandenburg. Von ihrem Schloss ist nur der Amtsturm erhalten. Von der Backsteinstadtmauer stehen noch einzelne Teile, dazu gehören ein Wiekhaus, der Münzturm und der Spremberger Turm. Backstein war auch das Baumaterial der Oberkirche St. Nikolai aus dem 13. Jahrhundert und der Franziskanerklosterkirche. Die Schlosskirche wurde 1730 für die eingewanderten Hugenotten errichtet. Sehenswert ist auch das in den 1980er-Jahren restaurierte Jugendstiltheater. Rund um den Markt finden sich einige sehr schöne Wohnhäuser aus der Zeit des Barock und des Klassizismus.
Vier Kilometer weiter südöstlich liegt das Gut der Grafen von Pückler. Fürst Hermann von Pückler-Muskau baute das **Schloss in Branitz** um und ließ den epochemachenden Garten anlegen. Schon zu Lebzeiten im 19. Jahrhundert war Fürst von Pückler eine schillernde Figur, ein weltgewandter Gartenkünstler, Schriftsteller, Frauenheld und Genussmensch. Das Familienschloss gestaltete er nach seinen Vorstellungen um und ließ sei-

Das Neue Schloss im Fürst Pückler Park von Bad Muskau spiegelt sich malerisch im See.

ner Kreativität dabei freien Lauf. Heraus kamen zum Beispiel drei Orientzimmer, ein Musikzimmer und das Speisezimmer, in dem mit großer Wahrscheinlichkeit einst Fürst-Pückler-Eis gereicht wurde.

7 Bei Fürstenberg handelt es sich um eine alte slawische Siedlung, die später zu Böhmen und Kursachsen gehörte, bevor sie 1815 an Preußen fiel. Sehenswert ist allenfalls die gotische Pfarrkirche, interessant dagegen Stalinstadt, eine 1951 auf dem Reißbrett entworfene sozialistische Industriesiedlung. Rund um die Hochöfen und die Hafenanlagen entstand in mehreren Bauphasen eine Stadt, an der sich der Geschmack der SED-Planer von den 1950er- bis in die 1980er-Jahre ablesen lässt. Nachdem Stalin auf dem XX. Parteitag der KPdSU postum in Ungnade gefallen war, wurde der Name des Eisenhüttenkombinats geändert und Stalinstadt und Fürstenberg 1961 zu **Eisenhüttenstadt** zusammengelegt.

8 An der polnischen Grenze zwischen Oderbruch und Spreewald liegt **Frankfurt an der Oder.** Im Zweiten Weltkrieg wurde die Stadt großteils zerstört. 1506 hatte man hier eine Universität gegründet, an der bedeutende Gelehrte wirkten. Die 1811 geschlossene Alma Mater wurde 1991 als Europa-Universität wieder eröffnet. Die Franziskanerklosterkirche wird heute als Konzertsaal genutzt, die ursprünglich gotische Gertraudenkirche wurde immer wieder umgestaltet. Die Marienkirche wurde wiederaufgebaut und ist heute eines der Wahrzeichen der Stadt. In der ehemaligen Garnisonsschule, die Friedrich Knoblauch 1777 erbaute, befindet sich das Kleist-Museum. Sehenswert ist auch das mittelalterliche Rathaus. Mit dem Lenné-Park und dem Park am Zehmeplatz verfügt die Stadt über zwei besuchenswerte Grünanlagen. Im ehemaligen Junkerhaus sind im Museum Viadrina Exponate zur Früh-, Vor- und Stadtgeschichte ausgestellt.

WANDERN & FREIZEIT

Unweit von Jüterbog befindet sich die **Flaeming-Skate,** eine insgesamt 220 Kilometer lange Strecke für Skater durch Wälder, Wiesen und Felder, fernab von störendem Straßenverkehr. Die zwei bis drei Meter breite Bahn aus feinstem Asphalt führt vorbei an idyllischen Dörfern und Städten im Niederen Fläming und Baruther Urstromtal. Es gibt mehrere Rundkurse zwischen elf und 90 Kilometern, von denen einige auch für Radfahrer zugänglich sind.

Eine gut 1,5-stündige, knapp 4,5 Kilometer lange **Rundwanderung durch den Spreewald** bietet sich in Lübbenau an. Vom Ausgangspunkt am Kahnhafen folgt man den Schildern mit dem grünen Balken. Nach Überquerung der Spree über eine Holzbrücke geht es auf einer asphaltierten Straße nach Lehde. Kurz nach dem »Logierhaus im Blockbaustil« lädt der Gasthof »Zum Fröhlichen Hecht« zu einer Rast ein. Wem das noch zu früh ist, der geht weiter bis zum sorbischen Freilandmuseum. Anschließend wandert man auf der Asphaltstraße, vorbei an malerischen Gehöften, bis nach Lübbenau zurück.

Nur wenige Kilometer nördlich von Lübbenau lädt die Stadt **Lübben** zu einer etwa zweistündigen Wanderung (ca. fünf Kilometer) ein. Die Wanderung beginnt am Hauptbahnhof, führt an einem Fabrikgelände vorbei, über den Stadtkanal und den Marktplatz zum Ständehaus, das Lessing in seinem Lustspiel »Minna von Barnhelm« (1767) einfließen ließ. Kurz darauf folgt das Schloss, das an der Stelle einer alten Burg erbaut wurde. Weiter geht es zum »Strandcafé« am Kahnhafen und dann über die Spree zum Süddeich. Dem Deich folgend kommt man zum Burglehn, einer slawischen Wallanlage aus dem 5./6. Jahrhundert, und anschließend zur Wehrkirche aus dem 13. Jahrhundert. Schließlich geht es am Krankenhaus vorbei wieder zurück zum Hauptbahnhof.

Wer etwas Zeit erübrigen kann, sollte an einer **Radtour** teilnehmen, bei der es sich alles um die berühmte **Spreewald-Gurke** dreht. Die rund 35 Kilometer lange Tagestour startet ab der Tourist-Information Lübbenau. Die Route führt weitgehend über Sand und asphaltierte Wege und beinhaltet mehrere Stationen. Zu diesen gehören die Gurkeneinlegerei Rabe in Boblitz, Raddusch, Göritz, Leipe und das Gurkenmuseum in Lehde sowie in Lübbenau die »Gurkenmeile«. Unterwegs locken Lokale mit Gurkenspezialitäten.

Eine insgesamt 26 Kilometer lange Radtour führt entlang einer malerischen Landschaft und der Cottbuser Altstadt zu verschiedenen alte **Mühlen im Cottbuser Land.** Die Tour beginnt am Parkplatz beim Spremberger Turm. Anschließend geht es in Richtung Cottbus, wo Stationen in der Altstadt, etwa der Altmarkt, die Stadtmauer, die Oberkirche St. Nikolai, das Wendische Museum, und die Baumkuchenmanufaktur Groch & Erben sind. Weitere Etappen sind die Spreewehrmühle im Norden der Stadt, die Wilhelmsmühle im Stadtzentrum, die Madlower Mühle und die Kutzeburger Mühle ganz im Süden der Stadt. Alle Mühlenstandorte laden zum Verweilen ein. Die erste Teilstrecke vom Spremberger Turm bis zur Kutzeburger Mühle beträgt etwa 15 Kilometer, die Strecke von dort zurück zum Ausgangspunkt knapp elf Kilometer.

Eine **Tour auf Schienen** ist auf der 30 Kilometer langen Eisenbahnstrecke zwischen Fürstenberg, Lychen und Templin möglich. Auf einer historischen Draisine können sich drei oder vier Radler »abstrampeln«.

Eine etwa 45 Kilometer lange Radtour führt von **Fürstenwalde** auf alten Handelswegen durch kleine Ortschaften mit alten Dorfkirchen nach **Frankfurt/Oder.** Die Tour beginnt am Bahnhof von Fürstenwalde und führt zunächst bergauf nach Trebus. Nach einer steilen Abfahrt zum Trebuser See geht es auf Nebenstrecken weiter nach Alt Madlitz und von dort am See entlang nach Kersdorf und Pillgram. Durch eine malerische Landschaft verläuft die Tour nach Frankfurt, wo mit der Marienkirche das letzte Etappenziel erreicht wird.

Eine 17 Kilometer lange **Rundwanderung** führt von Frankfurt u. a. zur **Lossower Wallanlage.** Die Tour startet am Hauptbahnhof und verläuft nach Nordosten zum Eichwald (zwei Kilometer). Der durch den Wald führende Weg ist bis zum Eisenbahntunnel mit grünem Punkt gekennzeichnet. Anschließend folgt man dem Weg bis zu einem Querweg (nach 4,5 Kilometern) und folgt diesem nach Osten Richtung Lossow (Markierung: gelber Punkt). Nach weiteren 3,5 Kilometern erreicht man die Steile Wand, die schon zur Bronzezeit als Wehranlage genutzt wurde. Folgt man dem Weg entlang der Wallanlage, erreicht man eine Querstraße. Dieser Straße Richtung Norden folgend, kommt man wieder zum Eisenbahntunnel und von dort nach Frankfurt/Oder zurück.

Kulturgenuss am Niederrhein

Vorbei an Kohlfeldern und den steinernen Überresten aus römischer Zeit führt die Tour den Niederrhein entlang von der Grenzstadt Emmerich bis an den Rand des Ruhrgebiets. Wer es eilig hat, benötigt für die Tour lediglich zwei bis drei Tage, doch sollte man sich ruhig ein wenig Zeit lassen, um die Heimat von Joseph Beuys näher kennenzulernen.

TOUR 17

- ▶ **Länge:** rund 160 Kilometer
- ▶ **Dauer:** 3–5 Tage
- ▶ **Start | Ziel:** Emmerich | Duisburg

1 Es ist tatsächlich eine Spielart der deutschen Sprache, die die Bewohner der einstigen Hansestadt **Emmerich** sprechen. Das niederrheinische Platt erinnert eher an das Holländische, aber da die Niederrheiner nette Leute sind, begeben sie sich rücksichtsvoll auch in die Niederungen der deutschen Hochsprache. Die Nähe zu Holland und der Rhein machten Emmerich schon im Mittelalter zur Handelsmetropole. Trotz der schweren Zerstörungen im Zweiten Weltkrieg erstrahlen die gotische ehemalige Stiftskirche St. Martin und die Pfarrkirche St. Aldegundis in neuem Glanz. Am Rhein kann man dem Treiben der Binnenschiffer zusehen und die mit 1228 Metern längste deutsche Hängebrücke bewundern. Im Ortsteil Elten (Hoch-Elten) wurde ein rund zwei Kilometer langer Barfußpfad eingerichtet; auf zwölf Arten von Untergrund kann man dort die müden Füße anregen und entspannen – ein wahrhaft »bodenständiges« Erlebnis.

2 Das Wahrzeichen der »Lohengrin-Stadt« **Kleve** ist die Schwanenburg, die an den Sagenhelden erinnert. Die Stammburg der Grafen und Herzöge von Kleve stammt in ihren Ursprüngen aus dem 12. Jahrhundert. Vom Schwanenturm, der das Stadtbild prägt, hat man eine besonders schöne Aussicht. Weit ins darunter gelegene flache Land blickt man auch vom Aussichtsturm auf dem Klever Berg. Zu den weiteren Sehenswürdigkeiten zählen die mittelalterliche Stiftskirche mit der Grablege der klevischen Herrscher und die barocken Gartenanlagen Johann Moritz von Nassaus aus dem 17. Jahrhundert. Die weitläufigen Gärten mit Kanälen und einem

Die Wallfahrtskirche St. Maria in Kevelaer erhielt ihre neugotische Ausstattung im 19. Jahrhundert.

– nur zu dekorativen Zwecken angelegten – Amphitheater lohnen auf jeden Fall eine Erkundung.
Das neugotische **Wasserschloss Moyland** im benachbarten Bedburg-Hau beherbergt eine bedeutende Sammlung der Werke von Joseph Beuys.

3 Auch wenn **Goch** auf eine mehr als 700-jährige Geschichte zurückblicken kann, ist das Stadtbild nur wenig spektakulär. Eine Ausnahme stellt die Backsteinkirche St. Maria Magdalena aus dem 14. Jahrhundert dar, deren Turm 1993 als Spätfolge der Bombenangriffe gegen Kriegsende einstürzte. Den Reiz der Stadt macht die einmalige Landschaft an Niers und Reichswald aus, aber auch der Kahlbecker Wald und die Gocher Heide laden zu ausgiebigen Spaziergängen ein.

4 Neben Lourdes und Tschenstochau ist **Kevelaer** einer der wichtigsten Marienwallfahrtsorte Europas. Seit 1645 wird die Muttergottes von Kevelaer, die im Jahr 1641 einem Kaufmann erschienen sein soll, in der Gnadenkapelle verehrt. Mitte des 19. Jahr-

An der Rheinpromenade von Emmerich sitzt die Bronzefigur »Poortekerl«.

WANDERN & FREIZEIT

Eine hübsche, mit etwa elf Kilometern auch nicht übermäßig anstrengende Wanderroute führt von der **Schwanenburg** in Kleve zum **Schloss Moyland** in Bedburg-Hau. Die Strecke verläuft zunächst über den Prinz-Moritz-Weg und dann im Anschluss über den Voltaire-Weg.

Von Kamp-Lintfort nach Alpen lässt es sich wunderschön durch den **Staatsforst Leucht** vorbei am Kloster Kamp wandern. Ab der Ebertstraße folgt man den sechseckigen Symbolen der NiederRheinroute. Zum Ausgangspunkt zurück kommt man bequem mit dem Bus.

Fahrräder kannten die Römer zwar noch nicht, doch das hindert natürlich niemanden daran, ihren Spuren in dieser Region auch mit dem Rad zu folgen. Die eigens für Radfahrer ausgewiesene 315 Kilometer lange **Römerroute** führt eigentlich von Xanten quer durch Westfalen bis nach Detmold, aber selbstverständlich sind auch Teilstücke eine Erkundung wert – etwa der Streckenabschnitt von Xanten nach Wesel.

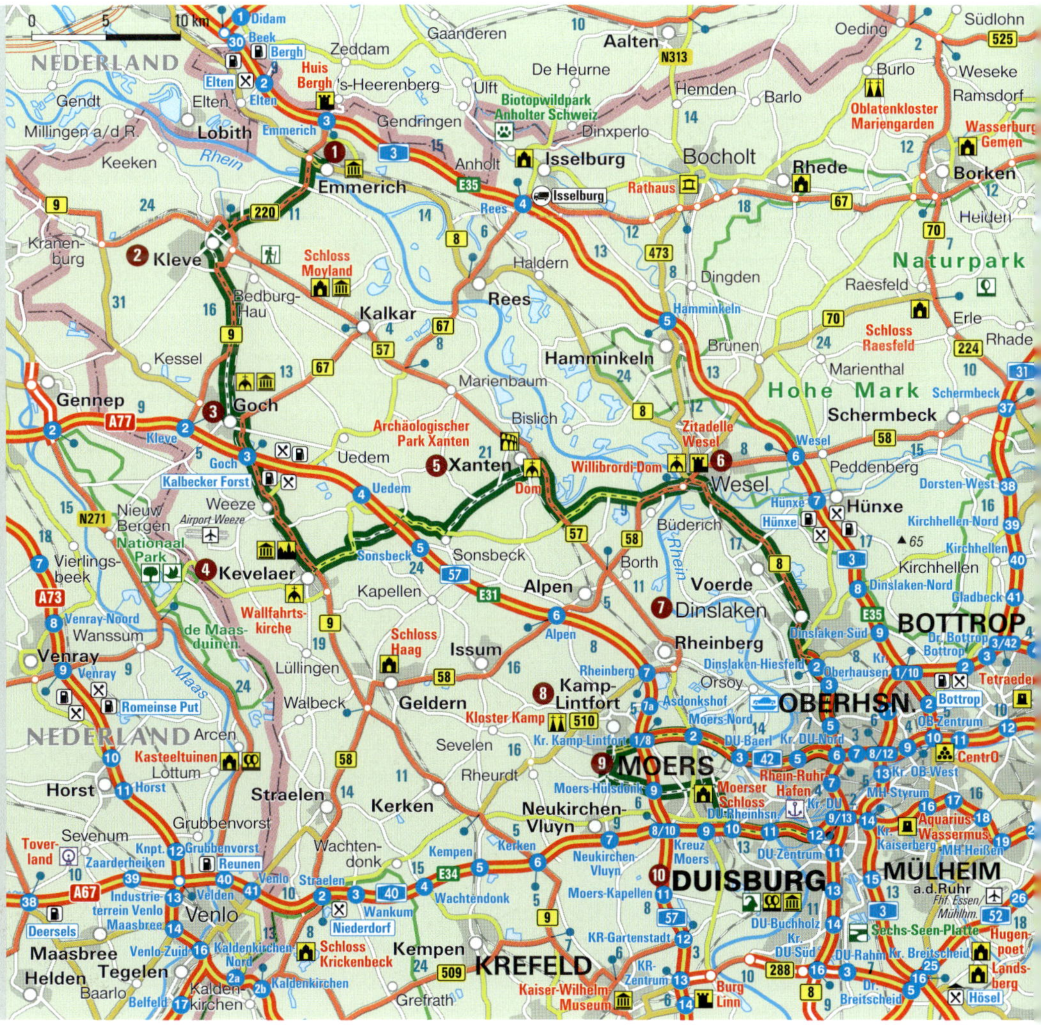

Der kolossale Hafentempel im Archäologischen Park von Xanten.

hunderts entstand die neugotische Wallfahrtskirche St. Maria, die jährlich etwa 800 000 Gläubige besuchen. Zahlreiche kleine Geschäfte bieten Pilgerbedarf aller Art an, vom preiswerten Menü in den Lokalen bis hin zu Rosenkränzen, Kruzifixen und sonstigen Devotionalien.

Auch das weltliche Kevelaer ist durchaus sehenswert. Sehr schön sind u. a. die vielen erhaltenen Bauten aus wilhelminischer Zeit, darunter der weithin sichtbare Wasserturm und das Alte Rathaus von 1903. Einen guten Ruf besitzt das Niederrheinische Museum für Volkskunde und Kulturgeschichte in Kevelaer, das auf eine über 100-jährige Geschichte zurückblickt. Gezeigt werden dort beispielsweise niederrheinische Töpferwaren, Kupferstiche und das Inventar eines adligen Haushalts aus der Region.

5 Idyllisch neben alten Rheinarmen erheben sich die Türme des romanisch-gotischen Doms von **Xanten.** Dieser ist dem Märtyrer Viktor geweiht, der hier im 4. Jahrhundert sein Leben lassen musste. Trotz schwerer Zerstörungen im Zweiten Weltkrieg ist die bedeutende Kirche mit ihrer wertvollen Innenausstattung weitgehend wiederhergestellt worden. Bei einem kleinen Bummel durch den mittelalterlichen Stadtkern sollte man unbedingt auf die Reste der alten Befestigung und das mächtige Klever Tor achten.

Eine auch für Kinder sehr ansprechende Attraktion ist der LVR-Archäologische Park Xanten, ein großes Freilichtmuseum. Auf den erhaltenen Fundamenten der römischen Siedlung Colonia Ulpia Traiana wurden viele Bauten, darunter die Stadtmauer mit Wehrtürmen und das Amphitheater, in Originalgröße rekonstruiert. Was die Rekonstruktion an Eindrücken und Erlebnissen vermittelt, wird hinterher im hochmodernen LVR-RömerMuseum Xanten (auf dem Parkgelände) wesentlich ausführlicher kommentiert und auch hier kindgerecht aufbereitet.

Die Ursprünge der Gnadenkapelle in Kevelaer und des in ihr verehrten Marienbilds reichen bis in das 17. Jahrhundert zurück.

6 Nur wenig erinnert an die große Vergangenheit der einstigen Hansemetropole **Wesel.** In den letzten Kriegstagen wurde der wunderschöne Stadtkern beinahe vollständig zerstört. Wiederaufgebaut hat man die Stadtkirche St. Willibrord mit ihren sehenswerten Maßwerkfenstern. Auch Teile der Stadtmauer sind noch erhalten, so das barocke Zitadellentor und das Berliner Tor von 1722. Einen hohen Freizeitwert bietet der Auesee mit Badestrand und Liegewiesen und Möglichkeiten zum Wassersport; ein etwa sieben Kilometer langer Weg führt Spaziergänger rund um das Gewässer. Wer das Wasser lieber ganz ohne Anstrengung genießen möchte, kommt ebenfalls auf seine Kosten: Wesel ist eine Station der Rheinschifffahrt.

7 Das Gebiet am rechten Niederrhein ist etwas weniger attraktiv, doch in **Dinslaken** kann man Planwagenfahrten buchen, in der Innenstadt shoppen oder die einzige Halbmeilen-Trabrennbahn Deutschlands besuchen. Besonders sehenswert ist die Zechensiedlung Lohberg, die im Jahr 1924 als Gartenstadt angelegt wurde. Aus sehr viel älterer Zeit, noch aus dem Mittelalter, stammt die Burg Dinslaken, die immerhin bereits im 12. Jahrhundert urkundlich erwähnt wird. Die ursprüngliche Bausubstanz ging spätestens bei kriegerischen Auseinandersetzungen Anfang des 17. Jahrhunderts in Flammen auf; anschließend wurde die Anlage aber wieder aufgebaut. Heute sind Teile des Rathauses und das Stadtarchiv im historischen Gemäuer untergebracht. Auch das Landestheater Burghofbühne hat hier auf dem altehrwürdigen Gelände seine Spielstätte gefunden. Unter den Kirchenbauten von Dinslaken wäre St. Vincentius zu nennen; die katholische Pfarrkirche wurde nach schweren Kriegszerstörungen des Vorgängerbaus in den Jahren 1950/51 als Backsteinkirche komplett neu errichtet. Der geschnitzte Altar stammt aus dem 15. Jahrhundert. Innen und außen hell und klar wirkt die evangelische Stadtkirche, die im frühen 18. Jahrhundert entstanden ist.

In Dinslaken-Hiesfeld kann man das Mühlenmuseum besichtigen.

Eine besondere Auenlandschaft unweit von Xanten am Niederrhein ist die Bislicher Insel.

Als Highlight der Industriekultur gilt der Landschaftspark »Duisburg Nord«.

Imposant ragt die Skulptur »Tiger & Turtle – Magic Mountain« in den Duisburger Himmel.

Die Gärten des Klosters Kamp sind im barocken Stil angelegt.

8 Die Geschicke von **Kamp-Lintfort** hingen lange von der Zeche Friedrich Heinrich ab, ein Jahrhundert lang der wichtigste Arbeitgeber in der Stadt; seit 2012 ist der Betrieb eingestellt. Auf dem Gelände entstand der Zechenpark, auf dem 2020 die Landesgartenschau stattfand. Bei der Alt-Siedlung handelt es sich um eine typische »Kolonie«, die heute zwar herausgeputzt ist und unter Denkmalschutz steht, zu Anfang des vorigen Jahrhunderts den Kumpels jedoch nur mäßigen Komfort bot. Im 1123 gegründeten Kloster Kamp sind die Zisterzienser schon lange ausgezogen, doch die barocke Klosterkirche und der wunderschöne Terrassengarten bestechen auch heute noch und rechtfertigen den Ehrentitel »Sanssouci vom Niederrhein«.

9 Bis in die 1970er-Jahre hinein glich die Altstadt von **Moers** eher einem verwahrlosten Ruinenfeld. Heute beherbergen die neuen alten Häuser in der Friedrich- und der Pfefferstraße mondäne Boutiquen, erlesene Geschäfte und anspruchsvolle Restaurants. Der renovierte »Klompenwinkel« in der Neustraße erinnert an das alte Handwerk der Holzschuhmacher. Das Schloss im wunderschön angelegten Schlosspark bietet dem kleinen, aber feinen Schlosstheater ein Domizil. International einen guten Namen hat das Jazzfestival (Moers Festival), aber auch das Comedy Arts Festival von Moers.

10 Erst seit der Gebietsreform zu Anfang der 1970er-Jahre verfügt **Duisburg** auch über linksrheinische Gebiete, zu denen das industriell geprägte Rheinhausen und Homberg gehören. In Ruhrort, einem rechtsrheinischen Stadtteil von Duisburg, befindet sich der größte Binnenhafen der Welt, an dessen Becken Kommissar Schimanski so manchen Schurken stellte.

Allen Schloten und Hochöfen zum Trotz hat die Stadt einen erstaunlich hohen Freizeitwert: Besucher strömen in den Zoo, in den Sportpark, eine der größten Erholungsanlagen in Deutschland, oder in den etwa 200 Hektar großen Landschaftspark Duisburg-Nord: Auf einer ehemaligen Industriebrache entstanden dort ein Tauchzentrum, Klettergärten und ein Aussichtsturm im alten Hochofen. Neben den drei Schloten ist das Windrad eines der Wahrzeichen des Parks.

Einer der bekanntesten Bürger der Stadt war Gerhard Mercator, der große Mathematiker, Philosoph, Theologe, Geograf und Kartograf des 16. Jahrhunderts. Der Gelehrte befasste sich früh mit der Konstruktion von Globen und der Erstellung von Weltkarten. Der schon zu Lebzeiten weltberühmte Mercator zog 1551 nach Duisburg und lebte dort bis zu seinem Tod 1594. Die Mercator-Schatzkammer im Kultur- und Stadthistorischen Museum zeigt Objekte aus seinem Leben.

Der Duisburger Innenhafen lädt mit seinen zahlreichen Cafés und Restaurants direkt am Ufer zum Verweilen ein.

WANDERN & FREIZEIT

Das flache Gelände am Niederrhein ist für Radtouren wie geschaffen. Erschlossen ist die Radellandschaft durch die **NiederRheinroute,** mit 2000 Kilometern eines der längsten Radwandernetze in Deutschland. Die Strecke führt über Wald- und Wirtschaftswege, aber auch über alte Treidelpfade am Rhein. Die gut ausgeschilderte Route wird kaum jemand komplett abfahren; interessante Teilstücke sind beispielsweise die Strecke von Dinslaken nach Duisburg oder von Kamp-Lintfort nach Moers.

Eine reizvolle Art und Weise, um von Wesel aus nach Duisburg oder Düsseldorf oder in die benachbarten Niederlande zu reisen, stellt die **Fahrt auf dem Rhein** mit einem Fahrgastschiff dar. Anbieter in Wesel ist die River Lady Personenschifffahrt GmbH (river-lady.de). Beim namengebenden Schiff, der »River Lady«, handelt es sich um den Nachbau eines Mississippi-Dampfers.

Eine lohnende Fahrrad-Rundtour durchs **niederrheinische Flachland** erschließt den Nordwesten des Kreises Kleve. Ausgangspunkt ist Kleve; auf dem Rheinradweg D8 geht es Richtung Düffelward. Weitere Stationen sind der Ortsteil Keeken, die Auenlandschaft im Naturschutzgebiet Düffel, die Orte Zyfflich, Kranenburg und Donsbrüggen. Von dort führt die 35 Kilometer lange Strecke nach Kleve zurück.

Eine hübsche Tageswanderung auf den **Wegen der Jakobspilger** führt von Goch nach Kevelaer. Startpunkt ist der Bahnhof von Goch; jenseits der Ortsgrenze begibt man sich zur Niers; der weitere Weg folgt dem Nierswanderweg durch die Auenlandschaft des kleinen Flüsschens. Der Nierswanderweg ist in Teilen mit dem Jakobsweg identisch.

Der viel besuchte Wallfahrtsort **Kevelaer** dient als Ausgangspunkt einer leichten Radtour über wenig befahrene Wirtschafts- und Waldwege ohne größere Steigungen. Ein Ziel auf der 39 Kilometer langen Rundtour ist der Nachbarort **Geldern.** Erste Station unterwegs ist Schloss Haag am Ortsrand von Geldern. Über Walbeck geht es anschließend zur Steprather Mühle und auf der NiederRheinroute an Schloss Walbeck und Haus Steprath vorbei. Über Twisteden radelt man nach Kevelaer zurück.

Eine 27 Kilometer lange Radtour von Duisburg nach Mülheim ist dem **Thema**

»Wasser« gewidmet. Zunächst fährt man auf dem »grünen Pfad«, einer ehemaligen Bahntrasse, durch den Landschaftspark Duisburg-Nord. Der Weg führt dann auf dem Deich am Wasser entlang zum Binnenhafen und zum Museum der Deutschen Binnenschifffahrt. Entlang der Ruhr geht es weiter bis Mülheim. Ziel ist das Aquarius-Wassermuseum, in dem das Thema noch einmal beleuchtet wird.

Der Rhein

Mit 1320 Kilometer Länge ist der Rhein, der 865 Kilometer durch Deutschland fließt, ein echter Europäer. Seine Ufer waren über Jahrtausende Schauplätze großer Ereignisse europäischer Geschichte. Heute ist der Rhein eine bedeutende Binnenschifffahrtsstraße.

Der Rhein hat mehrere Quellen: In jeweils über 2000 Meter Höhe entspringen der Hinterrhein, der Valser Rhein und der Vorderrhein im Schweizer Kanton Graubünden und vereinen sich westlich von Chur zum Alpenrhein. Dieser durchströmt das breite Tal des eiszeitlichen Rheingletschers, bevor er sich in einem Delta in den Bodensee ergießt.

Als Hochrhein verlässt der Fluss unter der Konstanzer Rheinbrücke das Schwäbische Meer, stürzt bei Schaffhausen als größter europäischer Wasserfall über eine Barriere aus Jurakalk und schlängelt sich mit starkem Gefälle durch die Ausläufer des Schwarzwaldes. Bei Basel markiert das Rheinknie den Wechsel der Fließrichtung gen Norden.

Nun durchströmt der Rhein das bis zu 40 Kilometer breite Oberrheinische Tiefland zwischen Vogesen und Schwarzwald sowie zwischen Pfälzer Wald und Odenwald. Bei Mannheim nimmt er den Neckar auf und bei Mainz den Main. Bei Bingen fand der Rhein, unterstützt durch die Nahe, die Lücke zwischen Hunsrück und Taunus. Hier beginnt das enge Durchbruchstal des Mittelrheins durch das Rheinische Schiefergebirge. Der Strom zeigt sich nun von seiner romantischen Seite, mit Rebhängen, an denen der spritzige Riesling wächst, Winzerorten und Deutschlands größter Burgendichte. Kein Wunder, dass Maler und Dichter im 19. Jahrhundert von dieser Landschaft inspiriert wurden. Den Höhepunkt der Rheinromantik bildet die Ballade von der sagenumwobenen Loreley. In Koblenz schließlich liefert die Mosel noch einmal Verstärkung. Bei Bonn treten die

Die Abendsonne taucht die Burg Katz im Mittelrheintal in ein romantisches Licht.

Berge zurück; der Strom darf nun in weiten Windungen die Niederrheinische Bucht erobern, meist jedoch hinter hohen Deichen. Nach Überschreiten der niederländischen Grenze spaltet sich der Rhein in viele Mündungsarme auf.
Als wilder Fluss suchte sich der Rhein sein Bett über weite Strecken immer neu, begleitet von einer urwaldähnlichen Auenlandschaft. Nach Korrektur- und Eindeichungsmaßnahmen blieben davon nur Reste erhalten.
Seit grauer Vorzeit waren die Rheinufer auf ihrer gesamten Länge besiedelt. Die Römer probten hier ihre Eroberungsstrategien und nutzten den Fluss als Grenze gegen die Germanen. Koblenz, Köln und Xanten waren ihre Stützpunkte. Im Mittelalter blühten die Städte am Rhein erneut auf, und in der Neuzeit geriet »Vater Rhein« zum »Schicksalsstrom« zwischen Deutschen und Franzosen. Mit der Aussöhnung zwischen den »Erbfeinden« wurde er zum Geburtshelfer des vereinten Europas – die Kehler Europabrücke ist das Symbol dafür. Nichts zeigt die europäische Bedeutung des Rheins so gut wie die Schifffahrt. Natürlich befuhren ihn bereits die Römer, und im Mittelalter war er der wichtigste Verkehrsweg im Herzen Europas. Seit dem frühen 19. Jahrhundert wurde der Strom zur Großschifffahrtsstraße ausgebaut. Heute ist der Rhein durchgehend von Basel bis Rotterdam schiffbar.

St. Goarshausen liegt unmittelbar an der Loreley.

Den Rhein entlang nach Düsseldorf, Köln und Bonn

Von der Seidenweberstadt Krefeld folgt diese Tour dem Rhein in Richtung Süden. Über Mönchengladbach führt der Weg nach Düsseldorf und in die Domstadt Köln. Weiter geht es über Brühl, den zeitweiligen Sitz der Kölner Erzbischöfe, und die ehemalige Bundeshauptstadt Bonn bis an den Fuß des Siebengebirges.

Von der Mole im Düsseldorfer Hafen blickt man auf den Fernsehturm und die Rheinkniebrücke.

TOUR 18

- **Länge:** rund 150 Kilometer
- **Dauer:** 3–4 Tage
- **Start | Ziel:** Krefeld | Bad Honnef

1 Krefelds Wohlstand gründete sich in früheren Zeiten auf die Seidenweberei. Daran erinnern das Deutsche Textilmuseum mit seiner renommierten internationalen Sammlung, die alten Weberhäuser am Andreasmarkt sowie die imposante klassizistische Stadtresidenz des Seidenbarons Konrad von der Leyen, seit 1860 das Rathaus der Stadt. Aus dem 12. Jahrhundert stammt die malerische Burg Linn, eine wehrhafte Wasserburg, die heute das sehenswerte Museumszentrum beherbergt, das zahlreiche archäologische Funde aus der Römerzeit zur Schau stellt. Kunst des 20. Jahrhunderts wird im Kaiser-Wilhelm-Museum gezeigt, weitere Ausstellungen in Haus Lange und in Haus Esters. Beide Häuser weisen typische Eigenarten des Bauhausstils auf; sie wurden von Ludwig Mies van der Rohe geplant. Das ehemals städtische Theater ist ein Dreispartenhaus mit Schauspiel, Musiktheater und Ballett; es wurde mittlerweile mit dem Theater von Mönchengladbach zusammengeführt. Marionettentheater in Krefelder Mundart und für erwachsene Zuschauer bietet seit über 30 Jahren die Bühne »Krieewelsche Pappköpp«.
Krefeld ist eine grüne Stadt; nicht nur dank des 120 Hektar großen Stadtwalds, sondern auch dank zahlreicher öffentlicher Parkanlagen, von denen viele auf Stiftungen von Textilfabrikanten zurückgehen. Am bekanntesten sind der Greiffenhorstpark und der Sollbrüggenpark (bei Haus Sollbrüggen; heute Musikschule).

2 Auch in **Mönchengladbach** blühte einst die Textilindustrie, wie das Städtische Museum im Wasserschloss Rheydt eindrucksvoll dokumentiert. Neben Exponaten zur Stadtgeschichte findet man dort eine interessante Sammlung von Textilmaschinen.
Die Ursprünge des Klostergebäudes auf dem Abteiberg, das seit dem 19. Jahrhundert als Rathaus dient, reichen bis ins 10. Jahrhundert zurück. Nur wenige Schritte entfernt liegt das romanisch-gotische Münster St. Vitus mit seinem berühmten Bibelfenster aus dem 13. Jahrhundert. Mit dem mittelalterlichen Erbe korrespondiert das 1982 eröffnete Städtische Museum Abteiberg, wo der Wiener Architekt Hans Hollein weltweit für Aufsehen sorgte. Die Sammlung moderner Kunst des 20. und 21. Jahrhunderts mit Werken von Joseph Beuys, Andy Warhol, Marcel Duchamp und Roy Lichtenstein hält tatsächlich, was das Gebäude schon von außen verspricht.

Die Altstadt wartet rund um den Markt mit unzähligen Kneipen, Cafés und Diskotheken auf. In der Eickener Fußgängerpassage trifft man auf die in Bronze gegossenen Fußballlegenden Günter Netzer, Berti Vogts und Herbert »Hacki« Wimmer. Sie erinnern an eine weitere städtische Tradition – den Fußball. Borussia Mönchengladbach spielt in der Ersten Bundesliga und war in den 1970er-Jahren immerhin fünfmal Deutscher Meister.
Auf der Weiterfahrt sollte man einen Zwischenstopp in **Neuss** mit seinem eindrucksvollen spätromanischen Quirinusmünster einlegen. Die Stadtgeschichte ist im Clemens Sels Museum anschaulich dargestellt. Hinzu kommt dort eine sehenswerte Kunstsammlung mit Malerei und Skulptur vom Mittelalter bis zum 20. Jahrhundert.

3 Auf der anderen Rheinseite liegt die Landeshauptstadt **Düsseldorf,** deren Lebensfreude und Schick ihrem einst so geschmähten Sohn Heinrich Heine heute sicher gefallen würden. Direkt an der Rheinpromenade beginnt die Altstadt. Unermüdlich tragen die »Köbesse« Altbiernachschub zu den durstigen Gästen in den unzähligen Kneipen und Brauhäusern. Düsseldorfs jahrhundertealten Ruf als Kulturstadt rechtfertigen heute die Deutsche Oper am Rhein, das Schauspielhaus, die Kunstsammlung Nordrhein-Westfalen sowie zahlreiche kleine Theater und Galerien. Zu den kleinen Bühnen zählt auch das »Kom(m)ödchen« mit einem politischen Kabarettprogramm. Die Kunstsammlung ist gleich an zwei Standorten präsent, darunter im K20 am Grabbeplatz 5 mit der markanten geschwungenen Fassade aus schwarzem Granit. An der namhaften Kunstakademie Düsseldorf hat u. a. Joseph Beuys gelehrt. Alte Malerei sowie Malerei des 19. und des 20. Jahrhunderts werden im Kunstpalast gezeigt, das im sogenannten Ehrenhof aus den 1920er-Jahren untergebracht ist. Wer sich für Literatur interessiert, wird sich ganz sicher auf den Weg ins Goethe-Museum im Schloss Jägerhof machen. Die Düsseldorfer Symphoniker musizieren in der Tonhalle, einem ungewöhnlichen Konzerthaus: Der runde Kuppelbau am Rande des Ehrenhofs war ursprünglich sogar als Planetarium zu nutzen.
Richtig mondän geht es auf der Königsallee zu, an der sich die großen Bankhäuser, die exklusiven Modeboutiquen und die Designerpäpste befinden. Die Auslagen der Geschäfte

WANDERN & FREIZEIT

Kein zweiter Fluss in Deutschland erfreut sich schon seit dem 19. Jahrhundert einer solchen Beliebtheit wie der Rhein – und viele Gäste schätzen die Perspektive vom Wasser aufs abwechslungsreiche Ufer. **Ausflugsfahrten** per Schiff sind während der Saison von Düsseldorf (w-flotte.de) oder von Köln (www.k-d.com/de/anlegestellen/koeln) aus möglich. Angeboten werden dabei Panoramafahrten oder Ausflüge ins Siebengebirge und nach Kaiserswerth.

In **Krefeld** bietet sich der **Stadtwald** für kürzere oder längere Spaziergänge an – und natürlich auch fürs Joggen oder Nordic Walking. Ein Rundkurs, der weitgehend am Waldrand entlangführt und im Osten das Waldgebiet verlässt, ist sechs Kilometer lang. Jedoch kann sich hier jeder problemlos seine eigenen Wege suchen.

Wandern im **Siebengebirge** lohnt sich am Drachenfels, am Großen Ölberg sowie am Petersberg. Überall gibt es gut ausgeschilderte Wanderwege.

Ein reizvoller Radwanderweg am Niederrhein ist der **Niers-Radwanderweg,** der dem Verlauf des gleichnamigen Flusses folgt. Auf dem Stadtgebiet von Mönchengladbach liegt ein 22 Kilometer langes Teilstück des Weges. Ein möglicher Ausgangspunkt ist die Erlebnisbrücke am Nordkanal; der Weg führt an Schloss Myllendonk und Schloss Rheydt vorbei Richtung Süden bis zum Burgturm Odenkirchen und zum Schloss Wickrath.

an der »Kö« und das Outfit der illustren Gäste in den sündhaft teuren Straßencafés erlauben einen Vergleich mit den bedeutenden europäischen Haute-Couture-Metropolen Mailand und Paris.
Eines der repräsentativsten Gebäude von Düsseldorf ist Schloss Benrath, ein bedeutendes Schloss des 18. Jahrhunderts. Mit den weitläufigen Gartenanlagen stellt es ein sehenswertes Gesamtkunstwerk dar.
Zu den markanten Bauten aus jüngerer Zeit gehören die Rheinkniebrücke, eine Schrägseilbrücke aus dem Jahr 1969, und die Bauten im angrenzenden Regierungsviertel, darunter der Landtag und die Staatskanzlei im Stadttor. Der Düsseldorfer MedienHafen gilt als gutes Beispiel für eine gelungene Stadt(teil) sanierung. Neben einem interessanten architektonischen Konzept sorgt eine abwechslungsreiche Gastronomie für das Wohlbefinden von Einheimischen und Besuchern.

4 Auch im 40 Kilometer südlich gelegenen **Köln** flaniert man am Rhein, trinkt obergäriges Bier und feiert Karneval. Und doch ist hier alles anders – kölsch eben. Kölsch ist eine Sprache, ein Getränk und eine Lebensart, die man nur in der Domstadt findet.
Wahrzeichen Kölns ist der Dom: Die beiden knapp 160 Meter hohen Türme der mächtigen gotischen Kathedrale grüßen bereits von Weitem. Nachdem der Bau über 300 Jahre geruht hatte, wurde er erst im Jahr 1880 fertiggestellt. Im Inneren sind vor allem der Schrein mit den Reliquien der Heiligen Drei Könige, die Schatzkammer und mehrere alte Fenster beachtenswert.
Trotz schwerer Kriegsschäden wurden die meisten romanischen Kirchen wiederaufgebaut, so Groß St. Martin, St. Maria im Kapitol oder St. Aposteln am Neumarkt. Direkt an der Domplatte befindet sich das Römisch-Germanische Museum, in der Innenstadt liegt auch das Wallraf-Richartz-Museum mit einer umfangreichen Sammlung von Malerei des Mittelalters. Das in einem modernen Haus (2001) untergebrachte Museum geht auf das Jahr 1824 zurück. Erweitert wurden die Bestände um die Sammlungen der Fondation Corboud.
Beim Bummel durch die Altstadt über den Alten Markt und vorbei am gotischen Rathaus zum Heumarkt sollte man in einem der traditionellen Brauhäuser wie dem »Früh« oder dem »Päffgen« einkehren. Sehenswert, wenn vielleicht auch ein wenig kitschig, ist das »4711-Haus« in der Glockengasse.
Direkt am Rhein liegt das Schokoladenmuseum, das an die große Zeit der Stollwerck-Fabrik erinnert. In unmittelbarer Nähe befinden sich auch die Ablegestellen der Ausflugsdampfer der »Weißen Flotte«. Opernhaus, Philharmonie und Schauspielhaus sorgen ebenso wie die vielen Kleinkunstbühnen und Musikclubs für ein reiches kulturelles Leben. Aus den 1990er-Jahren stammt der nahe am Hauptbahnhof errichtete Musical Dome mit dem blauen Kuppeldach.
Liebhaber kunstvoll gestalteter Keramik können auf der Weiterfahrt einen Zwischenstopp in **Frechen** einlegen. Die Stiftung Keramion hat dort ein architektonisch sehenswertes Museum für historische und zeitgenössische Keramik eingerichtet.

5 Die Kölner sind zwar katholisch, doch das Verhältnis zur geistlichen Obrigkeit war nie besonders herzlich. So fühlten sich die Erzbischöfe seit 1288 im nahe gelegenen **Brühl** sehr viel sicherer. Die Residenz der geistlichen Würdenträger wurde 1689 zwar von französischen Truppen gesprengt, doch der von Erzbischof Clemens August im Jahr 1725 begonnene Neubau tröstet darüber hinweg. Schloss Augustusburg besticht durch seinen bezaubernden Barockgarten und das Treppenhaus von Balthasar Neumann. Nach dem anstrengenden Geschäft der Diplomatie ent-

Das Wahrzeichen Kölns ist der imposante, im gotischen Stil errichtete und über 150 Meter hohe Dom.

spannten sich die hohen Herren gern bei der Falkenjagd. Zu diesem Zweck schuf François Cuvilliés zwischen 1729 und 1740 das Jagdschloss Falkenlust. Die gesamte Anlage gilt als herausragendes Meisterwerk des Barock und wurde von der UNESCO als Weltkulturerbe anerkannt.

Nicht weit von Schloss Augustusburg entfernt befindet sich das Max Ernst Museum, das dem bedeutenden Maler und Bildhauer gewidmet ist. Max Ernst wurde ganz in der Nähe in Brühl geboren.

Unbestritten aber ist das **Phantasialand** das Ziel der meisten Gäste. Besonders Familien mit Kindern zieht es in den Sommermonaten in diesen großen Freizeitpark. Eröffnet wurde der Vergnügungspark schon 1967, also in einer Zeit, als Freizeiteinrichtungen dieser Art in Europa noch nahezu unbekannt waren.

6 Über 50 Jahre lang wurden die Geschicke der Bundesrepublik vom 30 Kilometer rheinaufwärts gelegenen **Bonn** gelenkt. Den Abzug der meisten Bundesbehörden und die Verlagerung des Regierungssitzes nach Berlin hat das heute Bundesstadt genannte Bonn

WANDERN & FREIZEIT

Von **Köln** aus bietet sich eine Radtour nach **Düsseldorf** an. Von der Hohenzollernbrücke geht es, vorbei am Niehler Hafen und den Ford-Werken, über die Rheinauen nach Kasselberg und über Worringen bis Zons praktisch immer am Rheinufer entlang. Ein Bummel durch Zons führt nach Neuss und über die Düsseldorfer Südbrücke direkt ins Zentrum.

Wer mit dem Rad von **Bonn nach Köln** will, kann sich überhaupt nicht verfahren: immer am Ufer entlang, und dies am besten rechtsrheinisch.

Ausgiebige Wanderungen sind im **Freizeitpark Rheinaue** auf der rechten Bonner Rheinseite möglich. 45 Kilometer Fußwege führen am verschlungenen Auensee vorbei und bieten auch die Möglichkeit zu einem Biergartenbesuch oder einer Ruderpartie. Der Park geht auf die Bundesgartenschau 1979 zurück.

Bonn sieht sich als Radstadt und hat eine ganze Reihe von Fahrradrouten ausgearbeitet, für die auch Routenbeschreibungen und -karten zur Verfügung stehen. Ein historisch-politischer Rundkurs von 20 Kilometer Länge führt u. a. an wichtigen Orten aus der Zeit der alten »Bonner Republik« vorbei. Ausgangs- und Endpunkt ist die Godesburg; von dort geht es durch Bad Godesberg und Muffendorf zur Rheinpromenade. Stationen am Wege sind u. a. das Forschungszentrum caesar, der »Lange Eugen«, Palais Schaumburg und Villa Hammerschmidt.

Die Hohenzollernbrücke in der Nähe des Doms ist eine von acht Brücken, die in der Stadt über den Rhein führen.

recht gut verkraftet – in der ohnehin mehr als 2000-jährigen Stadtgeschichte war die Zeit der »Bonner Republik« ohnehin eine vergleichsweise kurze Episode.
Auf dem Münsterplatz steht das Denkmal Beethovens, der hier geboren wurde und dem zu Ehren Jahr für Jahr das internationale Beethovenfest ausgerichtet wird. Hörrohre, Büsten, Handschriften und Instrumente des Meisters können in seinem Geburtshaus in der Bonngasse bewundert werden.
Rings um das ursprünglich romanische, später allerdings mehrfach umgebaute und erweiterte Münster erstreckt sich eine ausgedehnte Fußgängerzone, die zum Shoppen einlädt. Museen gibt es ebenfalls reichlich, so auf der »Museumsmeile« die Bundeskunsthalle, das Kunstmuseum Bonn mit Werken des sogenannten Rheinischen Expressionismus und das Haus der Geschichte der Bundesrepublik Deutschland. Dieses Museum ist vor allem der Zeitgeschichte nach 1945 gewidmet. An den berühmten expressionistischen Maler erinnert eine Ausstellung im August-Macke-Haus, das der Künstler zeitweilig bewohnte. Wissenswertes über die Fauna erfährt man im Zoologischen Forschungsmuseum Alexander Koenig in der Adenauerallee, einer bedeutenden naturkundlichen Einrichtung.
Sehenswert sind selbstverständlich auch die Bauten, die an Bonns Zeit als Sitz der Bundesregierung erinnern. Dazu zählen u. a. das Bundeskanzleramt (heute: Bundesministerium für wirtschaftliche Zusammenarbeit und Entwicklung), der Kanzlerbungalow, das Palais Schaumburg (heute: zweiter Dienstsitz des Bundeskanzlers) und die Villa Hammerschmidt, nach Schloss Bellevue in Berlin der zweite Amtssitz des Bundespräsidenten.

7 Die Godesburg ist das Wahrzeichen der einst selbstständigen Stadt **Bad Godesberg.** 1210 wurde mit dem Bau begonnen, der 1583 im Truchsessischen Krieg einer Sprengung zum Opfer fiel. Vom Turm der Ruine aus genießt man eine wunderschöne Aussicht über die Kölner Bucht auf das Siebengebirge. Die Michaelskapelle stammt ursprünglich aus dem 7. Jahrhundert, erhielt aber erst im Barock ihr heutiges Aussehen. Sehenswert ist auch der in Terrassen angelegte Burgfriedhof. Die spätklassizistische Redoute, das Ballhaus, diente zeitweilig für repräsentative Staatsbankette und Diplomatenempfänge.

8 Ob das **Siebengebirge** tatsächlich die Hinterlassenschaft jener sieben fleißigen Riesen ist, sei dahingestellt – jedenfalls sind die reich bewaldeten Erhebungen ein ideales Terrain für Spaziergänger und Erholungsuchende.
Der **Drachenfels** kann sich im Sommer der Besuchermassen am Wochenende kaum erwehren und sollte deshalb am besten während der Woche erwandert oder mit der Zahnradbahn erobert werden. Der markante Felsen direkt am Strom mit der Ruine der Burg Drachenfels galt schon im 19. Jahrhundert als Inbegriff deutscher Rheinromantik. Dass es ihn heute noch gibt, ist übrigens Preußen zu verdanken, dessen Regierung den dortigen Trachytsteinbruch im Jahr 1836 kaufte und sofort stilllegte – und damit ein weiteres Abtragen des Felsens verhinderte.
In **Bad Honnef** lohnen sich eine Besichtigung der ursprünglich romanischen, später gotisierten Basilika St. Johann Baptist und natürlich ein Besuch des Wohnhauses von Konrad Adenauer im Ortsteil Rhöndorf.

Die Godesburg bietet eine spektakuläre Aussicht auf die Umgebung.

Die Ruine der Burg Drachenfels auf dem gleichnamigen Berg ist ein sagenumwobener Ort, der die vielen Besucher in seinen Bann zieht.

In der Bonner Südstadt kann man entlang der gründerzeitlichen, herrschaftlichen Fassaden spazieren gehen.

Den »Pott« nördlich der Ruhr kennenlernen

Man sollte schon zwei bis drei Tage einplanen, um das Ruhrgebiet zwischen Mühlheim, Gelsenkirchen und Essen näher kennenzulernen. Die kulturelle Vielfalt und das unerwartete Grün mögen überraschen, aber das alte Zentrum der deutschen Schwerindustrie hat eben heute auch ganz neue Seiten.

Das Museum im alten Wasserturm Styrum (Mühlheim) wurde 1992 eröffnet.

TOUR 19

- **Länge:** rund 160 Kilometer
- **Dauer:** 2–4 Tage
- **Start | Ziel:** Mühlheim/Ruhr | Essen

1 Von den mittelalterlichen Ursprüngen von **Mühlheim an der Ruhr** zeugen das Schloss Broich, das seit den Karolingern immer wieder erweitert und umgebaut wurde, die Pfarrkirche St. Laurentius und das in späterer Zeit barock umgebaute Kloster Saarn, das schon um 1200 existiert haben muss. Nach einem Bummel durch die Altstadt mit ihren schönen Fachwerkhäusern lohnt sich ein Besuch im Kunstmuseum Mülheim an der Ruhr (in der alten Hauptpost), im originellen Aquarius-Wassermuseum in einem alten Wasserturm in Styrum oder im Erlebnismuseum Haus Ruhrnatur am Wasserbahnhof. Von hier aus kann man eine nette Dampferfahrt unternehmen oder den Naturlehrpfad längs der Ruhr erkunden. Als Wahrzeichen der Stadt gilt der Rathausturm. Mit dem Theater an der Ruhr hat sich Mülheim inzwischen auch als Kulturstadt einen guten Namen gemacht.

2 Nicht nur während der Kurzfilmtage ist das benachbarte **Oberhausen** einen Besuch wert. Abgesehen von der Wasserburg Vondern sucht man alte Bauwerke zwar vergeblich, doch die Industriearchitektur an der Essener Straße und die Arbeitersiedlungen aus dem 19. Jahrhundert in Osterfeld sind hierfür durchaus akzeptable Entschädigungen. Nach einem Spaziergang durch den Kaisergarten kann man im klassizistischen Schloss interessante Ausstellungen betrachten – in der Ludwiggalerie Schloss Oberhausen.
Das gigantische CentrO gilt – nach eigenen Angaben – als größtes Einkaufs- und Freizeitzentrum in Europa. Das riesige Areal mit unzähligen Läden, Kino, Sea-Life-Aquarium und Veranstaltungszentrum wirkt als Besuchermagnet weit über das Ruhrgebiet hinaus. Wahrzeichen dieser sogenannten Neuen Mitte der Stadt Oberhausen ist der Gasometer, ein Industriedenkmal von 1927, das heute als außergewöhnlicher Ort für Ausstellungen und Veranstaltungen genutzt wird. Die Aussicht vom Dach auf die von der Industrie geprägte Landschaft ist großartig.

3 In **Bottrop** sollte man einen Besuch des Museumszentrums »Quadrat« einplanen, eine Kombination aus dem Museum für Ur- und Ortsgeschichte und einer sehenswerten Sammlung mit Werken des Bottroper Malers Josef Albers. Hinzu kommt weitere Kunst in der Galerie der Moderne und ein Skulpturenpark. Ein Beispiel für gelungene moderne sakrale Baukunst ist die Heilig-Kreuz-Kirche mit dem berühmten Glasfenster von Georg Meistermann.
Das Wahrzeichen der Stadt ist eine weithin sichtbare Stahlkonstruktion: eine dreiseitige Pyramide hoch auf der Halde Beckstraße in Bottrop-Batenbrock. Die Halde erhebt sich etwa 90 Meter über das Umland, die Pyramide – auch Tetraeder oder Haldenereignis Emscherblick genannt – ist eine begehbare Aussichtsplattform und ermöglicht einen schönen Rundblick ins Ruhrgebiet.

4 Erst als Kohle und Stahl in der Mitte des 19. Jahrhunderts ihren Siegeszug antraten, verlor **Gelsenkirchen** seinen dörflichen Charakter und hat sich mittlerweile zu einer modernen Großstadt mit einem attraktiven Freizeitangebot und einer lebendigen Kulturszene entwickelt.

Der Gasometer am Rhein-Herne-Kanal ist ein unübersehbares Wahrzeichen von Oberhausen.

»Totems« von Agustín Ibarrola stehen auf der ehemaligen Halde Haniel in Bottrop.

WANDERN & FREIZEIT

Essen hat einige Radwege; dazu zählt die **Wasser-Route** als Verbindung zwischen Emscher- und Ruhrtal. Vom Hafen bei Bergeborbeck führt der etwa 18 Kilometer lange Weg westlich an der Margaretenhöhe entlang über Schuir bis zur Ruhr.

Im Sommer ideal für eine Pause ist das Seebad am **Halterner Stausee.** Das Freibad besitzt einen 800 Meter langen Strand aus hellem Natursand; Nichtschwimmer- und Badebereich sind deutlich durch Leinen und Bojen vom Rest des Sees abgetrennt.

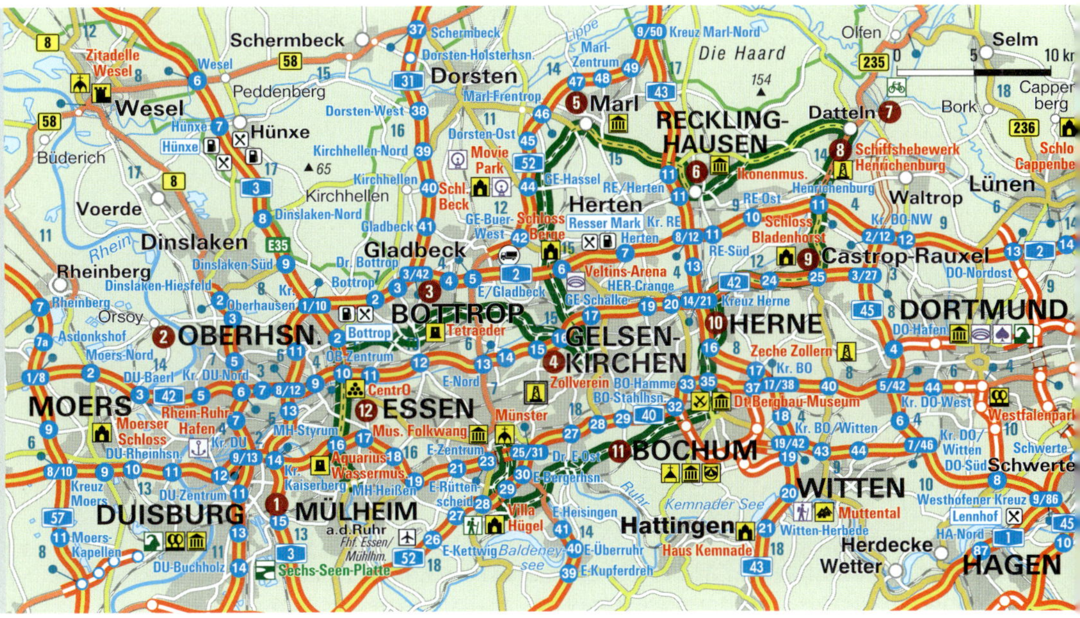

Von der Zeit vor der Industrialisierung zeugen das Renaissanceschloss Horst und das mittelalterliche Schloss Berge. Die Zeche Consolidation und die Bergarbeitersiedlungen in Buer und Schüngelberg vermitteln immer noch einen lebendigen Eindruck von der ehemaligen Bedeutung der Kohleförderung.
Eine überregional bekannte Attraktion der Stadt ist der ehemalige Ruhr-Zoo, der komplett umgestaltet wurde und als »Zoom Erlebniswelt« mehr als nur ein paar Gehege bietet. Im Gegenteil: Thematisch gegliedert präsentieren sich die Kontinente Alaska, Afrika und Asien mit ihren Vegetationszonen und mit großflächigen, naturnahen Anlagen für die Tiere. Besondere Attraktionen sind der etwa 1300 Meter lange, teilweise fünf Meter hoch geführte Dschungelweg im Bereich »Asien« und der gläserne Unterwassertunnel im Robbenbecken.

An Kultur bietet Gelsenkirchen u. a. das Musiktheater im Revier (MiR), und jedem Fußballfan ist zumindest ein Stadtteil von Gelsenkirchen geläufig: Schalke.

5 Am Nordwestrand des Ruhrgebiets entwickelte sich **Marl** mit der Abteufung zweier Schächte im Jahr 1905 vom unbedeutenden Dorf zu einer prosperierenden Industriestadt. 1938 siedelte sich zudem die chemische Großindustrie hier an. Dies verwandelte die Gegend aber keinesfalls in eine eintönige Grau-in-Grau-Landschaft, wie es der Citysee, der Volkspark in Alt-Marl und die Loemühle unter Beweis stellen. Ein Museum der besonderen Art ist auch der »Glaskasten« genannte Skulpturenpark. Und schließlich wird einer der renommiertesten deutschen Fernsehpreise, der Grimme-Preis, alljährlich am Sitz des Grimme-Instituts vergeben – also in Marl.

Über 60 Jahre lang war das alte Schiffshebewerk Henrichenburg bei Waltrop in Betrieb.

Im Umland von Marl ist es sichtlich grün: Marl liegt am Rand der Haard und des **Naturparks Hohe Mark** und damit im Grenzgebiet zum ländlichen Münsterland. Von blühenden Heiden über dichte Wälder bis hin zu kleinen Erhebungen, Seen und Flüssen gleicht der Park fast einer Postkartenkulisse.

6 Mit den Ruhrfestspielen hat sich die einstige Hansestadt **Recklinghausen** seit der Nachkriegszeit einen erstklassigen Ruf als Kulturstadt erworben. Darüber hinaus gibt es hier eine bedeutende Ikonensammlung sowie moderne Malerei und Grafik in der Städtischen Kunsthalle. Nach einem Bummel im Stadtgarten nahe dem Festspielhaus kann man im Planetarium der Volkssternwarte in entfernte Galaxien vordringen.
Nördlich von Oer-Erkenschwick – am Weg von Recklinghausen nach Datteln – erstreckt sich die rund 55 Quadratkilometer große **Haardt,** eine kaum besiedelte Wald- und Hügellandschaft. Die Haardt stellt heute ein beliebtes Naherholungsgebiet dar, denn eine vergleichbar große Naturlandschaft findet man im Ballungsraum des Ruhrgebiets ansonsten nicht mehr. Höchste Erhebung ist mit 153 Meter der Stimberg nahe bei Oer-Erkenschwick. Begrenzt wird die Fläche im Norden durch den Wesel-Datteln-Kanal und durch das Tal der Lippe, deren Verlauf als Grenze zwischen Ruhrgebiet und Münsterland gilt. Wer sich hier näher umschaut, entdeckt jenseits der Lippe den **Halterner Stausee.** Hier – und weiter oberhalb bei Hullern – wird die Stever aufgestaut, um Trinkwasser für Teile des Ruhrgebiets und des Münsterlands zu liefern.

7 »Größter Kanalknotenpunkt Europas« nennt sich das Wasserstraßenkreuz in **Datteln,** wo gleich vier Kanäle zusammentreffen. Diesem Umstand sind die zahlreichen Angel-, Wassersport- und Wandermöglichkeiten zu verdanken, ebenso die Hafen- und Schleusenanlagen. Über das dörfliche Leben in vorindustrieller Zeit informiert eine Ausstellung im alten Dorfschultenhof in der Innenstadt.

8 Folgt man dem Dortmund-Ems-Kanal, gelangt man zum **Schiffshebewerk Henrichenburg** südlich von Datteln. Das alte Hebewerk aus der Zeit um 1899 wurde im Jahr 1962 stillgelegt und durch ein neues ersetzt, das Binnenschiffe in deutlich kürzerer Zeit hebt oder senkt. Beide Anlagen sind sehenswert; das alte Hebewerk kann als technisches Denkmal und Industriemuseum besichtigt werden.

9 Die Kohlestadt **Castrop-Rauxel** ist durchaus auch eine Kulturstadt; hier hat das bekannte Westfälische Landestheater (WLT)

Die Zeche Consolidation in Gelsenkirchen dient heute kulturellen Veranstaltungen.

seinen Sitz. An die früheren Zeiten des Bergbaus erinnern der Hammerkopfturm der ehemaligen Zeche Erin und die Halde Schwerin mit einer riesigen begehbaren Sonnenuhr.

10 Wo sich einst die Kumpel umzogen, wird heute gemalt, modelliert oder musiziert: Die Künstlerzeche »Unser Fritz« in **Herne** ist ein gelungenes Beispiel für die kreative Nutzung stillgelegter Industrieanlagen. Das regionalgeschichtliche Emschertal-Museum ist zum Teil im Schloss Strünkede mit seinem wunderschönen Park untergebracht, in dem sich die Schlosskapelle aus dem Jahr 1272 befindet.
Auf der Weiterfahrt nach Bochum lockt der **Revierpark Gysenberg** mit seinem vielseitigen Freizeitangebot und hübschen Grünanlagen.

11 Die Universitätsstadt **Bochum** wartet mit einer ganzen Reihe von Museen auf, darunter das Deutsche Bergbau-Museum, das Eisenbahnmuseum in Dahlhausen und das Industriemuseum in der Zeche Hannover. Kulturell interessiert waren die Bochumer auch in den Zeiten der Schwerindustrie: Bochum hat eine lange Theatertradition, und am Schauspielhaus waren immer wieder bedeutende Regisseure als Intendanten tätig. Die Wasserburg Haus Kemnade, die vielen alten Kirchen, der Geologische Garten, der Tierpark und das Planetarium sollten ebenfalls auf dem Besuchsprogramm stehen. Für Freude bei Sport und Spiel sorgen die Anlagen am Ümminger See und am Ruhrstausee Kemnade.

12 In der größten Stadt des Ruhrgebiets gehören rauchende Schlote und die Kohleförderung längst der Vergangenheit an, aber dennoch ist **Essen** das wichtigste Wirtschaftszentrum der Region geblieben. Von seiner Blütezeit und Bedeutung im Mittelalter zeugen das Münster, die Marktkirche, die Werdener Luciuskirche und St. Ludgerus, die Stiftskirche Stoppenberg, Schloss Hugenpoet, das Wasserschloss Borbeck und das Schloss Landsberg.
Inmitten eines großzügig angelegten Parks liegt die von Alfred Krupp errichtete Villa Hügel, die heute u. a. für Konzerte genutzt wird. Liebhaber moderner Kunst treffen sich im renommierten Museum Folkwang, zu dem auch das Plakatmuseum gehört. Der historische Eisenhammer Halbachhammer gestattet einen Blick in die frühe Zeit der Industrialisierung. Die städtebaulich hochinteressante Margaretenhöhe zählt zu den bemerkenswertesten Gartenvorstädten in Europa.
Die vielleicht bemerkenswerteste Attraktion von Essen wurde von der UNESCO sogar zum Weltkulturerbe erklärt: die Zeche Zollverein, ein weitläufiges Denkmal der Bergbau- und Industriekultur des Reviers, wird heute als Museum, aber auch als Veranstaltungsort genutzt. Das Red Dot Design Museum des Designzentrums NRW im ehemaligen Kesselhaus rundet das dortige kulturelle Angebot ab.
Erholungsmöglichkeiten rund um Essen bieten das Ruhrtal, der Baldeneysee sowie der 1929 eröffnete Grugapark. Sie machen Essen zu einer der grünsten Städte Deutschlands und laden dazu ein, der Hektik des Großstadtlebens zu entfliehen.

Die Zeche Zollverein in Essen ist mittlerweile Teil des UNESCO-Weltkulturerbes und ein beliebter Ort für Kulturveranstaltungen.

Ideal für eine Runde mit dem Stand-up-Paddle eignet sich der Kemnader See zwischen Bochum, Hattingen und Witten.

WANDERN & FREIZEIT

Da Kanäle ohne nennenswertes Gefälle auskommen (und die Landschaft deshalb gelegentlich auf hohen Dämmen durchqueren), eignen sich die **Seitenwege von Kanälen** besonders gut für entspannte, familienfreundliche Radtouren. Schön sind zum Beispiel Radtouren am **Dortmund-Ems-Kanal.** Ein reizvoller Streckenabschnitt führt von Datteln ins benachbarte Olfen im Münsterland. Vom Kanaldamm aus genießt man unterwegs einen schönen Blick über Felder und Wiesen. Wählt man für den Hinweg die stillgelegte »Alte Fahrt«, passiert man zwei Attraktionen – große Brücken, auf denen man unterwegs gleich zwei Flüsse überquert: zunächst die Lippe, Grenzfluss zum Münsterland, und dann auf Olfener Stadtgebiet die Stever. Für die Rückfahrt empfiehlt sich in Olfen ein Wechsel zur – etwas weiter östlich gelegenen – »Neuen Fahrt«, die von Schiffen genutzt wird. Wer die Tour gern verlängern möchte, schiebt kurz vor der Steverbrücke das Fahrrad auf der (in Fahrtrichtung) linken Seite den Weg hinunter und befindet sich auf dem gut beschilderten, zehn Kilometer langen Steverauen-Rundweg, der teils durch eine renaturierte Flusslandschaft führt.

Auf Mülheimer Stadtgebiet verläuft der **»Naturlehrpfad längs der Ruhr«.** Ausgangspunkt ist das Aquarius-Wassermuseum; der Weg führt durch die sogenannte Brückenlandschaft Ruhraue bis zum Haus Ruhrnatur mit interessantem Museum.

Die Wanderung am Essener **Baldeneysee** beginnt am Parkplatz des Baldeneysees gegenüber dem S-Bahnhof in Essen-Hügel. Der Weg führt zur Villa Hügel, dann durch den alten Kruppwald nach Bredeney und durch den Stadtwald hindurch zurück zum See.

Der Wasserbahnhof in Mülheim an der Ruhr ist bis heute Anlegestelle und »Haupthafen« der Weißen Flotte. Fahrgäste können von hier aus auf entspannten Flussfahrten den Unterlauf des rechten Rheinnebenflusses kennenlernen.

Freunde des Wintersports kommen auch mitten im Ruhrgebiet, in Bottrop, auf ihre Kosten – und zwar das ganze Jahr über. In Bottrop hat nämlich das Alpincenter (alpincenter.com) ein überdachtes Wintersportzentrum eingerichtet – komplett mit 640 Meter langer Piste und Anfängerhang sowie einem Seillift.

Für Familien mit Kindern bietet Bottrop gleich zwei außergewöhnliche Attraktionen: Für kleinere Kinder bestens geeignet ist der Freizeitpark Schloss Beck rund um das spätbarocke Schloss in Bottrop-Kirchhellen (schloss-beck.de, April–Oktober mit wechselnden Öffnungszeiten). Größere Kinder und Jugendliche bevorzugen natürlich die rasanteren Fahrgeschäfte im nahe gelegenen Movie Park (movieparkgermany.de, April–Dezember mit wechselnden Öffnungszeiten).

In den Sommermonaten von Mai bis September bieten die Schiffe der Weißen Flotte gemütliche Rundfahrten auf dem fast acht Kilometer langen Essener **Baldeneysee** an (baldeneysee.com).

Achtung, Arschbombenalarm! Wenn im **Werksschwimmbad** des ehemaligen Steinkohlebergwerks Zeche Zollverein der offizielle Sieger in dieser Disziplin gekürt wird, spritzt es gewaltig. Doch auch abseits des Contests ist der Besuch dieses Bades ein echtes Erlebnis. 2001 entstand das zwölf mal fünf Meter große Becken im Rahmen eines Kunstprojekts. In Juli und August können sichere Schwimmer vor historischer Industriekulisse planschen. Der Besuch des Bads ist kostenfrei (zollverein.de).

Unterwegs im westfälischen Ruhrgebiet

Die Tour startet in der alten Hansestadt Hamm und folgt in etwa dem Hellweg, der einstmals bedeutendsten Verbindung zwischen Rhein und Weser. Auch Unna, Werne, Lünen, Kamen und Dortmund gehörten früher zu dem mächtigen Städtebund unter der Führung Lübecks. Weiter geht es dann nach Solingen, der »Stadt der Klingen«.

Im Maximilianpark in Hamm errichtete der Künstler Horst Rellecke diesen 35 Meter hohen und über 50 Meter langen Glaselefanten.

TOUR 20

- **Länge:** rund 150 Kilometer
- **Dauer:** 3–4 Tage
- **Start | Ziel:** Hamm | Solingen

1 An den Ufern von Lippe und Datteln-Hamm-Kanal liegt die ehemalige Hansestadt **Hamm.** Von deren mittelalterlicher Bedeutung zeugen noch die Kirchen St. Pankratius, St. Paulus, St. Regina sowie die Wasserschlösser Heessen (heute ein Internat und ein privates Gymnasium) und Oberwerries. Das Wasserschloss Oberwerries liegt besonders schön in den Lippeauen. Ältester Teil der heutigen Anlage ist das Torhaus aus dem 17. Jahrhundert. Das Schloss dient heute als Tagungsort und Bildungseinrichtung und für städtische Empfänge.
Auf dem Gelände der ehemaligen Zeche Maximilian befindet sich seit 1984 ein Freizeitpark mit vielen Attraktionen. Sein Wahrzeichen ist der »Gläserne Elefant«, eine umgebaute Kohlenwäsche mit Aufzug und Aussichtsplattform in 35 Meter Höhe. Sehenswert sind auch die ägyptische Sammlung, die Sammlungen moderner Kunst und die Wechselausstellungen im Gustav-Lübcke-Museum, das in einem ansprechenden, modernen Museumsgebäude untergebracht ist.

2 Folgt man der Lippe, gelangt man bald nach **Werne** mit einem liebevoll sanierten historischen Stadtkern und hübschen alten Fachwerkhäusern. Zu erwähnen sind vor allem das alte Rathaus, das Kapuzinerkloster und die Pfarrkirche St. Christophorus. Für die Gesundheit ist das auch im Umland bekannte Natursolebad, für die Bildung das Karl-Pollender-Stadtmuseum zu empfehlen. Das Museum mit seiner stadtgeschichtlichen Sammlung hat die vier Etagen des Alten Amtshauses bezogen, eines im klassizistischen Stil umgebauten Fachwerkhauses aus dem 17. Jahrhundert.

3 Sowohl die Hanse als auch der Bergbau haben ihre Bedeutung für **Lünen** längst verloren. Etw 60 Prozent des Stadtgebiets bestehen aus Freizeit- und Erholungsanlagen, von denen der Cappenberger See besonders hervorzuheben ist. Auch ein Besuch der evangelischen Stadtkirche St. Georg bietet sich an. Ein modernes Baudenkmal ist das Hauptgebäude des Freiherr-vom-Stein-Gymnasiums,

Das Colani-Ei (auch »Lüntec-Tower«) in Lünen ist ein beliebtes Fotomotiv.

WANDERN & FREIZEIT

Ein interessanter thematischer Rundweg ist der **Bergbauwanderweg Muttental** im Mutten bei Witten. Entlang der etwa neun Kilometer langen, landschaftlich reizvollen Strecke entdeckt man zahlreiche mit erläuternden Tafeln versehene Zeugnisse des Ruhrbergbaus – Stollen, Fördergerüste, Halden, Bergbauanlagen und vieles mehr. Die Wanderung kann an jedem der Parkplätze an der Route beginnen; eine dieser Stationen ist beispielsweise die Zeche Nachtigall am Eingang zum Muttental, heute Teil des Westfälischen Industriemuseums. Im Muttental begann der Kohleabbau im Revier.

Ideal für einen ausgedehnten Spaziergang ist der **Kemnader See,** an der Stadtgrenze zwischen Bochum, Hattlingen und Witten gelegen. Der See ist rund 1,25 Quadratkilometer groß und der jüngste der sechs Ruhrstauseen sowie ein Naherholungsgebiet. Zwei Rundkurse, ein großer (zehn Kilometer) und ein kleiner (gut acht Kilometer), bieten Ausblicke auf einen der schönsten Stauseen im Ruhrgebiet. Beide Rundkurse sind zu Fuß oder auch mit dem Fahrrad zu bewältigen.

ein Backsteinbau im Stil des Spätexpressionismus (1931). Auch eine zweite Schule trägt die Handschrift eines berühmten Architekten: Die Geschwister-Scholl-Schule wurde von Hans Scharoun entworfen, von dem auch das Konzerthaus der Berliner Philharmonie stammt.

Ein nicht weniger aufsehenerregendes Gebäude lässt unvorbereitete Betrachter eher an ein gelandetes UFO denken: Im Technologiezentrum LünTec, auf einem ehemaligen Zechengelände, hat der italienische Designer Luigi Colani einen Förderturm auf futuristische Weise umgestaltet: In 35 Meter Höhe schwebt dort das sogenannte Colani-Ei über dem Areal.

Nur ein Jahrhundert älter ist Schloss Schwansbell, das man allerdings nicht besichtigen kann; der Schlosspark ist aber für die Öffentlichkeit zugänglich.

Einen Abstecher nach Selm in den unmittelbar an Lünen grenzenden Ortsteil **Cappenberg** rechtfertigt das wunderschön in einem herrlichen Park gelegene Schloss. Prunkstück ist die Klosterkirche mit ihrer reichen Innenausstattung. Nach der Säkularisierung wurde die Anlage 1803 zur preußischen Staatsdomäne. Der berühmte Reformer Freiherr vom Stein sorgte für die Erhaltung der historischen Schlossräume und verbrachte hier seine letzten Jahre.

4 Kamen ist vor allem wegen der vielen Staus am berüchtigten Kamener Kreuz ein Begriff. Dennoch sollte man den Weg nicht scheuen, um die spätromanische St.-Margarethen-Kirche in Methler zu besichtigen. Speziell auf die Bedürfnisse von Sportlern zugeschnitten sind die Angebote des SportCentrums Kamen-Kaiserau, das zuweilen auch von Profimannschaften als Trainingslager genutzt wird.

Weltweit einzigartig ist das Zentrum für Internationale Lichtkunst in Unna.

5 An die Zeit der Hanse erinnern noch die Fachwerkfassaden zu Füßen der evangelischen Stadtkirche von **Unna.** In der Burg der früheren Grafen von der Mark befindet sich das stadtgeschichtliche Hellweg-Museum. Auf dem Gelände der ehemaligen Lindenbrauerei ist im Jahr 2002 das Zentrum für Internationale Lichtkunst eingezogen – eine einzigartige Einrichtung, die es in dieser Form weltweit nur in Unna gibt.

6 Seit dem 10. Jahrhundert besaß **Dortmund** eine überragende Bedeutung als Freie Reichs-, später als Hansestadt und seit der Mitte des 19. Jahrhunderts als Industriemetropole. In der heute größten Stadt Westfalens gibt es trotz schwerer Kriegszerstörungen noch eine ganze Reihe von Bauten, die vom ehemaligen Glanz Dortmunds zeugen, darunter die gotische Hallenkirche St. Johannes Baptist westlich vom Hansaplatz, die mehrfach zerstörte und wieder aufgebaute Reinoldikirche aus dem 13. Jahrhundert, die gotische Petrikirche am Hellweg und die romanische Marienkirche sowie die Ruine Hohensyburg.

Von einer äußerst lebendigen Kulturszene zeugen das Schauspielhaus, die Oper und das moderne Konzerthaus. Auch die Museumslandschaft kann sich durchaus sehen lassen: Hier findet man das Naturmuseum, das Westfälische Schulmuseum, das Museum für Kunst und Kulturgeschichte und mit der stillgelegten Zeche Zollern einen wichtigen Standort des LWL-Industriemuseums.

In Dortmund wird aber auch Freizeit groß geschrieben. So bietet der Revierpark Wischlingen neben einem Wildtiergehege ein breites Freizeitangebot, u. a. mit Hochseilgarten; schöne Grünanlagen besitzt ebenfalls der Rombergpark. Der Dortmunder Zoo eignet sich wunderbar als Ziel für Erholungsuchende und natürlich auch für Familien mit Kindern.

Dortmunds »Flaggschiff« ist jedoch der im Jahr 1899 eingeweihte Westfalenpark mit Sportangeboten, Sesselbahn, Abenteuerspielplatz, Biergarten, Cafés, Ausstellungshalle, dem Deutschen Rosarium und dem rund 220 Meter hohen Florianturm, zur Bauzeit das

Die Maschinenhalle der Zeche Zollern in Dortmund wurde mit Jugendstilelementen ausgeschmückt.

Fördertürme säumen wie stille Zeitzeugen das alte Verwaltungsgebäude der Zeche Zollern in Dortmund.

Im LWL-Freilichtmuseum Hagen können schöne Fachwerkhäuser mit beeindruckenden Fassaden besichtigt werden.

Eine Fähre bringt Besucher über die Ruhr zur Ruine der im 14. Jahrhundert erbauten Burg Hardenstein bei Witten.

höchste Gebäude Deutschlands. Der Park wurde – teils auf dem Gelände älterer Grünanlagen – zur Bundesgartenschau im Jahr 1959 angelegt; er zählt immer noch zu den größten innerstädtischen Parks in ganz Europa.
Für Großveranstaltungen aller Art steht die Westfalenhalle zur Verfügung. Fußballfans können im größten Fußballstadion Deutschlands – mit einem Fassungsvermögen von über 81 000 Zuschauern – ein Heimspiel der Borussia besuchen.

7 In der Ruhrstadt **Witten** soll der Überlieferung nach der Ruhrbergbau begonnen haben – und dieser industriellen Tradition ist man sich allerorten bewusst. So erinnern die Ruhrschleuse Herbede an die damalige Frachtschifffahrt und ein Rundwanderweg im Muttental an den frühen Kohleabbau. Ein interessantes Baudenkmal ist das Wasserkraftwerk Hohenstein an der Ruhr aus den 1920er-Jahren. Es stellt eine Station auf der Route der Industriekultur dar, kann allerdings nicht besichtigt werden.
Aber auch der Freizeitwert der Hohensteiner Spielwiesen und des Kemnader Sees zwischen Witten, Bochum und Hattingen ist nicht zu verachten. Lohnend ist eine Motorschifffahrt von Bommern bis zur **Burgruine Hardenstein,** von der aus man einen herrlichen Blick auf die Ruhr hat.

8 Herdecke mit seinen sehenswerten Fachwerkhäusern und der gotischen ehemaligen Stiftskirche St. Marien in der Altstadt ist vor allem durch Deutschlands erste Privatuniversität bekannt. Abwechslungsreiche Freizeit- und Sportvergnügungen garantieren der Harkort- und der Hengsteysee, zwei Ruhrstauseen. Am Beginn des Harkortsees überquert eine markante Eisenbahnbrücke die Ruhr: der 30 Meter hohe und über 300 Meter lange Ruhr-Viadukt mit seinen zwölf aus Bruchstein gemauerten Bögen.

9 Seit 150 Jahren ist **Hagen** von der Metallindustrie geprägt; deren Geschichte wird im Deutschen Kaltwalzmuseum auf Schloss Hohenlimburg anschaulich präsentiert. Stahl- und Eisenverarbeitung, aber auch andere frühindustrielle Techniken der Region dokumentiert das weitläufige LWL-Freilichtmuseum Hagen im Mäckingerbachtal. Obwohl der größte Teil der Kunstsammlung des Hagener Bankiers Karl-Ernst Osthaus 1921 nach Essen verkauft wurde und den Grundstock für das Folkwangmuseum bildete, lohnt sich ein Besuch des nach diesem Mäzen benannten Museums. Zusammen mit dem Emil Schumacher Museum bildet das Osthaus Museum heute das sogenannte Kunstquartier Hagen.
Auf dem Weg ins Naturschutzgebiet Weißenstein lohnt sich ein Zwischenstopp beim **Schloss Hohenlimburg,** der einzigen noch gut erhaltenen Höhenburg in Westfalen. Das Schloss mit seinen Museen und dem Barockgarten, einem wundervollen Höhengarten mit geometrischer Aufteilung aus dem 18. Jahrhundert, ist ein sehr populäres Ausflugsziel.

10 Fachwerkromantik im bergischen Stil findet sich in der Altstadt von **Schwelm.** In der Wasserburg Haus Martfeld ist das Schwelmer Heimatmuseum untergebracht.

11 Die Tour endet im Südwesten des Bergischen Landes. Seit dem Mittelalter ist **Solingen** das Zentrum der bergischen Kleineisenindustrie. Im Deutschen Klingenmuseum werden Bestecke, Säbel, Degen und reich verzierte Jagdwaffen aus Solinger Produktion sowie verschiedene Schneidwerkzeuge von der Steinzeit bis zur Gegenwart ausgestellt.
Ein bekanntes Bauwerk der Stadt ist die Müngstener Brücke, eine Bogenbrücke aus Stahl und mit 107 Meter Höhe die höchste deutsche Eisenbahnbrücke. Das Gelände an der Wupper unterhalb der Brücke, bei Besuchern wegen der imposanten Brückenkulisse schon immer sehr beliebt, wurde im Jahr 2006 zum Müngstener Brückenpark umgestaltet; eingerichtet wurde sogar eine Schwebefähre zum Überqueren der Wupper.
Jenseits des Flusses findet man in Schloss Burg das Bergische Museum mit sehenswerten Möbeln, Waffen und Tafelgerät, die überwiegend aus dem Mittelalter und der Zeit der Renaissance stammen. Der Botanische Garten der Stadt liegt zentral in Solingen. Er bietet für den Besucher eine Menge Anziehungspunkte: Alpinum, Irisgarten, Wassergarten mit Teichanlage, Heidegarten, Bauerngarten, Staudengarten mit Heil- und Gewürzkräutern, Mauervegetation sowie eine Sichtungsfläche mit Zwiebelpflanzen und Sommerflor.

WANDERN & FREIZEIT

Insgesamt 240 Kilometer gut ausgeschilderte Wanderwege gibt es im **Stadtwald** und im **Rombergpark** in **Dortmund.**

Hagen liegt bereits im Grenzbereich zwischen Ruhrgebiet und Sauerland und bietet deshalb besonders attraktive Wandermöglichkeiten. Schön ist eine etwa 19 Kilometer lange Rundwanderung über den **Volme-Höhenring.** Startpunkt ist die Bushaltestelle »Volmeburg« im Ortsteil Delstern. Ab hier über die Volme und die B54 unterqueren; hinauf auf den Eilper Berg. Dort an Kuhfeld und Hamperfeld vorbei zum Ambrocker Berg und ins Hoffnungstal. Über Volme und B54 zum Steinigen Berg. Über die A45 bei Milchenbach links und die A45 unterqueren, dann geht es zurück nach Delstern.

Die Emscher, ein lange vernachlässigter Fluss im Revier, wird mittlerweile durch Uferwege erschlossen und gewinnt ihren Charakter als Naherholungsgebiet zurück. **Radtouren entlang der Emscher** führen durch Grünanlagen und Parks, aber auch zu Zeugnissen der Industriekultur. Lohnend ist das 101 Kilometer lange Teilstück des Emscher-Wegs von Dortmund-Holzwickede bis Dinslaken. Achtung: Der Emscher-Weg ist nicht identisch mit dem Emscher Park Radweg!

In rund vier Stunden schafft man mit dem Rad die Strecke vom Dortmunder **Freizeitpark Fredenbaum** vorbei am Schiffshebewerk Henrichenburg zur Talsperre bei **Haltern am See.**

Familienfreundlich und ohne große Steigungen ist die Radtour durchs **Tal der Ruhr** von Witten bis Herdecke. Ausgangspunkt ist die Ruhr im Stadtteil Bommern; von dort folgt man dem ausgebauten und beschilderten Uferweg.

Liebhabern nostalgischer Eisenbahnerlebnisse ist die RuhrtalBahn (eisenbahnmuseum-bochum.de/ruhrtalbahn) ein Begriff: An bestimmten Tagen fahren historische Bahnen mit Dampf- oder Dieselloks durchs Ruhrgebiet – vom Eisenbahnmuseum Bochum-Dahlhausen über Hattingen und Herbede nach Wengern-Ost.

Sauerland, Siegerland und Wittgensteiner Land

Von der alten Hansestadt Soest aus benötigt man etwa drei Tage, um an den Schönheiten der etwas herben Landschaft mit ihren Höhlen, Industriedenkmälern, Wasser- und Wintersportgebieten vorbei in die alte Bergstadt Rüthen zu gelangen.

TOUR 21

- **Länge:** rund 240 Kilometer
- **Dauer:** 3–4 Tage
- **Start | Ziel:** Soest | Brilon

1 Im Mittelalter galt **Soest** als die reichste und mächtigste Stadt Westfalens, und viele Bauwerke erinnern noch heute an den einstigen Glanz, wenngleich die Fliegerangriffe während des Zweiten Weltkriegs schlimme Narben hinterlassen haben. Sehenswert sind das romanische St.-Patrokli-Münster, die Petrikirche aus dem 12. Jahrhundert, St. Maria zur Höhe, die Hallenkirche St. Maria zur Wiese und die Alt-St.-Thomä-Kirche mit ihrem schiefen Turm. Ferner sollte man das Rathaus aus dem 18. Jahrhundert und die Reste der Befestigungsanlagen besichtigen.
Im Burghofmuseum und im Osthofentormuseum (im letzten von einst zehn Stadttoren) erfährt man Wissenswertes über die Stadtgeschichte. Das Museum Wilhelm Morgner beherbergt eine expressionistische Sammlung.

Im fachwerkgeschmückten Stadtzentrum von Soest dominiert der Turm von St. Patrokli.

WANDERN & FREIZEIT

Von Brilon Richtung Olsberg führt ein elf bzw. (mit Erweiterung) 21 Kilometer langer thematischer Wanderweg, der **Gewerkenweg.** Anhand vieler Stationen vermittelt dieser Weg einen Einblick in die Bergbaugeschichte der Region. Die Route folgt teilweise den historischen Transportwegen.

Mehrfach schneidet die vorgeschlagene Autoroute den 154 Kilometer langen **Rothaarsteig.** Der Höhenweg führt durch die waldreiche Sauerland-Szenerie und über die Gipfel des Rothaarkamms bis ins Siegerland und damit durch eine traumhafte Wanderkulisse. Der Weg beginnt in Brilon; Stationen an der Route sind u. a. Winterberg mit dem Kahlen Asten und Schmallenberg, aber auch Naturdenkmäler wie die Bruchhauser Steine. Selbstverständlich kann man sich auch einfach Teilstücke heraussuchen und an beliebiger Stelle ein paar Stunden auf dem schönen Wanderweg verbringen.

Eine schöne Route führt auf 20 Kilometern **rund um Arnsberg;** beschildert ist sie mit einem grünen »W« auf weißem Grund und dem Hinweis »Aussichtsroute«. Ein guter Startpunkt ist der Arnsberger Bahnhof. Ostwärts geht es auf den Lüsenberg, dann durch die Wolfsschlucht zur Rumbecker Höhe. Als Stationen folgen Kreuzberg, Twiete-Brücke, Kloster Wedinghausen und Hirschberger Tor.

2 Die gigantische **Möhnetalsperre** sichert nicht nur die Trinkwasserversorgung des Ruhrgebiets, sie garantiert den Besuchern auch ein vielseitiges Freizeitprogramm: Surfen, Segeln, Schwimmen, Tauchen, eine Dampferfahrt, Wanderungen am Ufer oder Angeln – all dies ist in einer der beliebtesten Naherholungslandschaften des nördlichen Sauerlands problemlos möglich. Besonders beeindruckend ist ein Spaziergang über die mächtige Staumauer dieses künstlichen Sees.

3 Bei einem Altstadtbummel durch **Arnsberg** fallen die wunderschönen Fachwerkhäuser rund um die mittelalterliche Propsteikirche St. Laurentius ins Auge. Im Landsberger Hof, einem Stadtpalais von 1605, ist heute das Sauerland-Museum untergebracht.

Die Abendsonne taucht die bogenförmige Staumauer des Möhnesees in ein warmes Licht.

Der Rothaarsteig zählt zu den schönsten Höhenwegen Europas.

Für ein abwechslungsreiches Abendprogramm mit Musik, Comedy und Kabarett sorgt die innenstadtnah gelegene KulturSchmiede.

4 Bei **Balve** im Hönnetal befindet sich die größte Kulturhöhle Deutschlands und eine der größten hallenförmigen Höhlen Europas. Die reichhaltigen archäologischen Funde aus der Bronze- und Eisenzeit sind im Museum für Vor- und Frühgeschichte ausgestellt; die riesige Höhle selbst wird heute als Veranstaltungsraum genutzt. Nach einer Besichtigung der Pfarrkirche St. Blasius kann man sich in der Luisenhütte über Bergbau und Erzgewinnung während der Anfänge der Industrialisierung informieren. Die Hütte im Ortsteil Wocklum, auch »Wocklumer Hammer« genannt, ist die älteste komplett erhaltene Hochofenanlage in Deutschland und damit ein wichtiges Denkmal der Industriekultur.

5 Die mittelalterliche **Burg Altena** im gleichnamigen Ort an der Lenne erlangte im 20. Jahrhundert neuen Ruhm: Hier eröffnete Richard Schirrmann 1914 die erste Jugendherberge; er rief damit eine weltweite Bewegung ins Leben. Die Jugendherberge auf der Burg ist immer noch in Betrieb. Daneben dient die Burg als facettenreicher Museumsstandort: Mehrere zuvor eigenständige Sammlungen, darunter das Museum Weltjugendherberge und das Märkische Schmiedemuseum, werden nun unter dem Dach der »Museen Burg Altena« verwaltet. Das originelle Deutsche Drahtmuseum ist dagegen von der Burg ins ehemalige Mädchengymnasium umgezogen.
Natürlich lohnt auch die Stadt **Altena** selbst einen Besuch: Ansehnlich sind zum Beispiel die sogenannte Burg Holtzbrinck, ein Haus, das heute als Veranstaltungsort genutzt wird, oder aber die ehemalige Silberschmiede »Holländer«, heute ein Kino.

6 Der wichtigste Wirtschaftszweig in **Olpe** waren die Pfannenschmieden, an die das »Panneklöpperdenkmal« auf dem Marktplatz erinnert. Aus früherer Zeit ist außer Resten der alten Stadtmauer mit Engelsturm und Hexenturm leider nicht viel erhalten geblieben, denn im Jahr 1795 entschlossen sich die Bürger nach einem verheerenden Brand, den alten Grundriss ihrer Stadt aufzugeben und den Ort ganz neu am Reißbrett zu planen.
Die wichtigste Touristenattraktion findet sich nördlich von Olpe: der **Biggesee,** ein in den 1960er-Jahren fertiggestellter Stausee, der wie zahlreiche andere Stauseen im Sauerland der Trinkwasserversorgung, aber auch der Regulierung wichtiger Flüsse wie der Ruhr dient. Am größten Stausee in Westfalen ist Wassersport jeder Art möglich, zudem kreuzen regelmäßig Fahrgastschiffe auf der langsam fließenden Wasserfläche.

WANDERN & FREIZEIT

Die Kombination aus Wandern und Wassertreten im Sinne Kneipps kann man auf dem **Kneipp WanderWeg Olsberg** erproben. Gut geeignet ist die erste Etappe mit einer Länge von etwa 17 Kilometern. Der Weg beginnt bei einer Tafel im Olsberger Kurpark Dr. Grüne und führt über Borberg, Forstenberg, Maxstollen und den Ortsteil Bigge zurück zum Ausgangsort. Unterwegs kann man die erhitzten Füße im eiskalten Wasser der Tretstellen Gierskopp und Papendiek abkühlen.

Mittelgebirge gelten zwar allgemein eher als Wanderreviere, das **Sauerland** bietet aber durchaus reizvolle Strecken, die von Radfahrern zu bewältigen sind. Sehr beliebt ist der etwa 230 Kilometer lange **Ruhrtal-Radweg** zwischen Winterberg und Duisburg; auch Olsberg, Bestwig und Arnsberg sind Stationen an dieser Route. Die Strecke verläuft vorwiegend auf Radwegen abseits von Straßen oder auf Wirtschaftswegen; auf den ersten 35 Kilometern hat man spürbare Steigungen zu bewältigen, anschließend ist das Gelände überwiegend leicht befahrbar. Wie immer sind auch Teilstücke jederzeit lohnend.

Familienfreundlich und mühelos zu bewältigen ist die etwa 22 Kilometer lange Radtour am Ufer des **Möhnesees.** Ausgangspunkt ist der Parkplatz am Freizeitpark Körbecke (Seestraße); von dort geht es über Stockum und Wamel Richtung Kanzelbrücke und weiter am Ufer entlang. Hinter der Delecker Brücke geht es rechts zum Ausgangsort zurück.

Deutlich anspruchsvoller ist die etwa 25 Kilometer lange **Haarstrang-Tour.** Die Rundfahrt beginnt am Haus des Gastes in Körbecke; der Weg führt dann nach Stockum und über die alte Bahntrasse nach Echtrop, weiter durch Berlingsen, Büecke, Wippringsen und Deiringsen bis Theiningsen. Über Delecke geht es dann wieder zum Ausgangsort zurück.

Das **»Fort Fun Abenteuerland«** in Bestwig (fortfun.de, April bis November, in den Sommermonaten täglich, ansonsten mit wechselnden Ruhetagen) ist eine der beliebten Familienattraktionen der Region. Das Abenteuerland verfügt über eine große Parkanlage mit zahlreichen Fahrgeschäften.

Bootsanleger im Biggesee bei Olpe – der Stausee ist ein beliebtes Ausflugsziel und eignet sich für viele Freizeitaktivitäten.

Burg Altena thront auf einem Bergsporn des Klusenberges über dem gleichnamigen Ort und soll im 12. Jahrhundert erbaut worden sein.

Vom Feldstein, einem der Bruchhauser Steine, genießt man einen weiten Blick über die waldreichen Kuppen des Sauerlandes bei Olsberg.

7 Der »Alte Flecken« in **Freudenberg** ist ein einzigartiges Ensemble von Fachwerkhäusern aus dem 17. Jahrhundert, die praktisch den gesamten Stadtkern ausmachen. Das äußerst sehenswerte Viertel gilt als »Baudenkmal von internationaler Bedeutung«. Für einen Museumsbesuch mit der ganzen Familie eignet sich das Technikmuseum Freudenberg mit historischer Tankstelle, Fahrzeug- und Traktorensammlung; Glanzstück der Sammlung ist eine über 100 Jahre alte Dampfmaschine.

8 Die Hauptstadt des Siegerlandes ist während des Zweiten Weltkriegs zwar schwer in Mitleidenschaft gezogen worden, doch in **Siegen** hat man immerhin die Nikolaikirche und die Marienkirche fachmännisch wieder aufgebaut. Sehenswert sind auch das Rathaus, das Untere Schloss, in dem einst die evangelische Linie Nassau-Siegen residierte, sowie das Obere Schloss, die ehemalige Residenz der katholischen Linie. Seit 1905 befindet sich das Siegerlandmuseum mit Gemälden von Rubens in der Anlage; der berühmte flämische Barockmaler Peter Paul Rubens wurde nämlich im Jahr 1577 in Siegen geboren. Das Museum zeigt aber auch eine Ausstellung zur Geschichte der Wohnkultur im 19. Jahrhundert – und zur Erinnerung an die Zeiten der Erzgruben gibt es unter dem Schlosshof der Höhenburg sogar ein Schaubergwerk.

9 Im Wittgensteiner Land kurt man gern in **Bad Laasphe,** wo ab dem 12. Jahrhundert die Fürsten zu Sayn-Wittgenstein residierten. Das Schloss ist auf einem Bergsporn gelegen. Dank zusammenhängender Fachwerkbebauung ist Bad Laasphe in die Liste der historischen Stadtkerne Nordrhein-Westfalens aufgenommen worden. Bäuerliches und dörfliches Leben präsentieren die Heimatmuseen Banfetal und Oberes Lahntal.

10 Ein anderer Zweig der hochadeligen Familie Sayn-Wittgenstein hielt im Schloss von **Bad Berleburg** Hof. Die barocke Anlage mit ihrem schönen Park beherbergt die Fürstliche Kunstsammlung mit alten Möbeln, einer Ahnengalerie und kunstgewerblichen Exponaten. Ausstellungsstücke zu Geschichte und Handwerk rund um Bad Berleburg findet man im Museum der Stadt Bad Berleburg im Zentrum der Altstadt.

11 **Schmallenberg** ist ein gemütliches Städtchen an der Fredeburger Bucht. An die Zeit der Hanse erinnert nach drei verheerenden Bränden nur noch wenig. Allerdings gibt es zahlreiche Freizeitmöglichkeiten von Angeln bis Wintersport sowie ein Spielzeugmuseum. Eine weitere Besonderheit nimmt man als Reisender nicht unbedingt wahr: Seit der Gebietsreform in den 1970er-Jahren zählt Schmallenberg von der Fläche her zu den größten Städten Deutschlands.

12 Vor allem Wintersportler zieht es zur Saison nach **Winterberg** am Fuße des 841 Meter hohen Kahlen Asten im nördlichen Rothaargebirge. Sesselbahnen, Schlepplifte und Förderbänder, Langlaufstadien, Rodelstrecken, eine Skisprungschanze und eine Bobbahn sowie mehrere Schwimmhallen sorgen für jede Menge Sportvergnügen im Hochsauerland. Und noch etwas Bedeutendes befindet sich in Winterberg: Hier entspringt ein Fluss, der einer ganzen Region den Namen gegeben hat – die Ruhr.

13 Die Bruchhauser Steine, vier gewaltige Felsblöcke am Hang des Istenbergs, sind das Wahrzeichen des Kneippkurortes **Olsberg** am Oberlauf der Ruhr. Die markanten Porphyrsteine sind ein attraktives Ausflugsziel; den Feldstein kann man besteigen und die Fernsicht genießen (die anderen drei Felsen darf man nicht betreten). Besichtigen sollte man im Ort selbst die Fachwerkhäuser in der Mittelstraße sowie Schloss Schellenstein in Bigge. Sportfreunden bieten sich in Olsberg viele Möglichkeiten: Abfahrt, Langlauf, Schwimmen, Tennis, Bogenschießen und Wandern.

14 Seit die Veleda-Höhle nur noch an wenigen Tagen besichtigt werden kann, kommen Gäste vor allem wegen des Freizeitparks »Fort Fun Abenteuerland« ins sauerländische **Bestwig.** Auf dem Gebiet der Gemeinde Bestwig befindet sich sogar noch eine zweite bemerkenswerte Attraktion: das Erzbergwerk Ramsbeck, eine alte Erzgrube, die in ein Besucherbergwerk umgewandelt wurde.

15 Auf dem Marktplatz mit seinem mittelalterlichen Rathaus von 1250 mit Barockfassade schlägt das Herz von **Brilon,** das 1444 Hauptstadt des Herzogtums Westfalen wurde. Aus dieser Zeit stammt auch die Propsteikirche St. Petrus und Andreas. Kirchen aus jener Zeit sind freilich in der Regel häufiger erhalten als Profanbauten; das Rathaus zählt zu den ältesten in Deutschland. Über Hüttenwesen und Bergbau informiert das Museum Haus Hövener, in dem auch Dinosaurierfunde aus Nehden zu besichtigen sind. Die Mittelgebirgslandschaft der Briloner Hochfläche ist sehr gut zum Wandern geeignet.

Das Obere Schloss in Siegen ist von einem schönen Garten umgeben.

Wie aus dem Bilderbuch wirken die Häuser des »Alten Fleckens« in Freudenberg.

Weimar und das Thüringer Becken

Vom Oberen Eichsfeld im Nordwesten Thüringens bis zur Weißen Elster im Osten des Bundeslandes führt diese gut einwöchige Reise durch zauberhafte Landschaften und bedeutende Städte. Sie beginnt in Heiligenstadt, wo, wie in Weimar und Jena, Kulturgeschichte geschrieben wurde, und endet in der mehr als 1000 Jahre alten Residenzstadt Gera.

TOUR 22

- **Länge:** rund 230 Kilometer
- **Dauer:** 6–8 Tage
- **Start | Ziel:** Heiligenstadt | Gera

1 Die Geschichte des Heilbads **Heiligenstadt,** Wallfahrtsziel und Kneipp-Kurort, reicht bis ins 9. Jahrhundert zurück. Damals stand auf dem Martinsberg eine kleine Kapelle, in der vermutlich Reliquien der Heiligen Aureus und Justinus aufbewahrt wurden. Als hier verehrte Heilige und Patrone kamen dann noch Sergius und Bacchus hinzu, außerdem der heilige Martin: Die kleine Siedlung um die Kapelle erhielt deshalb ihren noch heute gültigen Namen. Die damalige Kapelle wich übrigens später einem romanischen Kirchlein, und dieses machte im 13. und 14. Jahrhundert der hochgotischen Stiftskirche St. Martin Platz, die zu einem Stift der Augustiner-Chorherren gehörte und einen Kreuzgang im gleichen Stil erhielt. Das Stift war über die Region hinaus bedeutsam, möglicherweise gab es hier sogar eine Kaiserpfalz. Zum Pilgerziel wurde die Stiftskirche durch ein Marienbildnis, das im 17. Jahrhundert hierher gelangte; im 19. Jahrhundert wurde es dann in die Marienkirche überführt. Heutige Besucher der Martinskirche bewundern vor allem das weitgehend intakte hochgotische Erscheinungsbild.
Die stadtbildprägende Kirche St. Marien am Stiftshügel gehörte zum Stift St. Martin; errichtet wurde der heutige Bau im 14. Jahrhundert im gotischen Stil. Im Inneren sind neben dem Gnadenbild Überreste von Fresken aus dem frühen 16. Jahrhundert zu bewundern. Dem Nordportal gegenüber steht ein weiterer sehenswerter Bau, die gotische St.-Annen-Kapelle mit oktogonalem Grundriss.
Die nach der Pfarrkirche St. Marien dritte wichtige Kirche, St. Ägidien, datiert aus dem 14. Jahrhundert. Hier befindet sich das Doppelgrab der Heiligen Aureus und Justinus, des Bischofs von Mainz und seines Diakons. Die beiden waren von den Hunnen um 450 wegen ihres Glaubens hingerichtet worden.
An die Macht der Mainzer Erzbischöfe gemahnt das barocke Kurmainzer Schloss. Das Rathaus wurde im 13. Jahrhundert gebaut und 1789 nach dem großen Stadtbrand neu errichtet.
An Tilman Riemenschneider (um 1460–1531) erinnert sein Geburtshaus (Klausgasse 2), an Heinrich Heine (1797–1856), der hier zum Christentum konvertierte, der Heine-Park.

2 An der Unstrut entlang erreicht man **Mühlhausen.** Gern darf man die 800 Jahre alte Reichsstadt zu den historisch bedeutendsten Thüringens zählen. Die Stadt des revolutionären Reformators Thomas Müntzer (um 1489–1525) glänzt mit einer beinahe vollständig erhaltenen Stadtmauer sowie mit dem Frauentor und dem Rabenturm. Weiter seien genannt: die Posthalterei in der Holzstraße 1, das Antonius-Hospital von 1207 in der Holzstraße 13, das barocke Bürgerhaus in der Herrenstraße 19 und das 1697 an Stelle der von Thomas Müntzer bewohnten Pfarrei errichtete Fachwerkpfarrhaus am Ende der Herrenstraße. Vom Obermarkt durch die Ratsgasse gelangt man zum Rathaus, einem umfangreichen Gebäudekomplex mit Elementen aus Gotik, Renaissance und Barock. Die erste Erwähnung dieses Rathauses stammt immerhin von 1310. Im Inneren sind Malereien aus Gotik und Renaissance erhalten. Den Untermarkt zieren schmucke Patrizierhäuser.
Mit dem Bau der hochgotischen Divi-Blasii-Kirche begann der Deutschritterorden um

WANDERN & FREIZEIT

Etwa zehn Kilometer westlich von Bad Langensalza befindet sich mitten im **Nationalpark Hainich** eine Attraktion, die man sonst eher in den tropischen Regenwäldern Südamerikas findet: ein Baumkronenpfad, also ein begehbarer Weg mitten durch die Baumkronen eines Waldes, der den Besuchern eine ansonsten unzugängliche Zone erschließt. Der Baumkronenpfad Hainich führt seine Besucher sogar bis in etwa 44 Meter Höhe hinauf. Der Ausgangspunkt liegt beim Forsthaus Thiemsburg.

Der im Stadtwald von Gera gelegene **Tierpark** zählt heute zu den größten in Thüringen. Auf etwa 20 Hektar kann man rund 900 Tiere bewundern – vorrangig Arten aus nördlichen Breiten, aber natürlich auch Exoten aus den Subtropen und Tropen. Kinder freuen sich besonders über die Parkeisenbahn und den begehbaren Berberaffenwald; die Eltern wissen zu schätzen, dass sich hier Zoobesuch und Waldspaziergang angenehm kombinieren lassen.

1276. Stilistisch ist der Bau von den Kathedralen Nordfrankreichs beeinflusst. Ein bemerkenswertes Fenster ist die Maßwerkrosette am nördlichen Querhaus. Vor rund 300 Jahren, von 1707 bis 1708, war Johann Sebastian Bach als Organist an der Divi-Blasii-Kirche tätig. Nach dem Erfurter Dom ist die fünfschiffige Marienkirche Thüringens zweitgrößtes Gotteshaus; entstanden ist der Bau aus hellem Travertinstein hauptsächlich im 14. Jahrhundert. 1525, zur Zeit der Bauernkriege, übernahm Thomas Müntzer das Amt des Pfarrers an der Marienkirche. Hier gründete er den sogenannten Ewigen Rat und versammelte die Aufständischen um sich. Heute erinnert eine Gedenkstätte an sein Wirken.

Kurios ist die Baugeschichte des stadtbildprägenden Turmes: Den ursprünglichen Turm empfanden schon die Bauherren als zu klein, im frühen 16. Jahrhundert begann man deshalb mit dem Bau eines höheren. Nach der Reformation folgten dann nur noch Provisorien, bis der heutige neugotische Turm schließlich 1903 fertiggestellt wurde.

Nach einem gängigen Verfahren zur Ermittlung eines Landesmittelpunkts nach Breiten- und Längengraden liegt Mühlhausen übri-

Hübsche Fachwerkhäuser säumen die Gassen in Heiligenstadt.

Der Rabenturm und das Frauentor prägen das Stadtbild in Mühlhausen.

In der Altstadt von Bad Langensalza finden sich kunstvoll gestaltete Fachwerkhäuser.

gens nur wenige Kilometer vom Mittelpunkt Deutschlands entfernt.

3 Der Unstrut weiter folgend gelangt man nach **Bad Langensalza.** Das Schwefelbad blickt auf eine über 1000-jährige Geschichte zurück, die sich im gut erhaltenen Mauerring mit seinen insgesamt 17 Wehrtürmen, im Schloss Dryburg, in der spätgotischen Pfarrkirche St. Bonifatius und in zahlreichen repräsentativen Fachwerkbauten widerspiegelt. Besonders sehenswert sind die Fassaden der Bürgerhäuser in der Marktstraße, die rechts und links vom Barockbau des Rathauses verläuft und auf den mächtigen Turm von St. Bonifatius zustrebt. Ein wahres Rokokojuwel ist das Friederikenschlösschen im Osten von Bad Langensalza.

4 Die erste der nun folgenden vier »Kulturgroßstädte« ist **Gotha.** Mancher kennt den Namen dank der hier 1820 gegründeten Versicherungsgesellschaft, der ersten Deutschlands; anderen sagt »der Gotha« etwas, das Verzeichnis aller Adelsgeschlechter. Mit dem Adel hängt auch die interessanteste Sehenswürdigkeit zusammen: Schloss Friedenstein. Es handelt sich hierbei um den größten deutschen Schlossbau des 17. Jahrhunderts. Hinter den wuchtigen Mauern verbergen sich kostbare Schmuckstücke wie das Herzogliche Museum und das Ekhof-Theater, eines der wenigen noch existierenden Barocktheater, sogar mit historischer Bühnenmaschinerie.
Wer das Schloss in Richtung Norden verlässt, steht plötzlich – bei der Wasserkunst mit ihren Kaskaden und Springbrunnen – auf einem Plateau über der Altstadt und kann einen zauberhaften Blick auf den alten Hauptmarkt genießen. Dessen Ende markiert das Renaissance-Rathaus. Den Marktplatz säumen zahlreiche Bürgerhäuser, darunter auch das Cranach-Haus, ein Fachwerkbau, der aus dem 18. Jahrhundert stammt.
Bedeutsam für die jüngere deutsche Parteiengeschichte ist das Tivoli, eine ehemalige Gaststätte: Dort fand im Mai 1875 der Vereinigungsparteitag des Allgemeinen Deutschen Arbeitervereins (ADAV) und der Sozialdemokratischen Arbeiterpartei (SDAP) statt, die sich zur Sozialistischen Arbeiterpartei Deutschlands (SAP) zusammenschlossen. Aus der SAP ging die Sozialdemokratische Partei Deutschlands (SPD) hervor.

5 Die Hauptstadt Thüringens ist **Erfurt.** Einen Rundgang beginnt man am besten auf dem Domplatz, von wo eine breite Treppe hinauf zu Severikirche und Dom führt. Kostbar sind im Dom u. a. die zwischen 1370 und 1420 entstandenen Glasfenster mit ihrem Gemäldezyklus sowie das mittelalterliche Gestühl im Chor. Im Hauptturm des Doms hängt die größte frei schwingende mittelalterliche Glocke der Welt, die 11,4 Tonnen schwere »Maria Gloriosa«. Gegossen wurde sie 1497. Der heutige Erfurter Dom war zur Bauzeit schon nicht mehr Bischofssitz; erst 1994 wurde wieder ein Bistum Erfurt eingerichtet. Gleich neben dem Dom erhebt sich die Severikirche. Hier werden die Reliquien des heiligen Severus verwahrt.
Durch die Marktstraße mit ihren alten Fachwerkhäusern gelangt man zum Fischmarkt. Dieser wird von dem neugotischen Rathaus beherrscht und von dem 1581 gefertigten Roland-Standbild bewacht. Seit 1472 überspannt die Krämerbrücke mit ihren eindrucksvollen Fachwerkbauten die Gera; bebaute Brücken dieser Art findet man ansonsten eher südlich der Alpen. Sie verleiht der Stadt ein ganz besonderes Flair. Sehenswert ist zudem die evangelische Kaufmannskirche. Diese birgt einen Hochaltar aus der Spätrenaissance. Hier beginnt auch der Anger, die Haupteinkaufsstraße der Stadt. Eine besondere Kostbarkeit ist die über 900 Jahre alte Synagoge in der Altstadt; als Ausstellungsort präsentiert sie heute Zeugnisse des jüdischen Lebens.

6 Es ist erstaunlich, wie fruchtbar und nachhaltig ein paar Jahrzehnte deutscher Klassik – um die Wende des 18. zum 19. Jahrhundert – **Weimar** geprägt haben. Ein Muss für jeden Besucher ist die – nach einem schweren

Zusammen bilden sie das Wahrzeichen Erfurts: Der prachtvolle Dom und die ebenfalls beeindruckende Severikirche.

WANDERN & FREIZEIT

Insgesamt 93 alte Buchenwälder in Deutschland und 17 anderen europäischen Ländern stehen als »Buchenurwälder« auf der UNESCO-Liste des Weltnaturerbes. In Thüringen zählen dazu die **Buchenwälder im Nationalpark Hainich,** der erst 1997 eingerichtet wurde. Teile des Parks sind Wanderern zugänglich, an Wochenenden finden Führungen statt. Über die Wege informiert das ganzjährig geöffnete Nationalparkzentrum Thiemsburg am Baumkronenpfad, nationalpark-hainich.de).

Imposante 37 Hektar groß ist der **Schlosspark in Gotha,** der damit zu den größten deutschen Parkanlagen zählt; ein Teil des Schlossparks ist gleichzeitig der älteste Landschaftspark außerhalb von England (um 1765). Die Bäume in diesem Englischen Garten haben teilweise schon mehr als 500 Jahre miterlebt. Die Wege im innerstädtischen Park, den auch Goethe sehr schätzte, eignen sich hervorragend für Spaziergänge.

Ein beliebtes Ziel für die Gothaer ist der 430 Meter hohe **Krahnberg.** Er liegt lediglich drei Kilometer westlich der Stadt und bietet zur Rast die Gaststätte »Berggarten Gotha«.

Im Süden von Erfurt lohnt sich eine Wanderung (acht Kilometer) vom Rokokoschloss Molsdorf durch das Landschaftsschutzgebiet rund um das Flüsschen Ohra zu den Burgen **»Die Drei Gleichen«,** ein Ensemble von drei Burgen: die Burg Gleichen, die Mühlburg und die Veste Wachsenburg.

Burgen und Kirchen dienen als Ziele für den, der im katholisch geprägten **Eichsfeld** wandert. Von Heiligenstadt aus bietet sich die etwa 16 Kilometer lange Strecke zur imposanten Burg Hanstein an, die bei Bornhagen hoch über dem Werratal thront.

Landschaftlich reizvoll und für Weinliebhaber sicherlich ein Ziel ist die **Unstrut.** Von Mühlhausen aus erreicht man nach etwa acht Kilometern die imposante **Wasserburg Seebach.** Auf dem Burggelände befindet sich die Staatliche Vogelschutzwarte Seebach.

Brandschaden im Jahr 2004 restaurierte – Herzogin-Anna Amalia-Bibliothek im zauberhaften Grünen Schloss (1562–1565), zu dessen rechter Hand sich das eindrucksvolle Residenzschloss mit den Staatlichen Kunstsammlungen erstreckt.

Am Frauenplan steht das Goethehaus, heute Nationalmuseum, der meistbesuchte Ort der Stadt, und in der Schillerstaße das Schillerhaus. Beiden Dichterfürsten begegnet man vor dem Deutschen Nationaltheater, einem neoklassizistischen Bau von 1908. Johann Wolfgang von Goethe lebte in dem 1709 erbauten Barockhaus am Frauenplan fast ein halbes Jahrhundert. Neben den Zimmern und der Bibliothek sind seine kunst- und naturwissenschaftlichen Sammlungen zu besichtigen. Das angeschlossene Goethe-Nationalmuseum widmet sich dem Werk und Wirken des großen Dichters und Denkers.

Der schöne Park an der Ilm erinnert durch Goethes Gartenhaus ebenfalls an den wohl bedeutendsten Einwohner dieser Stadt. Auf dem Herderplatz erhebt sich die Stadtkirche St. Peter und Paul, eine 1740 barock umgeformte spätgotische Hallenkirche. Der Philosoph Johann Gottfried Herder, der hier als Geistlicher wirkte, ist in ihr bestattet, ebenso wie Lucas Cranach d. Ä. und zahlreiche Mitglieder des herzoglichen Hauses.

Die Liste weiterer bedeutender Persönlichkeiten, die in Weimar lebten und tätig waren, ist schier endlos; zu nennen wären etwa der Dichter Christoph Martin Wieland, der Komponist Franz Liszt (sein Wohnhaus ist heute ein Museum) oder der Philologe und Philosoph Friedrich Nietzsche; Richard Wagner war häufig zu Gast, die Maler Wassily Kandinsky und Paul Klee unterrichteten u. a. am Bauhaus in Weimar.

Die Residenzstadt mit ihrer überragenden Bedeutung für die Kultur und das für Geistesleben Deutschlands findet sich gleich zweimal auf der Liste des Weltkulturerbes: als »Ensemble Klassisches Weimar« und mit den »Bauhaus-Stätten in Dessau und Weimar«.

Das historische Rathaus mit der astronomischen Kunstuhr ziert Jenas Markt.

Zum berühmten Schloss Belvedere in Weimar gehört auch eine schöne Gartenanlage.

7 Was Weimar für die Klassik, ist **Jena** für die deutsche Wissenschaft. Die Sehenswürdigkeiten sind leicht zu erreichen, weil sie sich beinahe alle am oder nahe dem Marktplatz befinden – und weil ein großer Teil der historischen Altstadt die Bombenangriffe des Zweiten Weltkriegs nicht überstanden hat. An den Aufenthalt Friedrich Schillers in Jena erinnert zumindest noch das Gartenhaus des Dichters. Dem Rathaus sieht man trotz der barocken Haube an, dass es auf das 14. Jahrhundert zurückgeht. Das spätgotische Haus am Markt 7 beherbergt das Stadtmuseum. Die evangelische Stadtkirche St. Michael aus dem 15. Jahrhundert begrüßt den Besucher mit filigranem Maßwerk am Brautportal.

Mit Jena – einer der ältesten und berühmtesten Universitäten Mitteleuropas, die 1558 den Lehrbetrieb aufnahm – verbinden sich Namen wie Johann Gottlieb Fichte, Friedrich Wilhelm Joseph Schelling und Georg Wilhelm Friedrich Hegel. Aber auch deutsche Romantiker wie Friedrich Schlegel, Ludwig Tieck, Clemens Brentano und Novalis wirkten hier. Vorläufer der Universität war das Collegium Jenense in der Kollegiengasse 10; im Anatomieturm an der alten Stadtbefestigung trieb man Studien. Überragt wird das alte Gelehrtenviertel vom heute JenTower genannten 144 Meter hohen Rundturm. Das zu DDR-Zeiten errichtete Hochhaus wurde bis 1995 von der Universität genutzt. Jena ist Gründungsort des weltweit bekannten feinmechanisch-optischen Unternehmens Carl Zeiss.

8 Eines der schönsten Renaissance-Rathäuser in Deutschland nennt **Gera** sein Eigen. Das berühmte Glockenspiel erklingt leider nur noch zu besonderen Anlässen, wie etwa an Heiligabend. Einen hübschen Ausblick über die Stadt, die Bürgerhäuser am Markt und den barocken Simson-Brunnen genießt man vom Rathausturm. Die gotische Kirche St. Trinitatis verfügt über eine ungewöhnliche Außenkanzel (1500). Im Stadtteil Untermhaus ist das in Jugendstil gehaltene Theater von Interesse, ebenso die barocke Orangerie.

Die prunkvolle Herzogin-Anna-Amalia-Bibliothek in Weimar wurde 1691 begründet.

Der Thüringer Wald

Thüringen, heißt es, sei das »Grüne Herz Deutschlands«. Dabei ist das Land im Kern des Freistaats je nach Jahreszeit eher korngelb oder erdbraun. Umso kräftiger schlägt das »Grüne Herz« aber an seinem südwestlichen Rand.

Im Südwesten ist der Thüringer Wald gewissermaßen eine Schlagader, ein bewaldetes Kammgebirge wie im Lehrbuch der Allgemeinen Geologie. Eigentlich müsste man von den »Thüringer Wäldern« sprechen, denn das Gebirge, das auf der Landkarte so kompakt ausschaut, einem förmlich in die Augen springt, gliedert sich in Wirklichkeit in eine Kette von Massiven und Bergen, aus denen zum Beispiel der beinahe 1000 Meter hohe Große Beerberg und der kaum niedrigere Große Inselsberg herausragen. Dabei bildet der wohl prominenteste Fernwanderweg Deutschlands die »Schnur« dieser Kette: der rund 170 Kilometer lange Rennsteig. Er führt vom Frankenwald im Südosten nach Nordwesten zum Werratal an der hessisch-thüringischen Grenze – vorbei an etwa 1300 historischen Grenzsteinen.
Auch wenn jedes Jahr Mitte Mai dichte Pulks von Läufern beim traditionellen Rennsteiglauf um die Wette rennen – mit einem Rennen hat der Name »Rennsteig« absolut nichts zu tun. Wahrscheinlich aber mit »Rain«, was so viel wie »Grenze« bedeutet und bestens zu einem Gebirge passt, das über die Jahrhunderte hinweg ein charakteristisches Grenzgebirge war, in diesem Fall zwischen dem Herzogtum Franken und der Landgrafschaft Thüringen.
Den Grenzcharakter hat der Thüringer Wald in vieler Hinsicht bis heute bewahrt: klimatisch, kulturell, kulinarisch, vor allem aber im Bild der Dörfer und Städte. Da hat zum Beispiel die historische Waffenstadt Suhl an der Südwestflanke des Kamms ein typisch altfränkisches Erscheinungsbild, Eisenach mit der stolzen Wartburg am

Der Aufstieg auf den sagenumwobenen Großen Inselsberg wird mit einer spektakulären Aussicht belohnt.

nordwestlichen Ende des Gebirgssporns leitet zur gemeinsamen Geschichte Hessens und Thüringens über, während Ilmenau an der nordöstlichen Seite klar im thüringisch-obersächsischen Revier liegt und das fachwerkbunte Schmalkalden umgekehrt zur hessischen Seite hin zeigt. Einheit in der Vielfalt.

In der Pflanzen- und Tierwelt treten die Grenzen mindestens ebenso deutlich wie in der Kulturlandschaft zutage, und das Mosaik der natürlichen Lebensräume ist noch viel bunter. Da wechseln Hochmoore, in denen »fleischfressende« Pflanzen auf Beute lauern, mit Bergwiesen, auf denen Trollblumen ihre gelben Blütenköpfe im Windzug neigen; Wälder, wo der Buntspecht fleißig hämmert, mit rauschenden Bachläufen, in die der Eisvogel nach kleinen Fischen taucht.

Nach Ziegenböcken, die, wie im Volkslied besungen, in Ilmenau ausgelassen mit ihren Frauen tanzen, wird man allerdings in der Fauna des Thüringer Waldes vergeblich Ausschau halten. Ebenso nach »Rasselböcken«, jenen Fabelwesen mit einer Mischung aus Reh und Hase, die am besten mit den bayerischen Wolpertingern zu vergleichen sind. Wahrscheinlich dienen diese sagenhaften Geschöpfe den Wanderern, Läufern und Wintersportlern aller Disziplinen aber auch nur als bequemer Vorwand für ein üppiges »Rasselbockmahl«.

Der Thüringer Wald ist ein wahres Paradies für Wanderlustige.

Am Südrand des Thüringer Waldes

Eine landschaftlich reizvolle Tour, die binnen dreier Tage mit dem Thüringer Wald und seinem Umland bekannt macht. Rechts und links des erfreulich reich begrünten Bergrückens liegen historisch und kulturgeschichtlich bedeutende Orte wie die Wartburg, Schmalkalden oder Hildburghausen.

TOUR 23

- **Länge:** rund 300 Kilometer
- **Dauer:** 3–5 Tage
- **Start | Ziel:** Eisenach | Lauscha

1 Das in seinem Kern mittelalterliche **Eisenach,** die Lutherstadt, erfreut durch seine sehr gut erhaltene Bausubstanz. Den Markt dominiert das kräftige Rot des Rathauses, eines 1564 vollendeten Renaissancebaus. Ebenfalls auf das 16. Jahrhundert geht die nahe gelegene Ratsapotheke zurück. In der 1554–1560 errichteten Georgenkirche wurde Johann Sebastian Bach 1685 getauft. An der Nordseite des Marktplatzes breitet das Stadtschloss seine barocke Vierflügelanlage aus. Südlich des Platzes erhebt sich die Alte Residenz, gebaut

Die imposante Wartburg wird heute gerne für kulturelle Events besucht.

WANDERN & FREIZEIT

Etwa 15 Kilometer lang ist die **Rundwanderung** von Eisenach hinauf zur **Wartburg** und über die Hohe Sonne sowie die **Drachenschlucht,** eine drei Kilometer lange und an ihrer engsten Stelle nur 68 Zentimeter breite Klamm, zurück zum Ausgangspunkt, dem Eisenacher Bahnhof. Gut fünf Stunden dauert diese Waldwanderung, die hinauf zum Rennsteig auf dem Kamm des Thüringer Waldes verläuft. Der mittelschwere Wanderweg ist größtenteils gut begehbar, teilweise führt er jedoch über einige recht holprige Pfade voller Wurzelwerk. Auf festes Schuhwerk sollte man deshalb keinesfalls verzichten.

Den **Wanderweg um Sonneberg** weisen »Teddy und Puppe«, denn im Mittelpunkt dieser Rundwanderung stehen Natur und Kultur rund um die Spielzeugstadt. Der Weg führt durch schattige Wälder und herrliche Wiesenlandschaften. Auf der Tour gewähren mehrere Wegabschnitte wunderschöne Panoramablicke auf das Sonneberger und Fränkische Unterland. Als Möglichkeit zur Einkehr bietet sich das Restaurant Lutherhaus an, eine Gaststätte in historischem Ambiente. Unterwegs passiert man auch das sehr besuchenswerte Deutsche Spielzeugmuseum mit dem berühmten Schaubild »Thüringer Kirme«. Start und Ende des Rundwanderweges ist die Touristinformation am Hauptbahnhof von Sonneberg. Für die etwa 15 Kilometer lange, mittelschwere Wanderung benötigt man gut und gerne fünf Stunden.

in der ersten Hälfte des 16. Jahrhunderts. Als besonders eindrucksvoller Fachwerkbau zeigt sich das 500 Jahre alte Lutherhaus. Nur auf 100 Jahre hingegen kommt das Lutherdenkmal auf dem Karlsplatz. Im Bachhaus am Frauenplan soll der große Barockkomponist Johann Sebastian Bach am 21. März 1685 geboren worden sein. Idyllisch ist auch der kleine Barockgarten hinter dem Gebäude.

2 Die deutscheste aller deutschen Burgen, die **Wartburg,** zieht jährlich mehr als eine Million Besucher an – mit Wartezeiten ist also zu rechnen. Sie lohnen sich jedoch, denn die 1067 erbaute Burg war bereits im 12. und 13. Jahrhundert ein Mittelpunkt höfischer Kul-

Bei Eisenach ist die teils nur schulterbreite Drachenschlucht ein beliebtes Wanderziel.

Das Henneberger Haus zählt zu den vielen historischen Fachwerkhäusern in Meiningen.

tur, als Minnesänger wie Walther von der Vogelweide 1207 – so will es die Sage – im Sängersaal des Palas am berühmten »Sängerkrieg« teilnahmen. An Martin Luther, der auf der Wartburg Schutz vor Kirchenbann und Reichsacht fand und im Jahr 1522 binnen zehn Wochen das Neue Testament ins Deutsche übersetzte, erinnert die Lutherstube. Sehenswert ist auch die Elisabeth-Galerie, die nach der heilig gesprochenen fromm-asketischen Gemahlin des Landgrafen Ludwig benannt ist.

3 Im Werratal liegt das Sol- und Thermalbad **Bad Salzungen,** schon in römischer Zeit wegen seiner Salzvorräte umkämpft. Deutliche Zeichen ehemaligen Reichtums sind Bürgerhäuser aus der Zeit der Renaissance sowie das Rathaus. Eine Attraktion bilden die Gradierwerke, deren erstes bereits 1796 entstand. Über Reisigbündel tropft die Sole herab und die Kurgäste atmen die salzhaltige Luft ein. Weitere Sehenswürdigkeiten sind zum Beispiel das Stadtmuseum im »Türmchen«, die Husenkirche und das Butlar'sche Schloss, eine ehemalige Wasserburg.

4 Eine Bilderbuchaltstadt mit Schloss, Kirche, Rathaus und stolzen Bürgerhäusern besitzt **Schmalkalden.** Gut erhalten sind der Mauerring mit einigen Türmen (um 1320), das Luther-Haus (1520), das spätgotische Rathaus, die St.-Georgs-Kirche, in der Luther gepredigt hat, einige Bürgerhäuser aus Spätgotik und Renaissance sowie das mächtige Schloss Wilhelmsburg. Die Nebenresidenz geht auf das Jahr 1585 zurück und besitzt eine wundervolle Schlosskapelle aus der Spätrenaissance.

5 Schöne alte Bürgerhäuser sind der Stolz von **Meiningen** an der Werra. Im Herzen des Ortes ragt am Marktplatz die ursprünglich spätromanische Stadtkirche empor. Diese hat jedoch mehrere Umbauten erfahren.
Hauptanziehungspunkt der Stadt ist das Barockschloss Elisabethenburg, eine dreiflügelige Anlage, die heute die berühmtesten Sammlungen Thüringens birgt: die Museen Meiningen. Die Abteilung Theatergeschichte ruft das berühmte, von Herzog Georg II. im ausgehenden 19. Jahrhundert reformierte Meininger Hoftheaterensemble in Erinnerung.

6 Den bedeutendsten spätbarocken Saalbau Thüringens findet man in **Zella-Mehlis,** einer Doppelstadt in einem engen Tal des Thüringer Waldes. Die Stadtkirche St. Blasius wurde 1768–1774 auf den Fundamenten eines gotischen Vorgängerbaus errichtet, von dem noch ein Turm erhalten ist. Dies ist auch bei der Kirche St. Magdalenen (1623) im Stadtteil Mehlis der Fall.

7 Südlich von Zella-Mehlis liegt an der alten Passstraße von Schleusingen nach Gotha die größte Stadt Südthüringens: **Suhl,** eingerahmt vom Domberg im Westen und dem Ringberg im Osten. Das schönste Bauwerk ist das um 1650 im hennebergisch-fränkischen Stil errichtete Malzhaus. In ihm ist ein Waffenmuseum untergebracht. Die Herstellung von Handfeuerwaffen hat in Suhl eine 400-jährige Tradition. Das Stadtzentrum bildet der Marktplatz mit dem neugotischen Rathaus, dem Waffenschmied-Brunnen und der Hauptkirche St. Marien. Ein gemütlicher Bummel vom Markt über den Steinweg zur Kreuzkirche macht mit schönen Fassaden aus Barock und Rokoko bekannt.
Fachwerkfans sollten den eingemeindeten Ort **Heinrichs** und sein einmalig schönes Rathaus besuchen.

8 Als »castrum« der Grafen von Henneberg wurde Schloss Bertholdsburg in **Schleusingen** im Jahr 1268 erstmals erwähnt. Die heutige Renaissance-Anlage, die den Zusammenfluss von Schleuse, Nahe und Erle überwacht, reicht in ihren Ursprüngen lediglich auf den Anfang des 16. Jahrhunderts zurück. Den Marktplatz des Ortes umgeben historische Häuser des 17.–19. Jahrhunderts, das Renaissance-Rathaus stammt aus dem Jahr 1550.

Die geschichtsträchtige Stadt Schmalkalden beeindruckt mit ihrer malerischen Altstadt.

Seit zwei Jahrhunderten reisen Kurgäste nach Bad Salzungen, um im Gradierwerk die heilende Wirkung der Sole zu spüren.

Rund um den idyllischen Hildburghausener Schlosspark verläuft der schon um 1700 angelegte Kanal.

Inmitten des Thüringer Waldes liegt das malerische, für seine Glaskunst berühmte Städtchen Lauscha.

9 Das Rathaus der Werrastadt **Hildburghausen** wurde Ende des 16. Jahrhunderts anstelle eines durch einen Sturm zerstörten Vorgängerbaus im Stil der Renaissance errichtet und ist wahrscheinlich das älteste noch erhaltene Gebäude der Stadt. Der von einem hohen Volutengiebel geschmückte Renaissancebau entstand im 1595. Dem Barock sind das ehemalige herzogliche Amtshaus sowie die Stadtkirche verpflichtet. Im Stadtmuseum kann man u. a. die kostbare Erstausgabe von Meyers Konversationslexikon bewundern.

10 Ebenfalls an der Werra liegt **Eisfeld,** eine altfränkische Siedlung. Aus der Spätgotik stammt die Stadtkirche St. Nikolai. Das Langhaus hat man während der Renaissance umgebaut. Prächtig zeigen sich das benachbarte Fachwerkpfarrhaus, das seinen letzten Schliff 1632 erhielt, und das Schulhaus von 1653. Über Stadt und Werratal thront das Schloss, von dessen Bau aus dem 12. Jahrhundert nur der Bergfried und der Palas übrig geblieben sind. Die anderen Teile wurden um 1650 erneuert.

Der Werratal-Radweg ist eine beliebte, abwechslungsreiche Route.

11 Schon seit dem 16. Jahrhundert hat die Herstellung von Spielzeug in **Sonneberg** Tradition. Im 18. Jahrhundert erfand ein Sonneberger das »Bossieren«, also die Kunst einen knetbaren Teig zum Formen von Puppenköpfen herzustellen. Bereits um 1900 produzierte man in Sonneberg beinahe 20 Prozent der weltweit verkauften Spielzeuge. Einen sehenswerten Überblick über die interessante Geschichte der Spielzeugproduktion kann man sich im 1901 gegründeten Deutschen Spielzeugmuseum verschaffen.

12 Was Sonneberg für Spielzeug, ist **Lauscha** für Glas: das einstige Zentrum einer weltweit boomenden Industrie. Einblick in Tradition und Bedeutung der Glasbläserei gibt das Museum für Glaskunst.

WANDERN & FREIZEIT

Der **Rhönradweg** führt von Bad Salzungen entlang der Werra über Philippsthal nach Vacha, ab dort folgt die Tour dem Ulstertal über Geisa, Hilders, Ehrenberg bis zur Ulsterquelle. An der Schornhecke überquert der Weg die Hochrhönstraße, danach führt er nach Bischofsheim. Von dort verläuft die Route über den Brendtalradweg nach Bad Neustadt und folgt dem Saaletal über Bad Bocklet, Bad Kissingen bis zum Endpunkt in Hammelburg. Der etwa 180 Kilometer lange Tour gilt als der bedeutendste Radweg der Rhön und führt durch eine größtenteils naturbelassene Landschaft. Da dieser Radweg für eine Halbtagestour zu lang ist, empfiehlt sich die etwa 15 Kilometer lange **Etappe** von Bad Salzungen nach Merkers. Diese relativ kurze Wegstrecke, die durch das grüne, landschaftlich so schöne Tal der Werra führt, eignet sich gut für Familien mit Kindern.

Die etwa 15 Kilometer lange Radtour von **Schmalkalden nach Wasungen** über Wernshausen und Schwallungen verläuft beinahe komplett auf ausgewiesenen Radwegen. Von Schmalkalden bis Wernshausen folgt man auf etwa sechs Kilometern dem Mommelstein-Radweg. In Wernshausen wechselt man dann auf den Werratal-Radweg, der nach Wasungen zum dortigen Bahnhof führt. Von dort kann man dann bequem mit der Bahn die Rückfahrt nach Schmalkalden antreten.

Die **Solewelt in Bad Salzungen** lockt mit diversen Attraktionen wie Salzgrotte und Saunalandschaft. Das Aktivbad verfügt über drei Becken mit jeweils unterschiedlicher Solekonzentration. Bei einem Durchmesser von 25 Metern und einer Wassertiefe von 1,35 Meter weist das Hauptbecken eine Solekonzentration von zwei Prozent und eine Wassertemperatur von 32 °C auf. Der hohe Salzgehalt ermöglicht einen leichten Auftrieb beim Schwimmen. Im Gradierwerk kann man sich von der natürlichen Heilwirkung des Inhalierens der salzhaltigen Luft überzeugen. Dabei soll mit jedem Atemzug das Immunsystem gestärkt werden. Im Innern des Gradierwerkes erstreckt sich ein herrlicher Park, in dem Veranstaltungen wie Kurkonzerte stattfinden (solewelt.de).

In Merkers kann man sich das **Erlebnis Bergwerk Merkers** ansehen. Auf einer Erlebnistour tritt man eine spannende Reise bis in 800 Meter Teufe (bergmännische Bezeichnung für Tiefe) an. In dem hallenartigen Großbunker befindet sich der größte untertägige Schaufelradbagger der Welt und ein ganz besonderes Schmuckstück, die zehn Meter hohe »Kristallgrotte«, die erst 1980 entdeckt wurde. In diesem einzigartigen Naturwunder bestaunt man Salzkristalle bis zu einem Meter Kantenlänge. Beeindruckend ist auch das »Museum zum Anfassen«. Unter Tage finden außerdem Veranstaltungen und Konzerte sowie Sportmöglichkeiten statt, u. a. Mountainbike-Touren zur Kristallgrotte (erlebnisbergwerk.de).

Von Schmalkalden sind es nur wenige Kilometer nach Friedrichroda am Nordhang des Thüringer Waldes. Der Urlaubsort hat mit der **Marienglashöhle** ein attraktives Ziel zu bieten. In dem einstigen Bergwerk, wo 1778–1903 Gipsabbau betrieben wurde, erfährt man viel über den Bergbau in der Region und über die Geologie des Thüringer Waldes. In den Wänden des 110 Meter langen Eingangsstollens befinden sich geologische Fenster, die einen Blick auf die Gesteinsschichten ermöglichen. Die 1778 entdeckte »Kristallgrotte« der Marienglashöhle zählt zu den schönsten und größten Europas; deren Gipskristalle sind bis zu 90 Zentimeter lang. In dem Höhlensee, der sich in der unteren Sohle erstreckt, gibt es herrliche Wasserspiegelungen zu bestaunen. Klangschalenreisen und Höhlenkonzerte entführen in fremde Welten (marienglashoehle.de).

Durch den Thüringer Wald ins Osterland

In einem großen Bogen südlich von der »Via Regia«, der Königsstraße über Eisenach und Erfurt nach Gera, erschließt diese Fahrt die nördlichen Ausläufer des Thüringer Waldes und das Gebiet der Weißen Elster, das einst sorbische Weida ebenso wie die Skat-Stadt Altenburg.

TOUR 24

- **Länge:** rund 220 Kilometer
- **Dauer:** 4–5 Tage
- **Start | Ziel:** Arnstadt | Altenburg

1 Das Tor zum Thüringer Wald bildet **Arnstadt.** Das Herz des Ortes schlägt am lang gestreckten Marktplatz, dem das Renaissance-Rathaus von 1586 seinen schwungvollen Volutengiebel zuwendet. Von der Stadtgeschichte erzählt das Museum im Haus »Zum Palmbaum«. Johann Sebastian Bach ist das Denkmal auf dem Markt gewidmet; der Komponist hatte hier als 18-jähriger seine erste Organistenstelle angetreten. Zu den bedeutendsten Kirchenbauten aus der Übergangsphase von der Romanik zur Gotik zählt die Liebfrauenkirche, um 1300 vollendet. Südlich vom Markt lohnt die gotische Oberkirche einen Besuch; nordöstlich von ihr trifft man in einem Kranz alter Bäume auf die um 1680 neu errichtete Bachkirche, deren Ursprünge bis in die Zeit der Gotik zurückreichen. Von Schloss Neideck gibt es keine Spur mehr – an seiner Stelle steht nun die Dreiflügelanlage des Neuen Palais (1735). Es empfiehlt sich ein Besuch des Schlossmuseums, das die historische Puppenstadt »Mon Plaisir« und ein schönes Porzellanmuseum beherbergt.

2 Mit dem Geheimrat Goethe ist die Kreisstadt **Ilmenau** verbunden, die direkt am Fuße des Thüringer Waldes liegt. Der Dichterfürst schätzte sie wegen ihrer »Berg- und Waldnatur« als Erholungsort. Als Vorsitzender der hiesigen Bergwerkskommission residierte er im Amtshaus aus dem Jahr 1616, das zu einer Gedenkstätte umgewandelt wurde. Wie das Amtshaus geht auch das Rathaus von Ilmenau auf die Renaissancezeit zurück. Letzteres hat man allerdings um 1786 erneuert. Ebenfalls im 18. Jahrhundert wurde die gotische Stadtkirche St. Jakob nach einem verheerenden Brand im Stil der Zeit wieder aufgebaut.

3 Ein hervorragendes Beispiel romanischer Baukunst stellt die **Klosterkirche Paulinzella** dar – selbst als Ruine. Die schweren Säulen und die wuchtigen Rundbögen verdeutlichen, dass die dreischiffige Basilika stark von der Hirsauer Reformbewegung beeinflusst war, die sich wiederum an die klösterliche Strenge des französischen Cluny anlehnte. Die Klostergründerin Paulina, deren Grab sich unter dem Chorquadrat befindet, hatte diesen Stil aus dem Schwäbischen mitgebracht. Sehenswert sind auch die Fachwerkbauten des ehemaligen fürstlichen Amtshauses und des Zinsbodens, einem Gästehaus.

4 Oberhalb des im malerischen Tal der Schwarza gelegenen Luftkurorts **Bad Blankenburg** thront die Ruine Greifenstein. Früher hatte die 170 Meter hoch gelegene Feste Blankenburg geheißen, wurde im 17. Jahrhundert jedoch umbenannt. In der Stadt sind die Kirche Unser Lieben Frauen mit ihrem Turm aus dem 14. Jahrhundert sowie das Frö-

Die Arnstädter Neptungrotte leuchtet im Abendlicht.

WANDERN & FREIZEIT

Etwa sechs Stunden braucht man für den **Goetheweg.** Er führt – gut markiert – auf rund 20 Kilometern über 14 Stationen von Ilmenau über den Kickelhahn mit dem Goethehäuschen, in dem der Dichter 1780 »Wandrers Nachtlied« verfasste, und das Goethehaus in Stützerbach zurück nach Ilmenau, wobei man 650 Höhenmeter überwindet. Der durch ein »g« gekennzeichnete Weg zählt zu den schönsten Wandertouren Thüringens und ist hervorragend ausgeschildert. Entlang der Route gibt es eine Vielzahl an Rastplätzen und herrliche Aussichten sowie jede Menge Hinweise zu Geschichte, Natur und Landschaft.

Zwischen Moorbad Lobenstein und Saalfeld bildet die gestaute **Saale** zahlreiche Seen, an deren Ufer es sich ohne Anstrengung wandern lässt. Besonders schön ist beispielsweise die rund zehn Kilometer lange Strecke zwischen dem malerischen Schloss Burgk und dem Dorf Ziegenrück.

Die Überreste der Anfang des 12. Jahrhunderts errichteten Klosterkirche Paulinzella beeindrucken noch immer.

Das prachtvolle Barockschloss Heidecksburg in Rudolstadt ist zu Recht eines der beliebtesten Ausflugsziele in der Region.

belmuseum sehenswert. Dieses erinnert an den Pädagogen Friedrich Fröbel, der hier 1840 den ersten Kindergarten einrichtete und die Bewahranstalt auflöste.
Rund zehn Kilometer flussaufwärts steht eine weitere Burg hoch über der Schwarza. Mittelpunkt der **Schwarzburg** ist der Kaisersaal mit Herrscherbildnissen und einer Sammlung von Waffen und Rüstungen.

5 Zum ersten Zusammentreffen der Dichterfürsten Goethe und Schiller kam es nicht in Weimar, sondern in **Rudolstadt,** einer kleinen Residenzstadt an der Saale. In der hiesigen Glockengießerei hat sich Schiller zu seinem »Lied von der Glocke« inspirieren lassen. Die Altstadt besitzt einen großen Marktplatz mit dem Neuen Rathaus. Aus der Gotik stammt das Alte Rathaus, das im Barock eine Umgestaltung erfuhr. Umgebaut wurde auch die im Kern gotische Stadtkirche St. Andreas; sie hat man im Stil der Renaissance vergrößert. Vom Schloss Ludwigsburg, einer 1734 errichteten barocken Dreiflügelanlage mit kostbarer Rokoko-Ausstattung führt der Weg nach Schloss Heidecksburg. Es gehört zu den prächtigsten Barockschlössern Deutschlands. Der Südflügel beherbergt heute die große Kunstsammlung, der Nordflügel die naturkundlichen Sammlungen und der spätgotische Gewölbesaal das »Schwarzburger Zeughaus«, eine Waffensammlung.
Ein paar Kilometer außerhalb der Stadt lohnt das malerische **Renaissanceschloss Kochberg** einen Umweg.

6 Ein gut erhaltenes mittelalterliches Stadtbild zeichnet **Saalfeld** aus. Alle vier Stadttore der alten Befestigungsmauer haben die Jahrhunderte überdauert. Das heutige Rathaus wurde 1526–1537 im Stil der Renaissance errichtet. Auf das 12. Jahrhundert geht der Wohnturm zurück, in dem sich seit über 570 Jahren die Marktapotheke befindet. Im 13. Jahrhundert wuchs die Stadtkirche St. Johannes empor, die vor allem wegen ihres prächtigen Bauschmucks einen Besuch lohnt. Auch einige Patrizierhäuser sollte man aus diesem Grund aufsuchen. Die einzige erhaltene mittelalterliche Klosteranlage Thüringens, das Franziskanerkloster (um 1250 gegründet), findet man auf dem Münzplatz.

7 Eine der schönsten thüringischen Burgen erhebt sich nahe **Pößneck,** einer Stadt mit einem reizvollen Marktplatz, einem Rathaus aus Spätgotik und Renaissance und der gotischen Stadtkirche St. Bartholomäus.
Die **Burg Ranis** besitzt alles, was eine Bilderbuchburg ausmacht: Vor-, Haupt- und Unterburg sowie einen mächtigen Bergfried. Dieser stammt aus dem 12. Jahrhundert, während die Renaissanceflügel der Hauptburg um 1600 auf Fundamenten der Vorgängerburg

An Pößnecks schönem Marktplatz befindet sich das sehenswerte spätgotische Rathaus.

Der Bergfried der Osterburg in Weida gehört zu den ältesten und höchsten des Landes.

emporwuchsen. Diese brannten allerdings nieder und sind im 17. Jahrhundert neu entstanden. Unter die Vorburg duckt sich die Ilsenhöhle, in der sich schon vor 40 000 Jahren Menschen versammelten.

8 Zwischen den Flüsschen Weida und Auma ließen die elsterländischen Herren im 12. Jahrhundert ihre Feste, die **Osterburg,** bauen. Einen Ort namens Weida hat es zu dieser Zeit bereits gegeben. Das 12. Jahrhundert repräsentiert die Basis des wuchtigen Bergfrieds, zur Spätgotik zählen dessen Oberbau und das benachbarte Giebelhaus. Der Renaissance ist das dreigeschossige Schloss verpflichtet.
Auch der Ort **Weida** offenbart verschiedene Bauepochen. So gehören die Widenkirche in die Spätromanik und die Hochgotik, die Stadtkirche in die Gotik und das Rathaus ins 16. Jahrhundert. Eine große technische Leistung des 19. Jahrhunderts stellt die Eisenbahnbrücke über das Oschütztal dar.

9 Im Zusammenhang mit dem Namen **Altenburg** fallen den meisten Menschen Spielkarten ein. Hier wurde das Skatspiel erfunden. Noch heute liegt die letzte Entscheidung über die Auslegung der Spielregeln beim hiesigen Skatgericht. Kein Wunder also, dass Altenburg über die größte Sammlung an Spielkarten verfügt. Sie ist im Schloss untergebracht. Dazu gehören der Torturm, der Mantelturm, ein Wohnturm, der Bergfried sowie der barocke Westflügel. Er enthält den Festsaal sowie den Johann-Sebastian-Bach-Saal. Auf der großen Barockorgel in der Schlosskapelle hat schon Bach gespielt. Die Altstadt gruppiert sich um Marktplatz und Rathaus. Dieses ist eines der schönsten Renaissancehäuser. Die backsteinernen »Roten Spitzen« sind Überreste der Marienkirche, die im Jahr 1588 abbrannte.

Die Schwarza hat imposante Landschaften geformt, die zum Wandern und Erholen einladen.

WANDERN & FREIZEIT

Landschaftlich und geologisch interessant ist eine Wanderung im Tal der nur 53 Kilometer langen Schwarza, das über zahlreiche markierte Wege verfügt. Canyonartig stürzen die Talwände auf den acht Kilometern zwischen Bad Blankenburg und Schwarzburg ab. Auf wildromantischen Wegen und Pfaden verläuft der **Panoramaweg Schwarzatal** von der Mündung der Flüsschens in die Saale auf der rechten Seite bis zu ihrer Quelle und auf der linken Seite wieder zurück zur Saale. Dabei führt der Wanderweg am felsigen Schwarza-Ufer entlang, um dann und wann in eines der Seitentäler abzubiegen. Von dort geht es hoch auf einen der Berggipfel, von wo aus man einen herrlichen Blick ins Tal genießen kann. Einen **verkürzten Abschnitt** stellt die knapp elf Kilometer lange Wegstrecke von Bad Blankenburg über Eberstein, Schweizerhaus, Botanischen Garten nach Schwarzburg dar (Markierung: rotes Dreieck auf weißem Feld). Die Wanderzeit für den Hinweg beträgt etwa drei Stunden.

Der **Ilmtal-Radweg** hat seinen Ausgangspunkt in Allzunah/Rennsteig, seinen Endpunkt hat der etwa 125 Kilometer lange Weg in Kaatschen-Weichau. Dieser leichte bis mittelschwere Radweg führt dabei großteils über Asphalt. Auf der etwa 16 Kilometer langen **Etappe** von Ilmenau bis Kranichfeld startet man in der Südstadt von Ilmenau. Dann geht es durch das Schortetal entlang des Ilmufers nach Langewiesen und Gräfinau-Angstedt. Über die Saline Oberilm und die sehenswerte Museumsbrauerei in Singen kommt man nach Griesheim und nach Stadtilm.

Der **Mühlen-Radwanderweg Saale-Ilm** von Rudolstadt nach Remda-Teichel erhielt seinen Namen wegen der vielen Mühlen, die an seinem Verlauf an der Remdaer Rinne stehen, u. a. die Unter- und Mittelmühle in Rudolstadt, die Ammelstädter Mühle, die Obermühle und die Feldmühle in Teichröda. Gut zwöf dieser etwa 14 Kilometer und gut eine Stunde langen Radtour führen auf dem ausgeschilderten Mühlen-Radwanderweg. Vom Saale-Radwanderweg im Heinrich-Heine-Park, in dem sich auch das Freilichtmuseum Thüringer Bauernhäuser befindet, fährt man durch die Bahnunterführung und folgt der Ausschilderung über Pflanzwirbach, Ammelstädt, Teichröda und Eschdorf nach Remda-Teichel.

Im **Erlebnisbad SAALEMAXX** in Rudolstadt sind neben Sport und Spaß auch Erholung und Entspannung angesagt. In dem Bad steht den Besuchern eine Vielzahl von Attraktionen zur Verfügung, darunter ein separates 25 Meter-Sportbecken mit fünf Bahnen, Rutschen, das größte Wellenbecken Thüringens, ein Kinderbereich und ein Strömungskanal. Natürlich hat das Freizeitbad auch einen großen und weitläufigen Außenbereich; dazu gehören ein beheiztes Erlebnisaußenbecken und eine Liegewiese mit Blick auf die Heidecksburg. In der Saunawelt gibt es neben den finnischen Saunen mit unterschiedlichsten Temperaturen auch eine Dampfsauna, einen Saunagarten, ein Steinbad und einen Sole-Inhalationsstollen außen. Im Badehaus befindet sich der Wellnessbereich; dazu gehören verschiedene Becken (mit Temperaturen von 33 bis 35 °C), Sprudelliegen, Massagedüsen sowie eine Kneippstrecke. Zum Angebot gehören zahlreiche Anwendungen, darunter klassische Massagen sowie Hamam und Rassul oder verschiedene Bäder und Packungen (saalemaxx.de).

Bereits seit Mai 1998 geht die **Kohlebahn** im nördlichen Altenburger Land auf knapp 13 Kilometer Schmalspurgleisen des ehemaligen Braunkohlebergbaus mit ihren Gästen auf Fahrt durch die Landschaft. Die Bahnstrecke führt von Regis-Breitingen über Haselbach, Wintersdorf und das Schnaudertal zum Auholz Meuselwitz. Mehr Informationen über den Fahrplan und den Streckenverlauf sowie Veranstaltungen, Sonderfahrten und das Museum der Kohlebahn findet sich unter kohlebahnen.de.

Als »Thüringens Wunder tief im Berg« und als eine der »farbenreichsten Schaugrotten der Welt« werden die **Saalfelder Feengrotten** auch bezeichnet. Sie stehen sogar im Guinness-Buch der Rekorde. Mit der Zeit schuf die Natur in den verlassenen Stollen und Weitungen ein unterirdisches Kleinod an Form und Farbe. Seit der Eröffnung 1914 sind die Besucher fasziniert von der bunten unterirdischen Welt des historischen Alaunschieferbergwerks. Für Kinder werden spezielle Führungen angeboten (feengrotten.de).

Auf der Silberstraße durch Sachsen

Diese Tour zeigt die Schönheiten des Erzgebirges: Auf der »Silberstraße« zwischen Freiberg und Schneeberg hat der Bergbau die oft leidvolle Geschichte bestimmt. Ihr zum Trotz haben die Menschen große kulturelle Zeugnisse geschaffen wie etwa Sachsens berühmtestes Renaissanceschloss in Augustusburg. Das Bergland lädt zu Wandertouren und der Muldentalradweg zu Radtouren ein.

Im Chemnitzer Schlossbergmuseum befinden sich die Kunstsammlungen der Stadt.

TOUR 25

- **Länge:** rund 280 Kilometer
- **Dauer:** 4–6 Tage
- **Start | Ziel:** Freiberg | Seiffen

1 Die Bergbauromantik hat sich aus **Freiberg** inzwischen verflüchtigt. Im Jahr 1168 hatte das erste »Berggeschrey« angehoben: Man hatte Silbervorräte entdeckt. In Freiberg förderte man ein besonders reines Silber, das die Stadt zur reichsten von ganz Sachsen machte. Die Landesherren verdienten auch an der Münzpräge üppig. Freiberg war die wichtigste Prägestätte, und im Jahr 1765 gründete man hier auch die erste deutsche Bergakademie. Sie wurde im Laufe der Zeit zur Technischen Hochschule erweitert und genießt bis zum heutigen Tag großes internationales Ansehen.
Auch wenn 1913 letztmals nach Silber geschürft und seit 1969 der Erzbergbau völlig eingestellt wurde, strahlt die Stadt trotzdem etwas von der vermeintlich »guten alten Zeit« aus. Das liegt vor allem an dem prächtig erhaltenen Ortskern inmitten der ringförmigen Wallanlagen. Das Ensemble zwischen Schloss Freudenstein, dem Mariendom, der Bergakademie mit ihrer außergewöhnlichen Mineraliensammlung, dem Petriplatz und der dreischiffigen Hallenkirche St. Nikolai steht zu Recht unter Denkmalschutz. Der spätgotische Dom beherbergt einmalig schöne Schnitzarbeiten wie etwa die »Goldene Pforte«, die Bergmannskanzel und die Tulpenkanzel, deren geheimnisvolle Symbolik bis heute Rätsel aufgibt. Ein Domkonzert auf der berühmten, mit 2674 Pfeifen besetzten Silbermann-Orgel sollte man sich nicht entgehen lassen.

2 Die Kuppe des 516 Meter hohen Schellenbergs krönt das **Jagdschloss Augustusburg,** errichtet 1568–1773 unter Kurfürst August. Sachsens bekanntestes Renaissanceschloss ist heute ein beliebtes Ausflugsziel der Chemnitzer. Um den Innenhof in Form eines griechischen Kreuzes gruppieren sich vier Hauptgebäude. Von diesen besticht nur die Schlosskapelle mit großer Kunst: Das Gemälde des Hochaltars und die Brüstungsgemälde der Kanzel schuf Lucas Cranach d. J. Die anderen Gebäude enthalten verschiedene Sammlungen, etwa ein Motorradmuseum.

3 Chemnitz, das »sächsische Manchester«, gilt als eine der ältesten Industriestädte Deutschlands. Historisches ist aber kaum er-

halten. So wird man beim Rundgang, den man am besten am Markt beginnt, mit etwa vier Stunden auskommen.
Statt Baugeschichte kann man die real existierende Architektur der DDR-Jahre studieren. Denn nach der fast vollständigen Zerstörung der Innenstadt im Jahr 1945 wurde Chemnitz als Karl-Marx-Stadt zur Musterstadt sozialistischer Errungenschaften ausgebaut. Und so ziert auch der übergroße Kopf des Namenspatrons den Platz am Roten Turm. Außer dem Alten Rathaus und dem barocken Siegertschen Haus am Markt sowie der Städtischen Kunstsammlung, die zahlreiche Werke aus dem 18. Jahrhundert bis zum Expressionismus ihr Eigen nennt, sollte man dem Schlossteich einen Besuch abstatten – und dort der romanisch begonnenen, gotisch überhöhten Schlosskirche St. Maria. Sie besitzt ein monumentales Astwerkportal und eine rundplastisch gestaltete Geißelsäule. Der einstige Fischteich des mittelalterlichen Benediktinerklosters wurde im Laufe der Zeit in einen Park eingebettet und durch romantische Elemente wie Brunnenanlagen und Insel ergänzt.

4 Seit der letzte »Trabi« am 30. April 1991 in **Zwickau** vom Band lief, lebt er nur noch als Legende auf Rädern (und im sehenswerten August Horch Museum) weiter. Das wohl berühmteste DDR-Fahrzeug war die neuzeitliche Fortführung einer seit dem Mittelalter

Imposante Architektur lässt sich im Freiberger Dom St. Marien bestaunen.

WANDERN & FREIZEIT

Das Erzgebirge hält eine Besonderheit parat: Hier kann man nicht nur in den Sommermonaten wandern oder Kletterpartien unternehmen, sondern auch im Winter das ausgedehnte Netz an **Langlauf-Loipen** nutzen. Dies geht am besten rund um den Fichtelberg bei Oberwiesenthal.

Bei Freiberg lädt die **Obere Freiberger Mulde** zu Wanderungen ein. Sie verfügt über ein gut ausgebautes und dichtes Netz an Wegen, das Wanderungen von unterschiedlicher Länge erlaubt.

Nur 13 Kilometer sind es von Freiberg zum **Jagdschloss Grillenburg** und zum **Tharandter Wald,** wo man auf rund 14 Kilometer Länge einen geologischen Lehrpfad eingerichtet hat. Er ist auf fünf verschiedenen kürzeren Routen begehbar (von 1,7 bis 5,8 Kilometer) und informiert über die Entstehung von Gesteinen aus vier Erdzeitaltern.

blühenden Industrie. Deren Ursprung lag im 14. Jahrhundert im Bergbau. Dieser bescherte einigen Bürgern Wohlstand, deklassierte die meisten anderen jedoch zu Tagelöhnern. So kam es um 1520 zu einem heftigen Aufruhr unter der Führung des Reformtheologen Thomas Müntzer. Die Zeit des Reichtums bezeugen bedeutende Kirchenbauten wie die Pfarrkirche St. Marien, das neugotische Rathaus, das Gewandhaus mit dem Theatersaal und einige beeindruckende Patrizierbauten wie das Dünnebierhaus. Sie machen einen Besuch der Altstadt rund um den Hauptmarkt und die Hauptstraße zu einem eindrucksvollen Erlebnis.

5 Schneebergs Name stammt nicht von den winterlichen Kristallen, sondern vom strahlenden Weiß seiner Silberadern, die erst 1470 entdeckt wurden, aber bereits um 1500 erschöpft waren. Das Edelmetall hatte den Ort jahrhundertelang bis in die Zeit des sächsischen Barock hinein reich gemacht und war wichtige Einnahmequelle der sächsischen Herrscher. Später wurde dann Kobalt für die Porzellanindustrie abgebaut. Besonders lohnend ist ein Besuch in der Vorweihnachtszeit, denn dann kann man über den märchenhaften Weihnachtsmarkt schlendern, mitten durch die glitzernden Buden und kunstvoll aufgebauten Holzpyramiden mit ihren gedrechselten Bergmannsfiguren. Des Marktes wegen trägt der Ort den Kosenamen »Weihnachtsstadt des Erzgebirges«. Zahlreiche barocke Bauten umgeben den Fürstenmarkt und den alten Topfmarkt. Die spätgotische Hallenkirche St. Wolfgang besticht durch ein schönes Rippengewölbe, mehr aber noch durch den Hauptaltar mit Gemälden von Lucas Cranach d. Ä.

Ein lohnenswerter Abstecher führt von Schneeberg nach **Plauen.** Bereits im 13. Jahrhundert zur Stadt erhoben, demonstriert Plauen seine wirtschaftliche Bedeutung noch heute ganz deutlich: Man braucht sich nur das Alte Rathaus und die Johanniskirche – beide der Spätgotik zuzurechnen – sowie die barocke Lutherkirche mit ihrem bereits aus der Spätgotik stammenden Schnitzaltar anzusehen.

Ein anderer Abstecher von Schneeberg führt in den »Musikwinkel«, wie man das Obere Vogtland rund um **Klingenthal** und **Markneukirchen** auch nennt. Seit mehr als 300 Jahren hat der Instrumentenbau hier Tradition. Während sich die Klingenthaler auf Mund- und Ziehharmonikas spezialisierten, hängt in Markneukirchen der Himmel voller Geigen. Einen Überblick bietet das Musikinstrumentenmuseum im hiesigen spätbarocken Paulus-Schlössel.

UNESCO-Welterbe: das Siebenschlehener Pochwerk (Schneeberg).

6 Für zwei bergbauliche Produkte ist **Aue** berühmt: Kaolin und Wismut. Das erste wurde in der Weißerdenzeche St. Andreas abgebaut und an die Meißener Porzellanmanufaktur geliefert, das zweite, das die Ärzte des Mittelalters zur Bekämpfung von Geschwüren einsetzten, ließ nach dem Zweiten Weltkrieg die UdSSR fördern, um damit ihre Atombomben zu bauen.

Aue ist nicht so reich wie seine Nachbarorte, verfügt aber über einige hübsche, alte Bergmannshäuser und die Kirche des bereits im 12. Jahrhundert gegründeten Augustiner-Chorherrenstifts Klösterlein Zelle.

7 Schwarzenberg gehört zu den ältesten Bergbaustädten des Erzgebirges, 1282 wurde es erstmals urkundlich erwähnt. An die Vorgängerburg aus dem 12. Jahrhundert erinnert auf dem Schloss in Schwarzenberg nur der mächtige Bergfried. Kurfürst August hatte sich die Burgreste 1555 zu einem beeindruckenden Jagdsitz ausbauen lassen. Heute ist hier das Museum »Erzgebirgisches Eisen und Zinn« untergebracht. In der Kirche St. Georg, einem prachtvollen Saalbau, lohnt insbesondere das Abendmahl-Relief des Altars einen Besuch.

Das ursprünglich spätgotische Schloss von Schwarzenberg wurde im 16. Jahrhundert zum Jagdschloss ausgebaut.

Das sehenswerte August Horch Museum in Zwickau entführt in die Vergangenheit des Automobilbaus.

WANDERN & FREIZEIT

Im Freiberger Revier wurden in einem Zeitraum von etwa 800 Jahren knapp 8000 Tonnen Silbererz zu Tage gefördert. Im **Silberbergwerk Freiberg** können Groß und Klein etwas über den Silberbergbau im Erzgebirge und seine Geschichte erfahren. Der Untertagelehrpfad in 150 Meter Tiefe bietet mit Vitrinen, Modellen und Technik zum Ausprobieren Einblicke in den Bergbau. Der Pfad eignet sich für Kinder ab sechs Jahren und Erwachsene. Ferner ist eine Untertageführung (1,5 oder 2,5 Stunden) im Angebot, die aber erst für Kinder ab zwölf Jahren empfohlen wird. Sie eignet sich leider nicht für Personen, die auf Gehhilfe oder Rollstuhl angewiesen sind, der Untertagelehrpfad aber schon (silberbergwerk-freiberg.de).

Eine etwa 33 Kilometer lange Radtour bei Chemnitz führt zum sogenannten **Vier-Schlösser-Blick,** einem Aussichtspunkt auf die vier Schlösser der Region: Sachsenburg, Schloss Neusorge, Augustusburg und Schloss Lichtenwalde. Gefahren wird größtenteils auf asphaltierten Dorf-, Ortsverbindungs- und Landwirtschaftsstraßen. Am Zschopauufer bei Biensdorf geht es ein Stück den Zschopautal-Radweg entlang. Als Einkehrmöglichkeit bietet sich das Landhotel Lindenhof unweit der Niederlichtenauer Kirche an.

Durch Zwickau verläuft ein Abschnitt des **Muldetalradweges** (gelegentlich auch Muldentalradweg), der entlang der Zwickauer Mulde von Auerbach im Vogtland Richtung Norden bis nach Sermuth verläuft. Die insgesamt 128 Kilometer lange Strecke ist am Anfang noch nicht, aber später mit Radwegweisern ausgeschildert und führt durch die Städte Aue, Zwickau, Rochlitz und Colditz, bis hin nach Sermuth, wo der Seitenarm des Flusses sich mit der Freiberger Mulde vereint. Der Weg entlang des Flusses führt durch eine beeindruckende Auenlandschaft und malerische Orte. Eine mögliche, etwa 20 Kilometer lange **Tagestour** führt von Zwickau Richtung Norden nach Waldenburg. Die Tour beginnt in Zwickau an der überdachten Bockwaer Brücke und führt etwas weiter über die Pölbitzer Brücke auf dem rechten Flussufer nach Crossen. Danach folgen Wulm und Mosel, Schlunzig, Niederschindmaas und Glauchau. Von Glauchau geht es weiter nach Audörfel, Reinholdshain und Remse. Hinter Remse muss man den Waldweg in Richtung Park Grünfeld nehmen. Der rund 113 Hektar große Landschaftspark ist einen Zwischenstopp wert. Anschließend geht es weiter nach Waldenburg mit seinem wunderschönen Schloss. Die Rücktour nach Zwickau erfolgt per Bahn.

Annaberg kann gut als Startpunkt für Wanderungen durch das **Landschaftschutzgebiet** nordwestlich der Stadt dienen. Auch sportliche Kletterer finden hier – wegen der hohen Schwierigkeitsgrade – ihren Meister. Das Granitmassiv wartet mit senkrecht aufragenden Felsen auf.

Markierte Wege führen von Annaberg über rund drei Kilometer zur **Schauanlage Frohnauer Hammer** oder auch zur bemerkenswerten **Naturbühne Greifenstein** (drei Kilometer).

In Annaberg-Buchholz eröffnet der **Bergbaulehrpfad** mit seinen vier Rundwanderwegen Einblicke in die Geschichte des Bergbaus der Region, der hier über Jahrhunderte seine Spuren hinterlassen hat. Alle vier Wege sind mit dem Logo »Gekreuzte Hämmer auf farbigem Grund« gekennzeichtet. Die Touren »Am Pöhlberg« (blau, sechs Kilometer, ca. zwei Stunden) und »Am Flößgraben entlang« (rot, neun Kilometer, drei Stunden) starten am Parkplatz Kätplatz, die beiden anderen »Auf dem Frohnauer Rundweg« (gelb, sieben Kilometer, ca. 2,5 Stunden) und »Durch den Buchholzer Wald« (grün, zehn Kilometer, 3,5 Stunden) am Parkplatz Frohnauer Hammer.

Wer nicht mit der Mathematik auf Kriegsfuß steht sollte in Annaberg-Buchholz unbedingt dem **Adam-Ries-Museum** einen Besuch abstatten. Es widmet sich dem Rechenmeister Adam Ries (bekannter als Adam Riese; um 1492 bis 1559), der in seinen Werken das Linienrechnen behandelte, das eng mit dem Rechnen auf dem Abakus verwandt ist.

8 In **Annaberg-Buchholz** lebten im 15. Jahrhundert mehr Menschen als in Leipzig und Dresden zusammen. Sie alle hatten sich vom Silber anlocken lassen. Dabei ist Annaberg eine relativ »junge« Gründung (1492). Einen Höhepunkt spätgotischen Hallenkirchenbaus stellt das Schleifenrippengewölbe der Annenkirche in Annaberg-Buchholz dar. Es ist ein genialer Entwurf des Jakob Heilmann von Schweinfurt, unter dessen Bauleitung die Wölbung der Kirche zwischen 1517 und 1525 vollendet wurde. Die farbliche Gestaltung unterstreicht die schwungvolle Dynamik der Stern- und Blütenformen, die der Decke aus den Pfeilern entgegenwachsen. Auch die Reliefs an den Emporenbrüstungen, geschaffen von dem Freiberger Franz Maidburg (1520–1522), sind künstlerisch besonders wertvoll; sie erzählen aus dem Alten und dem Neuen Testament. Als Meisterwerke gelten ferner die »Schöne Tür«, die Hans Witten 1512 schuf, und der Hauptaltar, der im Jahr 1522 über die Fugger aus Augsburg importiert wurde.
Die gesamte Altstadt um Marktplatz und Annenkirche herum steht unter Denkmalschutz, ebenso wie das gemütliche Wirtshaus »Wilder Mann«, unter dessen Gewölben man herrlich vom Besichtigen ausspannen kann.

9 Geometrische Ordnung zeichnet den Stadtplan von **Marienberg** aus. Von dem quadratischen Markt aus verlaufen rechtwinklig zueinander angelegte Straßen in die vier Himmelsrichtungen. Marienberg ist eine geplante Schöpfung, gegründet 1521, und spiegelt wie keine andere das Kunstempfinden der Renaissance wider. Der auf den Silberbergbau zurückgehende Reichtum der Stadt hat im Rathaus (1539) und in verschiedenen Patrizierhäusern am Markt sichtbare Spuren hinterlassen.

10 Wer kennt ihn nicht, den erzgebirgischen Nussknacker mit seiner typischen Uniformbemalung? Aber fast niemand weiß, woher er stammt. Er kommt aus **Seiffen!** Hier befindet sich das Zentrum der in aller Welt bekannten erzgebirgischen Spielzeugproduktion. Zwar lebte man vor dem 17. Jahrhundert vom Zinn, das hier »ausgeseift« wurde – daher der Name –, aber mit dem wirtschaftlichen Niedergang wandten sich viele Seiffener jenem Material zu, das es im Gebirge in Hülle und Fülle gab: dem Holz und seiner Bearbeitung. Einen lebendigen Einblick in den Alltag der Kunsthandwerker vermittelt die Schauwerkstatt des Erzgebirgischen Spielzeugmuseums. Ein Motiv der Spielzeugmacher kann direkt in Augenschein genommen werden: die barocke Dorfkirche. Ganz nah kommt man der Welt der Bergleute im Freilichtmuseum. Hier kann man auch ein Wohnhaus eines Kumpels besuchen.

Das Zentrum Marienbergs bildet der quadratisch angelegte Marktplatz.

Mit ihrem prächtigen Innenraum beeindruckt die St. Annenkirche in Annaberg-Buchholz.

Das erzgebirgische Seiffen ist für seine Spielzeugproduktion berühmt.

Die Elbe

Die Elbe zählt zu den längsten Strömen Mitteleuropas. Als Verbindung zwischen Ost und West und als Verkehrsader wird sie mit der Osterweiterung der Europäischen Union zunehmend wichtiger. Stattliche Städte und Schlösser begleiten ihren Lauf.

Zwischen ihrer Quelle im Riesengebirge auf 1386 Meter Höhe und ihrer Mündung in die Nordsee fließt die 1170 Kilometer lange Elbe durch vielfältige Naturräume. Die junge Elbe (tschechisch: Labe) durchfließt das Böhmische Becken und bahnt sich nach der Einmündung von Moldau und Eger ihren Weg durch das Böhmische Mittelgebirge. Anschließend trifft sie auf das Elbsandsteingebirge, das sie in der Böhmischen Schweiz und in Deutschland in der Sächsischen Schweiz in einem markanten Durchbruchstal durchquert. Die engen Schluchten und steilwandigen Canyons liegen jenseits der deutsch-tschechischen Grenze im Bundesland Sachsen. Die bizarren Felsformationen dieser Landschaft verdanken ihre Entstehung der Erosionstätigkeit des Flusses, der sich hier tief in den Sandstein eingegraben hat. Die schroffen Felsnadeln und markanten Felstürme bilden eine in Europa einzigartige Landschaft und erinnern an die faszinierenden Nationalparks der USA. Die empfindlichen Sandsteingipfel sind ein wahres Dorado für Kletterer. Im Jahr 1990 wurde der Nationalpark Sächsische Schweiz eingerichtet.
Jenseits der Sächsischen Schweiz weitet sich dann das Elbtal. Hinter Pirna wird der Flusslauf ruhiger, die Höhenzüge weichen zurück. Die Barockstadt Dresden, »Elbflorenz« genannt, zeigt, dass nicht nur die Natur, sondern auch der Mensch Eindrucksvolles schaffen kann. Von hier geht es weiter durch malerische Orte in idyllischen Hügellandschaften. Das günstige Klima erlaubt Obst- und Weinbau. Das obere Elbtal endet in der Porzellanstadt Meißen.

Dresdens Elbwiesen bieten eine grüne Erholungsoase und einen Blick auf die atemberaubende Altstadt.

Bei Riesa tritt die Elbe in das Norddeutsche Tiefland ein. Hinter der Einmündung der Schwarzen Elster erreicht sie die Lutherstadt Wittenberg. Die Luther-Gedenkstätten wurden ebenso wie das Bauhaus in Dessau und die Wörlitzer Gärten von der UNESCO zum Weltkulturerbe erklärt. Hinter Dessau schlängelt sich der Strom nun durch eines der größten zusammenhängenden Auenwaldgebiete Mitteleuropas. In der Magdeburger Börde leuchtet das Elbtal im Sommer goldgelb vor endlosen Getreidefeldern. Künstliche Wasserstraßen wie der Mittellandkanal (in Richtung Westen zu Weser, Ems und Rhein) und der Elbe-Havel-Kanal (in Richtung Osten) schaffen Verbindungen zu anderen Flusssystemen.

Einen weiteren Schub, nachdem sie vorher schon Mulde und Saale aufgenommen hat, erhält die Elbe in der Altmark durch die Havel. Die Schifffahrt wird intensiver, und die Elbe erreicht Hamburg, das durch seinen Hafen zur Weltstadt wurde. Jenseits der Hansestadt passiert die Elbe das Alte Land. Großflächiger Obstbau prägt die Marschlandschaft. Hier weht der Seewind der Elbe schon kräftig entgegen. Der Ästuar (Mündungstrichter) öffnet sich nun bis auf eine Breite von etwa 15 Kilometern, und bei Cuxhaven schließlich hat der Fluss dann im Nationalpark Wattenmeer sein Ziel, die Nordsee, erreicht.

Eine weite Auenlandschaft prägt die Elbniederung bei Boizenburg.

Quer durchs kurfürstliche Sachsen

Von Meißen, weltberühmt für sein »weißes Gold«, das Porzellan, geht es entlang der Elbe zur Residenzstadt Dresden und weiter zum Sommerschloss Pillnitz. Die Tour endet in der »Sächsischen Schweiz«. Für Dresden allein kann man gut zwei Tage planen. Karl-May-Fans, aufgepasst: Pflichtbesuch in Radebeul!

Das Barockschloss Moritzburg wird von einer Teich- und Waldlandschaft umgeben und diente schon als Kulisse für viele Märchenfilme.

TOUR 26

- **Länge:** rund 150 Kilometer
- **Dauer:** 4–6 Tage
- **Start | Ziel:** Meißen | Bad Schandau

1 Über 500 Jahre lang wurde Sachsens politisches Geschick von **Meißen** aus bestimmt. Den wahren Ruhm brachte jedoch erst das »weiße Gold«: das Porzellan. August der Starke hatte den nach einem Rezept für die Herstellung von Gold forschenden »Alchimisten« Johann Friedrich Böttger in den Kellern der Dresdener Elbuferbefestigung gefangen gehalten. Böttger fand kein Gold und wurde 1704 der Obhut des Naturforschers Ehrenfried Walther von Tschirnhaus unterstellt, dem es um 1707 gelang, weißes Porzellan herzustellen. Nach Tschirnhaus' Tod führte Böttger die Versuche weiter und leitete die 1710 gegründete Porzellanmanufaktur, die sich damals in der Albrechtsburg befand. Dieser sollte man unbedingt einen Besuch abstatten, bietet sie doch außer einer Kunst- und Porzellansammlung ein erlesenes Beispiel höfischer Architektur der Spätgotik. Neben der Burg ragt eines der am meisten besuchten Baudenkmäler Sachsens auf: der Dom St. Johannes und St. Donatus mit seiner hochgotischen Architektur und besonders mit seinen berühmten Steinskulpturen aus der Werkstatt des »Naumburger Meisters« (1250).

2 Als Jagdschloss hat sich Kurfürst Moritz (1521–1553) in der Teichlandschaft des Friedewaldes die **Moritzburg** errichten lassen. Vom ehemaligen Grundriss, der eine nahezu quadratische Anlage mit Wehrmauern und dicken Rundtürmen in jeder Ecke zeigte, zeugen heute nur noch die vier Türme. Aber auch die hat der baufreudige August der Starke aufstocken lassen, als er das Wasserschloss zu einem eleganten barocken Lustschloss von seinem Lieblingsbaumeister Matthäus Daniel Pöppelmann umbauen ließ (1722–1730). Das Sächsische Barockmuseum hätte keine adäquatere Behausung finden können. Ein wahres Rokoko-Kleinod ist das knapp 40 Jahre nach der Moritzburg von n Johann Daniel Schade und Johann Gottlieb

Hauptmann im Schlosspark errichtete Fasanenschlösschen.

3 Die Umgebung Dresdens erkundet man am besten per Schiff auf der Elbe. So gelangt man an Weinbergen entlang nach **Radebeul.** Der berühmteste Sohn des Ortes ist Karl May (1842–1912). Der wohl meistgelesene Autor deutscher Sprache hat hier den größten Teil seines Lebens verbracht. Seit 1928 gibt es ein ihm gewidmetes Museum. In der »Villa Bärenfett«, einem Blockhaus, kann man den indianischen Alltag nachempfinden, und in der »Villa Shatterhand«, dem ehemaligen Wohnhaus, erfährt man alles über Leben und Werk des Schriftstellers.

4 Der Kosename »Elbflorenz« sagt alles: **Dresden** ist eine bedeutende Kulturmetropole. Gegründet bereits im frühen 12. Jahrhundert, begann der Aufstieg der Stadt erst unter den Wettinern, als diese im ausgehenden 15. Jahrhundert ihre Residenz hierher verlegten. Auf diese Zeit gehen auch die Anfänge des Schlosses zurück. Unter den Kurfürsten Moritz und August (1526–1586) wurde dieses großzügig erweitert. Der Motor des Ausbaus von Dresden zu einer Kunststadt ersten Ranges waren die Kurfürsten von Sachsen und Könige von Polen, August der Starke (1670–1733) und dessen Sohn August III. (1696–1763). Beider Herrschaft, das

Die Albrechtsburg thront neben dem Dom auf einem Felsen über Meißen.

WANDERN & FREIZEIT

🚲 Von Radebeul führt eine etwa 30 Kilometer lange Radtour auf dem **Elberadweg** über Coswig und Meißen bis in die Elbweinanbaugebiete bei Diesbar-Seußlitz. Es geht durch das malerische Elbtal mit Blick auf das Weinbaugebiet der Lößnitz. Nahezu alle Abschnitte der Strecke sind als gut befahrbarer Radweg ausgebaut. Die Tour startet in Radebeul unweit der Autobahnbrücke und führt entlang der Elbe nach Coswig und weiter nach Sörnewitz, wo die Herberge im Handwerkerhof zu einer Rast einlädt. Als nächste Etappe folgt Meißen. Wer möchte, kann hier einen Abstecher in die sehenswerte Altstadt machen. Ansonsten geht der ausgebaute Elberadweg hinter Meißen weiter und führt durch eine Landschaft mit Weinbergen und Steinbrüchen. Schließlich erreicht man Diesbar-Seußlitz. Die Rücktour lässt sich ab Meißen nach Radebeul mit der S-Bahn verkürzen.

»Augusteische Zeitalter«, gilt als Blüte sächsischer Kultur.
Ihren baulichen Ausdruck fand die Stärke Sachsens zum Beispiel im weltberühmten Zwinger mit dem imposanten Kronentor, beides Arbeiten unter der Leitung des Baumeisters Matthäus Daniel Pöppelmann und des Bildhauers Balthasar Permoser. Der vielleicht schönste Teil des Zwingers, dessen offene Anlage übrigens erst Mitte des 19. Jahrhunderts durch Gottfried Sempers Galeriebau geschlossen wurde, ist der Wallpavillon. Weitere äußerst bemerkenswerte Bauten sind die Schlösser Pillnitz, Moritzburg und Großsedlitz, aber auch die protestantische Frauenkirche sowie die katholische Hofkirche. Der Wiederaufbau der im Zweiten Weltkrieg zerbombten Frauenkirche mit Spendengeldern aus aller Welt wurde zum symbolischen Akt für die Versöhnung der einstigen Kriegsgegner. Darüber hinaus ist sie ein Meisterwerk des protestantischen Barock mit einer der größten Kuppeln nördlich der Alpen.
Auch August III. war ein begeisterter Kunstsammler und ließ, wie bereits sein Vater, in ganz Europa Kunstschätze aufkaufen. Dadurch wuchs die Gemäldegalerie »Alte Meister« zu einer der bedeutendsten der Welt heran. Als ihr berühmtestes Werk gilt Raffaels »Sixtinische Madonna« mit den zwei Engelchen am unteren Bildrand, die für die damals ungeheuerliche Summe von 20000 Zechinen von einem Kloster in Piacenza gekauft worden war.
Als letzter großer Baumeister Dresdens gilt Gottfried Semper. Von ihm stammen die Pläne für die Gemäldegalerie, die den Zwinger zur Elbseite hin abschließt (1847–1854), und für das Hoftheater (1870–1878), besser bekannt als »Semperoper«.
Auf das 19. Jahrhundert geht auch der berühmte »Fürstenzug« zurück, ein Wandbild aus Porzellankacheln, das 35 sächsische Fürsten aus der Dynastie der Wettiner zeigt.
Zum Fluss hin öffnet sich das linkselbische Dresden mit der Brühlschen Terrasse, einem imposanten Bauensemble im Rokokostil. Den Abschluss der Terrasse nach Osten bildet das Albertinum, das neben einer beachtlichen Skulpturensammlung auch die Gemäldegalerie »Neue Meister« beherbergt. Gesehen ha-

Das aus drei Gebäudeteilen bestehende Schloss Pillnitz gilt als Barockjuwel.

Der Dresdner Zwinger, ein Gebäudekomplex mit Gartenanlage, entstand von 1710 bis 1728 als Orangerie und Festspielplatz.

Die Kunstakademie mit ihrer gläsernen Kuppel und die prunkvolle Frauenkirche gehören zu den prägenden Gebäuden Dresdens.

ben muss man das »Grüne Gewölbe« im Schloss, eines der reichsten Schatzkammermuseen weltweit.

5 Ein Baudenkmal ersten Ranges ist das **Sommerschloss Pillnitz.** August der Starke ließ sich hier ein bereits seit dem Jahr 1403 urkundlich erwähntes Rittergut zu einem eindrucksvollen Gesamtkunstwerk aus Natur und Architektur unter der Leitung von Baumeister Matthäus Daniel Pöppelmann ausbauen. Das Schloss vereint die Exaktheit barocker Bausymmetrie mit der Weichheit der geschwungenen Flusslandschaft. Wie aus den Fluten geboren, erhebt sich das dreiflügelige Wasserpalais, dessen doppelt geschweiftes Dach mit seinen schlanken Helmen oben und den chinesischen Motiven unten erstmals die Leichtigkeit fernöstlicher Architektur an die Elbe brachten. Das Bergpalais wiederholt dieses architektonische Spiel, und alles zusammen gipfelt in der Symmetrie des Neuen Palais (1818–1826). Der Schlosspark mit seinen im chinesischen, französischen, holländischen und englischen Stil gehaltenen Gärten samt ihren zahlreichen Pavillons ist einen Bummel wert.

6 Ein Kleinod der Sächsischen Schweiz ist **Pirna.** Nur wenige Orte können eine so schöne historische Altstadt ihr Eigen nennen. Am Marktplatz erhebt sich das Rathaus, dessen ältester Teil auf die Zeit der Renaissance zurückgeht. Manche Bürgerhäuser sind sogar noch älter: Sie stammen aus der Zeit der Spätgotik. Das trifft auch auf die Stadtkirche St. Marien (1502–1546) zu. Mit ihr hat der Baumeister Peter Ulrich von Pirna eine der bedeutendsten spätgotischen Hallenkirchen geschaffen. Berühmt sind das dichtmaschige Rippengewölbe und die Skulpturen der ins Gewölbe hochkletternden »Wilden Leute« und anderer Fantasiegestalten. Der Hauptaltar gilt als Meisterwerk der Renaissanceplastik. Dem gotischen Baustil verpflichtet zeigt sich die ehemalige Dominikanerkirche St. Heinrich (14. Jahrhundert), die mit Wandmalereien aus der Zeit der Erbauung erfreut.

WANDERN & FREIZEIT

In Radebeul lädt die historische **Lößnitzgrundbahn** zu einer Fahrt ein. Mit der Dampflok geht es von Radebeul-Ost über Moritzburg und Bärnsdorf nach Radeburg. Auf der etwa eine Stunde dauernden Fahrt (einfache Strecke) durch eine reizvolle Umgebung gibt es viel zu sehen (loessnitzgrundbahn.de).

Berühmt ist der **»Malerweg«.** Auf ihm spazierte schon Caspar David Friedrich. Er verläuft von Dresden über Wehlen bis Bad Schandau. Wer will, kann dabei Abstecher zu den Burgen Königstein und Lilienstein unternehmen, ist aber dann rund drei Tage unterwegs.

Rund vier Stunden braucht man, wenn man die zwölf Kilometer von Wehlen durch den **Höllengrund** zur Felsformation der Bastei, weiter nach Rathen und zurück hoch über der Elbe und am Fluss entlang zurück nach Wehlen wandert.

Wer nach bizarren Felslandschaften Ausschau hält, ist im **Bielatal** im Süden der Sächsischen Schweiz richtig. Rund vier Stunden dauert der zwölf Kilometer lange Rundweg von Schweizermühle über Ottomühle und Brausenstein zurück nach Schweizermühle.

Eine etwa sieben Kilometer lange Bergwanderung kann man bei den **Schrammsteinen,** östlich von Bad Schandau durchführen. Die knapp drei Stunden dauernde Tour beginnt mit dem Fahrstuhl in Bad Schandau auf die rund 300 Meter hohe Ostrauer Scheibe. Ab der Bushaltestelle ist der Bergwanderweg mit dem Symbol blaues Kreuz gekennzeichnet. Während der Wanderung durch die Landschaft mit ihren mächtig aufragenden Felsen, erreicht man immer wieder Stellen, die einen herrlichen Ausblick auf das Elbetal bieten. Die Route verläuft von den Vorderen Schrammsteinen, über den Abstieg von Zahngrund zum Lattengrund zum Jägersteig hinauf zum Gratweg und Schrammsteinweg bis zu den Hinteren Schrammsteinen, wo man am Carolafelsen den höchsten Punkt erreicht (453 Meter). Von dort geht es auf gleichem Weg wieder zurück.

Eine beeindruckende, etwa sechs Kilometer lange Schlucht- und Höhenwanderung führt aus dem Kirnitzschtal zur 400 m aufragenden **Hohen Liebe.** Die 2,5-Stunden-Wanderung beginnt an der Haltestelle Nasser Grund der Kirnitzschtalbahn, die zwischen hier und dem unweiten Bad Schandau verkehrt. Die Route folgt in Richtung Nasser Grund, einer Schlucht die zur Quelle Günthers Börnel hinaufführt. Von dort folgt man den gelben Markierungen bis zu einer Gabelung. Dort geht es weiter zum Liebentor und hinauf zur Hohen Liebe. Dieser Gipfel aus Sandstein bietet eine hervorragende Aussicht auf den Falkenstein und die Schrammsteinkette. Danach geht es über den Butterweg (rote Markierung) wieder zurück ins Tal und zum Ausgangspunkt.

Eine attraktive Möglichkeit, die Sächsische Schweiz per Zug kennenzulernen, bietet die **Kirnitzschtalbahn.** Diese historische Überland-Straßenbahn fährt durch das malerische Kirnitzschtal und verbindet die knapp 7,5 Kilometer lange Strecke zwischen Bad Schandau und dem Lichtenhainer Wasserfall.

Direkt an der Festung Königstein lockt ein abwechslungsreicher **Hochseilgarten.** Acht Parcours mit 80 Kletterelementen in unterschiedlichen Höhen bis 15 Meter bieten verschiedenste Schwierigkeitsgrade. Bereits Kinder ab fünf Jahren können ihre Kletterfertigkeit testen. Geöffnet von April bis Ende Oktober (kletterwald-koenigstein.de).

7 Der wohl berühmteste Teil der Sächsischen Schweiz erhebt sich majestätisch über der Elbe: die **Bastei.** »Nur« rund 200 Meter hoch ist sie, doch ihre schroffe Sandsteingestalt ist ungleich beeindruckender als diese schlichte Zahl. Die rund 500 000 Touristen, die sich jährlich hier einfinden, wissen, warum: Der Ausblick über Elbe und in die Ferne ist einfach überwältigend. Von außen hat sie Festungscharakter, während sich im Inneren ein wahres Schluchtenlabyrinth auftut. Bereits 1826 errichtete man die erste hölzerne Brücke, die in rund 40 Meter Höhe die Kluft zwischen Bastei und Neurathener Felsentor überwindet. 1851 wurde sie durch die Sandsteinbrücke ersetzt.

8 Zu Füßen der Bastei liegt der Kurort **Rathen,** mit nur 300 Einwohnern ein beschaulicher Ort. Er ist einer der günstigsten Ausgangspunkte für Wanderungen durch die Felsen der Sächsischen Schweiz oder zur Felsenbühne hinauf. Eine interessante Sehenswürdigkeit am Rande: die historische Gierseilfähre.

9 Düster überragt die **Festung Königstein** den Ort. Als die mittelalterliche Trutzburg im Jahr 1408 an die Wettiner fiel, die Markgrafen von Meißen und späteren Kurfürsten von Sachsen, begann ihr Ausbau zur heutigen Größe. August der Starke, ein Inbegriff des absolutistischen Barockherrschers, feierte auf dem 360 Meter hohen Burgberg üppige Gelage, nutzte die Festung in kriegerischen Zeiten aber auch als Tresor für die Dresdner Kunstsammlung. Das taten übrigens auch die Nationalsozialisten. Niemand weiß genau, wie viele Kisten die Sowjetarmee 1945 von hier abtransportierte.

10 Der südliche Zielhafen der »Weißen Flotte« heißt **Bad Schandau.** Er ist für seine eisenhaltige Quelle berühmt, die bereits um 1730 entdeckt wurde. Die Kirche St. Johannis geht auf den Anfang des 18. Jahrhunderts zurück. Ganz besonders erfreut die bauliche Einheit des Stadtzentrums rund um Kirche und Marktplatz. Kein Wunder, dass das ganze Ensemble unter Denkmalschutz gestellt wurde.

Klippen und Tafelberge wie die bizarren Felsnadeln der Bastei sind die Reste einer einst kompakten Sandsteinplatte.

Durch das Land der Sorben

Kultur und Brauchtum der Sorben, einmalig schöne Schlösser und eine zauberhafte Landschaft prägen diese Rundfahrt mit dem Auto. Die slawischen Sorben leben seit der Völkerwanderung im 5. Jahrhundert in der Lausitz und haben sich ihre Sprache ebenso bewahrt wie ihre Trachten, Bräuche und Volksfeste.

Die das Kamenzer Stadtbild prägende Kirche St. Marien wurde im 15. Jahrhundert aus Granit erbaut.

TOUR 27

- **Länge:** rund 180 Kilometer
- **Dauer:** 3–4 Tage
- **Start | Ziel:** Kamenz | Görlitz

1 Der berühmteste Sohn von **Kamenz** heißt Gotthold Ephraim Lessing (1729–1781). An den Schöpfer der »Minna von Barnhelm« und des »Nathan« erinnert das 1931 eröffnete Lessing-Museum.
Das Zentrum der »grünen Stadt der Lausitz« rund um den Markt zeigt sich als ein geschlossenes Bauensemble, gruppiert um das neugotische Rathaus und die spätklassizistischen Fleischbänke. Zwar besitzt Kamenz auch ein paar außergewöhnliche Bürgerhäuser, so das Malzhaus und das Ponickauhaus, doch die herausragende Sehenswürdigkeit ist die spätgotische Hallenkirche St. Marien (1440–1480). Ihre verschiedenen Altäre, darunter der Marienaltar vom Ende des 15. Jahrhunderts, zählen zu den Meisterwerken sächsischer Kunst. Altäre sind auch die besonderen Schmuckstücke der St.-Annen-Kirche, während die Justkirche Sachsens wertvollste Wandmalereien besitzt, die Anfang des 13. Jahrhunderts geschaffen wurden.

2 In der Umgebung von Kamenz stößt man auf zwei herrschaftliche Barockschlösser: Das der Grafen Dohna in **Königsbruck** – mit 19 Fensterachsen eines der stattlichsten in Sachsen – entstand um 1700, das in **Oberlichtenau** (inklusive Barockpark) geht auf das Jahr 1720 zurück.
Auch das benachbarte **Pulsnitz** – bekannt für seine Pfefferkuchen, die hier seit 1558 gebacken werden – besitzt großartige Herrensitze. Das Alte Schloss stammt aus der Renaissance (um 1600), aus der ebenfalls das Rathaus datiert, das Neue Schloss repräsentiert den Barock (1718). Neben allem Weltlichen sollte man auch die prachtvoll ausgeschmückte Hallenkirche St. Nikolai besuchen – oder eventuell den Perfert: Der von Wasser umspülte wehrhafte Speicher aus dem Jahr 1420 ist der älteste Fachwerkständerbau in Sachsen.

3 Die Meißener Bischöfe hatten ihren Stammbesitz in **Bischofswerda.** Da die gesamte Stadt 1813 von Napoleons plündernden Sol-

daten dem Erdboden gleich gemacht wurde, fasziniert das Stadtbild heute vor allem durch die Einheitlichkeit der klassizistischen Architektur des frühen 19. Jahrhunderts, wie sie auch das um 1818 neugebaute und dreigeschössige Rathaus am Altmarkt aufweist.
Zu Sachsens schönsten Schlössern gehört unzweifelhaft das Barockschloss Rammenau (1721–1737). Nach Entwürfen von Johann Christoph Knöffel entstand über einem hufeisenförmigen Grundriss ein zweigeschossiger Dreiflügelbau aus Sandstein. Man kann sich leicht vorstellen, dass die enormen Baukosten den repräsentationssüchtigen Bauherrn letzten Endes ruiniert haben. Die Zwangsversteigerung folgte auf dem Fuße. Erst nach 1744 ließ der Zweitbesitzer den Innenausbau vollenden: äußerst prunkvoll mit Spiegelsaal sowie einem goldenen und einem chinesischen Zimmer, wie es die damalige Mode dem Adel vorschrieb. Der ehemals barocke Garten präsentiert sich heute als englischer Landschaftspark.
Von Bischofswerda lohnt sich ein Abstecher zur **Burg Stolpen.** Die auf einem dunklen Basaltfelsen aufragende Burg diente den Meißener Bischöfen wie auch den sächsischen Kurfürsten als Staatsgefängnis. Der berühmteste Häftling war die Reichsgräfin Constantia von Cosel, die einflussreiche Favoritin Augusts des Starken, der sie hier einsperren ließ, als er ihrer überdrüssig geworden war.

4 Den Mittelpunkt der Lausitz markiert **Bautzen** (sorbisch: »Budissin«). Nach Funden steinzeitlicher Werkzeuge und bronzezeitlichen Schmucks weiß man, dass dies eines der am längsten besiedelten Gebiete Europas ist. Die wertvollsten Funde werden im Stadtmuseum gezeigt.
Rund um den Hauptmarkt liegt die gut erhaltene Altstadt, eine der schönsten in Sachsen. Mit ihren schmalen Gassen und den barocken Fassaden der zahlreichen Bürgerhäuser hält sie »die gute alte Zeit«

Schloss Rammenau verfügt über einen sehenswerten Park.

WANDERN & FREIZEIT

Die für die Lausitz so typischen **»Umgebindehäuser«** findet man zahlreich auf der 15 Kilometer langen Wanderung in der Umgebung des Ortes Weifa, die etwa 4,5 Stunden in Anspruch nimmt.

Berühmt ist der **Oberlausitzer Bergweg.** Von dem gut ausgeschilderten, 115 Kilometer langen Wandersteig zwischen Neukirch und Zittau kann man natürlich auch überall nur Teilstrecken erwandern.

Von **Neukirch nach Sohland** mit einem Abstecher zum »Sonnenuhrdorf« Taubenheim braucht man zu Fuß rund 6,5 Stunden. Aussichtspunkte und Gaststätten säumen den 24 Kilometer langen Weg.

Die **Spreequelle am Kottmar** kann man zwischen Neusalza und Eibau besuchen (20 Kilometer). Sie ist eine von drei Quellen und liegt auf 583 Meter Höhe.

noch immer lebendig. Der Preußenkönig Friedrich II. und Napoleon nächtigten am Hauptmarkt im Jahreshaus (erbaut 1720), das seinen Namen wegen seiner vier Treppen, der zwölf Schornsteine, der 52 Zimmer und der 365 Fenster trägt.
Ein Pflichtbesuch sollte der Inneren Lauenstraße gelten, deren Beginn das Gewandhaus, das älteste der Oberlausitz, markiert, und die besonders schöne Barockbauten besitzt. Verstärkt wird die mittelalterliche Atmosphäre durch die trutzige Wehrmauer, die vor allem im Westen und im Norden die an Türmen reiche Altstadt noch immer schützt.
Das Zentrum überragen der gotische Petridom, das Rathaus mit seinen Uhren und die Ortenburg, in der sich auch das Museum für sorbische Geschichte und Kultur mit museumspädagogischem Kabinett befindet.
Eine technische Meisterleistung stellt die Alte Wasserkunst dar, die sich mit der nahe gelegenen Michaeliskirche und der Stadtmauer zu einem hübschen Bauensemble vereint. Das aufgestaute Wasser der Spree wurde in den Turm hochgepumpt und stellte so die Versorgung der Stadt sicher.

Der König-Friedrich-August-Turm bei Löbau wurde 1854 als Aussichtsturm errichtet.

5 Eine überraschende Stilmischung weist das Rathaus in **Löbau** auf, dessen mittelalterlicher Bergfried aus einem bilderbuchschönen barocken Umbau von 1711 emporsteigt. Das benachbarte Stadthaus von 1720 gilt als einer der beeindruckendsten Bürgerbauten des Ortes und einige weitere stehen in der Rittergasse hinter dem Rathaus.
Einmalig in seiner Art ist der auf dem Löbauer Berg 28 Meter in die Höhe ragende Friedrich-August-Turm, ein technisches Denkmal meisterlich gestalteter Eisenschmiedekunst mit zerbrechlich und filigran wirkenden Wänden und drei umlaufenden Balkonen. Nach oben gelangt man über eine im Turm befindliche Wendeltreppe mit 120 Stufen.

6 Auf halber Strecke nach Zittau erreicht man am Hutberg **Herrnhut,** Stammsitz und Ausgangspunkt der Missionstätigkeit der Herrnhuter Brüdergemeinde. Reichsgraf von Zinzendorf, der Besitzer des Gutes, hatte den 1727 wegen religiöser Verfolgung aus dem katholischen Mähren geflohenen evangelischen Exilanten Grund und Boden zur Verfügung gestellt. Der Mittelpunkt der Anlage

Die Alte Wasserkunst und die Michaeliskirche zählen zu den vielen Sehenswürdigkeiten Bautzens.

WANDERN & FREIZEIT

Geologisch interessant wird es bei den **Mühlsteinbrüchen Jonsdorf**, auf die man auf der zwölf Kilometer umfassenden Wanderung von Waltersdorf zum Luftkurort Lückendorf trifft.

Rund 16 Kilometer misst eine mittelschwere Wanderung durch das **Zittauer Gebirge** von Lückendorf nach Zittau. Sie beginnt in Lückendorf und führt vorbei am Scharfenstein und dem Sandsteinmassiv des Berges Oybin. Danach geht es talwärts nach Hartau. In Richtung Dreiländereck folgt der Weg dann dem Verlauf der Grenze bis Zittau.

Der **Radfernwanderweg (RFW) Sächsisches Mittelgebirge** führt von Neukirch über Taubenheim, Sohland, Neusalza, Obercunnersdorf und weitere Etappen bis nach Zittau durch das Oberlausitzer Bergland und das Zittauer Gebirge. Auf der knapp 100 Kilometer langen Strecke laden viele der bewaldeten Kuppen mit Berggasthöfen und wunderschönen Aussichten zum Verweilen ein. Der etwa 60 Kilometer lange **Abschnitt** zwischen Ebersbach und Großschönau folgt weitgehend verkehrsarmen Straßen. Ansonsten fährt man vorwiegend auf gut befestigten Wald- und Wiesenwegen. Die gesamte Route eignet sich für individuell geplante, kürzere Touren, wie z. B. die Strecken Zittau–Großschönau, Neusalza – Obercunnersdorf – Herrnhut oder Neukirch – Taubenheim. Wegen der hügeligen bis gebirgigen Landschaft sollte man ein wenig Kondition mitbringen, Sportler muss man aber nicht sein. Öffentliche Verkehrsmittel wie Busse des ZVON erleichtern die eine oder andere Rückfahrt. Zwischen Oybin/Johnsdorf und Zittau verkehrt die Zittauer Schmalspurbahn.

Eine nette, rund 30 Kilometer lange Tagestour auf dem insgesamt 630 Kilometer langen **Oder-Neiße-Radweg** führt von Zittau bis nach Görlitz entlang der deutsch-polnischen Grenze. Von Zittau geht es flussabwärts durch das romantische Neißetal über Hirschfelde nach Ostritz zum Kloster Marienthal. Von dort gelangt man dann über Hagenwerder, mit Blick auf den Berzdorfer See, weiter bis nach Görlitz. Hier kann man beispielsweise vom Hauptbahnhof mit dem Zug wieder zurück zum Ausgangsort der Tour gelangen. Der weitere Oder-Neiße-Radweg führt über die Kultureinsiedelei bei Zentendorf und Bad Muskau durch Brandenburg und Mecklenburg-Vorpommern bis zum Stettiner Haff.

Der **Spree-Radfernwanderweg** beginnt an der Spreequelle am Kottmar und führt am Fluss entlang bis ins rund 295 Kilometer entfernte Berlin. Der Abschnitt durch die Oberlausitz ist etwa 120 Kilometer lang. Eine kurze Tagestour (35 Kilometer) beginnt am Kottmar (583 Meter) an der höchsten der insgesamt drei Spreequellen, wo man mit etwas Glück Ausblick bis zum Iser- und Riesengebirge hat. Die Gegend um den Kottmarwald ist sehr hügelig und waldreich. Auf gut ausgebauten und ausgeschilderten Wegen geht es teilweise am Flussufer entlang über Eibau nach Neugersdorf, wo die ergiebigste Spreequelle entspringt, und schließlich weiter nach Ebersbach, wo sich die dritte Spreequelle befindet. Ebersbach bietet einen schönen neu angelegten Stadtpark mit Bäumen und einer großen Spielwiese mit Wasserspielplatz. Schließlich radelt man durch das waldreiche und bergige Umgebindeland über Oppach, Sohland und Obergurig bis nach Bautzen.

Eine insgesamt rund 30 Kilometer lange Tour führt vom Zentrum Bautzens zum **Saurierpark** im Ortsteil Kleinwelka und wieder zurück. Die Strecke entlang der »Sächsischen Städteroute« ist mit einem roten »S« gekennzeichnet und führt vom Rathaus nach Norden stadtauswärts in Richtung Salzenforst. Kurz hinter Temritz quert die Kreisstraße K 7274 den Weg. Hier biegt man rechts ab und fährt weiter in den Bautzener Ortsteil Kleinwelka und praktisch auf den Eingang zum Saurierpark zu (nach 15 Kilometer). Neben dem Sauriergarten mit seinen Erlebnisstationen lockt auch der benachbarte Irrgarten große und kleine Besucher an. Einkehrgelegenheiten gibt es in den Freizeitparks sowie in unmittelbarer Nähe. Für die Rückfahrt zum Ausgangspunkt der Tour bietet sich der gut ausgebaute Radweg entlang der B96 an.

ist das in schlichtem Barock gestaltete »Gemeindehaus«: die Kirche, deren Inneres von äußerst strenger Einfachheit gekennzeichnet ist. Eine durchaus ähnliche bauliche Klarheit vermittelt der Vogtshof, in dem heute die Verwaltung untergebracht ist. Das Schloss des Reichsgrafen hingegen ist dem Barock verpflichtet.

7 Im Grundriss einen Kreis beschreibt die denkmalgeschützte Altstadt von **Zittau**, denn wie ein Ring umgaben die ehemals doppelt angelegten Stadtmauern diesen nach Leipzig wichtigsten sächsischen Handelsplatz. Er ist bereits im 13. Jahrhundert schriftlich bezeugt. Den Mittelpunkt des Kreises nimmt der Markt mit dem Mars- oder Rolandbrunnen ein. Barocke Bürgerhäuser wenden ihm ihre Fassaden zu, so das Noack'sche Haus (Nr. 4), das alte Hotel zur Linde (Nr. 9), die ehemalige Ratsapotheke (Nr. 10) und die Fürstenherberge (Nr. 13) in der auch Napoleon im August 1813 übernachtete. Das Rathaus in historisierenden Formen geht auf den berühmten Baumeister Karl-Friedrich Schinkel (1781–1841) zurück, dem die Schinkel-Säule gewidmet ist. Er hatte auch beim Wiederaufbau der klassizistischen Kirche St. Johannis seine Hand im Spiel, denn ursprünglich datiert das Gotteshaus aus der Spätgotik. Böhmische Bautradition zeigt die gotische Kreuzkirche von 1410 mit ihrem quadratischen Grundriss und dem auf nur einem Mittelpfeiler ruhenden Sterngewölbe.

8 Im Neißetal nordwärts geht es nach **Ostritz,** einem Ort, der bereits 1005 urkundlich erwähnt und damit älter als alle »bedeutenderen« Nachbarstädte ist.
1243 legte in der Nähe die böhmische Königin Kunigunde den Grundstein zum **Zisterziensernonnenkloster Marienthal.** Nach einem Brand in der Mitte des 17. Jahrhunderts errichtete man Kirche, Konvent und Propstei im damals vorherrschenden Stil des Barock neu. Die Anlage ist reich an Kunstschätzen. Hervorzuheben sind die Ausmalung der Kreuzkapelle durch Giovanni Battista Casanova, den Bruder des bekannten Frauenhelden, die Ausstattung der Bibliothek und der Klosterkirche sowie verschiedene Skulpturen, die bis auf das 15. Jahrhundert zurückgehen. Stärken kann man sich nach so viel Kultur in der Klosterschänke mit uriger Einrichtung.

9 Görlitz ist die östlichste deutsche Stadt – und einer der schönsten historischen Orte. Bauliche Einheit aus Renaissance und Barock zeichnet den Untermarkt, das mittelalterliche Herz der Altstadt, aus. Der älteste Teil des Rathauses, das die Westseite beherrscht, datiert von 1378. Eine besonders aufwendige Gestaltung ziert den Schönhof, das älteste bürgerliche Renaissancehaus Deutschlands von 1526. In den Langen Lauben am Markt fand der Tuchhandel statt, der Görlitz reich gemacht hat.
Nördlich vom Markt trifft man auf die Pfarrkirche St. Peter und Paul, die Stilelemente von der Romanik über die Renaissance bis hin zur Neugotik vereinigt. Durch die von Renaissance- und Barockhäusern gesäumte Brüderstraße gelangt man vom Unter- zum auffallend lang gezogenen Obermarkt. Auch er besitzt eine vollkommen geschlossene Bebauung, hier allerdings ist sie rein barock. Vom Balkon der heutigen Stadtinformation hat schon Napoleon heruntergeblickt. Nach Westen schließen der Rechenbücher Turm und der Kaisertrutz den Platz ab, sie sind Teile der alten Wehranlagen von 1490. In Letzterem ist ein Teil des Kulturhistorischen Museums untergebracht.
Ein besonderes Schmuckstück ist die Oberlausitzische Bibliothek der Wissenschaften: Der Saal der Bibliothek gehört mit seiner charakteristischen Schlichtheit bis heute zu den schönsten Bibliotheksräumen des frühen Klassizismus. Seit 1806 sind die Bestände in einer klassizistischen Kulissenbibliothek untergebracht. Dabei gliedern sogenannte Bücherbögen – dem Prinzip barocker Theaterarchitektur folgend – wie Kulissen den Bibliothekssaal. Als Arbeitsbibliothek fehlt prunkvoller Schmuck, allein Buchrücken zieren den Raum.
Wer noch etwas Zeit hat, sollte unbedingt noch einen Abstecher nach **Bad Muskau** machen, etwa 50 Kilometer nördlich von Görlitz gelegen. Hier breitet sich nämlich einer der schönsten Landschaftsparks Europas über knapp 600 Hektar im Neißetal aus: die Gartenanlage des Fürsten Pückler-Muskau. Der Abenteurer und Ästhet Pückler schuf hier, angeregt durch seine Englandreisen, ein Gesamtkunstwerk nach englischem Vorbild. Bestehende Objekte wie der Ort Muskau oder das Schloss – heute leider nur mehr eine Ruine – liegen eingebettet in den weitäufigen Park.

In der idyllischen Altstadt Zittaus sind die Johanniskirche und der Rolandbrunnen nur zwei von vielen Highlights.

Über der Neiße erhebt sich stolz die Pfarrkirche St. Peter und Paul von Görlitz.

Bücherbögen sind die raumgestaltenden Elemente im historischen Saal der Oberlausitzischen Bibliothek der Wissenschaften.

Flussromantik: von der Mosel an die Saar

Diejenigen, die es eilig haben, können die romantische Tour entlang der Mosel in zwei Tagen bewältigen. Doch die wunderschöne Strecke von der Burg Eltz vorbei an Weinbergen, alten Burgen und idyllischen Ortschaften verleitet immer wieder zum Verweilen. Über die alte Römerstadt Trier geht es dann noch ein Stück saaraufwärts nach Saarburg. Beidseits der Mosel kann man die wunderbare Landschaft sehr gut per Rad genießen.

Wie einem Märchen entsprungen wirkt die über dem Elzbachtal himmelwärts strebende Burg mit ihren Erkern und Türmchen.

TOUR 28

- **Länge:** rund 180 Kilometer
- **Dauer:** 2–6 Tage
- **Start | Ziel:** Burg Eltz | Saarburg

Über Cochem thront die im 19. Jahrhundert im neugotischen Stil restaurierte Reichsburg.

1 Manchmal wird die Fantasie der Kulissenmaler von der Wirklichkeit um Längen übertroffen. Märchenhaft schimmern die Erker und die Türmchen von **Burg Eltz** durch das Laub der umliegenden Wälder. Außer der traumhaften Lage sind die vollständig original erhaltene Bausubstanz und die reiche Schatzkammer einzigartig. Vom 12. Jahrhundert bis zum heutigen Tag besitzen die Grafen von Eltz die auf einem bis zu 70 Meter hohem Felskopf stehende Anlage, die jeden Sommer mehr als 500 000 Besucher anzieht. Sie gehört zu den bekanntesten Burgen in Deutschland.

2 Wer die romantische Altstadt des 5000-Seelen-Städtchens **Cochem** in Ruhe erkunden will, sollte früh aufstehen, denn während der Saison zählt der Ort bis zu 20 000 Besucher am Tag. Vom Kapuzinerberg mit der Klosteranlage aus dem 17. Jahrhundert hat man eine wunderbare Aussicht auf die Reichsburg, aber auch eine Fahrt mit der Sesselbahn zur Ruine Winneburg sollte man sich nicht entgehen lassen.
Von Cochem aus lohnt es sich, einen Abstecher nach **Daun** zu machen. Trotz schwerer Zerstörungen im Zweiten Weltkrieg sind die

WANDERN & FREIZEIT

Etwa eine Stunde dauert der Weg durch das **Eltztal** über den romantischen Fußweg von Moselkern bis zur Burg Eltz.

Der Wanderweg verläuft auf 20 Kilometern durch das **Tal der wilden Endert** von Ulmen nach Cochem. Er führt unter anderem an einem Wasserfall vorbei, wo das Wasser der Rausch sieben Meter in die Tiefe stürzt (eifel.info/wandern/wanderwege/a-wilde-endert).

Auf dem knapp zwei Kilometer langen **Weinkulturpfad in Trier** erfährt man auf interessanten Informationstafeln viel »Sehenswertes und Merkwürdiges« über Rebsorten und Weinanbau. Entlang des Weges geben viele Hinweistafeln Auskünfte über Rebsorten, Klima und Bodenverhältnisse, u. a. über den für die Mosel typischen Devonschiefer und die Vielseitigkeit der Arbeit des Winzers im Weinberg, von Erziehungsarten sowie Direkt- und Seilzuganlagen. Startpunkt des Lehrpfades ist das römische Amphitheater. Das Ziel befindet sich im Trierer Weinort Olewig, wo man den Ausflug mit einer Kellerbesichtigung und einer Weinprobe abschließen kann (trier-info.de).

Die Burgruine Metternich thront über Beilstein, das mit seiner Altstadt zu Recht als »Rothenburg an der Mosel« bezeichnet wird.

Pfarrkirche St. Nikolaus, die Reste der Befestigung, das Haus Rodemacher aus dem 16. Jahrhundert und der spätmittelalterliche Waldenhof durchaus eine Besichtigung wert. Das Eifel-Vulkanmuseum bietet Besuchern einen faszinierenden Einblick in die vulkanischen Phänomene und Aktivitäten der Vulkaneifel sowie weltweit. Den eigentlichen Reiz aber macht die landschaftliche Schönheit der südlich gelegenen Maare Weinfelder, Gemündener und Schalkenmehrener Maar aus.

3 Moselaufwärts geht es nach einer Besichtigung der **Propstei Ebernach** weiter in den Winzerort **Beilstein** am Fuße des Klosterbergs. In gut einer Stunde spaziert man vom entzückenden Marktplatz mit dem alten Amtshaus vorbei am Zehnthaus von 1577, in dem man ein Weinmuseum eingerichtet hat, und wunderschönen Fachwerkhäusern durch das ehemalige Ghetto. 112 Stufen führen hinauf zur barocken Klosterkirche. Nach dem Aufstieg zur Burgruine Metternich gelangt man durch die Weinberge zurück ins Dorf.

4 Über Senheim-Senhals geht es weiter nach **Ediger** mit seiner gut erhaltenen Stadtmauer und den zahlreichen historischen Baudenkmälern, die zu den schönsten Fachwerkensembles Deutschlands zählen. Berühmt ist das Geläut der spätgotischen St.-Martins-Kirche. Nach einer Besichtigung der Kapelle der Muttergottes von Einsiedeln führt der Weg in den Ortsteil Eller, wo sich schon im 5. Jahrhundert ein Kloster befand. Daran schließt sich ein Besuch von Pestkapelle und St. Hilarius an, der mit einer Wanderung über den Calmot seinen würdigen Ausklang findet. Mit 65 Prozent Hangneigung ist der 378 Meter hoch aufsteigende Bergrat der steilste Weinberg der Welt.

5 Über **Bremm** mit seinem Storchenhaus und der spätgotischen Laurentiuskirche geht es über Alf weiter nach Enkirch. Auf der Fahrt sollte man keinesfalls einen Spaziergang in **Zell,** der Stadt der »Schwarzen Katz«, entlang der Mosel auslassen.
Auch ein kleiner Abstecher in den Hunsrück nach **Simmern** ist lohnenswert. In Simmern wurde einst der legendäre Räuberhauptmann Johannes Bückler im Schinderhannesturm gefangen gehalten. Die Pfarrkirche St. Joseph besticht durch ihre barocke Ausstattung und in der Pfarrkirche St. Stephan befinden sich die sehenswerten Grabdenkmäler der Pfalzgrafen von Simmern.
Enkirch mit seinen Lagen Steffensberg, Batterieberg und Monteneubel wird auch als »Ankerplatz für Weinkenner« bezeichnet. Keinesfalls sollte man sich nach einem Rundgang durch die malerische Altstadt und einem Besuch der Heimatstuben einen guten Tropfen in der Ratsweinschänke entgehen lassen. Wer es einrichten kann, sollte am ersten Wochenende im August zum allseits beliebten Weinfest anreisen.

6 Mit Jugendstil vom Feinsten kann **Traben-Trarbach** aufwarten, aber auch ältere historische Gebäude und zahlreiche Weinkneipen verleihen der Doppelstadt ihren Charme.
Auf der Starkenburg trotzte die wehrhafte Lauretta einst den unverschämten Ansprüchen des Erzbischofs Balduin, den sie kurzer-

Von der Grevenburg in Traben-Trarbach ist seit ihrer Zerstörung nur noch eine Ruine übrig.

WANDERN & FREIZEIT

Der rund 311 Kilometer lange **Mosel-Radweg** beginnt in Metz in Frankreich und endet am Deutschen Eck in Koblenz, an der Mündung der Mosel in den Rhein. Der **Abschnitt zwischen Trier und Koblenz** ist etwa 190 Kilometer lang und durch grüne Schilder, mit einem weißen Fahrrad als Logo, markiert. Die Route verläuft ausnahmslos auf asphaltierten Wegen. Um dem Autoverkehr möglichst aus dem Weg zu gehen, wechselt die Radroute mehrfach die Moselseite. Nur zwischen Cochem und Kobern-Gondorf verläuft der Radweg auf einem Radstreifen direkt neben der Bundesstraße. Von St. Aldegund bis Trier führt eine abwechslungsreiche Fahrradstrecke über den ausgeschilderten Moseluferpfad. Der Mosel-Radweg bietet sich aber auch für kürzere, individuell geplante Radtouren an (visitmosel.de).

Eine rund 23 Kilometer lange Radtour führt auf dem **Mosel-Radweg von Neumagen nach Bernkastel.** In diesem Abschnitt fließt die Mosel in herrlichen Schleifen durch eine Landschaft mit hohen Weinbergen und malerischen Orten. Die Route startet in Neumagen und führt nach Überquerung der Mosel auf der linken Seite flussabwärts. Entlang steiler Weinberge geht es nach Ferres und weiter Piesport, wo verschiedene Weingüter zur Verkostung einladen. Bei Piesport wechselt der Radweg wieder auf das rechte Moselufer. Von dort aus sind weitere Etappen Wintrich, Filzen, Brauneberg, Mülheim und Andel. Schließlich erreicht man in Bernkastel am großen Parkplatz zwischen Mosel und Bundesstraße die letzte Etappe. Wer wieder zurück nach Neumagen möchte, kann dies z. B. per Schiff tun. In der Regel nehmen Schiffe auch Fahrräder gegen Aufpreis mit.

Ein schöner Spazierweg führt vom Klosterberg in Beilstein vorbei an Kirche und Marienkapelle zur **Burgruine Metternich.** Über die Armesünderkapelle und den jüdischen Friedhof geht es über die Weinberge zurück ins Dorf.

Eine etwa 4,5 Kilometer lange Wandertour führt auf den **Petrisberg,** den »Hausberg« der Trierer. Man wandert größtenteils auf asphaltierten Wegen. Die Tour startet in Trier am Kreuzweg/Ecke Kurfürstenstraße und führt hinauf zum Fernsehturm. Die etwa 120 Meter Höhenunterschied führen zum Teil über Treppen dorthin. Der Lohn für die kleine Anstrengung ist ein beeindruckender Ausblick auf die Stadt und in das weite Moseltal. Dann geht es weiter in den Petrispark mit dem Turm Luxemburg und einem Abenteuerspielplatz. Anschließend geht man dem Weg wieder zurück und folgt an der Abzweigung links der Baumallee »Beim alten Weingarten« in Richtung Petrisberg. Vom Aussichtspunkt bietet sich wieder ein herrlicher Ausblick auf Trier. Anschließend folgt man dem Fußweg bergab vorbei am Kloster Sankt Klara. Am »Hotel Petrisberg« führt ein Serpentinenpfad durch den Wald hinab ins Tal.

Das Vorbild der **»Stella Noviomagi«** ist ein antikes Weinschiff, das einst das Grab eines reichen Händlers zierte. Vorbei an berühmten Weinlagen wie der Trittenheimer Apotheke und dem Piesporter Goldtröpfchen fährt der Nachbau heute die Mosel auf und ab. An Bord erzählen Experten Wissenswertes über die lange Tradition des Weinanbaus in der Region (neumagen-dhron.de).

Ebenfalls abwechslungsreich zeigt sich das Moseltal **zwischen Trier und Neumagen-Dhron.** Hier kann man eine etwa 40 Kilometer lange Radtour auf dem Mosel-Radweg machen. Die Strecke ist durchgehend asphaltiert und beinhaltet keine nennenswerten Steigungen. Mit dem Schiff (Fahrrad gegen Aufpreis) oder per Bus (radbusse.de) geht es von Trier nach Neumagen-Dhron. Von dort geht es flussaufwärts entlang steiler Weinberge und charakteristischer Flussschleifen Richtung Trier. Auf dem Weg laden Straußwirtschaften und Winzerhöfe zu Zwischenstopps ein. Bis Longuich liegt der Weg auf dem rechten Moselufer. Lohnenswert sind Abstecher zu den Römischen Villen in Longuich und im davor liegenden Mehring. Hinter Longuich wechselt man die Uferseite und fährt auf dem linken Moselufer weiter. Kurz vor Trier wechselt die Route zum letzten Mal die Uferseite.

In Riol lockt die **Allwetterrodelbahn Triolago** große und kleine Besucher an. Die knapp 1200 Meter lange Bahn sorgt mit Kurven, Wellen und Kreiseln für Vergnügen. Für das leibliche Wohl sorgt die Gastronomie in der Talstation.

hand als Geisel nahm. Vom Lösegeld erbauten ihre Söhne um 1250 die Grevenburg, die in den Reunionskriegen 1735 von den Truppen Ludwigs XIV. gesprengt wurde. Ein Meisterwerk der Festungsbaukunst ist Mont Royal, eine Anlage, von der heute leider nur noch eine Ruine erhalten ist.

7 Bernkastel-Kues wurde weder von französischen Truppen noch von den gefürchteten Feuersbrünsten im 19. Jahrhundert heimgesucht. Deshalb ist der Ort an der Mittelmosel in seiner mittelalterlich-romantischen Ursprünglichkeit erhalten geblieben. Die verwinkelten Gässchen mit ihren hübschen Fachwerkhäusern, das alte Rathaus, die Stadtkirche St. Michael, das Graacher Tor, in dem das hübsche Heimatmuseum untergebracht ist, die wunderschöne Aussicht von der Landshut, einer Burgruine aus dem 16. Jahrhundert, und das Nikolaushospital, das der Humanist Nikolaus von Kues im Jahr 1458 stiftete, locken jährlich Abertausende von Besuchern an. An Nikolaus Cusanus, den berühmten mittelalterlichen Gelehrten, erinnert außerdem sein Geburtshaus in Kues und der »Bernkasteler Doctor« – der Legende nach ein Wein, mit dem Cusanus einst den schwer kranken Bischof kurierte.
In Bernkastel-Kues informiert das Weinmuseum über die Geschichte des Mosel-Weinbaus und zeigt viele Geräte und Werkzeuge der Winzer sowie eine Sammlung wertvoller Trinkgefäße. Das Weinfest findet jedes Jahr zu Peter und Paul Anfang September statt. Dort wird dann der berühmte »Doctorwein« ausgeschenkt. Auch eine Kellerbesichtigung der Winzergenossenschaft sollte man sich keinesfalls entgehen lassen.

8 Bei **Neumagen-Dhron** traf die römische »Via ausonia« auf die Mosel. Kaiser Konstantin ließ hier ein Kastell errichten, und der Sage nach soll Siegfrieds Mörder Hagen von Tronje von der Nicetiusburg stammen, die angeblich hier stand. Entsprechend reichhaltig sind die Funde, die man im Museum Noviomagi und auf dem archäologischen Rundweg bewundern kann. Das berühmte Weinschiff, das einst als Grabmal eines römischen Weinhändlers diente (um 220 n. Chr.), und die Schulszene sind jedoch im Rheinischen Landesmuseum in Trier zu besichtigen.
Auf der Weiterfahrt kann man einen Zwischenstopp in **Trittenheim** einlegen und hier die St.-Laurentius-Kapelle besichtigen.

9 »Roma secunda«, das zweite Rom, nannten die Römer »Augusta Treverorum«, und tatsächlich war **Trier** unter Kaiser Diokletian die Hauptstadt des weströmischen Teilreiches. Das imposanteste Zeugnis aus der Antike ist die Porta Nigra, ein um das Jahr 180 entstandener Repräsentationsbau, der später in die Verteidigungsanlagen integriert wurde. Das »Schwarze Tor« wurde im 11. Jahrhundert zu einer Doppelkirche umgebaut. Im Jahr 1794 wurde das Gebäude schließlich von französischen Truppen geplündert und größtenteils demontiert. Im Simeonstift befindet sich das Stadtmuseum. Ebenfalls noch aus römischer Zeit stammen Thermen, das Amphitheater und die Römerbrücke.
Ob nun »Paffennest«, wie Goethe abschätzig urteilte, oder Metropole des christlichen Abendlandes – Trier ist reich an bedeutenden Sakralbauten. Im Dom lockt der Heilige Rock seit Jahrhunderten Tausende von Pilgern an.
Darüber hinaus gibt es eine Reihe sehenswerter Profanbauten und der Hauptmarkt gilt als einer der schönsten Plätze Europas. Man benötigt schon zwei Tage, um allein die wichtigsten Sehenswürdigkeiten besuchen zu können. Seit 2000 Jahren wird in Trier Wein angebaut und verkauft. Von den insgesamt 350 Hektar Rebfläche befinden sich die besten Lagen in Eitelsbach und Avelsbach. Zweimal im Jahr werden dort die besten Gebietsweine öffentlich versteigert.

10 Zwischen Burgberg, Leukach und Saar lockt **Saarburg** mit seinem historischen Stadtkern.
Nachdem Stadt und Burg in den Reunionskriegen zerstört worden waren, baute man den Ort und Schloss **Warberg** in barockem Stil neu auf. Die Leuk stürzt mitten in der Stadt 20 Meter in die Unterstadt mit ihren alten Fischer- und Fischerhäusern hinab. Ins Ferienzentrum Warberg gelangt man mit einer Sesselbahn und kann von dort die Aussicht genießen.

Die Trierer Porta Nigra erhielt ihren Namen von der dunklen Verfärbung des Sandsteins.

Die Bibliothek im Cusanusstift kann im Rahmen einer Führung besichtigt werden.

Weinselige Tour von der Ahr ins Rheintal

Bad Neuenahr ist der Ausgangspunkt dieser Viertagestour. Wer allerdings auf die unbedingt empfehlenswerten Weinproben nicht verzichten will, sollte das Auto öfter einmal stehen lassen, sich etwas mehr Zeit nehmen und den Rhein zwischen Koblenz und Mainz in aller Ruhe erkunden.

Vom Laacher See aus sieht man die sechstürmige Basilika der Klosteranlage Maria Laach emporragen.

Prächtig zeigt sich der Innenraum von St. Laurentius in Ahrweiler, deren Kreuzrippengewölbe von Rundpfeilern getragen werden.

TOUR 29

- **Länge:** rund 200 Kilometer
- **Dauer:** 4–7 Tage
- **Start | Ziel:** Bad Neuenahr | Mainz

1 Nach **Bad Neuenahr-Ahrweiler** kommt man zum Kuren oder genießt den guten Rotwein von der Ahr. Aber auch die Stadtkirche St. Laurentius aus dem 14. Jahrhundert, die Stadtbefestigung und das Museum der Stadt in Ahrweiler oder die Pfarrkirche St. Willibrord sowie die Ruine der im Jahr 1206 von König Philipp erbauten Burganlage in Bad Neuenahr sind sehenswert. In der Spielbank stehen einarmige Banditen und Roulettetische bereit, an denen die Besucher ihr Geld lassen sollen – aber so mancher hat auch schon gewonnen.
Die Weinorte des Ahrtals in der Nordeifel drängen sich dicht an dicht an diesem Nebenfluss des Rheins. Die Ortschaften wie **Mayschoß, Dernau** oder **Marienthal** mit ihren Burgruinen und Weinbergen lassen sich am besten auf dem Rotweinwanderweg erkunden, der im malerischen Altenahr beginnt.

2 Der Laacher See ist das größte der Maare in der Vulkaneifel. Seit dem 12. Jahrhundert steht an seinem Südostrand ein Benediktinerkloster, dessen Abteikirche zu den am besten erhaltenen Bauwerken der deutschen Romanik zählt. Nach über 110 Jahren Bautätigkeit wurde das Gotteshaus von **Maria Laach** um 1230 vollendet. Die Nikolauskapelle hat einen romanischen Westturm, während Langhaus

WANDERN & FREIZEIT

🚲 Etwa drei Stunden dauert die Radtour von Bad Neuenahr durch den **Ringener Wald** auf dem Rotweinwanderweg nach Ahrweiler.

🥾 Der über 35 Kilometer lange **Rotweinwanderweg** lädt natürlich auch zu verschiedenen, kürzeren Wanderungen ein. Der mit der Markierung »rote Traube auf weißem Grund« gekennzeichnete Weg führt durch Rebhänge und Weinberge sowie vorbei an Burgruinen und malerischen Winzerdörfern. Auf der Tour laden gemütliche Weinstuben und Straußwirtschaften, tolle Weinkeller und berühmte Genossenschaften zum Rasten und zu einem Schoppen ein.

🚲 Gut vier Stunden sollte man schon einplanen, wenn man dem Radweg an der B9 von **Oberwesel bis zur Moselmündung** folgen möchte.

🥾 Eine gemütliche und leichte Wanderung ermöglicht der **Ahrtalweg** (Schwarzes »A« auf weißem Spiegel). Die etwa 81 Kilometer lange Route führt von der Ahr-Quelle bei Blankenheim bis zur Mündung in den Rhein bei Sinzig und lässt sich in kürzere Abschnitte einteilen. Von Blankenheim bis Schuld verläuft die Strecke als Hangweg durch die Eifellandschaft. Dann geht es immer am Ufer der Ahr entlang durch eine abwechslungsreiche Flusslandschaft und malerische Dörfer.

und Chor von 1757 stammen. Die übrigen Klostergebäude wurden durch einen Brand im Jahr 1855 stark beschädigt und in veränderter Form wiederaufgebaut.

3 Schon die Römer errichteten in **Andernach** ein Grenzkastell, dann folgten ihnen die Franken nach, und im Mittelalter entwickelte sich die Stadt zu einem wichtigen Handelszentrum. Bedeutende Sakralbauten sind die Liebfrauenkirche aus dem 12. Jahrhundert und die gotische Christuskirche. Der 1554 fertiggestellte Rheinkran wurde bis 1911 benutzt und ist immer noch betriebsfähig.

4 Am Zusammenfluss von Mosel und Rhein hatten schon die alten Römer ein Militärlager errichtet. An Architektur hat **Koblenz** so ziemlich alles zu bieten, was der Rheintourist erwartet: mittelalterliche Kirchen, prachtvolle Residenzen und die für den Rhein so typische Burgenromantik. Preußisches Erbe aus dem 19. Jahrhundert sind die Befestigungswerke mit der Festung Ehrenbreitstein als imposantester Anlage.

5 Wenige Kilometer flussaufwärts beherrscht die mehrfach zerstörte und wiederaufgebaute Burg Lahneck das verträumte Städtchen **Lahn-**

WANDERN & FREIZEIT

Der **Waldkletterpark von Bad Neuenahr** lässt die Herzen von großen und kleinen Freunden des Klettersports höher schlagen. Auf rund sieben Hektar Waldfläche gibt es mehr als 60 Kletterelemente zwischen den Bäumen in bis zu 13 Meter Höhe, sechs Seilbahnen mit bis zu 90 Meter Länge, Kletterhighlights wie den Tarzansprung aus neun Meter Höhe und vieles mehr im Angebot. Die sogenannte Megaseilbahn führt in einer Höhe von bis zu 35 Metern und über eine Strecke von 450 Metern über das Tal der Paradieswiese hinweg. Vor dem Park gibt es einen Spielplatz und Grillmöglichkeiten. Die Nutzung der Kletterelemente des Parcours für Kinder ist ab einem Alter von vier Jahren und 105 Zentimeter Größe geeignet.

Eine idyllische, etwa drei Stunden dauernde Rundwanderung um den **Laacher See** verspricht herrliche Ausblicke auf den See und das Kloster Maria Laach. Die Route beginnt am Parkplatz beim Kloster und führt von dort über den Campingplatz auf den Rundwanderweg (Wegmarkierung »Schwarzer Winkel«). Von dort geht es weiter durch einen Buchenwald steil hinauf zu einem weiteren Parkplatz sowie zur Landstraße L 113, die überquert wird. Schließlich erreicht man unweit des Hotels waldfrieden den Lydiaturm, der eine wundervolle Aussicht auf den See und die Umgebung zulässt. Vom Parkplatz an der L 113 folgt man der Markierung »N« und gelangt durch ein Waldstück zur Schutzhütte Rotschleife. Von dort folgt die Strecke dem Wegweiser »Höhenrundweg« bis zu einer Gabelung. Es geht nach rechts in Richtung Lorenzfelsen und wieder hinab in einen Buchenwald. Anschließend folgt man dem nach kurzer Zeit einmündenden Querweg nach rechts bis zum Waldende bei Roßtal. Dort geht es auf einer Straße nach Maria Laach zurück.

Eher etwas für geübte **Mountainbiker** ist die Radtour vom Kloster in Kamp-Bornhofen um den Osterspaier Wald nach Braubach.

Vom Marktplatz in St. Goarshausen kann man gemütlich zur **Burg Katz** spazieren, dann über die Freilichtbühne hinauf zur **Loreley** und über den Treppenweg zurück.

Der 4,5 Kilometer lange **Erlebnispfad durch den Binger Wald** wurde als Rundweg und speziell für Familien mit Kindern konzipiert. Die Route ist mit dem lustigen Logo »Binger Waldmaus« ausgeschildert und enthält 46 Stationen. An einigen erfährt man etwas über den Alltag und über das Leben im Wald an den Rheinhängen und welche Baum- und Tierarten es dort gibt. Unter anderem kann man sich mit Maus, Eichhörnchen oder Hirsch im Weitsprung messen, auf dem Waldxylophon spielen und über eine 40 Meter lange Hängebrücke eine Schlucht überqueren.

Eine mehrstündige Radtour führt durch die berühmte Weinbauregion am **oberen Rheingau.** Die Tour beginnt in der Wein-, Sekt- und Rosenstadt Eltville und führt über Walluf, der ältesten Weinbaugemeinde des Rheingaus nach Kiedrich, zu dem gotischen Weindorf. Auf dem weiteren Weg bietet sich ein Besuch im Kloster Eberbach sowie eine gemütliche Einkehr in einer der zahlreichen Gutsschänken in Hattenheim oder Erbach an. Schließlich geht es dann am Rheinufer entlang wieder nach Eltville zurück.

Es ist schwer zu sagen, welcher Ruhm von **Kloster Eberbach** im Rheingau heller strahlt: der Ruhm, eines der beeindruckendsten und architektonisch vollkommensten Klöster Deutschlands zu sein, oder der Ruhm, zu den besten Weingütern zu gehören. Beides wussten schon die Zisterzienser, die das Kloster 1186 gründeten, meisterhaft miteinander zu verbinden. Basilika, Dormitorium, Kapitelsaal, Fraternei und Refektorium sind öffentlich zugänglich, Erstere werden auch für Konzerte genutzt (kloster-eberbach.de).

stein. Stolze Bürgerhäuser, mittelalterliche Kirchen, Reste der Stadtbefestigung, Hexenturm, Altes Rathaus und die Martinsburg verlangen schon etwas Zeit zur Besichtigung. Noch immer sieht man **Bad Ems an der Lahn** den Glanz vergangener Zeiten an. Die großzügige Bäderarchitektur aus Kaisers Zeiten lässt auch heute noch Kurgäste staunen. Allen voran beeindrucken die russisch-orthodoxe Kirche und das wunderschöne Schloss Balmoral.

6 Seit der Herrschaft der Franken hat der kleine Ort **Braubach** allerlei verschiedene Machthaber kommen und gehen sehen. Auf einem Schieferfelsen thront die Marksburg, die seit dem 13. Jahrhundert immer wieder umgebaut und erweitert wurde. Außerdem gibt es einige alte Kirchen, historische Fachwerkhäuser, die Dinkholder Mühle und die Philippsburg zu sehen.

7 Zu Anfang des 5. Jahrhunderts zogen die Römer aus »Bodobrica«, dem heutigen **Boppard,** ab. Sie ließen eine Stadtbefestigung zurück, die im Mittelalter massiv erweitert wurde und heute noch teilweise erhalten ist. Die Pfarrkirche St. Severus geht auf das 5. Jahrhundertzurück und hatte ihr heutiges Aussehen im 13. Jahrhundert erhalten. Die ehemalige kurfürstliche Burg aus dem Jahr 1499 beherbergt heute das Museum der Stadt Boppard.

8 Hoch über **St. Goar** erhebt sich die Ruine der Festung Rheinfels, die 1796 von französischen Revolutionstruppen zerstört wurde. Der Ort besticht durch seine schönen Fachwerkhäuser, die ehemalige Stiftskirche aus dem 11. Jahrhundert und die Reste der Befestigung mit Kanzlei- und Hexenturm.

9 Auf dem 132 Meter hohen Felsen bei **St. Goarshausen** kämmt die Loreley ihr Haar und lockt die Rheinschiffer ins Verderben – so jedenfalls berichtet es die von Clemens von Brentano überlieferte Legende. International ist das Programm der Freilichtbühne. Dass auch Ritter untereinander nicht immer die besten Freunde waren, bezeugen die Namen zweier nahe gelegener Burgen: Katz und Maus.

10 Alles, was den Rhein so romantisch macht, ist auch in **Kaub** zu finden: Wein, alte Stadtmauern, schönes Fachwerk, die Burg Gutenfels oder die Pfarrkirche St. Trinitas. Das Wahrzeichen der Stadt aber ist die Burg Pfalzgrafenstein auf der Rheininsel. Sie ließ Ludwig der Bayer im Jahr 1327 errichten. Silvester 1814/1815 setzte »Marschall Vorwärts« Fürst von Blücher mit seinen preußischen Truppen hier über, um Napoleon endgültig in seine Schranken zu weisen.

Bei Boppard lässt sich die größte Rheinschleife bewundern.

Von der Mosel aus blickt man auf die historischen Gebäude der Altstadt von Koblenz.

Die Marksburg (links) bei Braubach ist die einzige nie zerstörte Höhenburg am Mittelrhein.

Daran erinnern das Blücher-Museum und ein Denkmal.
Im an Burgen reichen Wispertal liegt das Weinstädtchen **Lorch,** dort kann man mit etwas Glück im »Felsenkeller« an einer der stimmungsvollsten Weinproben der Region teilnehmen.

11 In **Bacharach** sind St. Peter aus dem 13. Jahrhundert, St. Nikolaus aus dem 17. Jahrhundert, die Kapelle St. Joseph von 1758 und die Ruine der Werner-Kapelle die wichtigsten Kirchen der Umgebung. Eine Jugendherberge befindet sich in Burg Stahleck aus dem 12. Jahrhundert. Hier beendeten Welfen und Staufer 1194 ihre Feindschaft. Vielleicht haben schon die Merowinger in Bacharach Wein angebaut und natürlich getrunken. Das Museum zum Zunftturm belegt jedenfalls, dass man schon vor vielen Hundert Jahren keine Mühen scheute, um einen guten Tropfen zu keltern.

12 An der Nahemündung liegt **Bingen,** das vor allem wegen der berühmten Mystikerin Hildegard bekannt ist, die im 12. Jahrhundert die Abtei Rupertsberg gründete. In der Burg Klopp aus dem 13. Jahrhundert befindet sich heute das Heimatmuseum. Sehenswert sind außerdem die Pfarrkirche St. Martin, der Rheinkran aus dem 16. Jahrhundert und der Mäuseturm im Rhein.
Bingen ist ein guter Ausgangspunkt, um mit dem Fahrrad die romantische Landschaft entlang des Rheins bis nach Koblenz zu genießen. Und sich hier zu verfahren, ist nahezu unmöglich, die Radwege zu dieser Tour befinden sich jeweils auf beiden Rheinuferseiten.
Außerdem bietet sich von Bingen auch ein kurzer Abstecher nach **Bad Kreuznach** an. Die Altstadt ist mit den Brückenhäusern am Naheufer besonders malerisch. Einen Besuch lohnen die Römerhalle mit Mosaiken und die gotische St.-Nikolaus-Kirche. Als Radon-Solbad ist der Kurort am Rand des Hunsrücks besonders Rheumakranken zu empfehlen.

13 Im Weinort **Rüdesheim** drängen sich auf der Drosselgasse Touristen aus aller Herren Länder. Im Jahr 1885 wurden 75 Tonnen Bronze für den Guss der Germania verwendet. Das Niederwalddenkmal als Sinnbild allen Deutschtums kann man mit einer Seilbahn erreichen.
Rüdesheim ist sicherlich einer der beliebtesten – und wohl auch »touristischsten« – Weinorte am Rhein. Wer das deutsche Wesen eher im deutschen Wein zu finden hofft, sollte auf jeden Fall dem Weinmuseum in der Brömserburg einen Besuch abstatten. Die Römer brachten den Wein an den Rhein, von wo er seitdem nicht mehr wegzudenken ist – viele Lieder singen davon. Ob Riesling oder Spätburgunder – an den steilen Hängen des Mittelrheins findet man noch einige Weingüter, deren Besitzer mit viel Liebe zur Sache zu Werke gehen und wahre Spitzenweine hervorbringen.
Eine nette Abwechslung hierzu bietet beispielsweise die »Riesling-Route« an. Dabei benötigt man mit dem Fahrrad etwa zwei Stunden von Rüdesheim nach Walluf. Die nicht allzu schwere Tour führt über die Etappen Eibingen, Geisenheim und Schloss Johannisberg weiter nach Winkel, Mittelheim und Oestrich bis nach Hallgarten.

14 Etwas abseits vom Trubel des Massentourismus kann man sich in **Eltville** in einer der vielen Weinwirtschaften einen Rheingau-Riesling gönnen. Bürgerhäuser aus dem 16. und dem 17. Jahrhundert sorgen für eine gemütliche Atmosphäre. Schon im 19. Jahrhundert machte Eltville sich auch als Rosenstadt einen Namen. So bietet sich heute ein Spaziergang am ehemaligen Burggraben sowie entlang des Rheinufers an. Hier blühen in den Sommermonaten über 20 000 Rosenstöcke in voller Pracht. Einige der mehr als 350 verschiedenen Sorten gelten als historisch und sind Raritäten. Schließlich befindet sich im gut erhaltenen Wohnturm der Burgruine eine Gutenberg-Gedenkstätte.

15 Endstation der Tour ist die Landeshauptstadt **Mainz.** Im Mittelalter waren die Mainzer Erzbischöfe mächtige Männer, da sie zugleich auch Kurfürsten waren. Daran erinnert der repräsentative Dom St. Martin und St. Stephan, eine der bedeutendsten romanischen Kirchen Deutschlands. Die Augustinerstraße unweit des Doms ist die Hauptstraße zum Bummeln in der Altstadt. Aber auch die Nebenstraßen, oft nur kleine romantische Gassen, machen die Altstadt aus. Zum Beispiel der Kirschgarten mit malerischen Fachwerkhäusern und dem Marienbrunnen. Um 1340 wurde die dreischiffige Hallenkirche St. Stephan im Stil der Gotik fertiggestellt. Sie hat ihren Platz auf einem Hügel oberhalb der Altstadt. Schatz der Kirche ist das von Marc Chagall gestaltete Glasfenster, einziges Werk des Künstlers, das in einem deutschen Gotteshaus zu sehen ist.
Als prunkvolles Bürgerhaus im Stil der Spätrenaissance beherbergt das Gutenberg-Museum Exponate aus rund 4000 Jahren Schriftkultur. Natürlich geht es auch um den Mainzer Johannes Gutenberg. Prunkstücke sind zwei originale Gutenberg-Bibeln. Wer mag, kann sich selbst als Setzer und Drucker versuchen.
Das frühbarocke Kurfürstliche Schloss in Sichtweite des Rheinufers entstand im 18. Jahrhundert. In der einstigen Residenz ist heute das Römisch-Germanische Zentralmuseum zu finden.

Burg Eltville – das Wahrzeichen der Stadt.

Malerisch ist der Blick auf die Altstadt von Bacharach und den Rhein vom Weinberg aus.

Der imposante Mainzer Dom blickt auf eine über 1000-jährige Geschichte zurück.

Imposantes Fachwerk und große Kirchen an der Lahn

Auf dieser Route, die aus dem Tal der Eder zu den Höhepunkten entlang der Lahn führt, laden prächtiges Fachwerk, Burgen, Schlösser und eine schöne Natur zur aktiven Erkundung ein.

TOUR 30

- **Länge:** rund 220 Kilometer
- **Dauer:** 3–5 Tage
- **Start | Ziel:** Frankenberg | Nassau

1 Im Waldecker Land liegt am rechten Ufer der Eder das Fachwerkstädtchen **Frankenberg.** Zwischen Obermarkt und Untermarkt steht das Rathaus. Es ist der erste neuzeitliche Fachwerkbau Hessens. Er wurde 1510 errichtet und gewinnt seine optische Leichtigkeit durch die zehn schlank emporragenden Turmspitzen. Auf das Jahr 1538 geht der Steinbau des Obersten Brauhauses zurück, das Steinhaus am Ostende des Obermarkts ist noch einige Jahrzehnte älter. Hochgotisch zeigen sich die im 14. Jahrhundert errichtete

Ein Lettner trennt Chor und Hauptschiff der Elisabethkirche in Marburg.

WANDERN & FREIZEIT

Der **Lahn-Radweg** ist eine bis zu 245 Kilometer lange Mehrtages-Radtour durch eine abwechslungsreiche Mittelgebirgslandschaft. Die Lahnquelle im Rothaargebirge markiert den Startpunkt und Lahnstein das Ende der Tour. Bei Tagesetappen von 40 bis 65 Kilometer Länge ist die Radtour für sportliche Fahrer in sechs Tagen zu bewältigen, wobei Zeit für die Besichtigungen des ein oder anderen Städtchens einkalkuliert ist. Bei weniger Zeit kann die Tour verkürzt werden: Der Start erfolgt in Marburg, und im Kurort Bad Ems kann man sich zum Abschluss der Tour erholen. Der Großteil der Strecke wird auf asphaltiertem Grund zurückgelegt.
Der Marburger Fahrradreisenspezialist Velociped bietet unterschiedliche organisierte Touren an. Übernachtung in ausgewählten Hotels, Gepäcktransport und Leihräder gehören dann zum Angebot (velociped.de).

Der **Lahn-Eder-Radweg** verbindet von der Gemeinde Lahntal/Ortsteil Sarnau die Lahn mit Frankenberg an der Eder. Die Strecke führt über 29 Kilometer parallel zur Burgwaldbahn, meist durch das schöne Tal der Wetschaft, der westlichen Begrenzung des Burgwaldes. Über Wetter, Münchhausen und Wiesenfeld geht es nach Frankenberg. Die Strecken verlaufen auf gut ausgebauten Wegen oder verkehrsarmen Straßen. Die Rückfahrt kann mit der Burgwaldbahn angetreten werden. Weiterradeln kann man auf dem Lahn- und dem Ederradweg.

Liebfrauenkirche und die an sie nachträglich angegliederte Marienkapelle.
Zwischen Frankenberg und Marburg erstreckt sich der nur mäßig hohe **Burgwald,** der sich für kleinere Wanderungen anbietet.

2 Werden und Wachsen von **Marburg,** der ersten Hauptstadt Hessens, hingen unmittelbar mit der fromm-asketischen thüringischen Landgräfin Elisabeth zusammen. Sie hatte die Wartburg 1227 verlassen und ein Jahr später das hiesige Schloss zum Witwensitz erkoren. Nach ihrer Heiligsprechung 1235 entwickelten sich ihr vom Deutschen Orden betreutes Grab und damit auch Marburg zu einem Wallfahrtszentrum.

Heute finden im Marburger Schloss auch Konzerte und Theateraufführungen statt.

Nach der Abspaltung Hessens von Thüringen im Jahr 1248 machten die hessischen Landgrafen Marburg zu ihrer Residenzstadt. Heinrich I., Elisabeths Enkel, ließ die thüringische Burg zum hessischen Schloss ausbauen. Außergewöhnlich sind die von der französischen Gotik beeinflusste Schlosskapelle mit dem Christophorus-Bild, der Saalbau aus dem 14. und der Wilhelmsbau aus dem 15. Jahrhundert. Ebenfalls französischen Einfluss verrät die Elisabethkirche. Von ihrer Ausstattung her sind der Kreuzaltar, der Marienkrönungsaltar, der Hochaltar, der Schrein der heiligen Elisabeth und die Glasfenster hervorzuheben. Der Südchor der Elisabethkirche diente als Grablege der Landgrafen.
Herz der Altstadt sind Ober- und Untermarkt. Der Erstere ist der meistfotografierte Teil Marburgs, ein Ensemble von Fachwerkhäusern aus dem 16. Jahrhundert, den Zweiten schließt nach Süden hin das Rathaus von 1524 ab.
Marburg ist eine lebendige Universitätsstadt mit einem Umland, das mit verschiedenen Rad- und Wanderwegen, die häufig entlang der Lahn führen, abwechsungsreiche Ausflugsmöglichkeiten bietet.

3 Als Landgraf Moritz von Hessen-Kassel 1607 die lutherischen Professoren aus Marburg vertrieb, schlug die große Stunde von **Gießen,** das damals zu Hessen-Darmstadt gehörte. Die Stadtväter nahmen die Gelehrten auf und gründeten eine Universität. Hier lehrten unter anderem Conrad Wilhelm Röntgen und Justus von Liebig, dessen Namen die Universität seit 1946 trägt. Heute ist die Hochschule in wichtigen Gebäuden wie dem Neuen Schloss und dem Zeughaus untergebracht. In der Innenstadt sollte man dem viergeschossigen Haus Leib, einem Adelssitz des 14. Jahrhunderts in Fachwerkbauweise, einen Besuch abstatten.
In der nahen Umgebung laden bei **Heuchelheim** ehemalige Baggerseen zur Naherholung beim Baden, Segeln, Surfen, Wasserskilaufen, Radfahren oder Angeln ein.

4 In »Die Leiden des jungen Werthers« hat Goethe seine Erlebnisse während der Zeit am Reichskammergericht von **Wetzlar** verarbeitet. So wie sich 1772 der Dom St. Maria dem Dichter als bauliches Konglomerat von romanischen und gotischen Elementen zeigte, sehen auch wir ihn heute noch. Im 15. Jahrhundert wurde der markante Südturm des neuen Westbaus fertiggestellt, hielt aber noch immer an seiner romanischen Urform fest, auch wenn die Ausstattung des Inneren bis zu Goethes Zeiten noch reicher war. Im Zweiten Weltkrieg ging viel verloren, erhalten blieben aber das Vesperbild aus dem 14. Jahrhundert und der schmiedeeiserne Kronleuchter aus dem 16. Jahrhundert.
Als ganz neu hat Goethe die Hospitalkirche erlebt, die 1755–1764 errichtet wurde. Als man das benachbarte Bürgerhospital erbaute (1784), hatte der Dichter Wetzlar bereits wieder verlassen.
In Wetzlar, das im Rahmen einer Gebietsreform auch für einen kurzen Zeitraum mit Gießen zu Lahnstadt politisch und verwaltungsmäßig vereinigt worden war, beginnt für viele Wasserwanderer das Lahnerlebnis.

5 Hochmittelalterliche Türme prägen die romantische Skyline von **Braunfels.** Der Kern des Schlosses geht auf das Jahr 1260 zurück. Trotz des Märchenhaften der Burg ist nicht alles alt, was alt aussieht. Nach einem Großbrand im Jahr 1679 wurde fast die gesamte Anlage barock überarbeitet. In der ersten Hälfte des 19. Jahrhunderts ordnete Fürst Ferdinand an, die Kernburg mit mittelalterlichen Ecktürmen und einem Zinnenkranz zu bewehren. Der scheinbar alte Bergfried sowie der Nordtrakt entstanden erst zwischen 1881 und 1885. Das erfreulich geschlossene Stadtbild wird von Fachwerkhäusern aus dem Barock bestimmt.

6 Die mit Abstand älteste Burg an der Lahn ist die **Weilburg,** die hoch über einer Lahnschleife die gleichnamige Stadt dominiert. Eine erste Feste auf der Höhe über der Lahnschleife gab es bereits in merowingischer Zeit, ihr folgte im 9. Jahrhundert ein konradinischer Bau und diesem im 14. Jahrhundert wiederum eine Feste der Herren Nassau-Weilburg. Auf diesen Fundamenten entstand ein den Loire-Schlössern durchaus vergleichbares Renaissanceanwesen. Die weitläufige Anlage besteht aus mehreren Baukomplexen. Der schönste Teil ist das Renaissanceschloss aus dem 16. Jahrhundert, dessen von Arkadengängen, Treppentürmen, Portalen und Galerien geprägte vier Flügel sich um einen Innenhof gruppieren. Später wurde dem Repräsentationswillen der Besitzer entsprechend eine Barockanlage mit formalem Garten hinzugefügt. Unter Fürst Johann Ernst (1675 bis 1719) entstanden die beiden Orangeriegebäude im Stil des Barock und die Schlosskirche, in die das alte Rathaus integriert ist.
Die bauliche Einheit setzt sich im Städtchen fort, denn auch die dortige Planung unterstand dem Hofarchitekten J. L. Rothweil.

7 Ein paar Lahnbiegungen flussabwärts setzt die **Burg Runkel** einen Akzent. Die im Kern romanische Residenz der Grafen Wied wächst förmlich aus dem steilen Naturfels empor. Vom Hof der mit meterdicken Mauern versehenen wehrhaften oberen Burg aus

Herkules und Antaios prunken als Brunnenfiguren vor der Orangerie von Schloss Weilburg.

Zwei der bekanntesten Sehenswürdigkeiten Wetzlars sind die Alte Lahnbrücke und der Dom.

Fast 400 Meter lang erstreckt sich die Anlage des Weilburger Schlosses hoch über der Lahn.

Einen der besten Blicke auf den prächtigen Limburger Dom bietet die alte Lahnbrücke, die selbst mit einer Nepomukstatue aufwartet.

hat man einen weiten Blick auf das Lahntal. Auf dem gegenüberliegenden Lahnufer erhebt sich **Burg Schadeck,** als Trutzburg gegen Runkel in Auftrag gegeben. Die Burg ist im Privatbesitz und deshalb auch nur von außen zu besichtigen.

8 Zwar geht die Gründung der Stadt **Limburg,** wie der Name besagt, auf eine Burg zurück. Wichtiger war jedoch die Stiftskirche St. Georg, der Dom. Heute birgt die Burg das Diözesanmuseum und dieses wiederum den kostbarsten Domschatz: die »Limburger Staurothek«, ein byzantinisches Reliquiar, das einen Splitter vom Kreuz Christi enthält. Mit dem Bau der siebentürmigen Stiftskirche hatte man 1220 begonnen, 15 Jahre später wurde der Hochaltar geweiht. Heute zeigt sich das Kircheninnere wieder in seiner ursprünglichen, farbigen Ausmalung.
Limburg besitzt Deutschlands ältestes Fachwerkhaus (»Römer 1«): Untersuchungen zufolge wurde dessen Rückseite im Jahr 1296 erbaut. Die Vorderseite des Hauses wurde im 16. Jahrhundert im spätgotischen Stil errichtet; ebenso wie die meisten anderen Fachwerkbauten an Domplatz, Bischofsplatz, Kornmarkt, Rossmarkt oder Fischmarkt. Auf der Lahnbrücke, die einen schönen Blick auf die Stadt und den Dom gewährt, wacht der Heilige Nepomuk.

9 Hoch über **Montabaur,** der Kreishauptstadt des Unterwesterwalds, thront das Schloss, erbaut im 13. Jahrhundert als erzbischöfliche Grenzburg gegen die Grafen Nassau und barock umgestaltet um 1700. Es blickt auf eine von schmalen Gassen mit Fachwerkhäusern des 17. Jahrhundert geprägte Altstadt.

10 Bei der Burgruine von **Nassau** interessiert vor allem der Stein'sche Hof. In dem Fachwerkgebäude von 1621 wurde 1757 der als preußischer Reformer bekannte Reichsfreiherr vom und zum Stein geboren. Der neugotische Turm wurde dem Hof 1814 angefügt.

WANDERN & FREIZEIT

Die Lahn ist wohl einer der beliebtesten Kanuwanderflüsse Deutschlands. Und wer es sich einrichten kann, der sollte auch die Durchquerung des **Weilburger Schifffahrtstunnels** in die Routenplanung mit einbeziehen. Start für eine Wochenendfahrt ist die Schleuse in Solms-Oberbiel, möglicher Endpunkt ist das romantische Runkel. Verschiedene Anbieter verleihen Kanus. Einen guten Überblick über den Fluss sowie interessante Adressen vermittelt die Internetseite des Bootsclubs Limburg (bcl-lahn.de).

Der **Burgwald** nördlich von Marburg ist eine ideale Region zum Wandern. Hier bieten sich der »Herrenweg« früherer fürstlicher Jagdgesellschaften oder die »Wein- und Wagenstraße« an, die früher Frankfurt mit Bremen verband. Im Lahntal nördlich von Marburg verlaufen mehrere Fernwanderstrecken wie beispielsweise der Lahn-Höhenweg. Zahlreiche gut ausgebaute und markierte Wege gibt es zwischen Biedenkopf und Cölbe.

Ausgangspunkt einer leichten Familienwanderung im Burgwald, die hinauf zum **Christenberg** führt, ist der Ort Münchhausen an der Einmündung der Bundesstraße 236 in die Bundesstraße 252, die Frankenberg mit Marburg verbindet. Am Sportplatz wird das Auto geparkt und die Wanderung geht ostwärts in Richtung Christenberg. Man passiert einen kleinen Waldsee, den Spiegelteich. In der Nähe findet man Spuren mittelalterlicher Wüstungen und gelangt dann zu den Resten einer keltischen Siedlung, der Kesterburg. Auf dem Gipfel stehen die Martinskirche und das kleine Küsterhaus, das dem Maler Otto Ubbelohde als Vorlage für die Illustration des Hexenhauses im Märchen »Hänsel und Gretel« der Brüder Grimm gedient hat und heute eine kleine Ausstellung beherbergt. Von hier aus wird schließlich wieder der Rückweg angetreten.
Wer die Route erweitern will, folgt dem roten C auf weißem Grund hinab in das Naturschutzgebiet Christenberger Talgrund und weiter durch den Burgwald südwärts in das **Fachwerkdorf Mellnau.** Von der Ruine der Burg Mellnau hat man einen schönen Ausblick. Vorbei am Rastplatz Riebe Eck geht es entlang des Lüneburg zurück zum Ausgangspunkt in Münchhausen.

Zauberhaft ist die Annäherung an **Weilburg,** wenn man die fünf Kilometer von Biskirchen an der Lahn entlang bis zur großen Flussschleife im Süden des Schlosses zu Fuß oder per Rad zurücklegt.

Von der Lahn bei Nassau aufsteigend kann man durch den **Naturpark Nassau** über zehn gut markierte Kilometer durch Buchen- und Buchenmischwälder bis nach Montabaur wandern.
In der Nähe des Freizeitgeländes Quendelberg in Montabaur führt eine kurze Wanderung hinauf zur Montabaurer Höhe, dem größten und höchsten geschlossenen Waldgebiet im Naturpark Nassau. Der Aussichtsturm Köppel bietet gegen eine Gebühr von 1 Euro einen fantastischen Panoramablick über Westerwald, Taunus, Eifel und Hunsrück. Eine bewirtschaftete Hütte lädt zur Rast ein, bevor es entlang des Biedrichsbachs wieder zurück zum Ausgangspunkt geht.

Der Main

Ursprüngliche Natur an Rotem und Weißem Main, historisches Erbe und liebliche Landschaft im Mittelteil und am Unterlauf von Industrieanlagen begleitet: So vielgestaltig präsentiert sich der Main. Auf Kalkböden gedeiht der berühmte Frankenwein, den Kurt Tucholsky einst als »tief und rein wie einen Glockenton« bezeichnete.

Nie scheint der Main den kürzesten Weg zu wählen, sondern er nimmt viele Umwege und Schleifen: Statt den »direkten«, etwas über 200 Kilometer langen Weg zurückzulegen, fließt er über 524 Flusskilometer, von denen 384 schiffbar sind. Doch gerade dieser teils in engen Kehren, teils in weiten Schleifen verlaufende Weg macht einen Großteil seines Reizes aus. Die beiden Quellflüsse Roter Main, der am Rand der Fränkischen Alb entspringt, und Weißer Main, der aus dem Fichtelgebirge kommt, vereinen sich unweit von Kulmbach zum Main. In seinem weiteren Verlauf bahnt sich der Fluss seinen Weg zwischen den Haßbergen im Norden und dem Steigerwald im Süden. Etwa sechs Kilometer südlich vor Rodach fließt dem Main die Rodach zu, die das Wasser des niederschlagsreichen Frankenwaldes aufgenommen hat und hier breiter ist als der junge Main. Nördlich von Bamberg strömen diesem rechtsseitig die Ilz und nur einen Kilometer flussabwärts die aus dem Haßbergen kommende Baunach zu. Hinter Bamberg stößt dann der größte Nebenfluss des Mains hinzu: die Regnitz. Ein Kuriosum bildet die Wern, die, von Norden kommend, nicht bei Schweinfurt in den Main mündet, sondern das Maindreieck abkürzt und erst bei Wernfeld in den Main einmündet.

Als wichtiger Zufluss von Norden folgt bei Gemünden die Fränkische Saale, die aus der Rhön in vielen Schleifen dem Main zufließt. Zusammen mit der Saale mündet auch ein kleinerer Nebenfluss aus der Hessischen Rhön in den Main, die Sinn. Von den Kalkböden des Maindreiecks, auf denen der berühmte Frankenwein gedeiht,

Gemeinsam mit der niedrig stehenden Sonne fällt der Blick durch die Weinberge zur Mainschleife bei Volkach.

zieht der Main weiter in den Buntsandstein des Mainvierecks. Dort bildet er die Grenze zwischen dem Spessart, der das Mainviereck ausfüllt, und dem Odenwald südlich davon. Von Süden kommend, stößt bei Wertheim die Tauber dazu, der bei Bürgstadt die Erfa folgt. Im Unterlauf fließt der Main ab Aschaffenburg behäbig durch die Ebene, bis er bei Mainz in den Rhein mündet. Seine letzten größeren Zuflüsse sind die aus dem Odenwald kommende Gersprenz westlich von Aschaffenburg, die Kinzig bei Hanau und die Nidda bei Frankfurt.

Seit der Fertigstellung des Rhein-Main-Donau-Kanals 1992 besitzt der Main für die Binnenschifffahrt als wichtiges Bindeglied zwischen Nordsee und Schwarzem Meer überregionale wirtschaftliche Bedeutung.

An seinen Ufern liegt neben wertvollen Naturräumen vor allem auch altes Kulturland: Land, das von irischen Missionaren christianisiert wurde; Land, dessen Bewohner im Bauernkrieg eine wichtige Rolle spielten und nach blutigen Kämpfen doch den Herrschenden unterlagen; Land schließlich, dessen Städte im Zweiten Weltkrieg schwer zu leiden hatten: Würzburg, von dem nur wenige glaubten, dass es aus Schutt und Asche auferstehen würde, Schweinfurt, Hanau, Frankfurt, und an der Pegnitz, die zur Regnitz wird, Nürnberg.

In Aschaffenburg liegt Schloss Johannisburg am Hochufer des Mains.

Von Kassel bis Wiesbaden – einmal quer durch Hessen

Die etwa siebentägige Reise ist eine »Tour d'horizon« quer durch ganz Hessen und orientiert sich an Landschaft und kulturellen Höhepunkten zwischen Kassel und Wiesbaden. An Kunst und Kultur ist die Region überaus reich – man denke nur an die Pfalzen der Stauferkaiser, das Bistum Fulda und Kassels hessische Landgrafen oder auch an die vielen Museen, zum Beispiel in Frankfurt.

Über den gleichnamigen Bergpark hinweg blickt man auf Schloss Wilhelmshöhe.

TOUR 31

- **Länge:** rund 350 Kilometer
- **Dauer:** 6–8 Tage
- **Start | Ziel:** Kassel | Wiesbaden

1 Erinnert wird man an die Größe, die **Kassel** in Renaissance und Barock besaß, beim Besuch von Schloss und dem Bergpark Wilhelmshöhe. Eine erste Anlage hatte schon Landgraf Karl im 17. Jahrhundert planen lassen. Er wünschte sich eine Barockresidenz, so repräsentativ wie Versailles. Auf ihn geht auch die Orangerie in der Karlsaue zurück. Landgraf Wilhelm VIII. ließ sich 1753–1760 vom Münchner Hofarchitekten Cuvilliés nordwestlich von Kassel das Rokokoschloss Wilhelmsthal bauen, das als Höhepunkt dieser Epoche gilt.
Landgraf Friedrich gab das Fridericianum (1769–1776) als Museumsbau in Auftrag und ein solcher ist es bis heute geblieben: Hier ist der Hauptsitz der »documenta«. Das »neue« Schloss Wilhelmshöhe, mit dessen Bau im Jahr 1786 begonnen wurde, verdankt seinen Namen dem Landgrafen Wilhelm IX.

2 Hessen ist für seine wunderbaren Fachwerkhäuser berühmt. Ein besonders schönes Exemplar steht mit dem 1563 fertig gestellten Rathaus im Zentrum von **Melsungen.** Zahlreiche mittelalterliche Fachwerkbauten finden sich auch entlang der kleinen Seitenstraßen des Marktplatzes. Die gotische

WANDERN & FREIZEIT

Rund vier Kilometer landschaftlich einmaliger Strecke liegen zwischen der Herkulesstatue in Kassel-Wilhelmshöhe und dem 615 Meter **Hohen Gras,** der den Beginn des Habichtswaldes ankündigt und ein schönes Panorama bietet. Die »Jugendbewegtheit« in der ersten Hälfte des 20. Jahrhundert hat dem Hohen Meißner als Austragungsort des »Ersten Freideutschen Jugendtags« einen schalen Beigeschmack verliehen, aber immerhin auch für ein dichtes Netz von gut 200 Kilometer bestens markierter Wanderwege gesorgt. Einer der schönsten führt rund um den Frau-Holle-Teich – der Hohe Meißner ist eine mögliche Heimat des Märchens – zur rund 720 Meter hohen Kalbe.

Der etwa 200 Kilometer lange **Fulda-Radweg** führt von der Fuldaquelle, im südlichen Teil der Wasserkuppe in der Rhön, entlang des Flusstals über Hann. Münden bis nach Bad Karlshafen, wo Fulda und Werra sich zur Weser vereinen. Der Weg ist mit dem grünen Symbol »R1« ausgeschildert (Hessischer Radfernweg R1). Die mehrtägige Tour gilt ab Gersfeld auch für Familien geeignet. Kürzere, individuell geplante Teilstrecken, sind natürlich möglich.
So etwa die 36 Kilometer lange Strecke zwischen Kassel und Melsungen.
Mit dem Zug geht es zunächst vom Kasseler Hauptbahnhof zum Bahnhof von Melsungen. Die Bartenwetzerstadt ist für ihre Fachwerkbauten und die Bartenwetzerbrücke bekannt. Von Melsungen führt die Kurztour an der Fuldaschleife in Büchenwerra nach Guxhagen und über Fuldabrück bis Kassel. Man fährt auf Wiesen- und Feldwegen und zwischen Melsungen und Guxhagen auch auf kleineren Nebenstraßen.

Beliebte Ausflugsziele für Familien sind die **Waldspielparks** von Frankfurt, die besonders im Sommer mit ihren Wasserspielen große und kleine Besucher zur Abkühlung anlocken. Zu den Parks gehören unter anderem der Abenteuerspielplatz Riederwald und die Anlagen am Goetheturm, im Scheerwald, im Tannenwald, im Heinrich-Kraft-Park sowie jene in Schwanheim – einige von ihnen verfügen auch über Grillplätze.

KASSEL
Hann.Münden
Vellmar
Baunatal
Kaufungen
Lohfelden
Hessisch Lichtenau
Melsungen
Rotenburg a.d.Fulda
Bebra
Bad Hersfeld
Fritzlar
Felsberg
Borken
Homberg (Efze)
Schwalmstadt
Bad Arolsen
Korbach
Wolfhagen
Frankenberg
Bad Wildungen
Winterberg
Olsberg
Brilon
Meschede
Sundern
Altena
Werdohl
Plettenberg
Finnentrop
Attendorn
Lennestadt
Schmallenberg
Kirchhundem
Drolshagen
Olpe
Wenden
Kreuztal
Netphen
SIEGEN
Freudenberg
Bad Berleburg
Bad Laasphe
Biedenkopf
Dautphetal
MARBURG
Kirchhain
Stadtallendorf
Alsfeld
Lauterbach (Hessen)
Hünfeld
FULDA
Petersberg
Künzell
Neuhof
Schlüchtern
Steinau
Bad Brückenau
Bad Soden-Salmünster
Bad Orb
Gelnhausen
Büdingen
Dillenburg
Haiger
Herborn
Burbach
Neunkirchen
Betzdorf
Kirchen
Montabaur
Hadamar
Diez
LIMBURG
Weilburg
Weilmünster
Braunfels
Solms
WETZLAR
GIESSEN
Gladenbach
Lollar
Buseck
Biebertal
Pohlheim
Linden
Grünberg
Laubach
Lich
Langgöns
Butzbach
Bad Nauheim
Friedberg
Nidda
Usingen
Neu-Anspach
Bad Camberg
Idstein
Taunusstein
Bad Schwalbach
WIESBADEN
Eltville
Rüdesheim
Bingen
Ingelheim
MAINZ
RÜSSELSHEIM
Königstein
Oberursel
BAD HOMBURG
Bad Vilbel
Bad Soden
FRANKFURT
OFFENBACH
HANAU
Dietzenbach
Seligenstadt
Langen
Neu-Isenburg
Mörfelden-Walldorf
Groß-Gerau
Weiterstadt
Dieburg
DARMSTADT
Griesheim
Pfungstadt
Ober-Ramstadt
Seeheim-Jugenheim
Bensheim
Groß-Umstadt
ASCHAFFENBURG
Goldbach
Alzenau
Lohr
Gemünden
Hammelburg
Karlstadt
Marktheidenfeld
Wertheim
WÜRZBURG
Alzey
Naturpark Vogelsberg
Rothaargebirge
Naturpark Spessart
Naturpark Bergstraße-Odenwald
0 5 10 km

Das zu allen Seiten frei stehende Rathaus von Melsungen ist ein Glanzwerk des Fachwerkbaus.

»Hessens Rothenburg in der Wetterau« nennt sich Büdingen mitunter.

An Türmen reich: Bad Homburg mit Erlöserkirche und dahinterliegend die St.-Marien-Kirche.

Stadtkirche hat romanische Grundlagen. Das Schloss ließ Landgraf Wilhelm IV. in der Mitte des 16. Jahrhundert ausbauen.

3 Ebenfalls auf Wilhelm IV. geht das Schloss in **Rotenburg an der Fulda** zurück. Der Landgraf von Hessen hat von 1570 an am Fluss eine Vierflügelanlage errichten lassen. Der Ostbau wurde später abgerissen – weshalb der Blick heute frei über der Flusslandschaft schweifen kann – und die Westfassade barockisiert.

Die Altstadt ist voll von mittelalterlichen Fachwerkbauten. Hervorzuheben sind hier die Häuser Breite Straße 39 aus dem 15. Jahrhundert und Löbergasse 16, das aus dem 16. Jahrhundert stammt. Ein Fachwerkgiebel von 1656 schmückt schließlich das Rathaus.

4 Auf mehr als 1200 Jahre Geschichte kann **Bad Hersfeld** zurückblicken. 736 wurde hier eine erste Einsiedelei gegründet. Ihr folgte alsbald ein Kloster. Aus diesem ging im 9. Jahrhundert die bedeutende Abtei hervor. Vom Beginn des 17. Jahrhundert an verlagerte sich die Bedeutung Hersfelds auf die Heilquellen. Sie locken noch heute Gäste in die Stadt, genauso wie die Festspiele in der Ruine der Abteikirche. Das karolingisch-romanische Baudenkmal war 1761 im Siebenjährigen Krieg von französischen Soldaten angezündet worden. Im Ort und rund um den Marktplatz finden sich schöne Fachwerkbauten aus Gotik und Renaissance. Von der Weserrenaissance beeinflusst präsentiert sich das 1597 erneuerte Rathaus.

Zwischen Hersfeld und Fulda lohnt es sich, einen Umweg nach **Schlitz** zu machen, zu einer noch heute vollständig von einer mittelalterlichen Mauer geschützten Stadt. Die vielen sich dahinter emporreckenden Türme bilden eine faszinierende Silhouette. Fast alle gehören zu den bekannten vier Burgen Vorder-, Hinter-, Schachten- und Ottoburg; von denen die verwinkelte Vorderburg, mit ihrem in der Mitte liegenden Bergfried, die interessanteste ist.

Den Turm der Hinterburg kann man besteigen und wird dann durch eine herrliche Aussicht auf den von Fachwerk aus dem 16. Jahrhundert geprägten, kreisrunden Ort sowie auf die Stadtkirche belohnt, deren Geschichte bis in karolingische Zeit zurückreicht.

5 Älter und bedeutender als Kassel ist **Fulda**, der Sitz der Fürstbischöfe. Es wurde 744 von einem Schüler des Missionars Bonifatius gegründet. Nach Bonifatius' Ermordung im Jahr 754 setzte man den Leichnam in der Klosterkirche bei, dem damals größten Gotteshaus auf deutschem Boden. Heute erhebt sich über des Märtyrers Gruft eine dreischiffige Basilika. Vom ursprünglich karolingischen Bau wurden Teile in die

1704–1712 durch Johann Dientzenhofer weitgehend barock gestaltete Stiftskirche übernommen.
Sehr viel kleiner, aber kunstgeschichtlich nicht weniger bedeutend ist die benachbarte Michaelskapelle. Deren Krypta datiert aus karolingischer Zeit. Von Interesse sind auch die Wandmalereien.
Auf Pläne Dientzenhofers geht das Barockschloss zurück. Sehenswert sind beispielsweise das barocke Treppenhaus, der Kaisersaal, der Gobelin- und der Festsaal. Jenseits des Schlossgartens erstreckt sich die Orangerie, die wie das Bischöfliche Palais und das Paulustor 1722–1737 im Stil des Barock errichtet wurde.

6 Zum Stift Fulda gehörte ursprünglich auch das Gebiet um **Steinau an der Straße.** Dieses erlangte aber erst Bedeutung, als Ulrich I. von Hanau hier im 13. Jahrhundert einen Etappenort an der wichtigen Durchgangsstraße von Frankfurt nach Mitteldeutschland gründete. Auf ihn geht die Burg zurück, aus der sich dann ab 1429 die spätgotische Grafenresidenz und in der Mitte des 16. Jahrhundert das Schloss entwickelt haben.

7 Erholung und Genesung – dafür steht **Bad Soden-Salmünster.** Salzhaltige Quellen lieferten hier schon zur Römerzeit Kochsalz, seit etwa 150 Jahren dienen sie der Linderung von allerlei Krankheiten. Der Ortskern mit seinen Fachwerkbauten lädt zum Bummeln ein. Auch die Burgruine Stolzenfels und die barocke Klosterkirche lohnen einen Besuch.

8 Seine Salzquellen bescherten **Bad Orb** seit dem 11. Jahrhundert Wohlstand. Dieser trug zu der reichen Ausstattung der Pfarrkirche St. Martin bei. Das Schmuckstück ist der Hochaltar, der um 1440 entstand.

9 Das ehemalige Jagdschloss der Fürsten zu Ysenburg in **Wächtersbach** liegt in einem malerischen Park. Sehenswert sind außerdem die Pfarrkirche mit ihrem gotischen Flügelaltar sowie das Heimatmuseum im Alten Rathaus.

10 Die Blütezeit der Barbarossastadt **Gelnhausen** beschränkt sich auf die Herrschaft der Stauferkaiser. Friedrich I. erwarb die Burg im Jahre 1170 und ließ sie zu einer prächtigen Pfalz ausbauen. Auf die Initiative von Friedrich I. hin entstand auch die romanische Marienkirche. Sehr gut erhalten sind die staufische Stadtbefestigung und, als große Rarität, einige romanische Häuser am Untermarkt.

11 Den altertümlichen Charakter einer Residenzstadt hat sich **Büdingen** in weiten Teilen bewahrt. Deshalb sollte man dem von Fachwerk geprägten Stadtbild insgesamt Aufmerksamkeit schenken, nicht nur den touristischen Höhepunkten wie der Stadtbefestigung oder dem Schloss.

12 Bereits 1723 hatte man bei **Bad Homburg** einen dem Römerkaiser Caracalla gewidmeten Stein gefunden. Bei weiteren Grabungen stieß man auf die Fundamente eines Römerstützpunkts, der wahrscheinlich aus dem 2. Jahrhundert datiert. 1897 ließ Kaiser Wilhelm II. das Kastell Saalburg rekonstruieren – ganz offensichtlich »historisierend«. An die Hohenzollern, denen Homburg 1866 zugefallen war, erinnern Bauten im Kurpark wie das Kaiser-Wilhelm-Bad. »Hessisch« sind das 1680 in Auftrag gegebene Schloss und der »Weiße Turm«, ein Überrest der spätromanischen Burg derer von Eppstein.

Fachwerkbauten und die Stiftsruine (im Hintergrund) zeugen von der langen Historie Bad Hersfelds.

Heute wird das Kurhaus von Wiesbaden für verschiedene Veranstaltungen genutzt.

13 Im Zentrum von **Frankfurt,** am Römerberg, stehen die historisch wichtigsten Bauten, von denen die Stadtentwicklung ihren Ausgang nahm. Ihren heutigen Höhepunkt hat sie in den Stahl- und Glastürmen des Bankenviertels von »Mainhattan« gefunden. Die Saalhofkapelle, um 1175 entstanden, ist nicht nur das älteste Gebäude der Stadt, sondern ein wichtiges Zeugnis dafür, dass hier früher eine staufische Pfalz stand. Nahe diesem weltlichen Mittelpunkt befindet sich der Dom. Die im 9. Jahrhundert gegründete Kirche baute man im 13. Jahrhundert zu einer dreischiffigen Halle um und setzte im 14. Jahrhundert ein gewaltiges Querhaus ein.

Den beeindruckendsten mittelalterlichen Innenraum besitzt die Pfarrkirche St. Leonhard, während das schönste hochgotische Relief Frankfurts das Südportal der Liebfrauenkirche ziert. In der berühmten Paulskirche (1787–1830) hat die Nationalversammlung 1848/1849 versucht, ein neues Deutschland aufzubauen.

WANDERN & FREIZEIT

Von Bad Hersfeld kann man auf dem mit dem Symbol »R1« ausgeschilderten **Fulda-Radweg** 56 Kilometer nach Melsungen radeln. Die Route startet am Bahnhof von Bad Hersfeld und führt aus der Innenstadt heraus in Richtung Bebra. Teils auf asphaltierten Radwegen und teils auf verkehrsarmen Nebenstraßen erreicht man nach etwa 18 Kilometern die Stadt Bebra mit ihrem berühmten Wasserturm. Es folgt ein teils bewaldeter, landschaftlich schöner und etwa sieben Kilometer langer Abschnitt in die mittelalterliche Fachwerkstadt Rotenburg an der Fulda. Hier sollte man unbedingt einen Stopp zum Fotografieren einlegen. Außerdem laden zahlreiche Lokale zur Einkehr ein. Schließlich geht es dann weiter auf verkehrsarmen Nebenstraßen und über Feldwege nach Altmorschen (nach circa 15 Kilometern) und zum Kloster Haydau und weiter nach Binsförth. Kurz vor Beiseförth (nach sechs Kilometern) erreicht man die in Deutschland bislang einmalige **Rad-Seilbahn:** In einem Stahlkorb schwebt man an einem 50 Meter langen Stahlseil über die Fulda. Die Seilbahn wird von den Reisenden mit Handkurbeln und Muskelkraft bedient. Am anderen Ufer angelangt, geht es weiter durch Beiseförth und in Flussnähe durch die Wiesen und Felder bis nach Melsungen (nach zehn Kilometern). Hier laden wiederum die Altstadt und diverse Lokale zum Verweilen ein. Anschließend kann man per Bahn zurück nach Bad Hersfeld fahren.

In der Umgebung von **Bad Soden-Salmünster** gibt es 240 Kilometer gut bezeichneter Wanderwege. Rgelmäßig veranstaltet der Kurort auch fachlich geführte Wanderungen, Informationen dazu sind Aushängen in der Therme zu entnehmen.

Der **Palmengarten** im Frankfurter Stadtteil Westend lädt immer wieder zu einem angenehmen Spaziergang ein. Auf dem 22 Hektar großen Areal

leben über 2500 verschiedene Pflanzenarten aus aller Welt. Zwischen Spazierwegen und Grünflächen mit Liegestühlen präsentiert dieser Schaugarten verschiedenste thematische Gärten und Gewächshäuser, wie etwa das Palmenhaus oder das Tropicarium oder auch der Rhododendronpark sowie der Kakteenpark. Für Kinder gibt es verschiedene Spielplätze, Minigolf und im Sommer auch einen kleinen Weiher mit Ruderbooten. Weitere Attraktionen sind zum Beispiel das Papageno-Musiktheater oder die Parkeisenbahn Palmen-Express (palmengarten.de).

Absolut lohnswert für Familien ist ein Besuch der **Saalburg,** wo sich Groß und Klein auf Spurensuche in die Römerzeit machen können. Wertvolle Ausgrabungsstücke und diverse Veranstaltungen geben einen Einblick in das einstige Alltagsleben im Kastell und dem dazugehörigen Dorf. Angeboten werden auch Führungen und Aktivprogramme (zum Beispiel Bogenschießen und Speerwerfen) für jede Altersgruppe. Sehr beliebt sind auch die Aktionswochenenden, an denen Akteure in zeitgenössischer Kleidung und Ausrüstung das militärische und zivile

Im Zweiten Weltkrieg wurde Frankfurts Innenstadt fast vollständig zerstört. So erinnern an das mittelalterliche Ensemble am Römerberg nur noch wenige Fassaden. Auch das Rathaus, »der Römer«, wurde 1951 nur in Anlehnung an das frühere Gebäude wieder errichtet. Berühmt ist Frankfurt für seine Museen, die am Schaumainkai aufgereiht sind. Ebenso berühmt ist das Senckenbergmuseum, eines der größten Naturkundemuseen in Deutschland, das, nicht nur mit seinen Dinosaurier-Exponaten jedes Jahr zahlreiche junge und ältere Besucher anlockt.

14 Schon die alten Römer wussten **Wiesbaden** als Badeort zu schätzen. Die Hauptstadt des Bundeslandes Hessen ist ein anschauliches Beispiel für den eleganten Klassizismus der Gründerzeit. Davon geprägt sind auch das Schloss der Herzöge von Nassau und das Kavaliershaus.
Das Schloss der nassauischen Herzöge im Ortsbezirk Biebrich entstand 1744.

»Mainhattan« gilt als Synonym für die Metropolstadt mit Skyscrapern Frankfurt am Main.

Leben der Römerzeit wieder auferstehen lassen (saalburgmuseum.de).

Der **GrünGürtel-Radrundweg** führt auf knapp 63 Kilometern einmal rund durch den Frankfurter GrünGürtel (gekennzeichnet mit grün-blauen Schildern). Auf dem Weg fährt man durch Landschaften mit Wald, Streuobstwiesen und durch malerische Flussgebiete. Die Tour startet an der Nidda beim Fähranleger in Höchst und geht auf flacher Strecke den Niddalauf entlang bis Bonames. Es geht weiter bis Berkersheim und dann bergauf nach Bergen-Enkheim. Südlich des Mains führt der Abschnitt von Oberrad bis Schwanheim durch den Frankfurter Stadtwald. Wer wieder an der Mainfähre zwischen Schwanheim und Höchst ankommt, hat die Rundtour geschafft. Die Tour kann an verschiedenen Stellen auch mit öffentlichen Verkehrsmitteln abgekürzt werden.

Auch das ist Frankfurt: Pittoresk reihen sich auf dem Römerberg die Fachwerkbauten aneinander.

Die Rhön

Das Land zwischen Werra und Fränkischer Saale hat viele Namen. »Land der offenen Fernen« wird das Bergland, das sich rund um das Dreiländereck von Bayern, Hessen und Thüringen erstreckt, gerne genannt. Doch was hat dieser Name zu bedeuten?

Von Natur aus wäre die Rhön wie fast alle anderen deutschen Mittelgebirge bis zu den höchsten Gipfeln hinauf bewaldet, in diesem Fall hauptsächlich mit Rotbuchen. Vor Jahrhunderten war dies offenkundig so. Nicht ohne Grund heißt die Rhön in alten Chroniken nämlich »Buchonia«, das »Buchenland«. Wer heute auf der 950 Meter hohen Wasserkuppe, dem höchsten Berg des Gebirges zwischen Fulda und Werra, dichte Buchenwälder erwartet, wird allerdings je nach persönlichem Geschmack enttäuscht oder aber beglückt sein, denn er findet eine weitgehend offene, waldarme Landschaft, in der der Blick über Bergwiesen ungehindert bis in dunstige Fernen schweift. Auf jeden Fall erfreut das die Segelflieger, Drachenflieger, Gleitschirmflieger und anderen Flugsportler, denn sie haben hier reichlich Platz für ihre liebste Betätigung, und die Grasflächen erzeugen die erwünschte Thermik. Kein Wunder, dass die Rhön daher bei uns als das Bergland der Flieger und dank hier stattgefundener Pionierflüge als die Wiege des Segelflugs gilt.

»Buchonia« könnte man allerdings auch vollkommen anders übersetzen: mit »Buckelland«. Die einstigen Buchenwälder sind bis auf Reste verschwunden, doch am hügelig-buckeligen Landschaftscharakter hat sich bis heute nicht das Geringste geändert. Schon seit der Zeit der Kelten, die auf dem markantesten Buckel, der Milseburg, vor fast 3000 Jahren eine ihrer befestigten Bergstädte errichteten. Sie bezeichneten das Gelände als raino (= hügelig), und daraus hat sich wohl der Name Rhön entwickelt. Sicher ist nur, dass

Ein wunderbarer Panoramablick über das Biosphärenreservat Rhön bietet sich von der Abtsrodaer Kuppe, einem Ausläufer der Wasserkuppe.

die Kuppen und Kegel meist einen Kern aus harten vulkanischen Gesteinen besitzen. Der dunkle vulkanische Fels verwittert meist zu einem nährstoffreichen Boden, auf dem auch anspruchsvollere Pflanzen prächtig gedeihen. In den warmen Jahreszeiten verwandeln sich die Bergwiesen so auch in wahre Blumenteppiche. Die schwarzköpfigen Rhönschafe, die bekanntesten Tiere der Rhön, halten die Grasnarbe kurz und sorgen so dafür, dass die Flora ungewöhnlich artenreich bleibt. Nur mit viel Glück wird der Wanderer indes auf die in unserem Land äußerst seltenen Auer- und Birkhühner treffen. In der Rhön kommen die stattlichen Raufußhühner noch in kleinen Beständen vor.
Ungewöhnlich reich ist die Rhön mit Kunstschätzen bedacht, ausgerechnet ein Gebirge, das früher als ein »Land der armen Leute« galt. Jeder Ort, der hier etwas auf sich hält, besitzt im Kern eine stattliche, oft wehrhafte Kirche; möglichst im Stil des noblen Fuldaer Barock, dazu mindestens ein paar schöne Bildstöcke, wenn nicht einen ganzen Kreuzweg, der hinauf zu einer alten Wallfahrtskapelle auf dem Hausberg führt. Am Kreuzberg, dem dritthöchsten Gipfel der Rhön, gelangt man vom Kloster über einen steilen Weg hinauf zur imposanten Kreuzgruppe – und muss dabei in der Regel für kulinarische Sünden in der Klosterwirtschaft (vor allem das süffige Klosterbier) büßen.

Idylle pur mit friedlich grasenden Rhönschafen.

Von der Bayerischen Rhön in den Frankenwald

Ausgangspunkt der Tour sind die Kurorte Bad Neustadt und Bad Kissingen. Über Haßberge und Steigerwald geht es in die Kunststadt Bamberg. Danach verzaubern Barockbauwerke: das Kloster Banz und die Basilika der Wallfahrtskirche Vierzehnheiligen. Ebenso eindrucksvoll ist das Zusammenspiel von Natur und Kunst rund um Coburg.

TOUR 31

- **Länge:** rund 120 Kilometer
- **Dauer:** 3–5 Tage
- **Start | Ziel:** Bad Neustadt | Kulmbach

1 Die Stadtbefestigung von **Bad Neustadt** an der Saale ist größtenteils erhalten geblieben; dazu zählt auch das 1580 erbaute Hohntor, das Wahrzeichen des Ortes.
Östlich der Stadt thront auf einem Bergvorsprung über der Saale die **Salzburg,** die zu den interessantesten mittelalterlichen Anlagen Deutschlands zählt. Die Burg beziehungsweise ihr Vorläuferbau beherbergte einst möglicherweise so berühmte Gäste wie Karl den Großen oder Ludwig den Frommen. In den Jahren 804, 841 und 842 wurden dort Reichstage abgehalten. Das heutige Gebäude stammt aus dem 12. Jahrhundert.

2 Zu den wichtigsten Bauten von **Münnerstadt** zählt die katholische Stadtpfarrkirche St. Maria Magdalena. Der Magdalenenaltar stammt von keinem Geringeren als Tilman Riemenschneider; die Hauptfigur des Altars jedoch, Maria Magdalena, wurde bereits 1776 entfernt, da ihr spärlich bedeckter Körper Anstoß erregte. Heute kann man die Figur im Bayerischen Nationalmuseum in München besichtigen. Auch der spätgotische Bildhauer Veit Stoß war maßgeblich an der Innenausstattung der Kirche beteiligt. Das Stadtbild von Münnerstadt beeindruckt durch seinen mittelalterlichen Charakter mit vielen schmucken Fachwerkhäusern. Die Stadtmauer ist noch in großen Teilen erhalten, zu sehen sind auch die markanten Tore, darunter das Jörgentor mit seinem ungewöhnlichen Fachwerkaufbau aus dem 16. Jahrhundert sowie das Obere Tor und der Dicke Turm.
Im ehemaligen Deutschordensschloss aus dem 13. Jahrhundert ist das Henneberg-Museum untergebracht, das neben Exponaten aus der Geschichte des Deutschen Ordens wertvolle kunstgeschichtliche Zeugnisse aus der Region präsentiert und auf diese Weise auch die alte Grafschaft Henneberg ins Gedächtnis ruft.

3 Die Salzquellen von **Bad Kissingen** wurden bereits zur Römerzeit genutzt. Der Aufschwung des Badeortes nahm in der Biedermeierzeit seinen Lauf. Auf Geheiß von König Ludwig I. vollendete Friedrich von Gärtner 1838 den Arkadenbau im Kurpark. Später kamen die Wandelhalle mit neubarockem Schmuckhof und das Theater mit einer Innenausstattung in reinem Jugendstil hinzu. Zu den treuesten Kurgästen zählte Otto von Bismarck. Während seiner Aufenthalte wohnte er meist in der Oberen Saline. Diese Räume beherbergen heute ein Bismarck-Museum; sie spiegeln in einmaliger Weise die Wohnkultur der Gründerzeit wider. Bei

Frische Produkte aus der Region gibt es auf dem Schweinfurter Marktplatz.

WANDERN & FREIZEIT

Wer die Möglichkeit hat, in der zweiten Augusthälfte nach Bamberg zu reisen, sollte sich nach dem Termin der sogenannten **Sandkerwa** (Sandkirchweih) erkundigen. Im Rahmen dieses großen Volksfestes in der historischen Altstadt findet seit dem 15. Jahrhundert in »Klein-Venedig« das Bamberger Fischerstechen statt.

Bamberg ist nicht nur ein Paradies für Stadtspaziergänger, im Umland gibt es unzählige Wanderwege, auf denen man die reizvolle **oberfränkische Landschaft** erkunden kann, die man hier gern »fränkische Toskana« nennt. Und nicht einmal in der Natur muss man auf Kunstwerke verzichten: Bei Lohndorf im Landkreis Bamberg lädt die Fränkische Straße der Skulpturen, ein origineller Skulpturen-Rundweg, zu einem überaus abwechslungsreichen Bummel durch die Natur ein. Die Kunstwerke werden regelmäßig gegen neue ausgetauscht.

Im 200 Meter langen Arkadenbau konnten Kurgäste von 1834 an auch bei Regen im Freien flanieren.

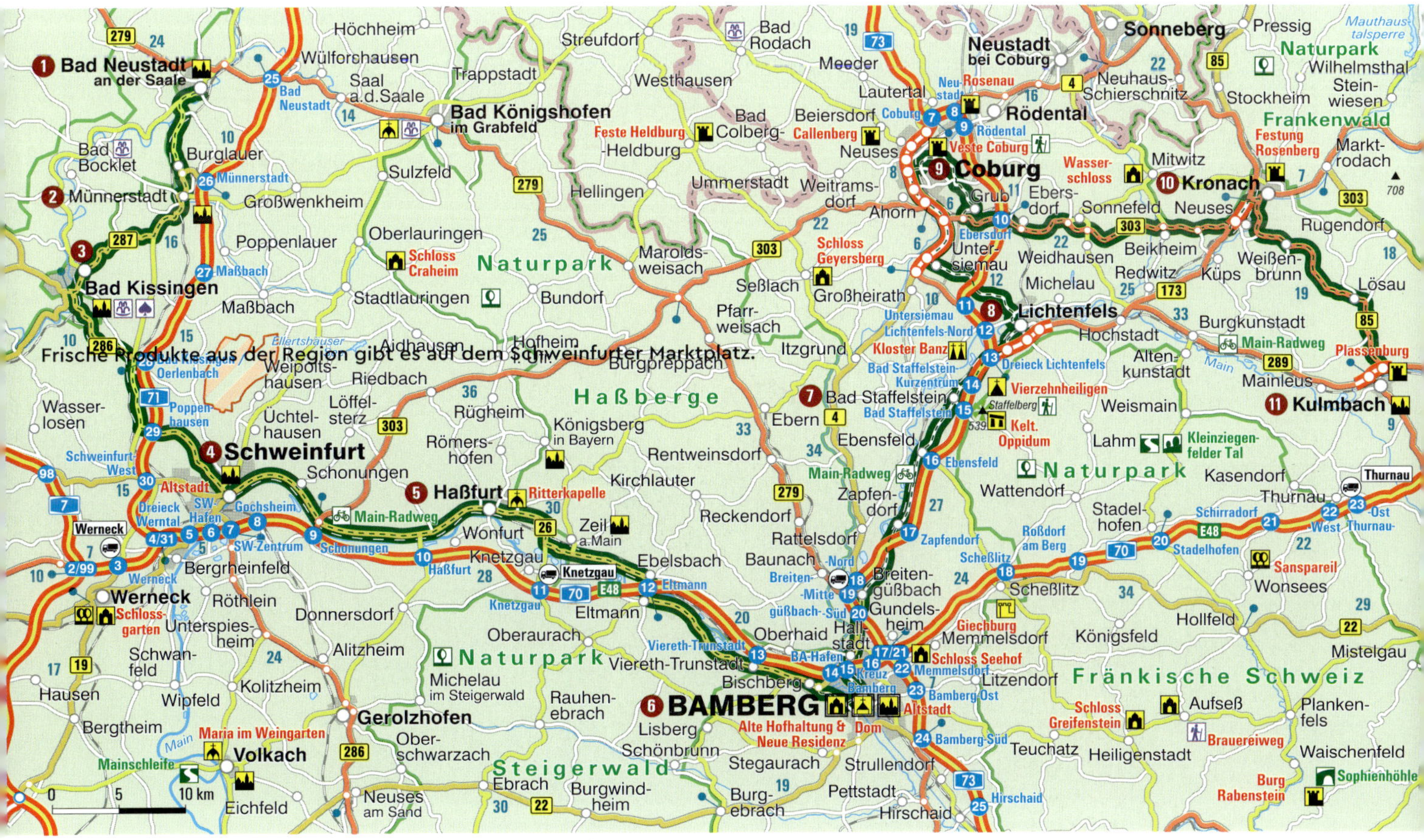

Frische Produkte aus der Region gibt es auf dem Schweinfurter Marktplatz.

Das Alte Rathaus auf einer Brücke über die Regnitz ist wohl Bambergs berühmtester Anblick.

seinem ersten Kuraufenthalt in Bad Kissingen, damals noch nicht in der Oberen Saline, ereignete sich sogar ein Attentatsversuch auf den Reichskanzler, weil dieser im Zuge des sogenannten Kulturkampfes als Gegner der römisch-katholischen Kirche agierte. Bismarck ließ sich davon allerdings nicht abschrecken und kam auch weiterhin regelmäßig zur Kur hierher. In Bad Kissingen richtete man nicht nur das genannte Museum ein, sondern baute zum Gedenken an den treuen Gast auch ein Bismarck-Denkmal und den Bismarckturm – Ehrungen des Politikers, wie sie im späten 19. und frühen 20. Jahrhundert relativ beliebt waren.

Im Übrigen entsprach Bismarcks Wahl des Kurortes dem Geschmack der Zeit: Bad Kissingen zählte zu den beliebtesten Kurorten des europäischen Adels, von Künstlern und Wissenschaftlern; auf der Liste prominenter Kurgäste stehen unter anderem Ludwig I. von Bayern, Karl Friedrich Schinkel, Zar Alexander II. von Russland, König Ludwig II. von Bayern, Elisabeth von Österreich (»Sisi«), Heinrich Schliemann, Justus von Liebig oder Alfred Nobel, der Stifter des Nobelpreises.

Von der kulturellen Vielfalt der Stadt zeugt unter anderem die Russisch-Orthodoxe Kirche von 1898, ausgeführt im neobyzantinischen Stil; da Zar Alexander II. als Kurgast in Kissingen weilte, kamen im 19. Jahrhundert regelmäßig zahlreiche weitere russische Gäste in den Ort. Die bemerkenswerte Neue Synagoge von 1902 ist leider nicht erhalten; sie wurde in der Reichspogromnacht von 1938 erheblich zerstört und später abgerissen. Die katholische St.-Jakobus-Kirche geht vermutlich auf das 14. Jahrhundert zurück.

Welchen Herrscher oder Heiligen das Standbild im Bamberger Dom darstellt, ist ungewiss.

4 Im Ortskern von **Schweinfurt** steht das 1570–1572 erbaute Rathaus mit einem in Stein gehauenen Schwein, dem Wahrzeichen der Stadt. Der Name Schweinfurts geht jedoch vermutlich auf das Wort »swin« zurück, was so viel wie »Sumpf« bedeutet. Das Museum Georg Schäfer lockt mit einer bedeutenden Sammlung von Kunst des 19. Jahrhundert. Werke von Caspar David Friedrich, Adolph Menzel, Carl Spitzweg und vielen anderen sind seit 2000 im preisgekrönten neuen Museumsbau von Volker Staab zu sehen.

Schweinfurt ist jedoch vor allem auch als Industriestadt bekannt. Die Erfindung der Kugelschleifmaschine im Jahr 1883 leitete den Aufschwung der Kugellagerindustrie ein. Auf die Bedeutung des Industriestandorts weist unter anderem das Schweinfurter SKF-Hochhaus hin.

Vom historischen Schweinfurt ist vieles den Bomben des Zweiten Weltkriegs zum Opfer gefallen. An ältere Zeiten erinnern aber beispielsweise das Renaissance-Rathaus und der Schrotturm aus dem 17. Jahrhundert. Historische Schrottürme sind mittlerweile sehr selten; ein Schrotturm gehörte nicht zur Stadtbefestigung, sondern diente der Herstellung von Schrotkugeln: Oben im Turm ließ man flüssiges Blei durch ein Sieb tropfen, im freien Fall bildeten sich die Tropfen, die unten in ein Wasserbecken eintauchten und abkühlten.

5 Die Stadt **Haßfurt** wurde im 13. Jahrhundert erstmals urkundlich erwähnt. Die spätgotische Ritterkapelle, das Wahrzeichen der Stadt, zeigt im Inneren 248 mittelalterliche Wappen des fränkischen Adels. Das Tympanon über dem Westportal erzählt die Geschichte vom Zug der Heiligen Drei Könige und ihrem Besuch im Stall von Bethlehem. Die spätgotische Stadtpfarrkirche St. Kilian besticht durch die beeindruckenden Statuen Johannes des Täufers und der Muttergottes mit Kind von der Hand Tilman Riemenschneiders. Zwischen diesen beiden Kirchen spiegelt sich der Gegensatz zwischen Rittertum und Bürgerschaft wider, der die Stadt einst prägte.

6 Wegen seiner Lage auf sieben Hügeln, den Ausläufern des Steigerwaldes, wird **Bamberg** auch als das »deutsche Rom« bezeichnet. Der Bischofssitz mit seiner bekannten Universität, einer weit verzweigten Industrie, einem weltbekannten Orchester und einer verträumten Altstadt macht einen Besuch zu einem vielschichtigen Erlebnis. Die UNESCO hat die bedeutende Altstadt von Bamberg in die Liste des Weltkulturerbes aufgenommen. Im Stadtzentrum befinden sich das Alte Rathaus, das im Mittelalter auf einer Insel mitten im Fluss entstand, sowie das alte Fischerviertel »Klein-Venedig« am Ufer der Regnitz. Im großartigen spätromanischen Dom steht der ebenso berühmte wie rätselhafte Bamberger Reiter, die bedeutendste Steinskulptur des 13. Jahrhundert. Das Kaisergrabmal wurde 1499–1513 von Tilman Riemenschneider gestaltet. Im Westchor befindet sich das einzige Papstgrab Deutschlands (für Papst Clemens II.) und im Diözesanmuseum kann man den beeindruckenden Domschatz bewundern.

Weitere imponierende Bauten aus vergangenen Jahrhunderten sind die Alte Hofhaltung (die Wohngebäude des Bischofs aus dem 15. Jahrhundert, Nachfolgebau einer einsti-

Prachtvoll ragen die Türme der Basilika Vierzehnheiligen aus den dichten Bäumen auf.

Bildungsstätte und Museum beherbergt heute das ehemalige Kloster Banz.

Bereits im 11. Jahrhundert wird die Veste Coburg erstmals urkundlich erwähnt.

gen Kaiserpfalz) sowie die Neue Residenz der Bischöfe aus dem 17. Jahrhundert. Ein Teil der Räume kann besichtigt werden; schön ist auch der zum Anwesen gehörige Rosengarten.

7 In **Bad Staffelstein** wurde die mit einer Wassertemperatur von 52 °C und einem Salzgehalt von neun Prozent wärmste und gehaltvollste Thermalsole Bayerns erschlossen. Sie speist die Obermain-Therme, ein weitläufiges Thermalbad mit allen dazugehörigen Wellness-Angeboten. Im Geburtsort des Rechenmeisters Adam Ries(e) (1492 oder 1493–1559) findet man eine Reihe stattlicher Bürgerhäuser sowie ein herrliches Fachwerk-Rathaus aus dem 17. Jahrhundert.
Geradezu ein Muss ist ein Besuch der prächtigen Wallfahrtskirche des **Klosters Vierzehnheiligen,** das 1743–1772 vom berühmten Barockbaumeister Balthasar Neumann errichtet wurde. Mittelpunkt der Barockkirche ist der Gnadenaltar mit der Darstellung der 14 Nothelfer und dem Kind mit dem roten Kreuz auf der Brust.
Die kunsthistorisch bedeutende Kirche liegt direkt gegenüber dem ehemaligen **Kloster Banz,** das auf eine Burg des 10. Jahrhunderts zurückgeht, die bald nach ihrer Erbauung in den Besitz der Markgrafen von Schweinfurt gelangte. Ende des 17./Anfang des 18. Jahrhundert wurde es von Leonhard und Johann Dientzenhofer erbaut und dient heute als Tagungsstätte.

8 Lichtenfels war einst im Besitz der Grafen Andechs-Meran und fiel später durch eine Schenkung an das Hochstift Bamberg. Noch heute existiert das alte Stadtschloss; im 17. Jahrhundert wurde es als Getreidespeicher genutzt. Im 21. Jahrhundert ist Lichtenfels eine vom Gewerbe geprägte Stadt. Hier entstand Deutschlands einzige Staatliche Berufsfachschule für Flechtwerkgestaltung. Alljährlich am dritten Wochenende im September findet der Korbmarkt statt.
Im drei Kilometer entfernten **Michelau** befindet sich das Deutsche Korbmuseum.

9 Die »Fränkische Krone« – der Ehrenname der **Veste Coburg** – liegt hoch über der Stadt und ist eine der größten Burganlagen Deutschlands. Während des Augsburger Reichstags im Jahre 1530 hielt sich hier der Reformator Martin Luther auf. In seiner Studierstube befindet sich heute ein lebensgroßes Bildnis Luthers von Lucas Cranach.
Das älteste Wahrzeichen der Stadt ist jedoch die Morizkirche, mit deren Bau im späten 14. Jahrhundert begonnen wurde. Das Zentrum von Coburg, der Marktplatz, wird dominiert vom Rathaus mit dem Coburger Erker, einem doppelgeschössigen Schmuckerker auf einer Stützsäule, und der Cantzley, dem frü-

heren Stadthaus. Nicht minder interessant sind die zahlreichen Jugendstilbauten, darunter das Sonnenhaus.
Ebenfalls sehenswert ist Schloss Ehrenburg, die herzogliche Residenz, die nach einem Brand in großen Teilen wieder im barocken Stil aufgebaut wurde.
Nicht zuletzt auch wegen des angesehenen Landestheaters, Nachfolger eines Hoftheaters, gilt Coburg als kulturelles Zentrum des oberfränkischen Nordwestens. Bis etwa 2035 ist das Globe Coburg die Ersatzspielsätte für das im Umbau befindliche Große Haus.

10 Auf dem Marktplatz von **Kronach** ließ Bischof Melchior Voigt 1654 eine Ehrensäule zur Erinnerung an die überstandene Belagerung durch die Schweden errichten. Noch heute findet alljährlich am Sonntag nach Fronleichnam die sogenannte Schwedenprozession statt. Hoch über der Stadt erhebt sich die Festung Rosenberg, die ihre heutige Gestalt im Form eines Fünfecks 1656 bis 1700 erhielt. Im Kommandantenbau, der nach den Plänen von Balthasar Neumann errichtet wurde, ist die »Fränkische Galerie« als Zweigstelle des Bayerischen Nationalmuseums untergebracht.

11 Kulmbach ist vor allem für zwei Dinge bekannt: Bier – und die Plassenburg, in der die Grafen von Andechs-Meranien ihren Sitz hatten. Besonders die Waffenhalle und der Markgrafensaal aus dem 16. Jahrhundert sind noch gut erhalten. In der Oberburg befindet sich der »Schöne Hof«, einer der bedeutendsten Renaissance-Arkadenhöfe Deutschlands. Ebenfalls in der Plassenburg befindet sich das Deutsche Zinnfigurenmuseum.
Der Langheimer Amtshof, ehemals ein Klosterhof, ist eines der prachtvollsten Gebäude der Stadt Kulmbach und geht auf Pläne von Leonhard Dientzenhofer zurück.
Am Westrand von Kulmbach vereinigen sich die Quellflüsse des Mains, der Weiße Main (entspringt im Fichtelgebirge) und der Rote Main (entspringt in der Fränkischen Schweiz).

Bis heute suchen viele Wallfahrer die Basilika Vierzehnheiligen auf.

WANDERN & FREIZEIT

Von Bad Staffelstein aus führt eine schöne, etwa elf Kilometer lange Rundwanderung nach **Vierzehnheiligen.** Ausgangspunkt ist der Friedhof kurz hinter dem Ortseingang von Staffelstein. Ein teilweise durchaus nicht zu unterschätzender Anstieg führt hinauf auf den Staffelberg, auf der Alb geht es dann relativ entspannt weiter nach Vierzehnheiligen. Der Rückweg verläuft entlang einer wenig befahrenen Straße.

Der aussichtsreiche **Carl-Escher-Weg** führt über die höchsten Berge rund um Coburg, darunter Lauterberg, Sennigshöhe und Georgsberg. Der circa 65 Kilometer lange Weg ist bestens beschildert. Ein guter Ausgangspunkt ist die Veste Coburg. Der Höhenweg verläuft über die Gemeinde Rödental und zu den Ruinen der einstigen Lauterburg. Endpunkt ist Schloss Falkenegg, ein neugotischer Bau im Coburger Stadtteil Neuses.

Der **Main-Radweg,** einer der großen Radfernwege Deutschlands, wurde vom ADFC als besonders vorbildlich ausgezeichnet. Zum allergrößten Teil führen die gut ausgebauten Strecken durch besonders reizvolle Landschaften. In der hier vorgestellten Region liegt der Abschnitt von Kulmbach über Lichtenfels und Bamberg bis Haßfurt und Schweinfurt. Auch kürzere Etappen sind selbstverständlich lohnend.

Der Pfälzerwald

In Deutschland gibt es eine ganze Reihe geografischer und historischer Landschaften, die sich »Pfalz« nennen. Alle haben kleinere und größere Wälder aufzuweisen. Aber es gibt hierzulande nur einen einzigen Pfälzerwald.

Das Waldgebiet im äußersten Süden von Rheinland-Pfalz ist eine der größten zusammenhängenden Waldlandschaften Deutschlands, ein typisches Waldland, ähnlich wie der Schwarzwald an der gegenüberliegenden Seite des Tieflands beiderseits des Oberrheins. Hier wie dort herrschen Nadelbäume vor. Im Schwarzwald vor allem Fichten und Tannen, im Pfälzerwald dagegen Kiefern, was die Wälder lichter, freundlicher macht als im weithin finsteren »Schwarzwald«. Wie dieser ist der Pfälzerwald zugleich ein Weinland, wenigstens an der dem Tiefland zugewandten Flanke des bis knapp 700 Meter hohen Gebirges, das oft auch Haardtgebirge genannt wird. Dort verläuft von Rheinhessen bis zum Elsass die Deutsche Weinstraße. Damit die Trauben reifen, muss ein Weinklima herrschen, und in dieser Beziehung kann man sich in Deutschland keine Gegend mit »südlicherem« Klima vorstellen als den im Wind- und Regenschatten des Gebirges gelegenen Haardtrand. Dort gedeihen und reifen sogar mediterrane Gewächse wie Zitronen oder Feigen.

Die Wärme strömt zum Teil durch den geologischen Graben ein, der im Süden am Mittelmeer beginnt. Beide Gebirge, der Schwarzwald und der Pfälzerwald, liegen auf den Schultern dieser Senkungszone, und beide bestehen zum großen Teil aus den Schichten des Buntsandsteins. Während jedoch der Sandstein im Schwarzwald ausgedehnte, landschaftlich nicht besonders aufregende Hochflächen bildet, ist er im Pfälzerwald zu einem in Deutschland (und darüber hinaus) einzigartigen Felsenland verwittert, vor allem rund um das Städtchen

Morgennebel liegt über dem Pfälzerwald, aus dem sich die Burg Trifels – selbst bereits im Sonnenbad – erhebt.

Dahn. Dort ragen viele bizarre Felsgebilde aus Buntsandstein auf, darunter ein atemberaubend steiler, rund 70 Meter hoher Felsen, der den Namen Jungfernsprung trägt; und der Teufelstisch, ein spektakulärer Pilzfelsen, der den Naturgesetzen der Schwerkraft zu widersprechen scheint. Die Namen der Felsformationen lassen schon ahnen, dass eine Wanderung durch das Dahner Felsenland und den gesamten Wasgau zugleich eine Zeitreise durch die Welt der Sagen und Legenden ist.

Auch bietet der Pfälzerwald einer vielfältigen Fauna eine Heimat. Neben größeren Vertretern wie Luchs und Wildschwein, wissen auch kleinere Arten das von der UNESCO als Biosphärenreservat ausgezeichnete Gebiet zu schätzen – darunter Seltenheiten wie die Kerbameise oder die Libellenart Speer-Azurjungfer. Auch zahlreiche Vögel lassen sich hier beobachten, beispielsweise Eisvogel, Schwarzspecht, Wiedehopf und Bergfink.

Allein 16 von Menschenhand gemachte Burgen und Burgruinen in der Umgebung von Dahn, die wie aus den natürlichen Felsen herauswachsen, zeigen aber auch, dass der Pfälzerwald ein faszinierendes Burgenland ist, mehr als zum Beispiel sein Vetter Schwarzwald auf der anderen Seite des Rheins. Zwei Burgen, die Reichsfestung Trifels und die zum Hambacher Schloss umgestaltete Kästenburg über der Weinstraße ragen aus der Vielzahl der Burgen hervor.

Der Teufelstisch ist eines der Wahrzeichen des Dahner Felsenlandes.

Genießertour durch das Saarland in die Pfalz

Für diese Tour vom Dreiländereck an der Saar entlang durch die Pfalz sollte man mindestens drei bis vier Tage einplanen. Ausgangspunkt ist der Weinort Perl-Nennig, weiter geht es dann durch das Saargebiet nach Kaiserslautern und durch die Weinstraße in die alte Kaiserstadt Speyer.

TOUR 33
- **Länge:** rund 280 Kilometer
- **Dauer:** 3–5 Tage
- **Start | Ziel:** Perl | Speyer

1 Der Weinort **Perl** ist vor allem wegen seiner Spielbank bekannt, die in Schloss Berg, einer Anlage aus dem 16. Jahrhundert, untergebracht ist. Das nahe gelegene Schloss Bübingen aus dem 14. Jahrhundert existiert seit dem Zweiten Weltkrieg leider nur noch als Ruine. Im Ortsteil **Nennig** ist vor allem der riesige Mosaikboden sehenswert, den man in einer alten römischen Villa gefunden hat.

2 Die ehemalige Benediktinerabtei in **Mettlach** wurde wahrscheinlich bereits um 700 gegründet. Erhalten blieb der etwa 1000 Jahre alte Turm. In den im 18. Jahrhundert errichteten Klostergebäuden ist heute das 2025 neu aufbereitete Museum der Keramikfabrik, die »Villeroy & Boch Welt«, untergebracht. Zwei Kilometer weiter südlich steht auf einem steilen Felsen über der Saar die Burgruine Montclaire.

3 Wenn man der Saar wenige Kilometer folgt, gelangt man nach **Merzig.** Die ehemalige Stiftskirche St. Peter stammt aus dem 12. Jahrhundert, wurde jedoch bis ins 19. Jahrhundert hinein immer wieder umgebaut. Das Rathaus in der Poststraße wurde 1650 als Jagdschloss für den Kurfürsten von Trier fertiggestellt.
Ein Hauch von Wildnis erlebt man im **Wolfspark** von Merzig. Mehrere Wolfsfamilien verschiedener Arten mit je zwei bis sechs Tieren leben hier.

4 Über Dillingen geht es weiter nach **Saarlouis.** Seit der Sonnenkönig 1680 hier von Vauban eine Festung anlegen ließ, war die Stadt vom Militär geprägt. Die Festung »Halber Mond« erinnert daran. In den ehemaligen Kasematten befinden sich heute zahlreiche Weinlokale, Restaurants und Diskotheken. Die Ruine der Teufelsburg ist ein empfehlenswertes Wanderziel. Von Mai bis Oktober ist hier sonntags auch ein Museum geöffnet.

5 Völklingen war eine Stadt des Stahls, bis die Alte Völklinger Hütte 1986 stillgelegt wurde. Die Anlage wurde von der UNESCO zum Weltkulturerbe erklärt. Der Hochofen und die enorme Gasgebläsehalle können besichtigt werden. In der Eupener Straße ist eine typische Arbeitersiedlung aus der Jahrhundertwende erhalten geblieben.
Der nahe Staatsforst Warndt lockt mit einem attraktiven Freizeitangebot und im Heimatmuseum in Ludweiler erfährt man Wissenswertes über die einstigen Waldbewohner.

WANDERN & FREIZEIT

Geübte Radler können die etwa 400 Kilometer lange Fahrradtour **»Radeln ohne Grenzen«** durch das Saarland mit diversen Abstechern nach Luxemburg, nach Lothringen und ins Elsass in ungefähr acht Tagen bewältigen.

Ob auf Schusters Rappen oder sogar auf einem richtigen Pferd – der **Saarland-Rundweg** ist über 330 Kilometer lang. Man muss lediglich den dreieckigen Schildern mit dem weißen Hufeisen auf blauem Grund folgen. In Mettlach führt ein ausgeschilderter Wanderweg zur Ruine der **Burg Montclair,** von der man eine herrliche Aussicht auf die Saarschleife hat. Auf einem gut ausgeschilderten Wald- und Vogellehrpfad geht es zum Aussichtspunkt Cloef.

Auf dem etwa 9,5 Kilometer langen **Wolfsweg** können geübte Wanderer vom Wolfspark bei Merzig zum »Garten der Sinne« und wieder zurück wandern. Beide Teilstrecken der Rundtour sind etwa gleich lang und mit der Wegmarkierung »Wolfstatze« gekennzeichnet. Die Route führt durch die schattigen Mischwälder des Merziger Kammerforstes, vorbei an Hecken und Streuobstwiesen sowie durch das wildromatische Tal der Grät.

Von **Neustadt an der Weinstraße** stehen insgesamt 60 Kilometer Radwege zur Wahl. Besonders empfehlenswert sind Touren zu den umliegenden Weindörfern.

Bei Orscholz in der Gemeinde Mettlach hat man von der Cloef, einer Felsformation, den besten Blick auf die große Saarschleife.

Von Zeiten blühenden Handels in Saarbrücken zeugt der Saarkran, der 1991 nach historischen Plänen neu errichtet wurde.

An Sommertagen lockt der Marktplatz von Neustadt an der Weinstraße mit Cafés und Restaurants ins Freie.

Blickfang im Dom St. Peter in Worms ist der vergoldete Hochaltar von Balthasar Neumann.

6 Schon die alten Römer hatten in **Saarbrücken** ein Kastell angelegt, dessen eindrucksvolle Reste in der Mainzer Straße besichtigt werden können. Im Zweiten Weltkrieg wurden viele historische Gebäude stark in Mitleidenschaft gezogen, das Barockschloss und die Schlosskirche aus dem 15. Jahrhundert wieder aufgebaut.

Barocke Fassaden findet man auch rund um den Markt der St. Johanner Altstadt, zu dem man vom Schlossberg über die Alte Brücke gelangt. Das alte Rathaus ist wie das Schloss ein Werk Friedrich Joachim Stengels und wurde 1760 fertiggestellt.

Sehenswert ist auch der Große Brunnen des Stadtbaumeisters. Ebenfalls von Stengel stammt die Friedenskirche am Nateser Platz direkt gegenüber dem saarländischen Landtagsgebäude aus dem Jahr 1866, einem zweigeschossigem Solitärbau.

Das Saarlandmuseum kann mit drei Standorten aufwarten: Alte und neue Meister kann man in der Alten Sammlung und neue Werke in der Modernen Galerie erleben. Sakrale Kunst ist im Museum in der Stadtkirche zu sehen. Über Kelten und Römer informiert das Museum für Vor- und Frühgeschichte.

Nicht nur für Familien mit Kindern empfiehlt sich ein Besuch des Zoos am Eschberg oder des rund 17 Hektar großen Wildparks im Stadtwald.

7 Vorbei an Neunkirchen gelangt man nach **Homburg.** Die mittelalterliche Burg der gleichnamigen Grafen wurde im 16. Jahrhundert im Renaissancestil umgestaltet. Ludwig XIV. ließ die Anlage und die Stadt zu einer Festung ausbauen. Viel ist davon allerdings nicht mehr erhalten, aber es existiert noch ein unterirdisches Gängesystem, das besichtigt werden kann.

Sport- und Freizeitmöglichkeiten gibt es im Kulturpark Homburg und einen Einblick in die römische Zeit vermittelt das archäologische Freilichtmuseum Schwarzenacker. Mit dem Boot fahren oder schwimmen kann man auf dem Jägersburger Brückweiher. Hoch hinaus geht es im Kletterpark an seinen Ufern, dem Fun Forest Homburg.

8 Seit der Zeit einer ersten Siedlung vor etwa 2500 Jahren am Flüsschen Lauter hat **Kaiserslautern** eine wechselvolle Geschichte erlebt. Das ehemalige Kloster wurde 1511 aufgelöst und seither ist die Stiftskirche St. Martin und Maria evangelisch. Der romanische Urbau wurde im 13. Jahrhundert gotisiert, im 16. Jahrhundert kamen die Westtürme hinzu. Weitere Umbauten erfolgten im 19. Jahrhundert und beim Wiederaufbau nach den schweren Kriegsschäden.

Im 13. Jahrhundert errichteten die Franziskaner die heutige Pfarrkirche St. Martin. Nach der Reformation wurde der Bau säkularisiert und vom 18. Jahrhundert bis 1803 mit barocker Neuausstattung wieder als Klosterkirche genutzt. Von der Pfalz Friedrich Barbarossas und dem Schloss des Pfalzgrafen Johann Casimir haben die Franzosen 1703 nicht mehr viel übrig gelassen. Teile der Außenmauern blieben erhalten. Über die Stadtgeschichte informiert das Theodor-Zink-Museum.

Die Pfalzgalerie diente einst als Gewerbemuseum, heute findet man neben spätgotischen Plastiken, Keramik und Porzellan auch eine Sammlung moderner Gemälde.

9 **Worms** ist der Schauplatz der Nibelungensage, hier wurde in der Antike und im Mittelalter Geschichte geschrieben. Bomben verwandelten die Stadt im Zweiten Weltkrieg in ein Trümmerfeld, doch von der einstigen Pracht zeugt immer noch der Dom St. Peter. Das Gotteshaus wurde im Jahr 1018 in Anwesenheit Kaiser Heinrichs II. geweiht, brannte 1689 ab und wurde dann im Stil des Rokoko wieder aufgebaut.

Sehenswert sind darüber hinaus die Kirchen St. Martin, St. Paul und St. Magnus sowie die mittelalterliche Synagoge und der alte Judenfriedhof. Die Stiftung »Kunsthaus Heylshof« wartet mit Kunstwerken vom Mittelalter bis zum 19. Jahrhundert auf.

10 Bereits die Römer wussten um die Heilkraft der Quellen in **Bad Dürkheim.** Mönche des 12. Jahrhundert nutzten die Quellen zur Salzgewinnung. Sie lebten und beteten im Kloster Limburg, das von Kaiser Konrad III. gegründet wurde. Die Klosteranlage besteht heute nur noch als Ruine, die im Sommer Schauplatz von Konzerten und Theateraufführungen ist. Die mächtige Burgruine Hardenberg ist eine der größten Burganlagen. Die beliebte Kurstadt ist auch eine der bedeutendsten deutschen Weinbaugemeinden an der Deutschen Weinstraße. Alljährlich im September findet der traditionelle »Dürkheimer Wurstmarkt« statt. Ursprünglich versorgte der Wurstmarkt die Michelsberg-Pilger. Bei diesem Weinfest werden so manche Liter heimischen Weines im traditionellen Dubbeglas getrunken.

11 Nachdem **Neustadt an der Weinstraße** im Dreißigjährigen Krieg schwer zerstört worden war, zeigte sich die spätere Geschichte gnädiger. Da es im Zweiten Weltkrieg kaum Schäden gab, kann man die alten Fachwerkhäuser der Altstadt im Originalzustand bewundern. Nicht verzichten sollte man auf eine Besichtigung der ehemaligen Stiftskirche Liebfrauen aus dem 14. Jahrhundert; des Collegiums Casimirianum von 1579, einer Gegengründung zur Heidelberger Universität; des Jesuitenkollegs, in dem heute das Rathaus untergebracht ist; und des Haardter Schlöss-

Der trutzige Bau des Hambacher Schlosses war 1832 Schauplatz des berühmten Hambacher Festes.

chens. Im Ortsteil Hambach befindet sich das **Hambacher Schloss.** Hier versammelten sich am 27. Mai 1832 rund 30000 Menschen zum Hambacher Fest, um unter schwarz-rot-goldenen Fahnen einen liberalen deutschen Nationalstaat einzufordern. Eine Gedenkstätte hält die Erinnerung an diese frühe demokratische Tradition wach.

Alte Lokomotiven und Wagen sind in einem historischen Lokschuppen zu besichtigen, der zum Eisenbahnmuseum umgebaut wurde. Eine nostalgische Fahrt mit dem »Kuckucksbähnel« sollte unbedingt eingeplant werden. Freunde eines guten Tropfens reisen im Herbst zum Deutschen Weinlesefest an.

12 An der Mündung des Speyerbachs in den Rhein hatten bereits Römer und Franken Stützpunkte eingerichtet, doch erst ab dem 10. Jahrhundert wurde **Speyer** eine Metropole des mittelalterlichen Reichs. Deutlichster Ausdruck der einstigen Herrlichkeit ist der romanische Dom St. Maria und St. Stephan, der auch als Grablege der deutschen Kaiser diente. Die Teilnahme an einer Führung ist die beste Möglichkeit, die kunsthistorische Bedeutung der Kirche angemessen zu würdigen. Außerdem sollte man die Dreifaltigkeitskirche, die Reste der Stadtbefestigung und das barocke Rathaus besichtigen. Im Feuerbachhaus wurde der Maler Anselm Feuerbach geboren. Gemälde, Zeichnungen und weitere Exponate erinnern an diesen großen Sohn der Stadt. Die wechselvolle Stadtgeschichte ist im Historischen Museum der Pfalz und im angegliederten Dom- und Diözesanmuseum dokumentiert.

Schon äußerlich beeindruckt der Kaiserdom in Speyer durch seine Architektur.

WANDERN & FREIZEIT

In **Saarlouis** bieten sich für Wanderer und Spaziergänger verschiedene Touren an. Der insgesamt 150 Hektar große Stadtwald erstreckt sich vom Stadtteil Fraulautern bis in die Nachbargemeinden Hülzweiler und Saarwellingen. An der Landstraße L 343 hinter dem Ortsausgang Fraulautern (in Richtung Hülzweiler) befindet sich ein Waldparkplatz, von dem man einen markierten, etwa 5 Kilometer langen Rundweg erreichen kann. Unweit des Parkplatzes gibt es außerdem einen Waldspielplatz.

Nur wenige Minuten Fußweg vom Stadtzentrum in Saarlouis entfernt, lädt der reizvolle **Stadtgarten** mit seinem weitläufigen Wegenetz zu ausgiebigen Spaziergängen ein. Die Parkanlage mit üppigem Baumbestand erstreckt sich über ein Areal von insgesamt 35 Hektar.

Auf dem insgesamt 42 Kilometer langen großen **Stadtrundweg** von Saarbrücken erleben Spaziergänger und Wanderer die enge Verwandtschaft der unterschiedlichen Stadtgebiete. Der Weg ist einheitlich mit dem roten »S« im blauen Kreis gekennzeichnet und Start und Ziel ist der Marktplatz in St. Arnual.
Es gibt natürlich auch deutlich kürzere Routen in Saarbrücken, wie etwa die vier Kilometer lange **»Saarbrücker Runde«,** die vom Hauptbahnhof durch die Altstadt und entlang des Saarufers zum Schloss führt. Auf dem Weg laden neben Museen und schönen Aussichten auch Cafés, Bistros und Restaurants zu Zwischenstopps ein. Die Strecke ist mit dem Logo »Saarbrücker Runde« ausgeschildert.
Diverse Überschneidungen gibt es mit der **»Stengel-Promenade«,** einem anderen, etwa drei Kilometer langen Stadtspaziergang. Diese Route führt an den Bauwerken des Barockbaumeisters Friedrich Joachim Stengel vorbei und ist mit einem entsprechenden Logo markiert.

Zwischen Saarbrücken und Homburg kann man mit dem Fahrrad eine 38 Kilometer lange Rundtour **von St. Ingbert nach Wörschweiler** machen. Die Tour führt durch idyllische Waldgebiete und verträumte Dörfer und lädt zu einem Abstecher ins Freilichtmuseum Schwarzenacker (bei Wörschweiler), wo unter anderem Reste einer römischen Siedlung zu sehen sind. Auf der Strecke gibt es zwei nennenswerte Steigungen: gleich zu Beginn bei St. Ingberg sowie vor Kirkel im Kirkeler Wald. Die Tour beginnt in St. Ingberg und führt über Ober- und Niederwürzbach nach Reichenbrunn und weiter über Alschbach, Lautzkirchen und Bierbach ins Bliestal nach Wörschweiler. Von dort geht es auf der Landstraße über die Autobahn (A8) bis zur Hochspannungsleitung, danach links ab und durch den Tunnel unter der Autobahn in Richtung Kirkeler Wald. Über Kirkel und Hassel geht es anschließend wieder zurück nach St. Ingberg.

Nahe Homburg lädt eine etwa 30 Kilometer lange Tour, durch Wälder, Wiesen und malerische Täler, **von Zweibrücken zur Sickinger Höhe** zum Radfahren ein. Die Strecke startet bei den Rennwiesen und Sportanlagen von Zweibrücken und führt über den Ortsteil Niederauerbach gen Norden nach Oberauerbach. Durch das untere Auertal und am Auerbach entlang, der im weiteren Verlauf seinen Namen in Wiesbach ändert, geht es durch eine immer reizvollere Landschaft in den Ort Wiesbach. Jetzt folgt auf vier Kilometer Länge eine Steigung (teils Weg, teils Straße) nach Käshofen und weiter bis zur Sickinger Höhe; Höhenunterschied: 125 Meter. Von da ab geht es wieder talwärts und über Großbundenbach, Mörsbach wieder nach Oberauerbach. Schließlich gelangt man durch das untere Tal des Flüsschens Auer wieder zurück nach Zweibrücken.

Von April bis Oktober lädt jedes Jahr die **Gartenschau** in Kaiserslautern zum Besuch ein. Neben dem prachtvollen Blütenmeer, locken auch Themen-Hallenblumenschauen, der Kakteengarten und die Dinosaurier-Ausstellung zahlreiche Besucher an. Diverse Sport- und Spielmöglichkeiten, beispielsweise Minigolf und Wasserspiele, sowie Veranstaltungen (Musik, Theater) runden das Angebot ab.

Eine etwa 23 Kilometer lange Radtour führt von Ludwigshafen und teilweise auf der Deutschen Weinstraße nach **Bad Dürkheim.** Die Route startet in Ludwigshafen auf der Frankenthaler Straße nach Oggersheim (fünf Kilometer). In Oggersheim biegt man links in die Straße nach Ruchheim ein, das nach vier Kilometern erreicht wird und weiter nach Fußgönheim (drei Kilometer). Von dort geht es weiter auf der ruhigen Landstraße nach Ellerstadt und Gönnheim (je zwei Kilometer), wo man auf erste Weinberge trifft. Es folgen Friedelsheim (einen Kilometer) und Wachenheim (drei Kilometer), wo man die Haardt, eine Bergkette mit weiträumigen Weinbergen, und die Deutsche Weinstraße erreicht. Nun fährt man auf dem Radweg parallel zur Weinstraße bis nach Bad Dürkheim. Von dort kann man mit der Bahn wieder nach Ludwigshafen zurückfahren.

Die Bergstraße und der Odenwald

Diese Tour führt durch das frühere Herzogtum Hessen-Darmstadt und den Odenwald bis hinüber zum Main und zum bayerischen Miltenberg. Diese Reise verbindet Baukultur, bezaubernde Landschaft und geologische Besonderheiten auf abwechslungsreiche Weise miteinander.

Die Russische Kapelle auf der Mathildenhöhe entstand im Auftrag des Zaren Nikolaus II., Gemahl einer Prinzessin von Hessen-Darmstadt.

TOUR 34

- **Länge:** rund 250 Kilometer
- **Dauer:** 4–6 Tage
- **Start | Ziel:** Darmstadt | Miltenberg

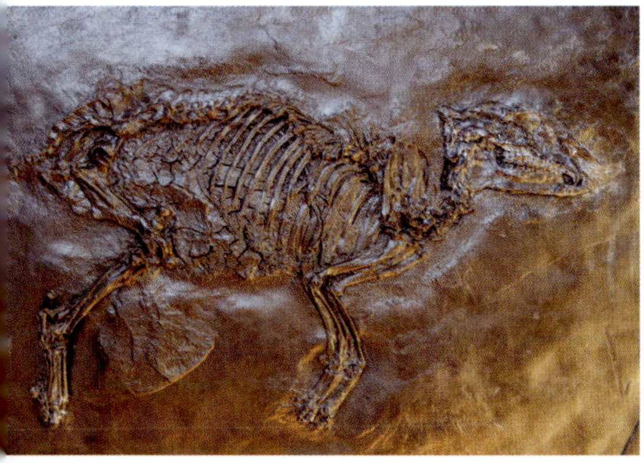

Fossilienfund in der Grube Messel.

1 Darmstadt, die viertgrößte Stadt Hessens, hat sich ihren Charakter als alte Residenzstadt bewahrt. Die feudale Vergangenheit als Sitz der Landgrafen und späteren Großherzöge von Hessen-Darmstadt ist rund um die Ludwigssäule noch immer lebendig.
Den Mittelpunkt der Stadt bildet das Schloss, mit dessen Bau 1375 begonnen wurde. Im 16. Jahrhundert erhob man es zur Residenz. Der Glockenbau des Schlosses birgt ein sehenswertes Museum. Das Hessische Landesmuseum befindet sich am Eingang zum Herrngarten, dem Schlosspark. Dieser erstreckt sich nach Norden hin bis zum Prinz-Georg-Palais aus dem 18. Jahrhundert.
Auf Großherzog Ernst Ludwig geht die Mathildenhöhe zurück, eine Jugendstilkolonie, in der sich sieben Künstler der Jahrhundertwende Häuser und ein gemeinsames Atelier bauen durften. Weithin sichtbar ist der »Hochzeitsturm« des österreichischen Architekten Joseph Maria Olbrich.
Nur rund 10 Kilometer von Darmstadt entfernt, liegt die berühmte **Grube Messel,** eine von nur drei UNESCO-Weltnaturerbestätten in Deutschland. Wo bis 1970 im Tagebau Eisenerz und Braunkohle abgebaut wurden, fanden Forscher zahlreiche Fossilien aus dem Eozän (vor rund 50 Millionen Jahren). Im Besucherzentrum informieren Ausstellungen über die urzeitlichen Tiere und Pflanzen.

2 Die Bergstraße, den bereits früher wichtigen Verkehrsweg nach Süden, sicherte einst die Burg von **Zwingenberg.** Um sie herum entstand seit dem 13. Jahrhundert eine Unterstadt, die ansehnliche Fachwerkhäuser, ein barock umgestaltetes Schlösschen und die ehemalige Kellerei mit ihrem geschweiften Renaissancegiebel besitzt. Außerhalb der Stadtmauern stehen Fachwerkscheunen aus dem 18. Jahrhundert, in die heute Läden und Gaststätten eingezogen sind.

Auf leuchtendes Grün und eine hügelige Landschaft blickt die Ruine von Schloss Auerbach bei Bensheim.

WANDERN & FREIZEIT

Seit 2007 ist die **Bergstraße,** von Darmstadt bis Heidelberg, von einem durchgängigen, 85 Kilometer langen Radweg erschlossen, der mit dem Logo »die bergstrasse« gekennzeichnet ist. Die Städte und Dörfer entlang der Radstrecke, manche mit mittelalterlichen Fachwerkhäusern und urigen Gasthäusern, laden zum Verweilen ein. Praktischerweise verfügen die Orte entlang der Radroute beinahe alle über eine Bahnanbindung. Der 25 Kilometer lange Abschnitt von Darmstadt über Bickenbach bis Zwingenberg eignet sich ideal für eine gut zweistündige Radtour.

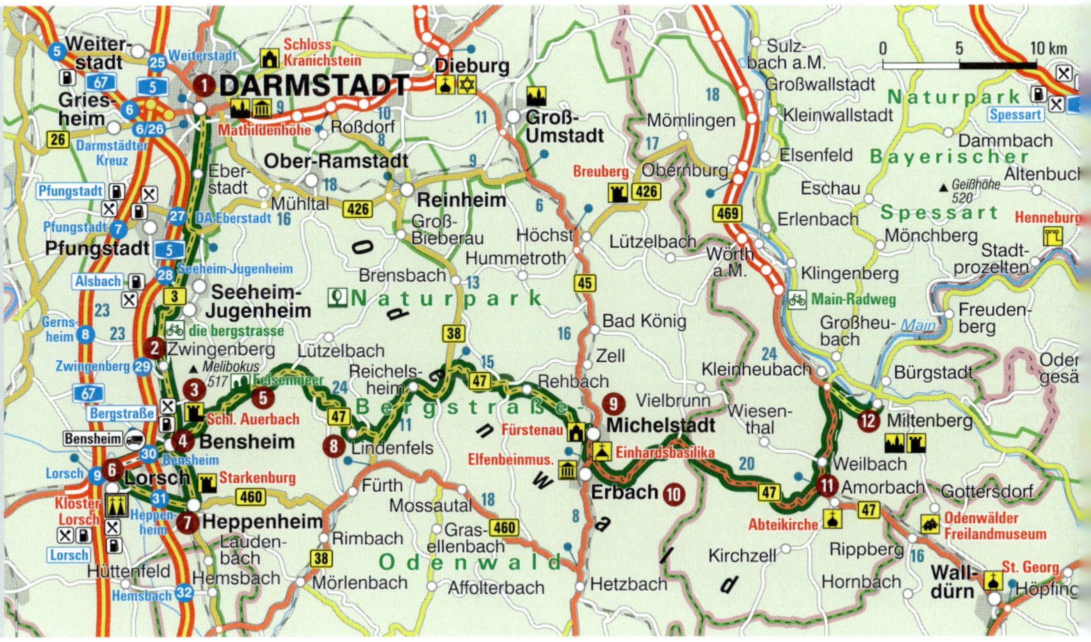

3 Auerbach ist für zwei Dinge bekannt: für den herrlichen Blick über die Rheinebene, den man von der malerischen Schlossruine – der größten an der Bergstraße – aus genießt, und für den schon im 18. Jahrhundert entdeckten Gesundbrunnen. Dieser bildet das Zentrum des Staatsparks Fürstenlager, einer Parkanlage mit einigen sehenswerten Bauten aus dem 18. Jahrhundert: Herrenhaus, Prinzen- und Damenbau, Wache und Eremitage.

4 Die bereits im 8. Jahrhundert erwähnte frühfränkische Siedlung **Bensheim** musste 1000 Jahre lang warten, bis jene Bauten entstanden, die den Ort heute auszeichnen – die Adelshöfe. Deren stattlichster, der Rodensteiner Hof, entstand im Jahr 1739; hier befindet sich heute das Rathaus. Der Wambolter Hof stammt von 1743. Der ehemalige Lorscher Klosterhof am Marktplatz wird als Heimatmuseum genutzt.

5 Eine Wanderung lohnt sich zum **Felsenmeer,** das man entweder von Balkhausen oder Lautertal aus erreicht. Den Hang des Felsbergs bedecken an dieser Stelle Tausende von Granitbrocken. Bereits die Römer nutzten den Felsberg als Steinbruch. In den Buchenwäldern verstreut liegen viele unfertige Reste von vor 2000 Jahren bearbeitetem Granit wie der »Altarstein« oder die 9,3 Meter lange »Riesensäule«.

6 Als eines der wohl einflussreichsten Klöster des Mittelalters galt **Lorsch,** gegründet im Jahr 764 und sogleich machtvoll. Unter Karl dem Großen avancierte die Benediktinerabtei zum Reichskloster und der Abt wurde zum Reichsfürsten. Erhalten blieb lediglich die Torhalle aus der karolingischen Blütezeit, ein in Deutschland einzigartiges Baudenkmal, das im Obergeschoss kunstgeschichtlich wichtige Wandmalereien beherbergt.

7 Einen Besuch von **Heppenheim** beginnt man am besten am Marktplatz und dem Rathaus. Dessen Erdgeschoss stammt von 1551, der Aufbau aus dem Jahr 1693. Viele der Fachwerkbauten aus Gotik und Renaissance besitzen hübsche Eck- oder Mittelerker, so einige Häuser am Markt, in der Marktstraße, der Kirchengasse, der Amtsgasse und dem Alten Gässchen. Die Pfarrkirche St. Peter, ein neoromanischer Bau von 1904, der sich auf Fundamenten aus dem 10. Jahrhundert erhebt, wird wegen ihrer Größe auch Dom der Bergstraße genannt. Oberhalb von Heppenheim ragt die Starkenburg empor, die einstmals einer südhessischen Provinz den Namen gab.

8 In direktem Zusammenhang mit dem Kloster Lorsch steht **Lindenfels.** Die weltliche Burg sollte die Besitzungen der Geistlichkeit schüt-

Der Marktplatz von Heppenheim mit dem Fachwerk-Rathaus eröffnet eine weitere Bilderbuchseite .

zen. Gut im Blickfeld hatte sie den Vorderen Odenwald auf jeden Fall, denn der Bergvorsprung bietet noch heute ein ausgezeichnetes Panorama. Dieses hat schon Konrad von Staufen, der Bruder Kaiser Friedrich Barbarossas und Vogt über die Lorscher Ländereien, genossen, als er die Burg in den Jahren zwischen 1155 und 1195 erbauen ließ.
Nach einer wechselvollen Geschichte verfiel Lindenfels schnell. Heute sind nur noch Teile der Burgmauer mit der Stadtbefestigung aus dem 14. Jahrhundert und zwei wuchtige Ecktürme aus dem 16. Jahrhundert erhalten.

9 Über die Nibelungenstraße geht es weiter nach **Michelstadt.** Die vielen Fachwerkhäuser rund um den Marktplatz machen den Ort zu einem der besten Beispiele für die hessisch-fränkische Baukunst. Hohe Zimmermannskunst verrät das Rathaus von 1484 mit seiner außergewöhnlich hübschen, dem Markt zuge-

Zum UNESCO-Weltkulturerbe gehört die mittelalterliche Torhalle des Klosters Lorsch.

Die historischen Gebäude am Stadtgraben in Michelstadt dienen Veranstaltungen.

Ein lohnendes Ausflugsziel bildet das Felsenmeer bei Reichenbach.

wandten Schmalseite. Rund 100 Jahre jünger ist das Alte Schloss Fürstenau, ein Renaissancebau. Das Neue Palais wurde 1810 fertiggestellt. Beide Schlösser befinden sich in einem herrlichen englischen Park. Im Stadtteil Steinbach liegt die Einhardsbasilika, eine in weiten Teilen erhaltene karolingische Kirche, erbaut von Einhard, einem Vertrauten Karls des Großen.

10 Auch im nahen **Erbach** lockt ein Schloss. Dieses steht am Marktplatz und ist von hübschem Fachwerk umgeben. Der Bergfried (um 1200) ist der älteste Teil des Schlosses; im Jahr 1736 hat man einen relativ schlichten Barockflügel angesetzt. Der Rittersaal erhielt sein neugotisches Gepräge im Jahr 1804; die Glasmalereien sind jedoch echte Gotik und stammen aus Altenberg an der Lahn.

11 Am östlichen Ausläufer des Odenwalds versteckt sich **Amorbach** in einem Talkessel. Seinen Namen verdankt es dem Heiligen Amor, der im Jahre 734 hier ein Benediktinerkloster gründete. Von dessen Grundbestand ist allerdings bis in die heutige Zeit nichts mehr erhalten – dafür hat die mit dem Barock aufgekommene Baulust gesorgt. 1742–1747 wurde die Abteikirche mit neuem Chorgestühl, Deckenfresken und herrlichem Stuck der Wessobrunner Schule versehen. Die Kirche enthält Europas größte Barockorgel. Auch die ehemaligen Konventsbauten wurden zwischen 1782 und 1789 im Stil des Rokoko umgestaltet. Mit der Säkularisierung im Jahre 1803 fiel die Abtei dem Fürsten von Leiningen zu, der sie zum Schloss umbauen ließ.

12 Eines der meistfotografierten Motive Deutschlands ist der Marktplatz von **Miltenberg,** in der dicht gedrängten Altstadt auf dem linken Mainufer gelegen. Hochgiebelige Fachwerkhäuser verschiedener Jahrhunderte säumen den leicht ansteigenden Platz, hinter dem die Burg emporragt. Das älteste und stattlichste Haus stammt aus der Spätgotik. Mainfränkische Fachwerkhäuser bestimmen auch das ästhetisch sehr einheitliche Bild der Hauptstraße. Eigens zu erwähnen wären hier unter anderem das »Mainzer Kaufhaus«, ein gotischer Sandsteinbau von 1400, das dreigeschossige Giebelhaus (Nr. 114) aus dem Jahr 1450 und das »Haus zum Riesen«, das sich »Ältestes Gasthaus Deutschlands« nennt und schon im 16. Jahrhundert »Fürsten und Herren« bewirtet hat.

WANDERN & FREIZEIT

Eine Radtour auf einem Teilstück des beliebten **Main-Radweges** ist eine wunderbare Möglichkeit, das churfränkische Maintal mit seinen zahlreichen Burgen von seiner schönsten Seite kennenzulernen. Der Radweg ist einheitlich gut beschildert, auch Abstecher von der Radstrecke sind markiert. Auf den Hinweisschildern stehen neben den Ortsnamen natürlich auch die Entfernungsangaben zu den nächsten Orten. Die rund 30 Kilometer lange Strecke von Miltenberg nach Wertheim führt über Bürgstadt und Freudenberg am Main, bevor man die Mainseite wechselt, um nach Stadtprozelten zu gelangen. Bei Kreuzwertheim überquert man erneut den Main und erreicht auf der anderen Seite des Flusses Wertheim. Für den Rückweg nach Miltenberg nimmt man die Bahn ab Wertheim. Es besteht auch die Möglichkeit, die Rückreise von Wertheim mit dem **Schiff** anzutreten. Allerdings verkehren die Schiffe nicht täglich, sondern nur an bestimmten Wochentagen. Detaillierte Informationen erhält man auf der Website der Reederei Henneberger (www.reederei-henneberger.com).

Der Erlebnispfad **»Wein und Stein«,** ein Kooperationsprojekt des UNESCO-Geoparks Bergstraße-Odenwald mit den Bergsträßer Winzern, wurde 2007 in Heppenheim eröffnet. Auf einer Strecke von 6,9 Kilometern (Abkürzungen möglich) erfährt man an zahlreichen Stationen Wissenswertes zu Wein, Rebsorten, Geologie, Klima, Flora und Fauna der Region.

Der befestigte Rundwanderweg führt durch mehrere Weinlagen, Ruhebänke laden zum Verweilen ein. Dabei genießt man herrliche Panoramablicke über fünf deutsche Weinbaugebiete. Den Weg säumen unter anderem Pfirsich-, Mandel- und Feigenbäume. Auf dem Wanderweg gibt es für Kinder das »Vino Kids Quiz«, eine lustige und informative Lehrstunde. Zauberhaft ist der Weg im Frühjahr zur Zeit der Obstbaumblüte.

Rund 25 Kilometer umfasst die große **Rundwanderung** von Heppenheim über Schloss Birkenau und durch den Odenwald über Hemsbach zurück nach Heppenheim. Den Bogen durch den Vorderen Odenwald kann man beliebig abkürzen.

Einen weiten Blick über die Rheinebene ermöglicht der 15 Kilometer lange Weg von **Zwingenberg** zur Ruine von Schloss Auerbach, rund um den 517 Meter hohen Melibokus zum Alsbacher Schloss und zurück.

Das knapp neun Kilometer von Michelstadt entfernt gelegene **Jagdschloss Eulbach** ist bekannt für seinen Englischen Garten. Mitten in dem zehn Hektar großen Garten befinden sich mehrere Wildgehege des Wildparks Eulbach mit etwa 50 Tieren. In den in die Landschaft eingepassten Gehegen sind unter anderem Wisente, Mufflons, Rotwild und Wildschweine untergebracht. Für eine kleine Stärkung empfiehlt sich der Kiosk im Eingangsbereich. Im gegenüber vom Park am Ende des Parkplatzes gelegenen Restaurant Forsthaus Eulbach wird gutbürgerliche Küche mit Wildspezialitäten serviert.

Noch heute wohnen im direkt am Marktplatz gelegenen Erbacher Schloss Mitglieder der gräflichen Familie Erbach-Erbach.

Vier Heiligenfiguren – Sebastian, Kilian, Gangolf und Martin – flankieren den Hochaltar von Materno Bossi in der Pfarrkirche von Amorbach.

Von Aschaffenburg zur Romantischen Straße

Die Tour führt von Aschaffenburg aus durch eine reiche Kulturlandschaft: über Würzburg mit den zahlreichen Zeugnissen seiner großen Vergangenheit und Rothenburg, das bis heute in mittelalterlichem Glanz erstrahlt, nach Ansbach, wo der Geist der Hohenzollern fortlebt. Eingebettet sind diese historischen Orte in eine weinreiche, fruchtbare Gegend.

TOUR 35

- **Länge:** rund 270 Kilometer
- **Dauer:** 3–5 Tage
- **Start | Ziel:** Aschaffenburg | Nördlingen

1 Die Siedlung Ascaffaburc, das heutige **Aschaffenburg,** wurde bereits zwischen 450 und 500 erstmals genannt. Sie war zunächst eine keltische, dann eine alemannische Volksburg und wurde um 550 von den Franken erobert. Von Menschen bewohnt war die Gegend sogar schon in der Steinzeit.

In dieser geschichtsträchtigen Stadt lohnt sich eine Besichtigung des Renaissanceschlosses Johannisburg, das 1605–1614 nach Plänen von Georg Ridinger entstand. Obwohl der aus Rotsandstein errichtete Bau 1945 fast vollständig zerstört wurde, gelang ein recht genauer Wiederaufbau des Äußeren; die Innenräume wurden allerdings nicht originalgetreu rekonstruiert. Die heute im Schloss untergebrachte Staatsgalerie Aschaffenburg ist eine Außenstelle der Bayerischen Staatsgemäldesammlungen und damit gewissermaßen eine »Schwester« der Münchner Pinakotheken; gezeigt werden dort unter anderem Gemälde von Lucas Cranach d. Ä. und Rubens.

Die Stadt besticht durch grüne Parkanlagen. Besonders hervorzuheben ist der Park Schönbusch, der im 18. Jahrhundert angelegt wurde und zu den ältesten englischen Landschaftsgärten Deutschlands zählt. Hier befinden sich neben einem kleinen Schloss auch eine Orangerie, dekorative Hirtenhäuser und ein Irrgarten.

WANDERN & FREIZEIT

Etwa zehn Kilometer westlich von Bad Langensalza befindet sich mitten im Nationalpark Hainich eine Attraktion, die man sonst eher in den tropischen Regenwäldern Südamerikas findet: ein **Baumkronenpfad,** also ein begehbarer Weg mitten durch die Baumkronen eines Waldes, der den Besuchern eine ansonsten unzugängliche Zone erschließt. Der Baumkronenpfad Hainich führt seine Besucher sogar bis in etwa 44 Meter Höhe hinauf. Der Ausgangspunkt liegt beim Forsthaus Thiemsburg.

Die Städte und Dörfer im **Taubertal** haben sich zur »Ferienregion liebliches Taubertal« zusammengeschlossen – und weisen eine ganze Reihe von Wanderrouten durch das idyllische Tal aus. In dem Gebiet gibt es beispielsweise den etwa 20 Kilometer langen »Wein-Tauber-Wanderweg«, eine Rundtour, die das Zisterzienserkloster Bronnbach mit Reicholzheim, Waldenhausen und Wertheim verbindet und an Weinbergen entlangführt. Insgesamt wurden zwischen Rothenburg ob der Tauber und Wertheim an die 30 Rundwanderwege ausgewiesen. Empfehlenswerte Fernwanderwege in der Region sind beispielsweise der »Panoramawanderweg Taubertal« (140 Kilometer) und der Jakobsweg von Odenwald-Main-Taubertal (180 Kilometer).

Eine wundervolle Sicht auf Rothenburg hat man von der **Engelsburg,** einer ehemaligen keltischen Wallburg. Auf dem reizvollen Taubertalweg wandert man zunächst zur Burg. Über einen nicht allzu steilen Abstieg erreicht man Detwang mit seiner Riemenschneider-Kirche. Die Klingentorbastei ist die Pforte zurück.

Durch ein blaues »M« gekennzeichnet ist der etwa 490 Kilometer lange **Main-Wanderweg,** der von der Quelle des Weißen Mains bis zur Mündung führt. Stationen an dieser Autoroute sind unter anderem Würzburg, Wertheim und Aschaffenburg. Dort kann sich jeder ganz nach Belieben seine Teilstrecken heraussuchen.

Lohr am Main
Karlstadt
Werneck
Eltmann
Rothenbuch
Weibersbrunn
Spessart
Marktheidenfeld
Gerolzhofen
Volkach
Würzburg
Rottendorf
Dettelbach
Kitzingen
Wertheim
Tauberbischofsheim
Ochsenfurt
Marktbreit
Walldürn
Uffenheim
Bad Windsheim
Lauda-Königshofen
Bad Mergentheim
Neustadt a.d.Aisch
Steigerwald
Naturpark Steigerwald
Naturpark Frankenhöhe
Rothenburg o.d.T.
Ansbach
Künzelsau
Hohenloher Ebene
Öhringen
Crailsheim
Feuchtwangen
Schwäbisch Hall
Dinkelsbühl
Gunzenhausen
Backnang
Gaildorf
Ellwangen
Nördlingen
Aalen
Bopfingen
Winnenden
Welzheim
Murrhardt
Naturpark Schwäbisch-Fränkischer Wald
Ries

2 Über der idyllischen Altstadt von **Wertheim** ragt der Burgberg mit einer der am besten erhaltenen Burgruinen Deutschlands auf. Graf Wolfrum I. ließ die Burg zu Anfang des 12. Jahrhundert erbauen. Sehenswert sind unter anderem die Vorburg, die hohen Mauern der Oberburg, Bergfried, Palas und ein Treppenturm. Von hier oben hat man einen wunderbaren Blick weit in den Spessart und das Taubertal.
Im Stadtzentrum befindet sich die gotische Pfarrkirche aus dem 14. Jahrhundert mit den Renaissance-Grabmälern der Wertheimer Grafen. Auf dem Marktplatz, den beiderseitig gut erhaltene Fachwerkhäuser zieren, steht der Engelsbrunnen.

3 Schon in vorgeschichtlicher Zeit war der links des Mains gelegene Würzberg besiedelt. Die Stadt **Würzburg,** die der Beiname »Perle am Main« ziert, wurde schon im 7. Jahrhundert durch schottisch-irische Missionare christianisiert.
Zu den wichtigsten Sehenswürdigkeiten zählt heute die Festung Marienberg hoch über dem Main, in der das »Museum für Franken« seinen Sitz hat. Hier beeindrucken in erster Linie die Werke des Bildhauers und -schnitzers Tilman Riemenschneider, der in Würzburg lebte und dort lange Jahre im Rat der Stadt saß und sogar das Amt des Bürgermeisters innehatte. Ein herausragendes Kulturdenkmal des Barock ist die fürstbischöfliche Residenz aus dem 18. Jahrhundert. Sie wurde, ebenso wie die Pilgerkirche »Käppele«, von Balthasar Neumann entworfen. Das Schloss war nicht nur Stadtpalais für Johann Philipp Franz von Schönborn, sondern auch ein Denkmal für die ganze Familie. Der erlesene Barockbau besitzt ein Deckengewölbe über dem Treppenhaus mit einem gewaltigen Fresko von Giovanni Battista Tiepolo.
Die bedeutendsten Kirchen der Stadt sind der romanische Kiliansdom, das Neumünster mit einer herrlichen Barockfassade und die mittelalterliche Marienkapelle auf dem Marktplatz. Der Kiliansdom, Zentrum der Diözese Würzburg, wurde ab 1040 erbaut und zählt heute zu den größten romanischen Kirchen Deutschlands.
Eine weitere Attraktion ist die Alte Mainbrücke, in ihrer heutigen Form eine Bogenbrücke, die im Wesentlichen auf das 15. Jahrhundert zurückgeht. Die Brückenstatuen wurden im 18. Jahrhundert aufgestellt. Im April 1945 sprengten deutsche Truppen zwei der alten Bögen; 1950 wurden die beiden Teile wieder hergestellt.

4 Zwei Brücken ermöglichen die Mainüberquerung zum Ortszentrum nach **Ochsenfurt.** Die Siedlung war 1295–1803 im Besitz des Würzburger Domkapitels. Eine der beiden Brücken, die Alte Mainbrücke der Stadt, geht im Kern auf eine große mittelalterliche Brücke zurück. Die noch erhaltenen Teile wurden denkmalgerecht saniert und um moderne Elemente erweitert.
Die Altstadt wird dominiert von wunderschönen Fachwerkhauszeilen und dem roten, dreigeschossigen Rathaus mit einem Uhrtürmchen. Dieser Glockenturm ist das Wahrzeichen der Stadt; stündlich erscheinen im Glockenspiel die beiden Ochsen des Stadtwappens; ein menschliches Skelett, das an die Vergänglichkeit alles Irdischen erinnert; und zwei Ratsherren, die der stummen Rede des Bürgermeisters lauschen.
In der im 13. Jahrhundert erbauten gotischen St.-Andreas-Kirche befinden sich eine herausragende Skulptur von Tilman Riemenschneider, die Holzstatue des heiligen Nikolaus, ein Bronzetaufbecken von Peter Vischer und ein 16 Meter hohes Sakramentshäuschen. Die Wolfgangskapelle wurde 1463 zu Ehren des einstigen Bischofs von Regensburg erbaut.
Sehenswert ist auch die mittelalterliche Stadtbefestigung von Ochsenfurt; Ringmauer, Stadtgraben und mehrere Stadttore sind noch erhalten und veranschaulichen, auf welche Weise Städte einst für ihren Schutz sorgten.

5 Das romantische Städtchen **Rothenburg ob der Tauber,** dessen mittelalterliches Erscheinungsbild nahezu ohne Schäden bis heute erhalten geblieben ist, pries der Maler Ludwig Richter als »Märchen einer Stadt«.
Das einzigartige Stadtbild mit seinen roten Dächern, den unzähligen Türmchen, breiten niedrigen Zollhäuschen, viel Fachwerk und der Hafengasse aus dem späten Mittelalter, die noch original erhalten ist, versetzt den

Auf dem Mainradweg kommt man auch an Schloss Johannisburg und einer herbstlich-bunten Parklandschaft vorbei.

Einen schönen Ausblick auf Würzburg bietet die Festung Marienberg, die von einem kleinen, hübschen Garten flankiert wird.

Kein Anblick der kleinen mittelfränkischen Stadt Rothenburg ob der Tauber ist so berühmt wie der des Plönleins.

WANDERN & FREIZEIT

Für Wanderer und in Teilen für Radfahrer geeignet ist der **Fränkische Marienweg,** ein circa 800 Kilometer langer Fernwanderweg, der etwa 50 fränkische Wallfahrtskirchen miteinander verbindet. Das Schild zeigt eine Muttergottes in rotem Gewand mit einem Jesuskind in Dunkelblau. Zu den Stationen auf dem Weg zählen die Marienkapelle und das Käppele in Würzburg und die Kirche Mariä Heimsuchung in Aschaffenburg.

Ein landschaftlich wie kulturell reizvoller Radweg von circa 100 Kilometer Länge ist der gut beschilderte **Taubertalradweg** zwischen Rothenburg ob der Tauber und Wertheim. Für die verkehrsarme Strecke mit geringer Höhendifferenz werden rund sieben Stunden Fahrzeit veranschlagt. Der Taubertalradweg gilt als »Klassiker«; neueren Datums ist die Strecke **»Liebliches Taubertal – der Sportive«** (160 Kilometer), die nicht durchs Tal, sondern parallel dazu über die Anhöhen führt.

Besucher in eine andere Zeit. Allein die 1350–1380 erbaute Stadtmauer, deren Wehrgänge auf einer Länge von 2 Kilometer vom Spitaltor zum Klingentor führen, besitzt zwölf Türme. Einen Altar von Tilman Riemenschneider, das sogenannte Heiligblut-Retabel, kann man in der St.-Jakobs-Kirche bestaunen.

An der Nordseite des Marktplatzes liegt die Ratstrinkstube, an deren Giebelfront sich eine Kunstuhr befindet. Hier leert Altbürgermeister Nusch stündlich zwischen 10 und 22 Uhr einen Humpen, bekannt als Meistertrunk, und sein damaliger Gegner, der Feldherr Graf von Tilly, schwingt erstaunt den Marschallstab. Dieses Spektakel geht auf eine angebliche Wette der beiden im Jahr 1631 zurück, bei der Nusch behauptete, einen Humpen mit 3,25 Liter Wein in einem Zug leeren zu können. Mehr über diese Zeit des Dreißigjährigen Krieges erfährt man im sehenswerten Reichsstadtmuseum.

Sehr eindrucksvoll ist auch ein Besuch im Mittelalterlichen Kriminalmuseum. Anhand zahlreicher Schaustücke lernt man allerlei über das historische Rechtswesen, über Strafvollzug und Folter.

6 Die einstige Residenzstadt **Ansbach** ist stark vom Rokoko geprägt. Einer der bedeutendsten Schlossbauten des 18. Jahrhundert ist das in der Altstadt gelegene Markgrafenschloss. Seine herrliche Barockfassade schuf Gabriel de Gabrieli. Hier beeindrucken vor allem der Prunksaal von 1734 mit üppigen Fresken von Carlo Carlone sowie das Spiegelkabinett mit seinen sehenswerten Porzellanfiguren.

Im Hofgarten, um 1723 angelegt, erinnert ein Gedenkstein an den hier am 17.12.1833 ermordeten Kaspar Hauser, der auf dem hiesigen Friedhof begraben liegt. Noch heute sind seine genaue Herkunft und die Identität des Mörders ungeklärt.

Die Pfarrkirche St. Gumbertus erhebt sich mit ihren drei Türmen von 1594 über der Stadt. Die Hofkirche wurde mit ihrer ausladenden Saalkonstruktion zum Vorbild von vielen anderen Kirchen in Bayern. Im ihrem Inneren befinden sich die Grabstätten zahlreicher Herrscher Ansbachs, insbesondere der Hohenzollern. Der Ort ist am Ende jedes ungeraden Jahres Schauplatz eines internationalen Musikfestivals, der Bachwoche Ansbach.

7 Die Stiftskirche mit ihren beiden kräftigen Türmen beherrscht den Marktplatz des mittelalterlichen Städtchens **Feuchtwangen.** Bedeutend sind das Portal und ein Fresko aus dem 13. Jahrhundert sowie das Chorgestühl aus dem 14. Jahrhundert. Den Marienaltar bemalte 1484 der Dürer-Lehrer Michael Wolgemut. Das Taubenbrünnlein erinnert an eine Stadtgründungslegende: Karl der Große, an-

Den höchsten Punkt der Altstadt Dinkelsbühls stellt der Grüne Turm dar.

geblich der Gründer von Feuchtwangen, wurde hier einst auf der Jagd von heftigem Durst geplagt, als ihm eine Taube den Weg zu einer Quelle wies. Aus Dankbarkeit ließ er an dieser Stelle eine Kirche erbauen.

Auch das Fränkische Museum mit Zeugnissen des Alltagslebens in Rokoko, Empire und Biedermeier ist einen Besuch wert.

Zu den Sehenswürdigkeiten der Stadt zählen außerdem die erhaltenen Teile der mittelalterlichen Stadtmauer sowie der Marktplatz, den ein maßgeblicher Kunstführer einst als »Festsaal Frankens« pries.

Die Feuchtwangener führen den berühmten mittelalterlichen Dichter Walther von der Vogelweide auf der Liste der großen Söhne ihrer Stadt; das tun jedoch noch andere Orte.

8 Dinkelsbühl an der Romantischen Straße erreicht man durch vier Tore: das Wörnitztor im Osten, das Nördlinger im Süden, das Segringer im Westen und das Rothenburger im Norden. Als Teil der 2,5 Kilometer langen Stadtmauer sind aber noch weitere Tore erhalten. Um den Marktplatz gruppieren sich die Ratstrinkstube (16. Jahrhundert), die »Schranne«, ein Steinbau mit Renaissancegiebel, und das Kornhaus (1508). Einer der schönsten fränkischen Fachwerkbauten ist das Deutsche Haus (15. Jahrhundert). Zu den wohl sehenswertesten Zeugnisse der deutschen Gotik zählt das Münster St. Georg aus dem 15. Jahrhundert mit seinen prächtigen Portalen. Einen besonderen Eindruck von der malerischen, ungewöhnlich vollständig erhaltenen Stadt mit ihren Winkeln und Türmen erhält man zweifellos bei einem Gang entlang der Stadtmauer.

9 Durch die vollständig erhaltene Stadtmauer (14. Jahrhundert), den begehbaren Wehrgang, die fünf Stadttore und 16 Türme fühlt man sich in **Nördlingen** wie ins Mittelalter zurückversetzt. Am Marktplatz mit Fachwerk- und Barockhäusern liegt das spätgotische Rathaus mit seiner Freitreppe aus der Renaissance. Den besten Ausblick über die Stadt hat man vom 90 Meter hohen Turm der Georgskirche aus. Von der Turmstube aus wacht abends ein Türmer über die Stadt.

Das Land ringsum geht auf ein gewaltiges Naturereignis zurück: Es handelt sich um einen 22 x 24 Kilometer großen Krater, den vor 14 Millionen Jahren ein riesiger Meteorit bei seinem Einschlag hinterlassen hat. Dabei entstand das sogenannte **Nördlinger Ries,** in dessen Zentrum heute die mittelalterliche Stadt liegt.

Von Bayreuth bis ins Fränkische Seenland

Die Tour führt von der Wagner-Stadt Bayreuth über die Fränkische Schweiz nach Gößweinstein mit seiner Bilderbuchburg. Von hier aus geht es weiter über Schnaittach, die Rokoko-Festung Rothenberg und das mittelalterliche Nürnberg ins Fränkische Seenland mit den Städten Hilpoltstein, Beilngries und Eichstätt im Altmühltal.

TOUR 36

- **Länge:** rund 350 Kilometer
- **Dauer:** 5–7 Tage
- **Start | Ziel:** Bayreuth | Eichstätt

1 Heute kennt man **Bayreuth** vor allem als Schauplatz der von Richard Wagner selbst begründeten Festspiele. Doch nicht nur für Wagner-Anhänger ist ein Besuch des im Stil der Neurenaissance erbauten Wagner-Wohnhauses, der »Villa Wahnfried«, ein Genuss. Die nach Kriegsschäden wieder in den Originalzustand versetzte Villa des Komponisten beherbergt heute das biografisch ausgerichtete Richard-Wagner-Museum.
Berühmt ist natürlich auch Wagners Festspielhaus auf dem Grünen Hügel, ein nach Wünschen des Komponisten von griechischer Architektur inspirierter Bau (1872–1875). Das nicht zuletzt für seine hervorragende Akustik gepriesene Opernhaus unterhält kein festes Ensemble, sondern richtet alljährlich zwischen Ende Juli und Ende August die Bayreuther Festspiele aus, die den Musikdramen Richard Wagners gewidmet sind. Die Festspiele sind stets ein viel diskutiertes künstlerisches, aber auch gesellschaftliches Ereignis. Ihre Glanzzeit erlebte die Stadt aber bereits vor Wagner, nämlich im 18. Jahrhundert unter der Regierung des Markgrafen Friedrich und seiner Frau Wilhelmine, die den Bau des Neuen Schlosses, des Markgräflichen Opernhauses und der Eremitage in Auftrag gaben; die Eremitage ist eine weiträumige Parkanlage. Friedrich war es auch, der eine der ältesten Freimaurerlogen gründete; diese tagt noch heute im Deutschen Freimaurermuseum. Insbesondere das Markgräfliche Opernhaus aus der ersten Hälfte des 18. Jahrhundert gilt als einzigartiges Juwel; es zählt zu den wenigen erhaltenen europäischen Barocktheatern und steht mittlerweile auf der Liste des UNESCO-Weltkulturerbes.
Zu den weiteren Sehenswürdigkeiten Bayreuths zählen mehrere Schlösser, darunter Schloss Colmdorf, Schloss Birken und das Jagdschloss Thiergarten, außerdem bemerkenswerte Gebäude in der Innenstadt, etwa die Mohren-Apotheke von 1610 oder das ehemalige Waisenhaus in der Friedrichstraße. Eine schöne Aussicht genießt man vom Siegesturm auf der Hohen Warte, der an den militärischen Erfolg im Deutsch-Französischen Krieg von 1870/71 erinnert. Unter den Gotteshäusern in der Innenstadt befindet sich auch die Synagoge aus dem 18. Jahrhundert.

Bayreuth und Opern sind untrennbar miteinander verbunden – manifestiert im Festspielhaus.

Bayreuths Eremitage hat ein Altes und ein Neues Schloss. Die »neue« Flügelanlage krönt eine Quadriga.

WANDERN & FREIZEIT

Der kleine Ort Pottenstein bietet seinen Besuchern gleich mehrere höchst reizvolle **Familienattraktionen.** So sollte man sich im Sommer den Gang durch die mit zahlreichen Tropfsteinen bestückte Teufelshöhle nicht entgehen lassen (teufelshoehle.de). Sogar das Skelett eines Höhlenbären lässt sich hier entdecken. Hinterher kann man dann in einem ganz besonderen Freibad entspannen: Das im Jahr 1924 eröffnete Felsenbad Pottenstein – das älteste Freibad Bayerns – bietet einen Naturbadeteich zu Füßen einer spektakulären Wald- und Felskulisse (felsenbad-pottenstein.info). Statt im Chlorwasser badet man hier in herrlichem Naturwasser. Reichlich Aufregung garantieren dagegen die Sommerrodelbahn (erlebnisfelsen-pottenstein.de) und der Kletterwald (kletterwald-pottenstein.de).

Gößweinstein ist eine Station an der Strecke von Ebermannstadt und Behringersmühle, auf welcher der Verein DFS – **Dampfbahn Fränkische Schweiz** e.V. – im Sommer an Sonn- und Feiertagen historische Züge auf die Schiene schickt. Die Strecke verläuft durchs idyllische Wiesenttal. Genaue Termine und aktuelle Tarife finden sich auf der Homepage (dampfbahn.net).

Etwa 16 Kilometer lang ist der reizvolle **Muggendorfer Rundwanderweg** im Wiesenttal. Ausgangspunkt ist die Wandertafel an der Muggendorfer Schule. Der Weg führt zur Oswaldhöhle und durch die Höhle hindurch, dann zu einem Felsen namens Quackenschloss und zum Aussichtsfelsen »Adlerstein«. Nächste Station ist Engelhardsberg. Bei der Ortslinde geht es rechts zur Riesenburg, von dort nach Doos und bis zur Kuchenmühle. Von da aus wandert man bergauf nach Albertshof.

Auf einem Spaziergang gleich auch noch naturkundliches Wissen zu vermitteln, ist das Ziel eines **Geologischen Erlebnispfades,** der die Besonderheiten der Gesteine im Wiesenttal näher erläutert. Ausgangspunkt des 3,6 Kilometer langen Rundwegs mit zwölf Stationen ist der Parkplatz im Schauertal am nördlichen Rand von Streitberg. Vom Weg ist es außerdem nicht weit bis zur Binghöhle und zur Ruine Streitburg. Die Höhle kann mit Führer begangen werden und zeigt eine Tropfstein-»Galerie«.

2 Am Ostufer des Roten Mains liegt die kleine Stadt **Creußen,** deren Ruhm im 17. und 18. Jahrhundert durch Töpferwaren begründet wurde. Einige der bunt bemalten Apostelkrüge kann man im Krügemuseum besichtigen, das die Vielfalt des einst vielgerühmten Creußener Steinzeugs vor Augen führt. Das Museum ist im ehemaligen Scharfrichterhaus von 1770 untergebracht. Sehenswert ist auch das Eremitenhäuschen, eine äußerst ungewöhnliche bürgerliche Einsiedelei aus dem beginnenden 18. Jahrhundert, die der Theologe Johann Theodor Künneth nach fürstlichen Vorbildern als Ort der Besinnung errichten ließ.
Die im 15. Jahrhundert erbaute Stadtkirche St. Jakobus besitzt bemerkenswerte Schnitzereien sowie eine Orgelempore von Elias Räntz aus dem frühen 18. Jahrhundert. Da die Kirche am Hang steht, befinden sich ihre Eingänge auf mehreren Ebenen. Von der Stadtmauer und ihren Türmen und Toren lohnt sich ein Blick auf die schönen Bürgerhäuser der Altstadt. Creußen liegt inmitten eines Hügellandes.

3 Beherrscht wird **Auerbach** vom ehemaligen Benediktinerkloster Michelfeld, das vom Bamberger Bischof Otto I. dem Heiligen 1119 gegründet wurde. Ende des 17. Jahrhundert errichtete Wolfgang Dientzenhofer dann einen Neubau. Teile des Klosterkomplexes sind noch heute erhalten, so etwa die barocke Klosterkirche und heutige Pfarrkirche St. Johannes Evangelista, für deren Innenraumgestaltung unter anderem die Brüder Asam verantwortlich zeichneten.

4 Inmitten der Fränkischen Schweiz liegt **Pottenstein:** Natur, so weit das Auge reicht, durchzogen von einer bizarren Karst- und Felslandschaft. Nahe beim Ort befindet sich die »Teufelshöhle«, die größte unter den vielen Tropfsteinhöhlen der Fränkischen Schweiz. Die Höhle ist gut für Besucher erschlossen und gilt als wichtige Touristenattraktion der Region. Was den Namen betrifft, kursieren etliche schaurige Legenden; unter anderem soll der Teufel diese Höhle als Zugang zur Hölle nutzen.
In der südöstlich gelegenen Burg lebte im Jahr 1227 die heilige Elisabeth von Thüringen nach dem Tod ihres Gatten. Ihr zu Ehren wurde am Marktplatz der Elisabeth-Brunnen erbaut. Auf der Burg befinden sich heute ein kleines Museum und sogar Ferienwohnungen.

5 Der anerkannte Luftkurort **Gößweinstein** steht ganz im Zeichen seiner gotischen Burg. 1890 wurde sie im Sinne der damaligen Burgenromantik im neugotischen Stil saniert.
Im Ortszentrum steht die Wallfahrtskirche zur Heiligen Dreifaltigkeit, die nach Plänen von Balthasar Neumann erbaut wurde. Mit ihren

Seit dem 12. Jahrhundert blickt die Burg Neideck – heute nurmehr als Ruine – über das Wiesenttal.

filigranen Stuckarbeiten und dem Gnadenbild auf dem Hochaltar ist sie ein Meisterwerk barocker Baukunst.

6 Der Weg führt nun durchs **Wiesenttal,** das vielleicht meistbesuchte Tal der Fränkischen Schweiz. Ziele sind Burgruine Streitburg, Burgruine Neideck, die Binghöhle, eine als Schauhöhle gestaltete Tropfsteinhöhle, und der kleine felsübersäte Druidenhain bei Wohlmannsgesees oder das Walberla. Hinzu kommt die Nordkuppe der Ehrenbürg mit Felsheide, von der aus man auf die schöne Landschaft hinabblickt.

7 Von **Schnaittach** aus lohnt sich eine kurze Wanderung zur Festung Rothenberg, der einzigen Rokoko-Festung Deutschlands. Sie wurde 1729–1750 von den bayerischen Kurfürsten nach französischen Vorbildern errichtet und galt als eine der modernsten Fortifikationen ihrer Zeit. Ihr Zweck war die Sicherung des bayerischen Territoriums vor allem gegen das nahe gelegene Nürnberg. Die auf dem namengebenden Berg gelegene, verwinkelt sternförmige Festung kann besichtigt werden.
Im Ort selbst interessiert vor allem die Synagoge, Zeugnis jahrhundertelangen jüdischen Lebens in Schnaittach und in Franken allgemein. Die Synagoge von 1570 ist zusammen mit dem Rabbinerhaus und dem Ritualbad heute einer von drei Standorten des Jüdischen Museums Franken.

8 Einen malerischen Stadtkern voller Fachwerkhäuser und Reste der alten Befestigungsmauer besitzt **Lauf an der Pegnitz.** Kaiser Karl IV. ließ 1356–1360 das Wenzelschloss als Station an der Goldenen Straße von Nürnberg nach Prag errichten. In dessen Obergeschoss befindet sich eine der bedeutendsten Sehenswürdigkeiten Frankens, der Kaisersaal oder Wappensaal mit seiner großartigen Sammlung aus über 100 steinernen, farbig gefassten Wappen.
Eine ungewöhnliche Kultureinrichtung ist das Dehnberger Hof Theater. Das Theater wurde 1976 in einem ehemaligen Bauernhof eingerichtet, Spielstätte war zunächst die Hopfenscheune. Durchaus sehenswert ist auch der historische Marktplatz mit reizvollen Fachwerkhäusern.
Einst hatte es an den Stromschnellen der Pegnitz Mühlen und Hammerwerke gegeben, die – neben der Braukunst – der Stadt zu ihrem Reichtum verhalfen.

9 Die romantische Stadt **Nürnberg** wird für gewöhnlich mit Spielzeug, Bratwürsten, Lebkuchen, dem Christkindlesmarkt und alten Fachwerkhäusern in Verbindung gebracht. Darüber hinaus hat die noch vollständig ummauerte Altstadt jedoch einiges mehr zu bieten, vor allem die überragende Burg. Dieses Wahrzeichen der Stadt besteht aus Kaiser-

Hohe Felsen flankieren das Regionalmuseum der Fränkischen Schweiz in Tüchersfeld.

burg und Burggrafenburg. Besonders bemerkenswert sind der Innere Burghof, der Palas mit seinem spätgotischen Kern und die Kaiserkapelle, die den bedeutendsten Teil der Burg markiert. Schön ist auch der Blick von der Burganlage hinunter auf die Stadt.
In der Dürer-Stadt kann heute noch das Wohnhaus des Malers besichtigt werden, in dem dieser bis zu seinem Tod im Jahr 1528 lebte. Das Germanische Nationalmuseum beherbergt die größte Sammlung von Meisterwerken deutscher Kunst und Kultur. Die Frauenkirche ist die älteste Hallenkirche Frankens; sie wurde im 14. Jahrhundert erbaut und enthält eine berühmte Kunstuhr, das »Männleinlaufen«. Die Uhr mit Figurenumlauf von 1509 ist bis heute in Betrieb.
Die berühmten Nürnberger Lebkuchen sind, was die Herkunftsbezeichnung betrifft, in Europa gesetzlich geschützt. Die bekannte Weihnachtsköstlichkeit wurde hier schon im 15. Jahrhundert hergestellt.

10 Bereits im 13. Jahrhundert wurde in **Hilpoltstein** 30 Kilometer südlich von Nürnberg eine Burg errichtet, deren Halbruine, etwas oberhalb der Stadt gelegen, immer noch sehenswert ist. Sie wurde mit immensem Aufwand restauriert. Im Bereich der Vorburg steht der alles überragende Bau des ehemaligen Kornspeichers aus dem 15. Jahrhundert, der sogenannte Traidkasten (»Getreidekasten«). Auch die Altstadt ist einen Besuch wert. Die herrlichen Fachwerkhäuser im Stadtkern werden nur noch vom alten Rathaus und dem Jahrsdorfer Haus, datiert von 1523, übertroffen. Hilpoltstein liegt am Main-Donau-Kanal und besitzt eine wichtige Schleusenanlage.

11 Der fast 1000 Jahre alte Ort **Beilngries** liegt idyllisch in einem von Wäldern umgebenen Talkessel. Überragt wird die Stadt von der alten Grafenburg Schloss Hirschburg, von der noch die beiden Bergfriede, große Teile der Ringmauern sowie der Kern der romanischen Burgkapelle erhalten sind. Das Schloss gehört heute der Diözese Eichstätt und wird als Bildungseinrichtung genutzt.
Die mittelalterliche Altstadt wird von der alten Stadtmauer aus dem 15. Jahrhundert eingefasst. Am nördlichen Stadtgraben steht der Bürgerturm, der einst als Arrestturm diente. Am bekanntesten ist der Flurerturm. Von 1911 bis 1913 entstand die katholische Pfarrkirche St. Walburga im Stil des Neubarock. Der Nordturm ist mittelalterlichen Ursprungs.

12 **Eichstätt** im Herzen des Altmühltals wird von einem dichten Netz von Ortschaften, Klöstern und Burgen umringt. Der Dom ist ein herausragendes Denkmal katholischer Kirchenbaukunst und wurde im 18. Jahrhundert von der »Avantgarde« barocker Baumeister errichtet: Gabriel de Gabrieli, Leopold Retty und Jakob Engel. Vor dem ehemaligen fürstbischöflichen Schloss liegt der barocke Residenzplatz, der zu den schönsten Plätzen Deutschlands zählt.
Eichstätt liegt im **Naturpark Altmühltal,** einer einzigartigen Natur- und Freizeitlandschaft. Besonders für Radtouren, zum Wandern und für Kajak- und Kanutouren ist die Region perfekt. Hinzu kommen die berühmten Fossilien, die sich hier entdecken lassen. Das zum Park gehörige Informationszentrum hat seinen Sitz in der Bischofsstadt.

Bunte Glasfenster und teils gewundene Säulen zieren das Mortuarium im Dom zu Eichstätt.

Die mächtige Verteidigungsanlage der Nürnberger Burg, hier mit Kaiserburg und Sinwellturm, überragt die historische Altstadt.

WANDERN & FREIZEIT

Eichstätt liegt am **Altmühl-Panoramaweg,** einem 200 Kilometer langen Wanderweg zwischen Gunzenhausen und Kelheim. An der Strecke entlang der Altmühl sind alle Etappen reizvoll.

Immer beliebter werden Wanderungen auf den vielen Strecken des historischen **Jakobsweges,** der letztendlich bis nach Santiago de Compostella in Spanien führt. In der Regel gibt es eine gute Infrastruktur, also Einkehr- und Übernachtungsgelegenheiten. Ein schöner Streckenabschnitt führt von Nürnberg über Hilpoltstein nach Eichstätt.

Eine aussichtsreiche und sonnige Bergwanderung verläuft vom engen Schnaittachtal zur **Festung Rothenberg.** Hier befindet sich ein Plateau mit Fernsicht über den Enzenstein und die Sieben Quellen. Südwärts geht es weiter durch das Tal des Dörningbachs zurück nach Schnaittach.

Auch für Radler ist das Almühltal geradezu ideal – insbesondere auf dem **Altmühltal-Radweg,** einem rund 165 Kilometer langen Fernradweg. Auf dem Weg durch den Naturpark Altmühltal passiert der Radweg auch Eichstätt.

Steinwald, Oberpfälzer Wald und Regensburg

Die Tour führt vom Stiftland quer durch den Oberpfälzer Wald, den Flüssen Naab und Vils folgend, bis Regensburg. Hier kann man von A bis Z Erfahrungen sammeln, unter anderem Natur und Kunst im Herzen Europas erleben.

Prunkvoll und detailreich ausgestaltet sind die Räume der Stiftsbibliothek Waldsassen.

TOUR 37

- **Länge:** rund 180 Kilometer
- **Dauer:** 3–5 Tage
- **Start | Ziel:** Waldsassen | Regensburg

1 Waldsassen: Von einem der ersten Zisterzienserinnenklöster (1133) im deutschsprachigen Raum aus wurde das riesige umliegende Waldgebiet (das »Stiftland«) diesseits und jenseits der böhmischen Grenze kolonisiert. Heute beeindruckt die prächtige barocke Basilika, die von den böhmischen, süddeutschen und italienischen Künstlern Abraham Leuthner, Georg Dientzenhofer und Giovanni Carlone in den Jahren zwischen 1681 und 1704 geschaffen wurde.
Eine weitere Kostbarkeit des das Stadtbild prägenden Klosters ist der Bibliothekssaal.

2 Vom geistlichen geht es ins wirtschaftliche Zentrum des Stiftlandes nach **Tirschenreuth.** Der um 1330 errichtete Klettnersturm, letzter Rest der Stadtbefestigung, überragt als Wahrzeichen die Stadt. Ein Denkmal am Marktplatz ehrt den im Jahr 1785 hier geborenen Sprachforscher Johann Andreas Schmeller und dessen Hauptwerk, das »Bayerische Wörterbuch«.
Beachtenswert ist der kunstvolle spätgotische, geschnitzte Flügelaltar zur Schmerzhaften Muttergottes in der an die Pfarrkirche im Jahr 1723 angebauten Kapelle, zu der an jedem Dreizehnten des Monats andächtig gewallfahrtet wird.

3 Beeindruckend thront die Burgruine, ein ehemaliger Staufer-Stützpunkt, auf einem mächtigen, zwiebelschalenartig gelagerten Granitblock oberhalb der Ortschaft **Flossenbürg.** Eine Gedenkstätte erinnert an die Häftlinge, die ab dem Jahr 1938 in den Baracken und Steinbrüchen des nationalsozialistischen Konzentrationslagers zu Tode kamen.

4 In **Neustadt an der Waldnaab,** der »Stadt des Bleikristalls«, residierten bis zum Jahr 1808 die Fürsten Lobkowitz. Ihre Schlossbauten bilden den Ostabschluss des denkmalgeschützten Marktplatzes. Als die fürstliche Familie im 18. Jahrhundert ins böhmische Raudnitz zog, blieb das Neue Schloss unvollendet.
Die Rokokowallfahrtskirche St. Felix und die auf dem Botzerberg gelegene barocke Wallfahrtskirche St. Quirin mit einer der ältesten Orgeln der Oberpfalz (1692) sind Stiftungen des Geschlechtes Lobkowitz.

5 Die »Max-Reger-Stadt« **Weiden,** das Kultur- und Wirtschaftszentrum in der nördli-

WANDERN & FREIZEIT

Die Radtour mit Start und Ziel (Bahnhof, Georgstraße) im Bleikristallzentrum Neustadt an der Waldnaab auf der einstigen Bahntrasse von Neustadt über Floß und Vohenstrauß nach Eslarn wurde von 1886 bis 1995 vom »Eslarner Bockl« befahren. Seit einigen Jahren sind auf dieser stillgelegten Nebenbahn Radler und Wanderer unterwegs. Der insgesamt 52 Kilometer lange **Bocklradweg** – dieser liegt im Naturpark Nördlicher Oberpfälzer Wald im Landkreis Neustadt an der Waldnaab – ist ein sehr beliebter, familienfreundlicher Radwanderweg im Landkreis Neustadt an der Waldnaab. Der Bocklradweg ist wegen seinem flachen Streckenprofil absolut familientauglich. Da der Radweg den Bayerisch-Böhmischen Geopark mit Geotopen und Mineralfundorten passiert, wird er auch Georadweg genannt. Das erste Teilstück von Neustadt an der Waldnaab über Störnstein nach Floß ist acht Kilometer lang (einfache Fahrt). Auf der Rückfahrt kann man in dem ein oder anderen Gasthof an der Strecke einkehren.

Der 133 Kilometer lange **Nurtschweg** (Wegverlauf: Waldsassen–Neualbenreuth–Mähring–Griesbach–Bärnau–OWV Schutzhaus Silberhütte–Waidhaus–Eslarn–Stadlern–Steinlohe–Waldmünchen) verläuft durch die nordöstliche Oberpfalz, eine Grenzlandschaft Bayerns, und ist ein Teilstück des Europäischen Fernwanderwegs E 6 (Ostsee–Adria).
Der circa 15 Kilometer lange Tourenabschnitt von Waldsassen nach Neualbenreuth führt über Poxdorf, Maiersreuth und Hardeck. Ausgangspunkt des gelb-rot-gelb (horizontal) markierten Nurtschwegs ist das Rathaus von Waldsassen. An der Basilika vorbei geht es auf die andere Seite der Wondreb in die Pfaffenreuther Straße, um dann links in den Egnermühlweg abzuzweigen. Auf größtenteils naturbelassenen Wegen erreicht man die Forstkapelle. Auf Waldwegen überquert man die Straße nach Poxdorf und auf Wald- und Feldwegen geht es bergab in Richtung Maiersreuth am Muglbach. Dort angekommen, folgt man dem Bachlauf aufwärts und erreicht dann schließlich Neualbenreuth.

Mit einer überdachten Brücke führt die Schiffbrückgasse in Amberg über die Vils, bewacht vom Turm der Basilika St. Martin.

chen Oberpfalz, hat unter zahlreichen verschiedenen Besitzern seit dem 13. Jahrhundert ein stetiges Auf und Ab an wirtschaftlicher Blüte, Niedergang und neuerlichem Aufschwung in ihrer wechselvollen Stadtgeschichte erlebt.
Die aufwendig restaurierte Altstadt mit dem renaissancezeitlichen Rathaus und schönen alten Bürgerhäusern ist ein malerischer Anziehungspunkt, genau wie der gelungene neuromanische Kirchenbau von St. Josef mit seiner verspielten Jugendstilausstattung, die ehemalige gotische Hallenkirche St. Michael oder die Sebastianskirche.

6 Hoch über der Naab lädt die mittelalterliche Altstadt von **Nabburg** zum Bummeln und Erkunden ein. Die Stadtbefestigung mit Mauern, Türmen, Zinnen und Toren oder die zahlreichen hochgiebeligen alten Bürgerhäuser, die gotische Pfarrkirche St. Johann Baptist und die Reste der ehemaligen romanischen Hallenkirche St. Nikolaus in der Vorstadt Venedig sind sehenswerte Zeugen des bereits seit der Karolingerzeit bestehenden Ortes.

7 Amberg, die heimliche Hauptstadt der Oberpfalz, an der ab hier schiffbaren Vils und alten Handelsstraßen unweit Nürnbergs gelegen, verdankte seine wirtschaftliche Blüte einst dem Erzabbau, der Verhüttung und dem Eisenhandel.
Die Stadt mit ihrem mittelalterlichen Altstadtkern wurde im Jahr 1628 endgültig bayerisch. Die Werke bekannter Architekten und Künstler – vom Stuckateur Johann Baptist Zimmermann über Wolfgang Dientzenhofer, den Erbauer der barocken Wallfahrtskirche Maria Hilf (oberhalb der Stadt gelegen), und Cosmas David Asam, der die Deckenfresken schuf, bis hin zum Bauhausgründer Walter Gropius – sind für Kunstfreunde ein Muss.

8 Weithin sichtbar ist der Bergfried der Burgruine hoch über **Burglengenfeld,** dem Geburtsort des Barockbaumeisters Johann Michael Fischer (1692–1766), der im süddeutschen Raum insgesamt 32 Kirchen- und 23 Klosterbauten errichtete. Die Burg sollte ursprünglich wohl den benachbarten Ort Premberg schützen, einen wichtigen Ort des Handels mit den angrenzenden Slawen seit der Zeit Karls des Großen.

9 Wenn die Tour sich in **Regensburg,** der Hauptstadt des Regierungsbezirkes Ober-

Umgeben von alten Stadtmauern und mit der Pfarrkirche St. Johannes Baptist an der Spitze thront Nabburg über der Naab.

Über die Baumkronen spitzen die Überreste der Burg von Burglengenfeld. Besonders markant ist der Rundturm.

pfalz, schließlich ihrem Ende zuneigt, heißt es, sich entscheiden, welche Rosinen man von den zahlreichen Sehenswürdigkeiten der Stadt herauspickt und welchen Persönlichkeiten aus der 2000-jährigen Stadtgeschichte das besondere Interesse gilt.
Die Lage an der Mündung der Naab in die Donau ließ hier die Keltensiedlung »Rathaspona« entstehen. Aus der Zeit des Römerlagers »Castra Regina« (1.–3. Jahrhundert) blieb das Nordtor, die »Porta Praetoria«, erhalten. Über die Agilolfinger-Residenz, einem christlichen Zentrum der Frühzeit unter den Heiligen Rupert, Erhard und Emmeram zur Missionierung der heidnischen »Baiern« im 6. Jahrhundert, und die Pfalz der karolingischen Wanderkönige entwickelte sich die Stadt zum Zentrum des europäischen Fernhandels (10.–13. Jahrhundert).

Hochbarock: St. Emmeram in Regensburg.

Immer noch prägen die prächtigen Hausburgen der reichen Handelspatrizier mit den Geschlechtertürmen das Stadtbild. In den Jahren zwischen 1135 und 1146 wurde die »Steinerne Brücke« erbaut, ein bequemer Donauübergang für alle Jahreszeiten. Mit Dom und Rathaus als Zentrum war Regensburg ab dem Jahr 1250 Reichsstadt. Seit 1594 wurden hier alle Reichstage abgehalten, von 1663 bis 1806 der »Immerwährende Reichstag«, der etwa 70 Gesandtschaften auswärtiger Staaten in die Stadt zog.
Als sich der Fernhandel in andere Zentren verlagerte, begann mit dem wirtschaftlichen auch der politische Niedergang der Stadt, die, ein Zankapfel zwischen Habsburg und Wittelsbach, nach der Reichsauflösung 1810 an das Königreich Bayern kam.
Der »Meister der Donauschule«, Albrecht Altdorfer, ein Maler, Baumeister und Kommunalpolitiker, verstarb 1538 in der Donaustadt. Der Name des Geschichtsschreibers Aventinus und der des Astronomen und Mathematikers Johannes Kepler sind ebenso mit Regensburg verknüpft wie die pikante Affäre Kaiser Karls V., der auf dem Reichstag 1546 die Bürgerliche Barbara Blomberg zur Geliebten nahm.
Der Dom St. Peter im Herzen der Altstadt verdient besondere Erwähnung, besitzt er doch in der Bauausstattung eine Vielzahl einzigartiger Kunstwerke, zumeist Skulpturen des Mittelalters.
Die Angehörigen des Hauses Thurn und Taxis, Generalpostmeister und ständige Vertreter des Kaisers beim Reichstag, bauten das ehemalige Kloster St. Emmeram zum Schloss und Wohnsitz aus.
Östlich der Stadt schimmert auf dem Breuberg über der Donauebene die Walhalla. 358 Marmorstufen führen zu dem für Ludwig I 1830–1842 von Leo von Klenze errichteten Ehrentempel, in dem die Bildnisse »rühmlich ausgezeichneter Teutscher« stehen. Über Neuzugänge entscheidet nun der bayerische Ministerrat. Zu den letzten aufgenommenen Persönlichkeiten gehören der Mathematiker Carl Friedrich Gauß (1777–1858), die Philosophin und Ordensfrau Edith Stein (1981–1942), die Künstlerin Käthe Kollwitz (1867-1945) sowie der Physiker Max Planck (1858-1947).

WANDERN & FREIZEIT

Auf dem 24 Kilometer langen Abschnitt des **Vilstal-Radwegs** von Amberg nach Schmidmühlen, über Kümmersbruck–Ensdorf–Rieden, ist aufgrund fehlender Steigung und mangels störender Straßen ein gemütliches Dahinradeln garantiert. Der auf kurzen Abschnitten asphaltierte Weg folgt dem Tal der Vils, zwischen Haselmühl und Schmidmühlen verläuft die Tour vollständig auf einer ehemaligen Bahntrasse (20 Kilometer).

Unweit von Tirschenreuth entfernt liegt der **Grenzland-Naturlehrpfad** in Bärnau, der auf gut markierten Wanderwegen umfassende Informationen über Land-, Forst- und Teichwirtschaft des nördlichen Oberpfälzer Waldes vermittelt.

Unweit von Regensburg bei Kelheim beginnen mehrere Wanderwege durch das Naturschutzgebiet **»Weltenburger Enge«.** Ein Wanderweg, die Donauroute (sechs Kilometer), führt an der Donau zwischen steilen Felsen entlang. Vorbei geht es am Orgelmuseum in der ehemaligen Franziskanerkirche und der Einsiedelei Klösterl mit ihrer Höhlenkirche. Immer wieder eröffnen sich schöne Ausblicke in den Donaudurchbruch und auf das Kloster Weltenburg. Der Wanderweg ist für alle Altersstufen geeignet. Auf festes Schuhwerk sollte man aber nicht verzichten. Den Rückweg kann man auch auf dem Wasser zurücklegen; von März bis Oktober verkehren zwischen Kelheim und der Weltenburger Enge die Schiffe der Personenschifffahrt und die Zillen, die traditionellen Fischerboote auf der Donau.

Die uralte Steinerne Brücke mit der Gaubenreihe des Salzstadels und dem Brückturm neben einer (nicht mehr genutzten) Durchfahrt.

Die **Kontinentale Tiefbohrung** der Bundesrepublik Deutschland (KTB) bei Windischeschenbach war und ist von geowissenschaftlicher Bedeutung. Hier wurde die Erdkruste an einer Nahtstelle erbohrt, wo vor circa 300 Millionen Jahren die Kontinente Ur-Afrika und Ur-Europa aneinanderstießen. Die Bohrung mit dem Landbohrturm (83 Meter Höhe) hat schließlich eine Tiefe von 9101 Metern erreicht. Mit unterschiedlichen Themen-Führungen und Ausstellungen lassen sich verschiedene Aspekte der Tiefbohrung entdecken: Verschiede Geräte werden gezeigt, man kann selbst einen Erdbebensimulator testen, der Bohrturm darf bestiegen werden, faszinierende Bohrproben werden erklärt und vieles mehr (geozentrum-ktb.de).

Das **Kurfürstenbad Amberg** verfügt über sieben Becken. Im Angebot gibt es fast alles rund um den Wassersport, darunter eine 82 Meter lange Riesenrutsche, ein Wildwasserkanal, der Niagara-Wasserfall sowie Kinderbecken mit Babyrutsche und Schiffchenkanal. Auch einen Außenbereich bietet das »Kufü«. Das Veranstaltungsprogramm umfasst unter anderem Kindergeburtstag, Wasserkino oder Wasserdisco. All dies bei Wassertemperaturen ab 27 °C. Auch für Fitness-, Wellness- und Saunafreunde ist mit diversen Angeboten gesorgt: Von Finnischer Sauna über Laconium und Infrarotkabine bis zum Sole-Inhalationsbad. Zwischendurch oder danach kann man sich im Kurfürstenbad-Restaurant unter Palmen stärken (kurfuerstenbad-amberg.de).

Über dem nördlichen Donauufer erhebt sich die Walhalla.

Durch das untere Neckartal

Mannheim ist der Ausgangspunkt für diese Tour entlang der Burgenstraße. Bei Heidelberg verlässt man die Rheinebene und folgt dem Neckar flussaufwärts durch den Odenwald. Es geht an mittelalterlichen Burgen und Burgruinen sowie romantischen Städtchen vorbei bis Heilbronn.

TOUR 38

- **Länge:** rund 180 Kilometer
- **Dauer:** 3–4 Tage
- **Start | Ziel:** Mannheim | Heilbronn

1 Mannheims Innenstadt ist eine stadtplanerische Rarität des 17. und 18. Jahrhunderts, denn sie wurde schachbrettartig in 136 – mittlerweile sind es 148 – Rechtecken angelegt. Im 18. Jahrhundert blühten in der Residenzstadt der Pfälzer Kurfürsten Kunst und Kultur.
Ein Spaziergang führt zu den Zeugnissen der barocken Blütezeit, zum Schloss, das größtenteils von der Universität genutzt wird, zur Schloss- und zur Jesuitenkirche und natürlich zum Wahrzeichen der Stadt, dem 1888 erbauten Wasserturm. Zu den wichtigsten Museen Mannheims gehören das Technoseum sowie die kulturhistorisch orientierten Reiss-Engelhorn-Museen.
Erholung findet man in dem um 1900 angelegten, 1975 für die Bundesgartenschau erweiterten Luisenpark mit Seebühne, Chinesischem Garten, Grillplatz, Freizeithaus, Tiergehegen, Cafés und Restaurants.

2 In der Rheinebene liegt das Städtchen **Ladenburg.** Bis in die römische Zeit datiert die Geschichte der Stadt am Neckar, die als Hauptort des Lobdengaus während der fränkisch-karolingischen Herrschaft und als Sitz der Wormser Bischöfe im Mittelalter ihre Blütezeiten erlebte.
Im gut erhaltenen mittelalterlichen Zentrum erinnert eine Markierung vor der gotischen St.-Gallus-Kirche an die ehemalige römische Marktbasilika. Sehenswert sind auch die frühromanische St.-Sebastians-Kirche und der Bischofshof aus dem 16./17. Jahrhundert, in dem das Lobdengau-Museum über die Ortsgeschichte informiert. Der Lobdengau war in Südhessen und Nordbaden eine mittelalterliche Gaugrafschaft.

3 Nicht nur als Zentrum des Spargelanbaus ist die Stadt **Schwetzingen** berühmt, sondern auch wegen eines herrlichen Lustschlosses. Im 18. Jahrhundert kam die kurpfälzische Hofgesellschaft aus Mannheim, um den Sommer im Schloss und seinen herrlichen Gärten zu verbringen. Seine heutige Form erhielt die Residenz unter Kurfürst Johann Wilhelm (1690–1716). Karl Theodor ließ ein Rokokotheater erbauen und den Park neu anlegen. Ab 1777 wurde die Anlage durch den Gartenachitekten Ludwig Sckell um einen englischen Landschaftsgarten erweitert. In die mit Skulpturen, Wasserflächen, Alleen und Terrassen ausgestatteten Gärten ist historisierende Architektur eingestreut. Die »Moschee« spiegelt die im 18. Jahrhundert aufkommende Kunstrichtung des Orientalismus wider.
Seit 1952 finden sich alljährlich im Mai Liebhaber klassischer Musik zu den SWR Festspielen im Schloss ein.

Die Morgensonne nutzt man am besten zu einer Radtour durchs Neckartal.

WANDERN & FREIZEIT

Der **Neckartal-Radweg,** der rund 70 Kilometer zwischen Neckargemünd und Bad Wimpfen verläuft, ist für Liebhaber von Burgen und Schlössern eine wahre Freude. Aber auch Naturfreunde kommen bei dieser Tour durch das Neckartal, das von dicht bewaldeten Bergen gesäumt wird, ins Schwärmen. Entlang der Burgenstraße liegen die sogenannten »Romantischen Vier« (Neckargemünd, Neckarsteinach, Hirschhorn und Eberbach), die die Radtour zu einem spannenden und ansehnlichen Ausflug ins Mittelalter machen. Als »Qualitätsradroute« wurde der Neckertal-Radweg vom ADFC sogar mit 4 Sternen ausgezeichnet. Natürlich muss man nicht die gesamte Strecke auf dem Drahtesel bewältigen, man kann sich auch auf den Routenabschnitt von Neckargemünd bis Eberbach (circa 22 Kilometer) beschränken. Nach Lust und Laune respektive konditionsbedingt kann man die Radtour in einzelnen Abschnitten befahren und zwischendurch immer wieder ein Stück mit der S-Bahn fahren. Auch die Rückfahrt kann man mit der Bahn bestreiten. Für Familien mit noch jungen Radlern werden auf der Website des Neckartal-Radwegs besonders geeignete Streckenabschnitte vorgeschlagen (neckartal radweg-bw.de).

Große Teile der dreiflügeligen barocken Anlage des Schloss Mannheims dient heute der Universität als prächtiger Standort.

Das viel besungene Sinnbild deutscher Romantik: Heidelberg mit der Schlossruine hoch über dem Neckar.

4 Im Schutz der Ausläufer des Odenwalds und mit freiem Blick auf die Rheinbene liegt die Stadt **Heidelberg.** Im Mittelalter gab es hier ein Fischerdorf, das sich bis zum 14. Jahrhundert zur Residenzstadt der Pfälzer Kurfürsten vergrößerte. Als die Residenz 1720 nach Mannheim verlegt wurde, verlor Heidelberg zwar an Bedeutung, doch das kulturelle Leben der Universitätsstadt blühte weiter und schuf den fruchtbaren Boden für die deutsche Romantik.
Beherrscht wird die Stadt von der Ruine des kurfürstlichen Schlosses aus dem 13. Jahrhundert, dessen berühmtester Bauteil, der Ottheinrichsbau, aus der Zeit der Renaissance stammt. 1693 fiel das Schloss den Angriffen der Franzosen zum Opfer. Größter Beliebtheit erfreut sich das Große Fass im Weinkeller der Residenz. Mit einem Volumen von nicht weniger als 221 000 Litern Wein legt es ein beredtes Zeugnis von der Weinseligkeit der pfälzischen Kurfürsten ab.
Flaniert man vom Bismarckplatz über die von Läden und Cafés gesäumte Hauptstraße und ihre Nebenstraßen zum Karlstor, besucht man sozusagen im Vorbeigehen die meisten Sehenswürdigkeiten, darunter den Marktplatz mit Rathaus von 1700 und die Heilig-Geist-Kirche aus dem 15. Jahrhundert, die Friedrich-Ebert-Gedenkstätte und das Großherzogliche Palais mit seinen prunkvollen Repräsentationsräumen. Ein sehr beliebtes Fotomotiv ist der Blick von der Karl-Theodor-Brücke auf das zweitürmige Brückentor und das Schloss.

5 Die ehemalige freie Reichsstadt **Neckargemünd** drängt sich auf engem Raum um die Mündung der Elsenz in den Neckar. Im gut erhaltenen historischen Stadtkern erwarten den Besucher prächtige Fachwerkhäuser, das klassizistische Karlstor von 1788 und das ursprünglich als Kirche erbaute Alte Rathaus aus dem Jahr 1771.

6 Von vier Burgen aus bewachte man einst das Städtchen **Neckarsteinach** am Zusammenfluss von Steinach und Neckar. Zwei der alten Adelssitze der Ritter von Steinach sind heute Ruinen. Das Wahrzeichen der Stadt, die aus dem 13. Jahrhundert stammende Ruine Schadeck, wird wegen ihrer Lage auf einer Bergkuppe auch »Schwalbennest« genannt. Einen herrlichen Blick auf den Ort, das Neckartal und den Odenwald genießt man vom Aussichtsturm der Ruine Hinterburg aus.

7 Dort, wo der Neckar in einer großen Schleife die Berge des Odenwalds umfließt, liegt der Erholungs- und Luftkurort **Hirschhorn,** der sich im Geo-Naturpark Bergstraße-Odenwald befindet. Die »Perle des Neckartals« wird von der Burg der Herren von Hirschhorn bewacht. Die als Stadtmauern weitergeführten Burgmauern umfassen die malerische Altstadt mit dem spätgotischen Karmeliterkloster und der Marktkirche aus dem 17. Jahrhundert, deren Turm ursprünglich ein Tor der Stadtmauer war.

8 Gern besucht wird die ehemals staufische Stadt **Eberbach.** Den sorgfältig renovierten Ort mit Resten einer ausgedehnten Burganlage, zahlreichen Fachwerkhäusern und dem Alten Rathaus mit Stadtmuseum schützte einst eine Stadtmauer, von deren Sichtwarten mehrere Türme noch bis heute erhalten geblieben sind.

9 Auf einem Höhenzug über dem Neckar erstreckt sich die gut erhaltene Anlage der Burg **Zwingenberg** mit der gleichnamigen Ortschaft. Über den Resten der im 13. Jahrhundert zerstörten Burg errichtete man im 15. Jahrhundert einen Neubau, der im 16. Jahrhundert Veränderungen erfuhr. Der Komplex wird alljährlich im August zur Bühne der Schlossfestspiele.

10 Die Große Kreisstadt **Mosbach** an den südlichen Ausläufern des Odenwalds lädt ein zu einem Bummel durch die malerische Altstadt. Der Spaziergang führt an liebevoll restaurierten Wohnhäusern aus dem 15. bis 19. Jahrhundert vorbei zum Marktplatz, zur spätgotischen Stadtkirche St. Juliana und zur ebenfalls spätgotischen Friedhofskapelle mit Wandmalereien. Im Landesgartenschau-Park, Veranstaltungsort der 15. baden-württembergischen Landesgartenschau von 1997, lässt es sich wunderbar spazieren; für Kinder sind Spielplätze vorhanden. Der Kern des Parks ist der alte Stadtgarten, der Anfang des 20. Jahrhundert angelegt wurde.

Neckarsteinach, die südlichste Stadt Hessens, liegt an der Mündung der Steinach in den Neckar.

Der von Fachwerk dominierte historische Kern Bad Wimpfens beeindruckt besonders aus der Vogelperspektive.

11 Vorbei an der Burg Hornberg, dem Alterssitz Götz von Berlichingens, erreicht man das Soleheilbad **Bad Wimpfen.** Schon von Weitem sichtbar sind die Türme und Tore des Stadtteils Wimpfen am Berg. Der von den Staufern als Kaiserpfalz gegründete Ort liegt auf einem Höhenzug über dem Neckar und grüßt Besucher mit seinem Wahrzeichen, dem Blauen Turm, dem mächtigen Bergfried der Kaiserpfalz. Der Ortsteil Wimpfen im Tal steht an der Stelle eines Römerkastells und wird von einer niedrigen Stadtmauer umschlossen. Wichtigstes Bauwerk ist dort die frühgotische Stiftskirche St. Peter, die wahrscheinlich an der Stelle eines römischen Tempels entstand.

12 Zu beiden Seiten des Neckars erstreckt sich die Handels- und Industriestadt **Heilbronn.** Ihr verkehrsgünstig gelegener Hafen avancierte einst zum siebtgrößten Binnenhafen Deutschlands. In der im Zweiten Weltkrieg stark zerstörten Altstadt auf dem rechten Flussufer beeindrucken das Renaissance-Rathaus mit seiner astronomischen Uhr und die Kilianskirche. An ihrer Außenseite steht mit dem Siebenröhrenbrunnen ein Alemannen-Heiligtum, auf das der Name Heilbronn zurückgeht. Nicht zuletzt liegt Heilbronn in einer der wärmsten Regionen Deutschlands – perfekt für den Weinanbau, der Genießer anzieht.

Schmuckes Detail: unterstes Zifferblatt der astronomischen Uhr am Heilbronner Rathaus.

WANDERN & FREIZEIT

Seit 1980 wird die Bahntrasse der ehemaligen, Anfang des 20. Jahrhundert gebauten Bahnstrecke von Mosbach nach Mudau von einem Wander- und Radweg, der sogenannten **Wanderbahn,** genutzt. Dabei verläuft die idyllische Strecke (Mosbach–Lohrbach–Sattelbach–Fahrenbach–Trienz–Krumbach–Limbach–Laudenberg–Langenelz–Mudau) durch viel Wald. Lediglich 300 Höhenmeter sind zu überwinden, steile Abschnitte gibt es nur selten. Die ideal für Familien geeignete Route führt in ihrem Verlauf an einigen alten Bahnhöfen vorbei, am Wegesrand finden sich immer wieder Rastplätze sowie kleine Ortschaften, die zur Einkehr laden. Gut 21 Kilometer, der etwa 27 Kilometer langen Strecke (einfach) entfallen auf die ehemalige Bahntrasse.

Im südlichen Odenwald gibt es mehrere steile Tälchen, die Klingen genannt werden. Eines der eindrucksvollsten schluchtenartigen Tälchen im Neckar-Odenwald-Kreis ist die **Wolfschlucht** (auch Wolfsschlucht) bei Zwingenberg. Selbst im gesamten Naturpark Neckartal-Odenwald und im UNESCO Geo-Naturpark Bergstraße-Odenwald ist diese Felsenklamm des Klingenbachs von ganz besonderem Reiz. An mehreren Stellen fällt der Bach in meterhohen Abstürzen über Felsbänke herab. Das Tälchen, das Carl-Maria von Weber als Vorlage für die Wolfsschlucht-Szene in seiner Oper »Der Freischütz« inspirierte, wird mancherorts von Felswänden oder -überhängen aus Buntsandstein begrenzt.
Ausgangspunkt für die Wanderung durch die wildromantische Wolfsschlucht ist der Landgasthof »Zur Wolfsschlucht«, wohin ein teilweise alpiner Wanderweg führt. Der enge und abenteuerliche Pfad ist nicht befestigt; gutes, festes Schuhwerk ist deshalb unbedingt erforderlich (vor allem bei Regen wird der Weg glitschig). Dabei klettert man über umgestürzte Bäume und quert einige Male den Bach. Bei vorangegangenen Regenfällen ist der Weg rechter Hand oberhalb des Baches zu empfehlen, der an den Burgmauern vorbeiführt. Nach Erreichen der Höhe (gut 100 Höhenmeter), wandert man von dort durch den Wald an einem kleinen Steinbruch zum Schloss Zwingenberg hinunter.
Vor dem Schloss hat man einen wunderschönen Panoramablick auf das Neckartal.

Die etwa 16 Kilometer lange Wanderung durch das **Fünf-Mühlen-Tal** zur Burg Guttenberg beginnt am Bahnhof in Bad Wimpfen und führt zunächst über »Kirschenbänkchen« zum »Häldeweg« bis oberhalb vom Schwimmbad. Danach überquert man weiter links die Straße und geht den Hang hinauf zum Bahngleis. Weiter rechts folgt man den Gleisen bis Hohenstadt. Etwa 600 Meter hinter dem Ort zweigt ein Weg rechts ab über die Felder, der nach Zimmerhof führt. Danach geht es entlang der Hauptstraße nach links bis zum Golfplatz. Hier beginnt das Fünf-Mühlen-Tal. Am Golfplatz, an der Kneippanlage, am Karpfenteich, am Wildgehege und am Grillplatz vorbei wandert man bis zur Schnepfenhardter Mühle. Dahinter führt ein Steg über den Mühlenbach, der gleichzeitig den Aufstieg zur Burg Guttenberg markiert. Für den Rückweg macht man sich vom Burgtor auf und nimmt die Straße nach links durch den Burgwald und danach die Straße über die Felder zurück nach Hohenstadt, bis man Bad Wimpfen erreicht.

Die **Burg Guttenberg** erhebt sich auf einem Bergsporn zwischen dem Neckar- und Mühlbachtal. Die Stauferburg (12. Jahrhundert) ist noch immer bewohnt und zählt zu den beliebtesten Ausflugzielen im Neckartal. Neben dem Burgmuseum und der Burgschenke verdient die **Greifenwarte** ein besondere Erwähnung. Die Flugvorführungen der Deutschen Greifenwarte sind überregional bekannt und begeistern Jung und Alt. Vom Frühjahr bis zum Herbst kann man die Flüge von Adlern und Geiern bestaunen, die dann hoch über dem Neckartal oder über der Burg ihre Kreise ziehen (burg-guttenberg.de).

Von Schwetzingen aus empfiehlt sich ein Abstecher nach Hockenheim, das für seine Grand-Prix-Rennstrecke, den **Hockenheimring,** bekannt ist. An die sportliche Tradition des Hockenheimrings knüpft das Motorsport-Museum an. Regelmäßig (außer bei Großveranstaltungen) wird auf dem Hockenheimring eine Insider-Führung über den Traditionskurs angeboten; wer sich einmal als Rennfahrer versuchen möchte, kann dies bei Touristenfahrten tun (hockenheimring.de).

Der Besuchermagnet der Stadt Sinsheim ist das **Auto- und Technikmuseum,** das über die Geschichte von Automobil- und Fahrzeugbau informiert. Zu den Ausstellungsstücken gehören Oldtimer, Motorräder, Renn- und Sportwagen sowie Lokomotiven und Flugzeuge, zum Beispiel eine original Concorde der Air France und eine russische Tupolev TU-144, die für die Besucher von innen begehbar sind (sinsheim.technik-museum.de).

Der Schwarzwald

Waldreiche Berge und Weinberge – nirgendwo hierzulande sind diese beiden auf den ersten Blick so grundverschiedenen Welten einander näher als am östlichen Rand der Oberrheinischen Tiefebene, aus der ein Gebirge steil aufsteigt,160 Kilometer lang und 60 Kilometer breit.

Sein Name lässt keinen Zweifel daran, dass die Wanderwege auf den Höhen meist durch dunkle Fichten- und Tannenwälder führen. Nur ein kurzer Abstieg führt einen jedoch in das Markgräfler Land, in die Ortenau oder andere Landschaft der Vorbergzone, wo fruchtbarer Lösslehm die Reben von Gutedel bis Spätburgunder gedeihen lässt. Zurück zum Urtyp eines deutschen Waldgebirges, das auf der Landkarte so kompakt aussieht, sich vom Hochrhein bis zum Kraichgau erstreckt und als höchstes Mittelgebirge Deutschlands auf dem Feldberg knapp 1500 Meter Meereshöhe erreicht.

Die Geografen gliederten es früher recht schematisch in den Nord- und den Südschwarzwald mit dem Mittleren Schwarzwald dazwischen. Viel anschaulicher ist jedoch die geologische Einteilung in den Buntsandstein-Schwarzwald im Norden und Osten mit seinen schier endlosen düsteren Nadelwäldern; im Gegensatz zum kristallinen Schwarzwald im Süden und Westen, wo behäbige Bergkuppeln aus Granit und Gneis, wie der Belchen oder der Schauinsland, als herausragende Beispiele das eher offene Landschaftsbild beherrschen.

Die Geologie ist auch der wichtigste Schlüssel zum Verständnis der vielgestaltigen Gebirgslandschaft, denn der Schwarzwald bildet zusammen mit seinem Zwillingsbruder im Westen, dem Wasgenwald (Vogesen) die Schultern eines geologischen Grabens, eines Teilstücks einer bis heute noch aktiven Störungszone, die sich vom Mittelmeer bis zum Oslofjord durch Europa zieht und zu enormen

Der Belchen steht aufgrund seiner besonderen und seltenen Flora und Fauna unter Naturschutz.

Höhenunterschieden von bis zu 1000 Metern geführt hat. Bei derartigen Höhenspannen und der engräumigen Zertalung durch die vielen Flüsse, die vor allem dem Rhein zustreben, ist es kein Wunder, dass die Lebensräume der Pflanzen- und Tierwelt im Schwarzwald äußerst vielseitig sind.

In zwei für deutsche Verhältnisse ungewöhnlich großen Naturparks werden sie geschützt. Und diese Reservate dienen wahrlich nicht nur zum Schutz der namengebenden Wälder, an deren Rändern heute wieder die raren Auerhähne balzen. Vielleicht noch charakteristischer für das Waldgebirge im Südwesten sind die Weiden auf den Bergen, wo im Frühsommer nach der Schneeschmelze Enziane, Orchideen und manche anderen botanischen Kleinode blühen.

Diese Weiden sind durch Rodung der Wälder und jahrhundertelange Beweidung entstanden und zeigen, dass der Schwarzwald, mindestens ebenso sehr wie eine Naturlandschaft, eine vom Menschen auf verschiedenste Weise – angefangen beim Bergbau bis hin zur Köhlerei und Flößerei – geformte Kulturlandschaft ist. Zu den Kulturdenkmälern gehören hier unter anderem die prachtvoll ausgestatteten Klöster in den Tälern und auf den Höhen als Zeugen einer reichen Volkskultur die behäbigen Schwarzwaldhäuser. Hinzu kommt ein ungemein reiches Kunsthandwerk.

Die Geroldsauer Wasserfälle bilden ganzjährig eine Augenweide.

Nördlicher Schwarzwald, Kraichgau und zurück

Die Ausläufer des Nordschwarzwalds sind der Ausgangspunkt für eine Tour, die zunächst in die Rheinebene führt. Anschließend geht es nach Osten in den Kraichgau und in südlicher Richtung wieder zurück in den Schwarzwald und bis in die Donauquellstadt Donaueschingen.

TOUR 38

- **Länge:** rund 330 Kilometer
- **Dauer:** 5–7 Tage
- **Start | Ziel:** Gernsbach | Donaueschingen

1 Der schmucke Luftkurort **Gernsbach** zieht sich links der Murg die Hänge des Schwarzwalds hinauf. Ein Spaziergang durch die von Fachwerkhäusern gesäumten Gassen führt in den großen Kurpark mit Konzertbühne. Ein Stück flussaufwärts thront auf einem Felsvorsprung Schloss Eberstein aus dem 13. Jahrhundert Es wurde Anfang des 19. Jahrhunderts renoviert.

2 Baden-Baden, der mondäne Kurort im Oostal, lebt immer noch ganz von der Pracht vergangener Zeiten. Nachdem bereits die Römer das heilende Wasser genutzt hatten, entwickelte sich erst im 19. Jahrhundert ein Kurbetrieb in großem Stil.
Links der Oos errichtete Friedrich Weinbrenner 1821–1823 das Kurhaus mit seiner von korinthischen Säulen getragenen Vorhalle. Hier befindet sich heute auch das Kasino. Die freskengeschmückte Trinkhalle im Kurpark stammt von Friedrich Hübsch.
Rechts der Oos zieht sich die mittelalterliche Altstadt den Berg hinauf. Dicht beieinander stehen hier das prunkvolle Friedrichsbad – erbaut 1869–1877 – und die Caracalla-Therme. Im Stadtzentrum erheben sich die Ruine des Alten Schlosses sowie das Neue Schloss.

3 Barock ist der vorherrschende Baustil in **Rastatt,** der ehemaligen Residenz des Markgrafen Ludwig Wilhelm. Er errichtete die älteste Barockresidenz Deutschlands (1699 bis 1705) nach dem Vorbild von Versailles.
Unter den Barockbauten der Stadt fallen die Pagodenburg, das Rathaus, die St.-Alexander-Kirche und das Franziskanerkloster auf. Vor den Toren Rastatts ließ sich Sibylla Augusta von Baden, die Witwe Ludwig Wilhelms, das Lustschloss »Favorite« errichten.

4 Die lebendige Kongress- und Universitätsstadt **Karlsruhe** ist der Sitz von Bundesverfassungsgericht und Bundesgerichtshof. Das Herz der Stadt bildet die weitläufige barocke Schlossanlage von 1715, auf die die Straßen

Die Schlossanlage von Rastatt umfasst unter anderem einen großzügig gestalteten Ehrenhof.

Bis heute verspricht die Trinkhalle von Baden-Baden Heilung in prächtigem Ambiente.

WANDERN & FREIZEIT

🚲 Der 370 Kilometer lange **Neckartal-Radweg** hat seinen Ausgangspunkt an der Neckarquelle im Stadtpark von Villingen-Schwenningen und verläuft entlang des Neckars durch eine abwechslungsreiche und interessante Landschaft bis nach Mannheim, wo der Fluss schließlich in den Rhein mündet. Der Neckartal-Radweg führt meist auf gut ausgebauten Feld- und Wirtschaftswegen jenseits des üblichen Straßenverkehrs. Nur im Ausnahmefall muss eine Nebenstraße befahren werden.
Für Familien mit Kindern empfiehlt sich eine kürzere Etappe beispielsweise von Villingen-Schwenningen nach Rottweil (16 Kilometer).
Der Neckartal-Radweg beginnt an der Neckarquelle im Stadtpark Möglinshöhe in Schwenningen. Von dort führt er über gut ausgebaute Wald- und Feldwege mit schönen Ausblicken auf die Berge der Schwäbischen Alb über Deißlingen und Lauffen nach Rottweil, in die alte freie Reichsstadt, die eine Besichtigung lohnt. Die Rückfahrt kann man entweder wieder mit dem Rad oder auch mit der Bahn antreten.

🚲 Die gut ausgeschilderte **Tour de Spargel** ist nicht nur zur Spargelzeit empfehlenswert. In der Rheinebene, die für ihr beinahe schon mediterranes Klima bekannt ist, gleitet man mit dem Rad mühelos auf der etwa 108 Kilometer langen Rundroute dahin. Die Strecke ist mit dem Spargelrouten-Logo oder mit Radwegweisern ausgeschildert. Die durchgehend flache Route weist nur wenige, leichte Steigungen auf. Die Strecke führt über geteerte beziehungsweise asphaltierte, teils geschotterte Rad- und Wirtschaftswege. Auf kurzen Passagen befährt man Kreisstraßen beziehungsweise Orte und Waldstrecken. Die Tour ist besonders für Familien und weniger sportliche Radfahrer geeignet.
Ein wesentlich kürzerer Abschnitt der Spargelroute ist die circa 27 Kilometer lange Fahrt von Bruchsal über Stutensee und Karlsdorf-Neuthard bis Graben-Neudorf. Von dort kann man auf der gleichen Strecke die Fahrt zurück nach Bruchsal mit dem Fahrrad oder aber ganz mühelos mit der S-Bahn (S33) bestreiten.

fächerförmig zulaufen. Ihr Bauherr war der Markgraf Karl Wilhelm von Baden-Durlach. In den Räumen der Residenz zeigt das Badische Landesmuseum Exponate zu Kunst und Kultur der Region. Zu einem Bummel lädt der weitläufige Schlossgarten ein. Er zeigt sich teils als französischer Barockgarten, teils als englischer Landschaftspark. Seit 1968 fährt die Schlossgartenbahn auf einem 2,7 Kilometer langen Rundkurs sonntags und an Feiertagen, solange es das Wetter zulässt.
Der Mittelpunkt des Marktplatzes ist eine kleine rote Sandsteinpyramide mit der Gruft des Stadtgründers, Markgraf Karl Friedrich.

5 Der Verkehrsknotenpunkt **Bruchsal** wurde während des Zweiten Weltkriegs stark zerstört; später baute man die Stadt wieder modern auf. In alter Form erstand das Barockschloss, die Sommerresidenz der Fürstbischöfe von Speyer, dessen Treppenhaus Balthasar Neumann entwarf. Im Südosten der Stadt befindet sich ein weiteres Werk Neumanns: die Barockkirche St. Peter.

6 Zwischen den Hügeln des Kraichgaus liegt die Stadt **Bretten.** Durch einen Brand weitgehend zerstört erhielt der Ort im 18. Jahrhundert ein neues Gesicht. Es entstanden die lutherische Kreuzkirche und das klassizistische Amtshaus. Bauten aus dem Mittelalter und der Renaissance sind die St.-Lorenz-Kirche mit romanischen und gotischen Stilmerkmalen sowie der Marktbrunnen von 1555. Für ihren bedeutendsten Sohn, den Reformator Philipp Melanchthon (1497 bis 1560), hat die Stadt am Marktplatz ein Museum eingerichtet.

7 Ein beeindruckendes Bild von Größe und Bedeutung der Klöster im Mittelalter vermittelt das Zisterzienserkloster **Maulbronn** (UNESCO-Welterbe), für das im Jahr 1147 der Grundstein gelegt wurde. Die von einer Mauer umgebene Anlage ist unterteilt in den Klausurbereich mit der Kirche und in den Wirtschaftsbereich mit Handwerkerhöfen und Verwaltungsgebäuden.
Zu den bekanntesten Absolventen des seit dem 16. Jahrhundert bestehenden Gymnasiums zählen die Dichter und Schriftsteller Friedrich Hölderlin, Wilhelm Hauff und Hermann Hesse.

8 **Pforzheim,** die »Goldstadt« am Zusammenfluss von Enz, Nagold und Würm, steht seit dem 18. Jahrhundert mit großem Erfolg im Zeichen der Schmuckherstellung. Eine bedeutende Sehenswürdigkeit des modernen Stadtzentrums ist das Schmuckmuseum. Sehenswerte Sakralbauten sind die Schloss- und Stiftskirche,

Als größter Marktplatz Deutschlands wird der Marktplatz von Freudenstadt bezeichnet.

Bildhübsche Fachwerkhäuser reihen sich um den Marktplatz von Bretten.

Vom mittelalterlichen Brunnen des Klosters Maulbronn ist die unterste Steinschale noch original erhalten.

Die Triberger Wasserfälle fließen über moosbewachsene Granitfelsen.

die auf das 13. Jahrhundert zurückgeht, sowie die Altstadtkirche St. Martin mit gotischen Fresken im Chor.

9 In Mittelalter und Neuzeit gelangte das Städtchen **Calw** durch Textilgewerbe, Salz- und Holzhandel zu ansehnlichem Reichtum. Mit der gotischen Nikolauskapelle besitzt der Ort im Nagoldtal eine der wenigen erhaltenen, für das Mittelalter so typischen Brückenkapellen. Hervorzuheben sind des Weiteren das Rau'sche Haus von 1694 und das Rathaus am malerischen Marktplatz. Diesem gegenüber steht das Geburtshaus des Schriftstellers Hermann Hesse.

10 Freudenstadt, ein viel besuchter Kur- und Freizeitort im Nordschwarzwald, wurde im 17. Jahrhundert als gleichmäßige Stadtanlage konzipiert. Eine Besichtigung wert sind der von imposanten Häusern gesäumte Marktplatz mit seinem Vierröhrenbrunnen und die Evangelische Stadtkirche aus dem frühen 17. Jahrhundert.

11 Die Hauptattraktion des Luftkurorts **Alpirsbach** im Kinzigtal ist das gut erhaltene Benediktinerkloster aus dem 11. Jahrhundert. Die 1099 geweihte und um 1130 umgebaute, dreischiffige Basilika ist in einen Laien- und einen Mönchsraum unterteilt.

12 Über Hausach erreicht man **Gutach** an der Schwarzwaldbahn. Dieser Erholungsort ist der ideale Ausgangspunkt für Wanderungen und als Heimat der Schwarzwälder Bollenhuttracht bekannt. Mehr

WANDERN & FREIZEIT

Mehrere Wanderwege von diversem Schwierigkeitsgrad sind für die Besichtigung der **Triberger Wasserfälle** ausgewiesen. Besonders faszinierend sind die rauschenden Wasserfälle in den Schmelzwasserzeiten und nach starken Regenfällen. Es gibt drei beschilderte Wanderrouten: Naturweg, Kulturweg und Kaskadenweg. Der Haupteingang ist von der Triberger Stadtmitte aus schnell zu Fuß zu erreichen. Außerdem gibt es vier weitere Eingänge, um von allen Seiten zu den Fällen zu gelangen, die abends bis 22 Uhr beleuchtet sind.

Die wohl beste Möglichkeit, Baden-Baden und die direkte Umgebung zu erkunden, bieten die vier Etappen des **Panoramawegs.**

Der etwa drei Kilometer westlich von Maulbronn liegende **Aalkistensee** und die umgebende Landschaft stehen unter Naturschutz. Ein Rundweg führt durch die Feuchtgebiete, die vielen Vogelarten als Rückzugsgebiete dienen.

Die **Caracalla-Therme** in Baden-Baden eignet sich vortrefflich zum Entspannen nach einer mehr oder weniger anstrengenden Wanderung. Hier steht den Besuchern eine abwechslungsreiche Wasser- und Badelandschaft zur Verfügung. Neben diversen Becken und der römischen Saunalandschaft gibt es unter anderem einen Strömungskanal, einen Wasserfall, die Heiß- und Kaltwassergrotte und das Dampfbad (caracalla.de).

über die Tradition des Schwarzwalds erfährt man im nahe gelegenen Freilichtmuseum Vogtsbauernhof.

13 Der Kurort **Triberg** liegt in einem von der Gutach tief eingeschnittenen Tal. Die Stadt besitzt im Schwarzwaldmuseum eine stattliche volkskundliche Sammlung mit einer beachtlichen Anzahl von Uhren. Bei Triberg stürzt die Gutach über sieben Kaskaden 163 Meter in ein enges Tal. Sie ist damit der höchste Wasserfall Deutschlands.

14 Die Doppelstadt **Villingen-Schwenningen** entstand 1972 im Rahmen einer Gemeindereform. Reste der Stadtbefestigung umgeben die Villinger Altstadt mit ihren prächtigen Bürgerhäusern, dem Alten Rathaus und dem Liebfrauenmünster, mit dessen Bau im Jahre 1130 begonnen wurde.

15 Die beiden Flüsse Brigach und Breg vereinigen sich in **Donaueschingen** zur Donau. Die sogenannte Donauquelle im Stadtpark, ein Becken mit allegorischen Figuren, nimmt sich dieses Themas an. Das Bild Donaueschingens haben die Fürsten von Fürstenberg bestimmt: Sie waren im 18. Jahrhundert die Bauherren des Schlosses, des Karlsbaus, in dem sich heute die Fürstlich Fürstenbergische Sammlung befindet, sowie der Stadtkirche St. Johann, mit der der Böhmische Barock seinen Einzug in den Schwarzwald hielt. Ganz besonders an die kleinen Besucher wendet sich das Kinder- und Jugendmuseum in der ehemaligen Hofbibliothek.

Eine der Karstquellen bei Donaueschingen gilt als »Donauquelle«.

Vom Rhein aus in den Schwarzwald

Von Breisach in der Oberrheinischen Tiefebene geht es hinauf auf den mittleren und den südlichen Schwarzwald. Die Tour führt zu den landschaftlichen und kulturellen Höhepunkten des Freiburger Umlands und bietet grandiose Panoramablicke auf die Schweizer Alpen im Süden und die Vogesen im Westen.

TOUR 40

- **Länge:** rund 350 Kilometer
- **Dauer:** 4–6 Tage
- **Start | Ziel:** Breisach | Badenweiler

Im Freiburger Münster kann man wunderschöne jahrhundertealte Glasfenster bestaunen.

1 Auf einem Ausläufer des Kaiserstuhls liegt das kleine Städtchen **Breisach am Rhein.** Nach dessen weitgehender Zerstörung im Zweiten Weltkrieg wurden verschiedene historische Bauten der ehemals freien Reichsstadt rekonstruiert.
Hoch über die Stadt hinaus ragt das St.-Stephans-Münster aus dem 13. Jahrhundert Ein Highlight der Innenausstattungen sind die Wandmalereien Martin Schongauers, vor allem das Jüngste Gericht (1488–1491) an der Westwand. Ein beeindruckendes Beispiel für die mittelalterliche Wasserversorgung ist der Radbrunnenturm von 1189,

Majestätisch überragt das St.-Stephans-Münster die größtenteils moderne Stadt Breisach.

durch den Wasser auch während Belagerungen 41 Meter hoch in die Stadt hinaufgepumpt wurde.

2 Dort, wo das Flüsschen Dreisam in die Oberrheinebene eintritt, zwischen Schwarzwald und Kaiserstuhl, liegt die Universitätsstadt **Freiburg.** Vom Klima begünstigt, verströmt das kulturelle Zentrum des Breisgaus ein beinahe südländisches Flair. Der umfassende Einsatz für Klimaschutz gibt Freiburg zudem ein grünes Stadtbild.
Ein Bummel durch die nach Kriegszerstörungen wieder aufgebaute Stadt führt zum Münster aus dem 13.–16. Jahrhundert. Zu den bedeutendsten Sehenswürdigkeiten dieses Meisterwerks gotischer Baukunst zählen das Westportal mit Vorhalle sowie der Hochaltar aus den Jahren 1512–1516 von Hans Baldung Grien. Den Münsterplatz umrahmen das als Handelsplatz für fremde Kaufleute erbaute Historische Kaufhaus, das Kornhaus mit dem spätgotischen Fischbrunnen und das Wenzingerhaus (Museum für Stadtgeschichte). Relikte der ehemaligen Stadtbefestigung sind das Schwabentor und das Martinstor. Einen umfassenden Überblick über die oberrheinisch-alemannische Kunst verschafft man sich im Klosterkomplex des Augustinerordens, der zum Museum umfunktioniert wurde.
Eine Besonderheit der Stadt sind die Freiburger Bächle, Wasserrinnen, von denen die

Das imposante Martinstor gehörte zur einstigen Befestigungsanlage von Freiburg.

WANDERN & FREIZEIT

Nicht hoch hinaus, dafür aber ausgesprochen gemütlich kann man in der Rheinebene radeln. Eine Etappe des beschilderten **Rheinauewegs** führt von Breisach aus vorbei am Vulkankegel des Kaiserstuhls nach Rheinhausen und zum Naturschutzgebiet Taubergießen mit seiner einzigartigen Fauna (30 Kilometer). Nur wenige Kilometer sind es von Rheinhausen bis nach Herbolzheim, von wo aus man die Rückfahrt nach Breisach mit der Bahn antreten kann.

Nur 10 Kilometer vom Zentrum Freiburgs entfernt erhebt sich der Schauinsland.

Die imposante Ravennabrücke ermöglicht den Zugverkehr über die Schlucht.

Bis ins 7. Jahrhundert lässt sich die Geschichte des Klosters St. Trudpert zurückverfolgen.

meisten Straßen durchzogen sind und die ursprünglich unter anderem als Löschwasserquellen dienten. Sie werden vom Wasser der Dreisam gespeist und variieren in der Breite von 15 bis 75 Zentimeter.

3 Südlich von Freiburg bietet der Hausberg der Freiburger, der 1284 Meter hohe **Schauinsland,** vielfältige Möglichkeiten zur Freizeitgestaltung und einen wunderbaren Ausblick auf Kaiserstuhl, Vogesen und Markgräflerland. Er kann auch innerhalb von 20 Minuten mit der Seilbahn »bezwungen« werden.

4 Im neun Kilometer langen **Höllental,** dessen Hänge bis zu 600 Meter hoch ansteigen, drängen sich Rotbach, Bahn und B13 dicht aneinander. Die bis in 18. Jahrhundert unpassierbare Schlucht beginnt hinter der Ortschaft Himmelreich und endet beim Höllsteig. 1884–1887 gelang es, eine Eisenbahntrasse durch die Schlucht zu legen. Ein Bronzehirsch erinnert an den legendären Hirschsprung: Vor seiner Verbreiterung soll das Höllental an dieser Stelle so eng gewesen sein, dass sich ein Hirsch durch einen Sprung vor seinen Verfolgern auf die andere Seite der Schlucht retten konnte. Von hier aus führt ein beliebter Weg über Stein- und Holzbrücken durch die malerische Schlucht des Wildbaches Ravenna. Der Name soll vom französischen »la ravine« (Abgrund) stammen.

5 Eine vom Feldberggletscher vorgeschobene Moräne staut den zwei Kilometer langen, 750 Meter breiten und rund 40 Meter tiefen **Titisee.** Der See und der daran gelegene gleichnamige Ort zu Füßen des 1190 Meter hohen Hochfirst sind viel besuchte Touristenziele.

6 Die **Wutach** hat sich auf ihrem Weg aus dem Schwarzwald ein canyonartiges Bett in die Gesteinsschichten gegraben. Das sicherlich spektakulärste Teilstück des Flusslaufs zwischen der Einmündung von Rötenbach- und Gauchachschlucht steht bereits seit dem Jahr 1939 unter Naturschutz.

7 Im Mündungsgebiet von Wutach, Schlücht und Aare in den Rhein liegt **Waldshut-Tiengen.** Die malerische Altstadt von Waldshut auf dem rechten Rheinhochufer lädt zu einem beschaulichen Spaziergang ein, vorbei an mit Fassadenmalereien geschmückten Bürgerhäusern aus dem 15.–17. Jahrhundert und den beiden mittelalterlichen Stadttoren bis hin zur Rheinpromenade.
Auch Tiengen an der Wutachmündung hat sich sein mittelalterliches Stadtbild bewahrt. Um 1600 erhielt das über der Stadt thronende Schloss seine heutige Gestalt. Das Alte Schloss beherbergt heute das Klettgau-Museum; der Klettgau ist die Region um Waldshut, die sich Deutschland und die Schweiz teilen.

Mit der Schlosskirche St. Maria, die in den Jahren zwischen 1751 und 1753 erbaut wurde, besitzt Tiengen ein barockes Kleinod.

8 Die Hauptattraktion des kleinen Kurorts **St. Blasien** ist die Benediktinerabtei, deren Ursprünge bis ins 8. Jahrhundert zurückreichen. Ein verheerender Brand zerstörte 1768 die barocke Anlage von Johann Michael Beer. Mit dem Neubau des Klosters gegen Ende des 18. Jahrhundert fasste der Klassizismus im Schwarzwald Fuß. Die französischen Architekten Pierre Michel d'Ixnard und Nicolas de Pigage haben sich beim Entwurf offensichtlich vom römischen Pantheon inspirieren lassen.

9 Auf 930 Meter Höhe ü. d. M. liegt der etwa 11 Quadratkilometer große **Schluchsee.** Der einst wesentlich kleinere Gletschersee wurde seit 1932 durch eine Staumauer bei Seebrugg zu seiner heutigen Größe aufgestaut. Erholungsuchende kommen wegen der schönen Lage des Sees inmitten des Hochschwarzwalds hierher, während Segler und Windsurfer die guten Windverhältnisse zu schätzen wissen. Trotz des relativ kühlen Wassers ist der See auch bei Badegästen beliebt.

10 Der **Feldberg** (1493 Meter) ist der höchste Berg des Schwarzwalds. Er ist ein beliebtes Ausflugsziel – für Wanderer und Skifreunde gleichermaßen. Allein der Ausblick vom Gipfel aus lohnt den Weg hierher.

11 Das Sportangebot **Todtnaus** hat Tradition: Hier wurde bereits im Jahre 1891 der erste Skiclub Deutschlands gegründet. Der Ortskern der ehemaligen Silberbergbaustadt wurde 1876 durch einen Großbrand zerstört; aus den Ruinen erstand eine nüchterne neue Stadt. Die Todtnauer Wasserfälle liegen nordwestlich. Hier stürzt der Stübenbach über mehrere Felsklippen ins Tal.

12 Für seine atemberaubende Aussicht wird der **Belchen** (1414 Meter) gerühmt, der sich am Ende des Münstertals erhebt. Von der unbewaldeten Kuppe des Granitmassivs aus reicht der Blick im Westen bis zu den Vogesen mit den beiden Namensvettern Großer und Kleiner Belchen, im Süden bis zu den Schweizer und an besonders klaren Tagen bis zu den Französischen Alpen.

13 Eine Burgruine der Herren von Staufen wacht über das **Münstertal** und den gleichnamigen Ort, wo sich der irische Mönch

Der opulente Dom St. Blasien wurde im Stil des römischen Pantheons erbaut.

Beliebter Treffpunkt in Staufen im Breisgau ist der Rathausplatz.

Trudpert im 7. Jahrhundert niederließ. Nach seinem Märtyrertod entstand hier ein Kloster, das nach Zerstörungen im Dreißigjährigen Krieg ab 1709 vom Vorarlberger Baumeister Peter Thumb wieder aufgebaut wurde.

14 Gold wollte der legendäre Dr. Faustus in **Staufen** herstellen und kam dabei auf ungeklärte Weise ums Leben. Seiner Geschichte wird auch im Stadtmuseum im Rathaus ausführlich gedacht. Erfolgreicher sind da schon die Weinbauern und Branntweinproduzenten des mittelalterlichen Ortes. Über die malerische Stadt erheben sich die Reste der Burg Staufen.

15 Die heilende Kraft des **Badenweiler** Thermalwassers schätzten bereits die Römer. Der planmäßige Ausbau zum Kurort begann aber 1850. Den Kurgästen dient ein ausgedehnter Kurpark mit einem englischen Garten zur Erholung. Im Rahmen einer Kurparkerweiterung entstand der Gutedelgarten, ein rebenbotanischer Schaugarten. An seinem Ostrand wurden Reste des römischen Badegebäudes freigelegt; das klassizistische Markgrafenbad ist ein Teil der Cassiopeia-Therme.

Über schöne Wanderpfade durch die Weinreben erreicht man die Burgruine von Staufen.

WANDERN & FREIZEIT

Die Radtour **von Titisee-Neustadt nach Hinterzarten** ist etwa 15 Kilometer lang. Ab Bahnhof Neustadt biegt man nach rechts, dann vor dem Hotel Neustädter Hof nach links, und beim Hotel Jägerhaus geht es links über den Hirschenbuckel (Anstieg) zur Hauptstraße, der man nach links folgt. Danach immer geradeaus, dann auf dem parallel laufenden Fahrradweg rund vier Kilometer. Nun quert man die Bundesstraße und biegt links in die Parkstraße ein. Nach der Eisenbahnbrücke zweigt man rechts ab und dann vorbei am Bahnhof Titisee links. Im Ortszentrum von Titisee geht es rechts in die Strandbadstraße, um nach dem Kurhaus rechts in die Alte Poststraße an der Kirche vorbeizufahren. Auf der Alten Poststraße (bald ein Waldweg) führt der Weg vorbei am Eisweiher, am Jockeleshof über die Winterhalde bis Hinterzarten.

Zu den Schönheiten des Schwarzwalds leiten die verschiedenen (Rund-)Wanderungen in der Region der **Wutachschlucht.** Eine Empfehlung ist die etwa 24 Kilometer lange Wanderung von Kappel Gutachbrücke bis zur Wutachmühle. Diese Wanderung dauert sechs bis acht Stunden. Ein kürzerer Abschnitt der Wutachschlucht ist die etwa elf Kilometer lange Wanderung Kappel Gutachbrücke–Schattenmühle. Der 80 Meter hohe Natursteinviadukt nahe Gündelwangen, zwischen Kappel und Neustadt, bildet den Beginn des Naturschutzgebiets Wutachschlucht. Von dort geht es weiter bis zur Schattenmühle, wo der obere Teil der Wutachschlucht endet. Für diese Wanderung, für die festes, gutes Schuhwerk erforderlich ist, benötigt man etwa drei Stunden. Beste Wanderzeit für die Schlucht sind die Monate von Mai bis September. Keinesfalls sollte man etwas Verpflegung vergessen, denn in der Schlucht gibt es zwischen Schatten- und Wutachmühle keine Möglichkeit zur Einkehr.

Die 18 Kilometer lange Wanderung rund um den **Schluchsee,** den größten Schwarzwaldsee, ist in rund sechs Stunden zu bewältigen. Sie beginnt am Bahnhof Schluchsee und führt zunächst in Richtung Aha. Nach Überquerung der Bahnbrücke, biegt der Weg zur Amalienruhe. Ab dem Bootsanlegeplatz in Aha geht es weiter auf dem Seerundweg über Unterkrummenhof, vorbei an der Hütte des Schluchseer Anglervereins und dem Waldrastplatz Schöne Buchen. Nach dem Erreichen der Staumauer und des Bootsanlegers des Seerundfahrtsschiffs »St. Nikolaus« besteht die Möglichkeit die Wanderung abzukürzen und das letzte Stück Weg mit dem Boot zu bestreiten. Ansonsten wandert man über die Staumauer und Richtung Bahnhof Seebrugg, um von dort über ein kurzes Stück an der Straße entlang und über einen Waldweg zurück nach Schluchsee zu kommen.

Der **Europapark Rust** ist der größte und besucherstärkste Freizeitpark Deutschlands – pro Jahr kommen über sechs Millionen Besucher hierher. Auf einer Fläche von etwa 90 Hektar gibt es zahlreiche Themenbereiche wie europäische Länder, Abenteuerland oder Märchenwald mit über 100 Fahrgeschäften und Shows. Zu den Hauptattraktion gehören die Achterbahn Silver Star, die Wasserachterbahn Poseidon, die mit drehbaren Gondeln versehene Euro-Mir und die Hochgeschwindigkeitsachterbahn Blue Fire Megacoaster. Ein Teil der Fahrgeschäfte erlebt man mit VR-Brillen heute auf neue Weise (europapark.de).

In Titisee-Neustadt finden sich viele Freizeitmöglichkeiten, darunter das **Badeparadies Schwarzwald.** In dem Erlebnisbad findet der Gast Erholung und Spaß. Die Palmenoase bietet Entspannung unter Palmen, im 33 °C warmen Wasser auf den Sprudelliegen oder im Dampfbad; ebenso das Sole- und Gesundheitsbecken sowie diverse Saunen mit zahlreichen Aufguss- und Wellnessangeboten. Im Galaxy Schwarzwald warten 18 hochmoderne Hightech-Rutschen auf große und kleine Gäste (badeparadies-schwarzwald.de).

Auf dem märchenhaften Titisee sind **Bootsrundfahrten** und Bootsvermietung möglich, unter anderem auf den elektrisch betriebenen Rundfahrtschiffen »Ingrid« und »Carola« (bootsbetrieb-schweizer-titisee.de).

Der **Kaiserstuhl** ist weniger wegen seiner schönen Aussicht bekannt: Vielmehr schätzt man sein mildes Klima und vor allem den guten Wein. Der kleine Höhenzug entstand beim Einbruch des Oberrheingrabens durch vulkanische Tätigkeit. Sein höchster Punkt ist der 557 Meter hohe Totenkopf.

Neckarwärts ins Herz der Schwaben

Die landschaftlich verlockende Route führt am Neckar flussaufwärts über Stuttgart bis nach Tübingen, geht dann weiter ostwärts und durch den nordöstlichen Teil der Schwäbischen Alb und endet schließlich in Schwäbisch Hall.

Zwischen den beiden Brunnen krönt die römische Göttin Concordia die Jubiläumssäule auf dem Stuttgarter Schlossplatz.

TOUR 41

- **Länge:** rund 240 Kilometer
- **Dauer:** 3–5 Tage
- **Start | Ziel:** Bietigheim | Schwäbisch Hall

1 Von der Metter – einem Nebenfluss der Enz – führen kleine Gassen in die von Fachwerkhäusern geprägte Stadt **Bietigheim.** Mit dem Unteren Tor und dem Pulverturm sind Reste der Stadtbefestigung aus der zweiten Hälfte des 14. Jahrhunderts erhalten. In der vorbildlich renovierten Altstadt, die zu großen Teilen aus dem 16. bis 18. Jahrhundert stammt, fallen vor allem das hochgiebelige Rathaus von 1507 sowie das Hornmold-Haus auf, ein Patrizierbau aus der Renaissance, in dem sich das Stadtmuseum befindet. Der Ulrichsbrunnen vor dem Rathaus erinnert an den beim Volk beliebten Herzog gleichen Namens.

Schloss Ludwigsburg ist von einer abwechslungsreichen Gartenanlage umgeben.

2 Inspiriert von der Pracht französischer Hofhaltung legte Herzog Eberhard Ludwig 1704 den Grundstein für die im Regelmaß des 18. Jahrhundert angelegte Stadt und das Schloss **Ludwigsburg.** Der verschwenderisch ausgestattete Barockbau gilt als die größte erhaltene Barockanlage Deutschlands. Die barocke Gartenanlage und ein im englischen Stil angelegter Landschaftsgarten ziehen mit der Gartenschau »Blühendes Barock« die Besucher in ihren Bann. Im Norden des Schlosses schließt sich der herzogliche Jagdpark an, in dem man auf das Rokokoschlösschen Favorite trifft. In der barocken Innenstadt Ludwigsburgs beeindruckt der von Arkaden gesäumte Marktplatz mit dem Standbild des Herzogs Eberhard Ludwig. Etwas außerhalb liegt das Schloss Monrepos, das sich Herzog Karl Eugen 1760–1764 an einem kleinen See erbauen ließ.

3 Die baden-württembergische Landeshauptstadt **Stuttgart** liegt zwischen malerischen Weinbergen im Neckarbecken. Bereits im 10. Jahrhundert gab es hier ein Gestüt, den »Stutengarten«, auf den der Name der Stadt zurückgeht. Mit der Ernennung Stuttgarts zur Hauptstadt des Königreichs Württemberg 1804 setzte eine rege Bautätigkeit ein, die das Gesicht des Zentrums bis zum heutigen Tag bestimmt. Vom Hauptbahnhof führt die Königstraße, eine beliebte Flanier- und Einkaufsmeile, zum Schlossplatz, den das Neue Schloss – erbaut 1746–1807 – und der klassizistische Königsbau säumen.
Das zwischen 1553 und 1578 erbaute Alte Schloss öffnet sich in einen hübschen Arkadenhof und beherbergt das Württembergische Landesmuseum. Nördlich vom Neuen Schloss gelangt man in den weitläufigen Schlossgarten, der zum Staatstheater und der Staatsgalerie führt. Im Park befindet sich auch das Planetarium, das mit einer Multimedia-Astroshow in die Weiten des Universums entführt.
Wer sich für die Baukunst des Deutschen Werkbundes interessiert, sollte es nicht versäumen, die Weißenhofsiedlung zu besichtigen, die unter anderem von Walter Gropius, Mies van der Rohe und Le Corbusier geplant wurde. In einem der Häuser befindet sich heute ein Museum, das nicht nur das Innere dieser Bauten verdeutlicht, sondern auch mit einer Ausstellung in die Geschichte und die Prinzipien der Siedlung einführt.

4 Moderne Vorstädte und Industrieanlagen bestätigen den Ruf der Stadt **Esslingen** als »Wiege der Industrialisierung Württembergs«. Esslingens Altstadt hingegen verweist

WANDERN & FREIZEIT

Mit einer seit 2022 neuen Streckenführung wartet der 270 Kilometer lange **Hohenzollern-Radweg** auf. Wer nichts gegen ein paar Höhenmeter einzuwenden hat, ist auf diesem vom ADFC mit einem Qualitätssiegel ausgezeichneten Weg gut aufgehoben. Die knapp 60 Kilometer lange Etappe 1 des Wegs von Endersbach nach Bebenhausen ist mit besonders schönen Panoramaausblicken auf die Schwäbische Alb gesegnet. Mehrere Flüsse begleiten hier auf kurze oder längere Zeit die Radelnden: Bei Esslingen trifft man auf den Neckar, später geht es an der Aich entlang, bis man schließlich durch das ruhige und naturbelassene Schaichtal radelt. Auf dem Weg lässt sich auch der Naturpark Schönbuch, sowie am Ende der Etappe Schloss und Kloster Bebenhausen entdecken.

Eine stillgelegte Eisenbahnstrecke zwischen Schwäbisch Gmünd und Göppingen wurde zum Rad- und Wanderweg umfunktioniert – durch die Hügellandschaft des Albvorlandes, vorbei an Laubwäldern, blühenden Wiesen und alten Bahnhöfen. Der 25 Kilometer lange, asphaltierte Panorama-Radweg, auch **Klepperletrasse** genannt, zählt zu den schönsten verkehrsfreien Radwegen Baden-Württembergs und ist zudem frei von steilen Steigungen oder engen Kurven – perfekt für Familien mit Kindern. Von Schwäbisch-Gmünd über Straßdorf, Metlangen und Rechberghausen erreicht man Faurndau, einen Stadtbezirk im Westen von Göppingen.

auf die lange und ereignisreiche Geschichte des ehemaligen Zentrums staufischer Verwaltung. Zahlreiche Mönchskirchen und Pfleghöfe vermitteln einen Eindruck von der wohlhabenden und dicht bevölkerten mittelalterlichen Stadt. Auf dem Marktplatz ragen die beiden Osttürme der gotischen Stadtkirche St. Dionys in den Himmel.

5 Anmutig liegt die altehrwürdige Universitätsstadt **Tübingen** am Neckar und dem parallel zu ihm verlaufenden Höhenzug. Mittelalterliche Fachwerkhäuser, schmale Gassen und romantische Plätze machen den Charme dieses Ortes aus.
1477 wurde die Universität eröffnet. Der Hölderlin-Turm erinnert an den Dichter, der hier die von starken psychischen Erkrankungen geprägten zweite Hälfte seines Lebens verbracht hat. Die Tübinger Kunsthalle hat sich als Veranstaltungsort weltbekannter Wanderausstellungen einen Ruf erworben.
Unmittelbar vor den Toren Tübingens liegt die Klostersiedlung Bebenhausen. Die hervorragend erhaltene Anlage stammt aus dem 12. Jahrhundert. Auf der Weiterfahrt über Reutlingen, das mit einer hochgotischen Marienkirche aufwartet, sollte man einen Abstecher zum Schloss Lichtenstein einplanen. Die imposante Burg scheint aus dem Mittelalter zu stammen, wurde jedoch erst im 19. Jahrhundert erbaut.

6 Östlich des Neckartals, im Herzen der Mittleren Alb, trifft man auf die ehemalige Residenzstadt **Bad Urach.** Aus dem von ein-

Am Ufer des Neckars steht in Tübingen der Hölderlinturm neben hübschen Altstadthäusern.

Im Heilig-Kreuz-Münster in Schwäbisch Gmünd lässt sich die Pracht einer gotischen Hallenkirche bewundern.

drucksvollen Fachwerkhäusern bestimmten Stadtbild sticht das 1443 begonnene Schloss mit Erkern, Halbturm und Gauben hervor. Die spätgotische Amandus-Kirche ist ebenso sehenswert wie der Marktplatz mit Brunnen und gotischer Brunnensäule.

7 Geislingen an der Steige liegt in einem Kessel, der von fünf Tälern gebildet wird. Wegen des Albaufstiegs war der Ort schon im Mittelalter eine bedeutende Station auf der Reichsstraße vom Rhein zum Mittelmeer. Seit dem 19. Jahrhundert steigt hier die steilste Eisenbahntrasse Deutschlands in die Höhen der Schwäbischen Alb. Sie war die Voraussetzung für die Industrialisierung Geislingens. Im Zentrum sind mit der gotischen Stadtkirche, dem Alten Bau und dem Alten Zoll – beide aus der Renaissance – nur wenige historische Bauwerke erhalten.

8 Als Stadt der Staufer und Geburtsort des Malers Hans Baldung Grien hat sich **Schwäbisch Gmünd** kulturellen Ruhm erworben. Zu Reichtum gelangte es durch seine Gold- und Silberwarenindustrie.
Ein Mauerring, von dem noch sechs Türme erhalten sind, umschließt den Kern Schwäbisch Gmünds, in dem barocker Häuserbestand überwiegt. Die spätromanische St.-Johannis-Kirche stammt wie das Rathaus aus dem Mittelalter; das Schmuckstück der Stadt, das gotische Heilig-Kreuz-Münster, ist ein Bau von Heinrich Parler und dessen Sohn Peter. Ein Spaziergang sollte in die Fuggerei und in die ehemalige Ott-Pauser'sche Silber-

In Esslingen ist die historische Altstadt von den idyllischen Neckarkanälen durchzogen.

warenfabrik führen, die zu einem Museum umgewandelt wurde. Die komplette Werkzeug- und Maschinenausstattung ist hier erhalten.

9 An den Hängen, die das Tal der Kocher flankieren, staffelt sich die Stadt **Schwäbisch Hall.** Schon in keltischer Zeit wurde hier Salz gewonnen, das entscheidend zum Wohlstand der Stadt beitrug.
Ein verheerender Brand, der im Jahr 1728 große Teile der Stadt verwüstete, hat auch zahlreiche mittelalterliche Bauwerke vernichtet, an deren Stelle Bauten im barocken Stil traten. Bei einem Streifzug durch Schwäbisch Hall gelangt man über enge Gassen und schmale Treppen zum Marktplatz. Dieser wird von prächtigen Häusern begrenzt, unter denen der barocke Bau des Rathauses besonders auffällt.
Eine Freitreppe führt hinauf zur Kirche St. Michael, die ihr heutiges Aussehen Umbaumaßnahmen aus dem 15. Jahrhundert verdankt. Sehenswert ist auch das Hällisch-Fränkische Museum.
Empfehlenswert ist zudem ein Ausflug zum östlich von Schwäbisch Hall gelegenen ehemaligen Benediktinerkloster Comburg, das im Jahr 1078 gegründet wurde und im 12. Jahrhundert seine Blütezeit erlebte.

WANDERN & FREIZEIT

Die etwa zwölf Kilometer lange Wanderung von Schwäbisch Hall zum **Freilandmuseum Wackershofen** dauert etwa 2,5 Stunden (Hinweg 1,5 Std., Rückweg eine Std.). Start ist der Marktplatz, den man bei der Tourist Information stadtabwärts durch die Neue Straße verlässt. Nach der Henkersbrücke zweigt man nach rechts ab in den Loughborough Weg und geht dann flussabwärts am Hotel Hohenlohe und Solbad vorbei. Nach etwa 100 Meter erreicht man eine Holzbrücke, die zum Zentralen Omnibusbahnhof führt. Dort geht es nach links und über den Dr.-Wilhelm-Dürr-Wanderweg und danach über die Rippergbrücke hinüber. Im Anschluss folgt der Anstieg zum Vogelholz. An der Töpferei Heckmann vorbei nimmt man den Fußweg bis zur Schleifbachklinge. Durch dieses schluchtartige Tälchen wandert man am Wasserfall vorbei nach Gottwollshausen. Entlang der Bahngleise passiert man eine Schießanlage und erreicht die K2577; hier geht man nach links, bis man schließlich auf den Wanderweg 3 trifft, dem man rechts zum Hohenloher Freilandmuseum Wackershofen folgt. Der Rückweg führt durch Wackershofen bis zur Hauptstraße, der man 300 Meter nach rechts folgt, um dann rechts in den Feldweg abzubiegen. Über das Kolpingkreuz und die Breite Eiche zweigt man nach links ab und folgt dem Schwäbischen Albvereinsweg (rotes Kreuz) bis zum Breiteichsee hinunter und über den Parkplatz an der Breiteichstraße. Auf dem Schafbrunnenweg wandert man den Höhenrandweg entlang. Am Fernsehumsetzer geht es bergab über die Bahnlinie, bis man die Johanniterstraße erreicht. Durch die Unterführung gelangt man zum Weilertor von Schwäbisch Hall.

Wer die gesamte Schwäbische Alb umwandern möchte, ist auf dem **Alb-Nord-Weg** und dem **Südrandweg** genau richtig. Die beiden mit »HW 1« und »HW 2« gekennzeichneten Routen führen von Donaueschingen nach Tuttlingen und wieder zurück zum Ausgangspunkt. Dort wieder eingetroffen, hat der Wanderer rund 590 Kilometer zurückgelegt! Als Wegzeichen ist der Weg mit einem roten Dreieck gekennzeichnet, dessen Spitze in Richtung Tuttlingen weist. Eine kurze Etappe auf dem Schwäbische-Alb-Nordrand-Weg ist die elf Kilometer lange Wanderung von Bad Urach bis zur Eninger Weide über den Rutschenfelsen und die Hohe Warte. Auf der Eninger Weide wartet das Wanderheim (Hans Schenk-Haus) zur Einkehr. Zum Wanderheim gehören auch ein Spielplatz, ein Basketballkorb und andere Zerstreuungsangebote.

Nicht nur für Familien mit Kindern bietet die Region einige Möglichkeiten zur **Tierbegegnung.** Im drei Hektar großen Wildpark Eninger Weide leben Rothirsche und Wildschweine in naturnahen Waldgehegen. Er befindet sich unterhalb des zur Energiespeicherung angelegten Hochspeichersees. Ganz in der Nähe liegen das Schafhaus mit einigen Schafrassen, eine Wildsträuchersammlung und der Obere Lindenhof mit seiner Ziegenhaltung. Liegewiesen und große Grillstellen stehen Besuchern zur Verfügung.

Das Hohenloher **Freilandmuseum Wackershofen** präsentiert etwa 70 original wieder aufgebaute Gebäude aus Nordwürttemberg. Auch alte Haustierrassen sind zu besichtigen, wie das Limpurger Rind, das Schwäbisch Hällische Landschwein oder die Cröllwitzer Pute; zudem finden Handwerkervorführungen (Seifensieder, Bürstenbinder, Wagner, Weber, Korbmacher, Schuhmacher, Drechsler) und Aktionstage statt. Einkehren kann man im Museumsgasthof Roter Ochsen, in der Besenwirtschaft sowie im Sommerkeller.

Unübersehbar ist die majestätische, an eine Festung erinnernde Anlage des Klosters Comburg bei Schwäbisch Hall.

Der Kocher fließt in Schwäbisch Hall entlang prächtiger Fachwerkbauten und bietet schöne Spazierwege.

Die Donau

Vielfältige Landschaften und prächtige Städte mit reichen Kulturschätzen und einer langen Geschichte säumen den Lauf der Donau, die als Europas zweitlängster Fluss über 2860 Kilometer den Schwarzwald mit dem Schwarzen Meer verbindet.

Eine Reise entlang der Donau ist eine Reise durch unterschiedlichste Landschaften. Nachdem sich Brigach und Breg in Donaueschingen zur Donau vereinigen, verschwindet diese bei Tuttlingen zeitweise ganz, das heißt, sie versickert im Untergrund, um kurz danach im Durchbruch durch die Schwäbische Alb ein eindrucksvolles Naturschauspiel zu inszenieren mit bis zu 300 Meter hohen, senkrechten Kalkwänden. Der Naturpark Obere Donau bietet Bootsfahrern, Wanderern und Radlern ein romantisches Paradies zum Entspannen und Erholen. In Sigmaringen schafft die Donau zwischen dem Mühlberg und dem Schlossfelsen den letzten Durchbruch und nimmt kurz darauf die Lauchert, das »Blaue Band der Schwäbischen Alb«, auf. Zwiefaltener Ache, Große Lauter und die aus dem Blautopf gespeiste Blau liefern der Donau weiteres Wasser von der Schwäbischen Alb, während Ablach, Kanzach und Riß die oberschwäbische Moränenlandschaft entwässern.
Ab Ulm war die Donau einst schiffbar; ab hier brachten flache Holzboote, die als Ulmer Schachteln in die Geschichte eingingen, über Jahrhunderte Güter und Personen bis nach Wien und Ungarn. Von Ulm flussabwärts weitet sich das Donautal; der Fluss nimmt an Mächtigkeit zu, denn nun stoßen von Süden in kurzen Abständen die Zuflüsse aus dem Alpenvorland dazu: südwestlich Ulms die Iller und dann Günz, Mindel, Zusam, Lech, Paar und Ilm.
Beim Kloster Weltenburg gibt es mit den Ausläufern der Fränkischen Alb ein starke Barriere. Senkrechte Kalkwände zwängen hier den Strom in ein schmales Bett, das

Spektakulär ist der Blick über die Donau auf den Regensburger Dom und die Steinerne Brücke.

nur per Schiff oder mit dem Boot erobert werden kann. Unmittelbar hinter der spektakulären Weltenburger Enge mündet bei Kelheim die Altmühl und damit auch der Main-Donau-Kanal in die Donau, die nun zur internationalen Wasserstraße und für die Binnenschifffahrt zur Verbindung zwischen Schwarzem Meer und Nordsee wird.
Kurz vor beziehungsweise in Regensburg münden die Schwarze Laaber, die Naab und der Regen ein. Von Süden kommen dann die Große Laaber, die Isar, die Vils und vor allem der mächtige Inn als Verstärkung dazu. In der Drei-Flüsse-Stadt Passau sorgt der Inn dafür, dass die Donau nun schon fast 350 Meter breit ist, und unterstützt von der von Norden einmündenden Ilz, als Strom Richtung Österreich fließen kann.
In der Antike diente die Donau den Römern als Verkehrsweg. Die bayerischen Bischöfe brachten von Passau aus das Christentum donauabwärts, im Gegenzug versuchten die Türken, ihren Einfluss über Wien hinaus auszudehnen. Entsprechend wuchsen an den Ufern der Donau eindrucksvolle Städte mit kulturellen Sehenswürdigkeiten von großer Vielfalt. An und auf der Donau zu reisen ist heute ein uneingeschränktes Vergnügen. Ob Naturfreund, Kunstliebhaber, Gourmet oder Freizeitsportler – für jeden bietet die Donau etwas.

Im Oberen Donautal liegt das jahrhundertealte Kloster Beuron.

Zwischen Schussen, Donau und Lech

Auf den Spuren barocker Sakralbaukunst führt diese Route von Oberschwaben nach Ulm und zur Renaissance- und Fuggerstadt Augsburg. Weiter den Lech flussabwärts endet die Fahrt in Landsberg, dessen Stadtbild der Barockbaumeister Dominikus Zimmermann entscheidend bestimmte.

TOUR 42

- **Länge:** rund 180 Kilometer
- **Dauer:** 3–5 Tage
- **Start | Ziel:** Sigmaringen | Landsberg

1 Die Residenzstadt **Sigmaringen** liegt im Donautal und am Südrand der Schwäbischen Alb. Schon von Weitem sichtbar thront über der Donau die Burg der Hohenzollern. Sie wurde 1077 erstmals schriftlich erwähnt und fiel 1535 an das schwäbische Herrschergeschlecht. Umfassenden Umbaumaßnahmen im 16. und 17. Jahrhundert sowie romantisierenden Renovierungen im 19. Jahrhundert verdankt die Burg ihr heutiges Aussehen. Die prunkvollen Säle mit den fürstlichen Sammlungen sind auf jeden Fall eine Besichtigung wert. Das Schloss gehört weiterhin der katholischen Linie des Hauses Hohenzollern.

2 Im Herzen Oberschwabens, an der Hauptroute der durch Putten ausgeschilderten Oberschwäbischen Barockstraße, liegt das Moorheilbad **Bad Schussenried.** Eine bedeutende Sehenswürdigkeit des Ortes ist eine prämonstratensische Stiftsanlage mit Trakten aus Mittelalter und Barockzeit. Das 1183 gegründete Kloster wurde im 18. Jahrhundert nach Plänen von Dominikus Zimmermann umgestaltet. Die Klosterkirche St. Magnus, eine Zweigstelle des Landesmuseums Württemberg, sowie der herrliche Bibliothekssaal im Stil des Rokoko können besichtigt werden. Insbesondere der reich verzierte Büchersaal mit dem Deckenfresko von Franz Georg Hermann (1757) gilt als einzigartiger Schatz. Das Bildprogramm des Freskos soll das vielgestaltige Wirken der

Das Hohenzollernschloss Sigmaringen wurde im Laufe der Jahre immer wieder umgebaut.

WANDERN & FREIZEIT

Zwischen Ochsenhausen und Warthausen verkehrt eine »Öchsle« genannte **Museumsbahn** auf einer alten Strecke der württembergischen Schmalspurbahn. Die Fahrten mit historischen Dampf- und Dieselloks finden jeweils zwischen Mai und Oktober statt. Vielfältige Aktionstage bieten zusätzlichen Genuss: Vom Weißwurstfrühstück am Vatertag bis zum Zwiebelkuchen bei der Herbstfahrt. Termine und Fahrpläne findet man im Internet (oechsle-bahn.de).

In Bad Waldsee kreuzen sich gleich zwei historische **Pilgerwege:** Die Via Francigena führte nach Rom, der Jakobsweg ins spanische Santiago de Compostela. Spaziergänge auf den historischen Pfaden garantieren Vergnügen an der frischen Luft. Entsprechende Tipps erhält man bei der Kurverwaltung und Tourist-Information. Eine Besonderheit am Ort sind die Terrainkurwege: Wegstrecken, die zu therapeutischen Zwecken ausgewählt wurden und den Kreislauf trainieren. Zwei einfache Wege starten am Wohnmobilstellplatz und führen ins Tal des Urbachs; anspruchsvollere Strecken beginnen am Parkplatz Tannenbühl.

göttlichen Weisheit illustrieren. Das Innere von St. Magnus, heute eine Pfarrkirche, zeigt noch deutlich die Grundform der hochromanischen, dreischiffigen Pfeilerbasilika, deren Arkaden im 18. Jahrhundert umgestaltet wurden. Die Gotik hat sich im Chor und den Gewölben der Seitenschiffe überliefert. Stuckaturen und Altäre stammen aus dem 17. und 18. Jahrhundert. Die illusionistischen Deckenbilder von 1745 zeigen Szenen aus dem Leben des Ordensgründers Norbert von Xanten.
Die Region rings um das heutige Bad Schussenried war schon in vorgeschichtlicher Zeit besiedelt. Funde aus der Altsteinzeit machte man hier schon im 19. Jahrhundert; außerdem gibt es in der Gegend Hinweise auf jungsteinzeitliche Pfahldörfer, die in dem sumpfigen Gelände standen.
Im Ortsteil Kürnbach sind im Oberschwäbischen Museumsdorf 31 alte Bauernhöfe versammelt. Originale Inneneinrichtungen, alte Landmaschinen und historische Trachten porträtieren das Landleben früherer Zeiten.

Die Bücher im Bibliothekssaal des Klosters Schussenried verteilen sich auf zwei Etagen.

3 Ein großes Waldgebiet umgibt das Kurstädtchen **Bad Waldsee,** das seinen besonderen landschaftlichen Reiz zwei Seen verdankt, dem Stadtsee im Osten und dem kleineren Schlosssee im Westen. Der innerstädtische Stadtsee, ein Relikt der Würmeiszeit vor 16 000 Jahren, wird für Sport- und Freizeitzwecke genutzt; unter anderem gibt es hier ein Freibad, einen durchgehenden Uferweg und die dazugehörige Gastronomie. Die ehemalige Augustiner-Chorherrenstiftskirche St. Peter aus dem 15. Jahrhundert versah man im Zuge einer barocken Umgestaltung mit einer geschwungenen Westfassade. Der Hochaltar im stuckierten Innenraum lässt die Handschrift von Dominikus Zimmermann erkennen. Auch weltliche Macht hinterließ in Waldsee beachtenswerte Zeugnisse. Auffälligstes Bauwerk ist das Rathaus aus dem Jahr 1426 mit seinem aufwendig gestalteten Fassadengiebel. Ihm gegenüber steht der imposante Bau des Kornhauses aus dem frühen 15. Jahrhundert, heute der Sitz des Städtischen Museums. Westlich der Stiftskirche trifft man auf das Schloss der Fürsten Waldburg-Wolfegg, das im 16. Jahrhundert als Wasserburg errichtet und im 18. Jahrhundert erweitert wurde. Zu den attraktiven Museen am Ort zählen das 2011 eröffnete Erwin-Hymer-Museum, das der Geschichte des mobilen Reisens gewidmet ist, und das Museum im Kornhaus, das Exponate zur Stadtgeschichte sowie zur Kunstgeschichte Oberschwabens vorweist. Brauchtum präsentiert das – allerdings sporadisch geöffnete – Fasnet- und Ölmühlemuseum.

4 Ochsenhausen verdankt seine Existenz der ehemaligen Benediktinerreichsabtei, die 1093 geweiht wurde und sich im Barock zu einem Zentrum von Wissenschaft und Kunst entwickelte. An die barockisierte Klosterkir-

In Ochsenhausen ist die prachtvolle barocke Klosteranlage bis heute gut erhalten geblieben.

Der Blautopf bei Blaubeuren ist mit seinem tiefblauen Wasser ein sagenumwobener, fast magischer Ort.

che lagern sich die Reste eines gotischen Kreuzgangs und der Prälatur an. Im Süden und im Osten befinden sich Konventsgebäude, die im frühen 17. Jahrhundert angelegt und im 18. Jahrhundert ausgestaltet wurden. Der Große Bibliothekssaal atmet bereits den Geist des Klassizismus.

5 Am Kreuzungspunkt von Oberschwäbischer Barockstraße und Schwäbischer Dichterstraße liegt das lebendige Städtchen **Biberach an der Riß.** Mittelpunkt der einst wohlhabenden Tuchmacherstadt ist der Marktplatz. Ihn säumen Patrizierhäuser aus dem 15.–19. Jahrhundert Hier erhebt sich auch die ursprünglich gotische Kirche St. Martin, die im 18. Jahrhundert unter der Leitung von Johann Zick barock umgestaltet wurde. St. Martin ist der eher ungewöhnliche Fall einer Simultankirche: Schon seit 1548 und bis heute wird die Kirche von der katholischen und der evangelischen Gemeinde gemeinsam genutzt. Südlich der Kirche trifft man auf das Alte und das Neue Rathaus (das Alte stammt von 1432, das Neue von 1503). Als letztes Stadttor der mittelalterlichen Befestigung ist das Ulmer Tor aus dem 14. Jahrhundert erhalten. Sehenswert ist zudem das Heilig-Geist-Spital aus dem 16. Jahrhundert Es beherbergt das Museum Biberach, in dem unter anderem Arbeiten der Münchner Tiermaler Anton Braith und Christian Mali ausgestellt sind.
Dem Dichter Christoph Martin Wieland (1733–1813), der in der Nähe von Biberach geboren wurde, in der Stadt aufwuchs und zeitweise hier und später in Weimar lebte, ist ein weiteres Museum gewidmet. Wieland war einer der bedeutendsten deutschen Schriftsteller des 18. Jahrhundert; große Verdienste erwarb er sich unter anderem als erster Übersetzer der Werke William Shakespeares ins Deutsche. Das Wieland-Museum im ehemaligen Gartenhaus erinnert an den berühmten Sohn der Stadt.

Eindrucksvoll ist das Deckenfresko der Stadtpfarrkirche Biberach von Johannes Zick.

6 Nahe dem Blautopf – einer 21 Meter tiefen, bläulich schimmernden Karstquelle, in der einst der Sage nach die schöne Nixe Lau gewohnt haben soll – wurde im 11. Jahrhundert das Benediktinerkloster **Blaubeuren** gegründet. Die ehemalige Klosterkirche aus dem 15. Jahrhundert ist ein Werk des Baumeisters Peter von Koblenz. Der einschiffige gotische Innenraum wird durch einen Zentralturm auf der Höhe der Vierung vom Chor getrennt. Weiter sind der geschnitzte und mit Relieftafeln versehene Hochaltar sowie das Chorgestühl von Jörg Syrlin d. J. sehenswert.
Die mittelalterlichen Klostergebäude, die in der Nähe des Blautopfs liegen, werden heutzutage als Schulgebäude genutzt.

7 Vom höchsten Kirchturm der Welt aus überblickt man Ulm und alles um **Ulm** herum. Der 161 Meter hohe Turm des Münsters ist das Wahrzeichen des ehemaligen Handelszentrums an der Donau. Das wohl bedeutendste Kunstwerk im Münster (1377–1529, im 19. Jahrhundert ausgebaut) ist das Chorgestühl von Jörg Syrlin d. Ä. Von der großen mittelalterlichen Altstadt Ulms ging ein großer Teil bei Bombenangriffen im Zweiten Weltkrieg verloren; nur ein Teil der Bausubstanz konnte rekonstruiert werden.
Am Marktplatz steht das gotische Rathaus mit dem Fischkasten, dem ältesten Ulmer Brunnen, einem weiteren Werk Syrlins. Das Fischer- und Gerberviertel vermittelt mit zahlreichen Fachwerkbauten einen Eindruck vom früheren Gesicht der Stadt.
Eine Sehenswürdigkeit ist das Museum der Brotkultur, das sich Brot und Backen zum Thema gewählt hat und darauf unterschiedlichste Perspektiven einnimmt. Das Donauschwäbische Zentralmuseum führt das Schicksal der Donauschwaben vor Augen, schwäbischer Siedler, die im 18. und 19. Jahrhundert nach Ungarn auswanderten. Liebhaber barocker Kunst besuchen das in der Nähe von Ulm schön gelegene Benediktinerstift Wiblingen mit seiner prachtvollen Bibliothek.

8 Günzburg liegt bereits in Bayerisch-Schwaben. Die Hauptattraktion der Stadt an der Mündung der Günz ist die erhöht stehende Frauenkirche (1740) von Dominikus Zimmermann. Der schlicht wirkende Außenbau umschließt einen von Licht durchfluteten Saal. Freskomalereien und farbig gefasste Stuckaturen schmücken den beeindruckenden Raum.
Schloss Reisensburg in der Nähe von Günzburg ist heute ein Wissenschaftszentrum der Universität Ulm. Eine Familienattraktion, die überregional Zuspruch findet, wurde 2002 eröffnet: Legoland, der berühmte Freizeitpark der Spielzeugfirma.

9 Eine mehr als 2000-jährige Geschichte hat in **Augsburg** ihre Spuren hinterlassen. Das ehemalige römische Heerlager erhielt 121 als Augusta Vindelicorum Stadtrecht. Im Mittelalter war es eine bedeutende Handelsstadt, die vom 15.–17. Jahrhundert eine wirtschaftliche und kulturelle Blütezeit erlebte. Auf einem Rundgang durch die Stadt passiert man prächtige Bürgerhäuser, Klöster und Kirchen. Neben dem 1615–1620 von Elias Holl errichteten Rathaus, einem imposanten Prachtbau der Renaissance, erhebt sich der Perlachturm. Der 70 Meter hohe Turm aus dem 10. Jahrhundert diente einst als Wachturm. Seine letzte Umgestaltung erhielt er Anfang des 17. Jahrhunderts durch Elias Holl, als dieser das Rathaus baute: Im Zuge dieses Projekts wurde das Erscheinungsbild des Turmes an den Renaissancestil des neuen Rathauses angepasst, sodass beide bis heute wie ein einheitliches Ensemble wirken.
Im Dom Unserer Lieben Frau aus dem 9.–14. Jahrhundert werden zahlreiche Kunstschätze aufbewahrt. Eine Bronzetür aus dem 11. Jahrhundert öffnet den Weg ins südliche Seitenschiff. In der Hochwand des Langhauses fällt Licht durch die fünf monumentalen Prophetenfenster aus dem 12. Jahrhundert Tafelbilder von Hans Holbein d. Ä. schmücken die östlichen Langhauspfeiler.
Mit der Fuggerei, einer noch bewohnten Siedlung für einstmals schuldlos verarmte Bürger, hat die Familie Fugger 1516 der Welt die erste Sozialbausiedlung geschenkt. Die 67 Häuser der Fuggerei sind bis heute bewohnt; unterhalten werden sie immer noch aus dem Stiftungsvermögen der Fugger.
Weiterhin sehenswert sind die Kirchen St. Ulrich und Afra sowie St. Anna mit der Fuggerkapelle, das Zeughaus von Elias Holl, das Schaezlerpalais und der vor dem Schaezlerpalais gelegene Herkulesbrunnen von Adriaen de Vries, einer der Augsburger Prachtbrunnen.
Berühmt ist auch die Augsburger Puppenkiste. Die beliebten Marionettenfiguren kann man im eigenen Museum bestaunen.

10 Der Salzhandel brachte der malerisch am Lechufer gelegenen Stadt **Landsberg** wirtschaftliche Prosperität. Davon zeugen Gebäude vom 15. Jahrhundert wie das spätgotische Bayertor mit seiner in den 1970er-Jahren wieder hergestellten farbigen Fassade und das im 16. Jahrhundert von Elias Holl erweiterte Jesuitenkolleg. Der bekannte Baumeister und Stuckateur Dominikus Zimmermann, der hier Bürgermeister und Ratsherr war, prägte entscheidend das Stadtbild. Nach seinen Plänen entstand im Jahr 1700 das Rathaus; er zeichnet zudem für zahlreiche Kirchenneu- und -umbauten verantwortlich.

Weit über die Dächer von Ulm ragt das imposante Münster.

Genauso prächtig und spektakulär wie von außen ist das Ulmer Münster von innen.

Vor über 500 Jahren entstand in Augsburg mit der Fuggerei die älteste noch immer bestehende Sozialsiedlung der Welt.

WANDERN & FREIZEIT

Eine einfache Wanderung führt in Bad Waldsee rund um den innerörtlichen **Stadtsee.** Um den etwa 1,6 Kilometer langen Rundkurs ein wenig aufzuwerten, hat die Gemeinde die Strecke in einen »Aktiv-Weg« umgewandelt und diverse Attraktionen am Wegesrand installiert, beispielsweise Spielgeräte für Kinder, Wassertretbecken für Freunde der Kneippkur, Fitnessgeräte und einen Barfußpfad.

Beim Schwäbischen Handwerkermuseum am Roten Tor in Augsburg startet man zu einem interessanten thematischen Spaziergang auf dem sogenannten **Handwerkerweg.** Er führt die Besucher zu alten Werkstätten, die durch ein verzweigtes Kanalsystem mit Wasser versorgt wurden. 20 verschiedene, teils ausgestorbene Handwerksberufe sind vertreten, darunter Putzmacher, Brauer, Gerber, Töpfer. Ziel ist das Wertachbrucker Tor im Norden der Stadt.

Parallel zur 19 Kilometer langen Strecke der historischen **Öchsle-Bahnlinie** zwischen Ochsenhausen und Warthausen verlaufen gut ausgebaute Wege, die für Radtouren geeignet sind.

Eine ausgeschilderte Etappe des **Donauradwegs** verbindet die sehenswerten Orte Sigmaringen und Ulm miteinander. Die Strecke führt von Sigmaringen über Grüningen, Munderkingen und Erbach; sie ist 111 Kilometer lang und dauert etwa sieben bis acht Stunden. Von Ehingen kann man auch in einer nördlichen Schleife über Blaubeuren nach Ulm gelangen.

Geschichtstour im nördlichen Oberbayern

Mittelalterlich gibt sich Ingolstadt. Vorbei an Neuburg an der Donau und Schrobenhausen führt die Tour über Altomünster mit dem Birgittinnenkloster und Schleißheim mit seinen drei Königsschlössern in die alte, malerisch an der Isar gelegene Bischofsstadt Freising.

TOUR 43

- **Länge:** rund 180 Kilometer
- **Dauer:** 2–4 Tage
- **Start | Ziel:** Ingolstadt | Freising

1 Ingolstadt verschanzt sich hinter den dreifachen Mauern seiner mittelalterlichen Befestigungsanlage mit dem Heilig-Kreuz-Tor. Von hier aus wurde die bayerische Landesgeschichte maßgeblich mitbestimmt, da die Stadt bereits seit 1472 eine Universität besaß. Besonders deren medizinische Fakultät war für ihre Forschungsarbeit berühmt. 1973 wurde das Deutsche Medizinhistorische Museum im ehemaligen anatomischen Theater eröffnet. Gezeigt werden Gegenstände zur spannenden Geschichte der Medizin aus verschiedenen Zeitaltern und Kulturkreisen.
Das Münster, im 15. Jahrhundert von Herzog Ludwig dem Gebarteten errichtet, wird auch »Festung Gottes« genannt. Schon von Weitem sieht man seine mächtigen ziegelroten Türme. Mit seiner Befestigungsanlage, den Gräben, Türmen und Toren wirkt Ingolstadt beinahe wie ein Freilichtmuseum. Als herausragendes Bauwerk des Rokoko gilt die Kirche Maria de Victoria, die von den Brüdern Asam erbaut und ausgestattet wurde. Allein das Deckenbild umfasst eine Gesamtlänge von etwa 40 Metern, aber auch die Bilder an den Seitenwänden sind sehenswert. Auf dem Hochaltar symbolisieren vier Statuen die vier Fakultäten der Universität: Cosmas (Medizin), Thomas von Aquin (Theologie), Ivo (Rechte) und Katharina von Alexandrien (Philosophie).
Daneben ist die Stadt auch als Standort des Automobilkonzerns VW bekannt, der mit seinen Audi-Werken ein bedeutender Wirtschaftsfaktor ist und zahlreiche Arbeitsplätze geschaffen hat. Die Audi AG bietet eine große Zahl unterschiedlicher Erlebnisführungen an und dies nicht nur für die Abholer von Neuwagen. Für Kinder gibt es interessante Führungen, wie beispielsweise die Designwerk-

Ingolstadt ist eine von vielen Stationen des beliebten Donauradwegs.

Das Kreuztor – Wahrzeichen von Ingolstadt.

statt. Auch ein Besuch im museum mobile, das die eindrucksvolle Geschichte der Marke Audi mit modernster Multimediatechnik präsentiert, ist empfehlenswert.

2 Neuburg an der Donau teilt sich in zwei Hälften: Die Unterstadt mit ihren einfachen Bürgerhäusern gibt sich eher bescheiden, während die Oberstadt durch hochherrschaftliche Häuser und das Renaissanceschloss von monumentalem Zuschnitt besticht. Eine Brücke mit barocken Heiligenfiguren führt über die Donau zum trutzigen Renaissanceschloss. Der Schlossbau wurde entscheidend geprägt durch den Pfalzgrafen Ottheinrich, der ab 1527 durch Hans Knotz und Paul Beheim die Flügel errichten ließ. Man betritt das Schloss durch einen Torgang mit einem Renaissance-Tonnengewölbe, das Terrakotta-Bildnisse römischer Imperatoren zeigt. Von hier gelangt man in die Schlosskapelle, die ein für Bayern seltenes Beispiel eines Renaissance-Altars besitzt. In den Deckenfresken wird erstmals ein protestantisches Bildprogramm vorgetragen. Im Ostflügel des Schlosses ist ein Museum untergebracht.

Von der Zeit der Glaubensspaltung geprägt ist auch die Hofkirche, die durch den Pfalzgrafen Philipp Ludwig als protestantisches Gegenstück zu der kurz zuvor in München begonnenen St. Michaelskirche errichtet wurde. In ihr dominiert die gotische Tradition der Hallenkirchen, einzigartige qualitätsvolle Stuckaturen beherrschen hierbei den Raum.
Von diesen beiden markanten Bauwerken wird auch der kleine historische Ortskern geprägt, der durch seine Verwinkelungen und die ausgedehnte Kopfsteinbepflasterung an eine Spitzweg-Idylle erinnert. Ihren Höhepunkt erlebte die Stadt im 18. Jahrhundert, als sie an die Wittelsbacher fiel, die sie zu einem ihrer kulturellen Zentren machten. In der Flussniederung nördlich der Donau liegt im größten zusammenhängenden Auwaldgebiet Mitteleuropas das Jagdschloss Grünau, das ursprünglich als Wasserschloss (1530–1555) erbaut wurde, dessen Wassergräben aber längst verlandet sind. Im Schloss finden heute verschiedene kulturelle Veranstaltungen, Gartentage und alljährlich ein Weihnachtsmarkt statt.

WANDERN & FREIZEIT

Der **Donauradweg,** der von der Quelle bis zur Mündung der Donau in das Schwarze Meer führt, gehört wohl zu den beliebtesten Radfernwegen Deutschlands. Eine kleine Stecke entlang der Donau bietet sich bei dieser rund 32 Kilometer langen Radtour von Ingolstadt zum Schloss Grünau bei Neuburg an. Im Südwesten Ingolstadts beginnt die leichte und für Familien mit Kindern geeignete Tour am Baggersee und führt am Donauufer zunächst in Richtung von Irgertsheim/Bergheim. Dann wird die Donau überquert und man gelangt zum Schloss Grünau. Im Anschluss geht es wieder entlang der Donau auf der anderen Flussseite zurück zum Ausgangspunkt.

Eine landschaftlich schöne Familien-Radtour, die aber durchaus auch Wanderer mit guter Kondition an einem Tag zu Fuß bewältigen können, führt vom Bahnhof in Aichach entlang des knapp 37 Kilometer langen **Paartalwanderweges** flussabwärts bis Gut Schenkenau bei Hohenwart. Der Radweg ist gut ausgeschildert und zahlreiche Informationstafeln weisen auf lohnenswerte Abstecher hin oder informieren über den Fluss Paar, über Naturschutzmaßnahmen und über sehenswerte Orte.

3 In **Schrobenhausen** dreht sich alles um den Spargel. Im größten bayerischen Anbaugebiet dieses edlen Gemüses befindet sich folgerichtig das Spargelmuseum. Hier erfährt man alles über Anbau, Zubereitung, Gerätschaften und kultische Bräuche. Von Anfang Mai bis zum 24. Juni zieht die Stadt Gourmets aus aller Welt an, die hier in den Genuss der weißen Stangen kommen.
Die kleine Stadt selbst erscheint auch heute noch vom Mittelalter geprägt und verbirgt sich hinter einem ovalen Wall mit fast vollständig erhaltenen Stadttürmen, Grabenstücken und Ringmauerteilen. Bei einem Rundgang erhält man ein gutes Bild mittelalterlicher Wehrbaukunst.
Schrobenhausen hat auch einen berühmten Sohn. Der Maler Franz Lenbach (1836–1904) wurde hier geboren. Sein Geburtshaus enthielt frühe Bilder des Künstlers, musste allerdings aufgrund von Hochwasserschäden geschlossen werden.

4 Die ehemalige Marktsiedlung **Aichach** besitzt einen quadratischen Grundriss. Im 13. Jahrhundert war sie eine beliebte Raststätte für den durchziehenden Fernhandel. Bereits im 12. Jahrhundert wurde hier eine Burg errichtet, die jedoch 1722 abgerissen und nicht wieder aufgebaut wurde. Von der einstigen Stadtmauer blieben lediglich die zwei massiven Stadttore von 1418 erhalten. Die Gemeinde Aichach bietet einen schönen Spaziergang zur Erkundung der Altstadt an. Der 1,5 Kilometer lange Mauerweg, der in circa 30 Minuten zu bewältigen ist, beginnt und endet am Tandlmarkt.
In der Spitalkirche Hl. Geist befindet sich eine Gedenktafel an die Stadtbefestigungsarbeiten unter Herzog Ludwig dem Gebarteten. Der spätgotische Bau aus der Mitte des 15. Jahrhundert besitzt eine sehenswerte Fassade und eine üppig verzierte Kanzel.
Nahe der früheren Burgsiedlung erhebt sich die Stadtpfarrkirche St. Maria, deren Hochaltar Gemälde aus dem späten 18. Jahrhundert vom Inchenhofer Maler Ignaz Baldauf schmücken.

5 Die Kirche des Birgittinnenklosters in **Altomünster** ist der einzige deutsche Konventssitz dieses Ordens der schwedischen Heiligen, die von 1303 bis 1373 lebte. Das Gotteshaus überragt den Ort und ist nur durch einen Treppenaufgang zugänglich. Es wurde stufenförmig aufgebaut: Oben befindet sich der Chor, darunter das Schiff und nochmals ein Stück weiter unten die Vorhalle. Die Kuppelfresken im Innenraum zeigen dem Eintretenden die Übergabe des Klosters durch Georg den Reichen an die Birgittinnen. Besonders bemerkenswert sind im Hauptraum die beiden Altäre von Johann Baptist Straub, die an Altäre der Gebrüder Asam erinnern. Johann Michael Fischer zeichnet für diesen altbayerischen Spätbarockbau verantwortlich.

Das Schloss in Neuburg an der Donau wurde ab 1527 im Stil der Renaissance umgestaltet.

6 Die auf dem Hochufer der Amper gelegene Stadt **Dachau** wird weltweit leider zunächst nur mit dem nationalsozialistischen Terrorregime in Verbindung gebracht. Jahr für Jahr besichtigen Abertausende die KZ-Gedenkstätte, hinter deren Wachtürmen und hohen Mauern das Grauen noch heute fast körperlich spürbar ist. Im Museum im ehemaligen Wirtschaftsgebäude finden sich erschütternde Zeugnisse der Gräueltaten dieser schwärzesten Epoche der deutschen Geschichte. Auch das Bußkloster und ein Denkmal für die Opfer auf dem Leitenberg halten die Erinnerungen an das Leid der hier Inhaftierten wach.
Außer einer sorgfältig restaurierten Altstadt besitzt Dachau noch ein Schloss, das sich Kurfürst Max Emanuel zur prächtig-barocken Sommerresidenz umgestalten ließ. Der dort als Sohn des Hofgärtners geborene Joseph Effner gab dem Bau im Jahr 1715 seine heutige Gestalt. Besonders sehenswert ist das

Ein wunderschöner Hofgarten gehört zur Schlossanlage Dachau.

prunkvoll gestaltete Treppenhaus, das hinaus zum Festsaal mit seiner Holz-Kassettendecke im Renaissancestil führt. Vom Schloss bietet sich an klaren Tagen ein fantastischer Ausblick bis zu den Alpen. Zahlreiche Künstler, darunter auch Carl Spitzweg und Wassily Kandinsky schätzten die beschauliche Stadt und die Natur des Dachauer Mooses. Die Amperauen bieten schöne Wandermöglichkeiten und sind ein wahres Vogelparadies.

7 Schleißheim – die Schlossanlage in der Gemeinde Oberschleißheim – hat gleich drei Schlösser zu bieten. Das »Neue Schloss« ist ein Gemeinschaftswerk der wohl berühmtesten Künstler jener Zeit: Ignaz Günther, Cosmas Damian Asam, Johann Baptist Zimmermann und Georg Baader. Es wird wegen seiner prunkvollen Ausstattung und der Nähe zur bayerischen Landeshauptstadt oft das »Münchner Versailles« genannt und ist Schauplatz der alljährlich stattfindenden Schleißheimer Sommerkonzerte. Das pompöse zweiläufige Treppenhaus wurde erst 1847–1848 unter König Ludwig I. vollendet.
Am Ende des französischen Gartens steht das »Schloss Lustheim«, das heute ein interessantes Porzellanmuseum beherbergt.
Das »Alte Schloss« wurde ursprünglich als Alterssitz für Wilhelm V. erbaut. Heute ist hier in einem modernen Museumsbau ein Zweigmuseum des Bayerischen Nationalmuseums untergebracht.
Auf dem Flugplatz Schleißheim zeigt das Deutsche Museum einen Teil seiner Luftfahrtsammlung. Verschiedenste Flugapparate – von Lilienthal bis zur Phantom – werden an diesem geschichtsträchtigen Ort gezeigt. 1912 wurde hier Deutschlands ältester Flughafen als Basis für die Königlich Bayerische Fliegergruppe gebaut. Die historische Werfthalle wurde restauriert und eine moderne Ausstellungshalle ergänzt.

8 Die alte Bischofsstadt **Freising** besitzt eine reiche und interessante Vergangenheit. Auf dem Domberg thront der romanische Dom St. Maria und St. Korbinian mit zwei weißen Türmen von 1160–1205. Er ist der älteste Ziegelbau nördlich der Alpen und zugleich das Wahrzeichen der Stadt. Von hier aus nahm die Christianisierung Bayerns durch den Heiligen Korbinian ihren Anfang. In der romanischen Krypta befindet sich die mit Reliefs überzogene »Bestiensäule«, deren ornamentierte und mit figürlichen Darstellungen verzierte Kapitelle besondere Beachtung verdienen.
Im Kloster Weihenstephan wurde 1040 die wohl älteste Brauerei der Welt gegründet. Noch heute wird hier die Kunst des Brauwesens gelehrt. Sehenswert sind auch das Bischofsschloss auf den Fundamenten der agilolfingischen Anlage mit den ältesten Renaissance-Arkaden Deutschlands. Die Klosterkirche Neustift wurde von Johann Baptist Zimmermann und Franz Xaver Feichtmayr farbig ausgestaltet und besitzt einen Hochaltar von Ignaz Günther. Die größte Sammlung kirchlicher Kunstwerke in Deutschland ist im Diözesanmuseum zu bestaunen. Weitere interessante Bauwerke sind die Maximilianskapelle von 1710, die Johanneskirche aus dem 14. Jahrhundert und der Philippsbau des Domgymnasiums aus dem 16. Jahrhundert.

WANDERN & FREIZEIT

»Lustratio cum Birgitta« oder »Wandern mit der heiligen Birgitta« rund um Altomünster, ist eine schöne Wanderung bei Altomünster. Die einfache fünf Kilometer lange Stecke beginnt am Marktbrunnen, führt weiter über den Kalvarienberg, Erlach und Breienau und wieder zurück zum Ausgangspunkt. Unterwegs bieten Informationstafeln Wissenswertes über das Leben und Wirken der heiligen Birgitta. Die Strecke ist mit grünen Pfeilen gekennzeichnet. Unterwegs laden Ruhebänke zur Rast und Besinnung ein.

Von der Dachauer Altstadt führt ein schöner Weg entlang des Nordufers der **Amper.** Nahe Günding erreicht man den Auenwald, dessen Uferwege zurück zur Stadt geleiten.

Vor den Toren Freisings liegt der **Münchener Großflughafen** »Franz Josef Strauß«, einer der modernsten Flughäfen Europas. Wer die gewaltige Anlage nur besichtigen will, kann sich einer 50 Minuten dauernden Flughafenrundfahrt (munich-airport.de) anschließen oder den Besucherpark nutzen. Auf dem Gelände stehen drei Flugzeugoldtimer. Die Ju 52 und die Super Constellation können sogar innen besichtigt werden. Und für 1 Euro am Drehkreuz kann der Besucherhügel bestiegen werden, der rund um die Uhr hautnahe Erlebnisse garantiert.

Durch die **Isarauen** und teilweise dichten Auwald führt eine reizvolle Radtour in die älteste Stadt an der Isar, nach Freising. Man kann die Tour in München starten; dann beträgt die einfache Stecke ab Isartor 37 Kilometer. Die hier beschriebene rund 24 Kilometer lange Tour (einfache Stecke) beginnt in Ismaning, das gut mit der S-Bahn zu erreichen ist. Der wenig anstrengende Weg führt entlang des Ostufers der Isar. Nach einer Besichtigung Freisings kann man auf gleicher Stecke oder entlang des Westufers zurückfahren. Wer müde ist, kann die S-Bahn für die Rückfahrt nutzen.

Das Neue Schloss von Schleißheim wurde nach dem Vorbild Versailles erbaut.

Im 18. Jahrhundert gestalteten die Brüder Asam den Freisinger Dom mit Fresken und Stuck um.

Der Bayerische Wald

»Waldwoge steht hinter Waldwoge, bis eine die letzte ist und den Himmel schneidet« – so hat der Schriftsteller Adalbert Stifter den »Woid« kurz und treffend beschrieben. Hier entstand 1970 der erste deutsche Nationalpark. Seine damalige Fläche von 13 229 Hektar ist mittlerweile auf knapp 25 000 Hektar erweitert worden.

»Woid« bedeutet in der Mundart der Einheimischen schlicht und einfach nur »Wald«. Was zeigt, dass in dem Gebirge, das sich rund 100 Kilometer weit an der Grenze zwischen Bayern und Böhmen entlangzieht, mehr als in jedem anderen Gebirge auf bayerischem Boden dichte Wälder den Landschaftscharakter bestimmen.

Der Bayerische Wald, die Wahlheimat Stifters, ist das größte zusammenhängende Waldgebiet im Freistaat und eines der größten in Mitteleuropa überhaupt. Es gipfelt im Großen Arber und im Großen Rachel (beide rund 1450 Meter hoch) und geht jenseits der Grenze nahtlos in den Böhmerwald über. Beide Waldgebiete stehen unter strengem Naturschutz, auf bayerischer Seite unter anderem im Nationalpark Bayerischer Wald, Deutschlands erstem Nationalpark.

Außer dem Waldkleid gibt es über die Grenzen hinweg manche Gemeinsamkeiten, etwa im Klima, das hier wie dort sprichwörtlich winterkalt und zur Freude der Wintersportler ausgesprochen schneereich ist. Oder im geologischen Aufbau, bei dem die uralten Gesteine der Böhmischen Masse wie verschiedene Granite und Gneise hervortreten. Sie bilden die malerischen Felsklippen auf den Gipfeln und die ausgedehnten Blockhalden an den Bergflanken, in denen sich die kräftige Frostverwitterung im Eiszeitalter widerspiegelt. Eiszeitliche Gletscherzungen haben auch die nischenartigen Geländemulden geschaffen, die nach dem Eisrückzug zu idyllischen Seen wie den Arberseen wurden oder heute von Mooren gefüllt werden.

Im Nationalpark hat der Braunbär aufgrund der intensiven Bejagung durch uns Menschen nur noch in Gehegen einen Lebensraum.

Der kleinräumige Wechsel von Feuchtgebieten und Felspartien, verbunden mit den Höhenunterschieden von insgesamt deutlich über 1000 Metern, ist ideal für eine vielfältige Pflanzenwelt, in der wiederum Waldpflanzen führende Ränge einnehmen: hohe Bäume, wie Buchen, in den unteren sowie Fichten und Tannen in den oberen Gebirgslagen. Hinzu gesellen sich in den Wäldern, die zumindest in den Kernzonen der Nationalparks wieder auf dem besten Weg zurück zu Urwäldern sind, botanische Raritäten wie der Siebenstern, ein Gewächs arktischer Nadelwälder, oder die Mondviole, ein Silberblatt, das schattige Schluchtwälder bevorzugt. Viele seltene Tierarten sind in den Naturreservaten erhalten geblieben oder wurden dort wieder mit Erfolg angesiedelt, beispielsweise der Luchs und der Biber, das Auerhuhn und der Wanderfalke, der auf den Granitklippen nistet. Bei anderen Arten, etwa dem Rothirsch und dem Schwarzwild, wären hingegen kleinere Bestände wünschenswert, denn sie richten in der Waldlandschaft enorme »Flurschäden« an.
Dabei darf nicht vergessen werden, dass der natürliche Feind des Waldes nicht das Wild, sondern der Mensch ist. In den letzten Jahrzehnten vor allem durch die Luftverschmutzung (von beiden Seiten der Grenze her), früher durch die Abholzung der Wälder für die Glashütten.

Wer unberührte Natur sucht, ist im Bayerischen Wald richtig.

Von Regen nach Freyung durch den Bayerischen Wald

Die Tour führt von Regen entlang der Ostmarkstraße nach Viechtach, wo sich Pfahlhochstraße und Bayerweg kreuzen. Über Cham und Furth im Wald geht es zum Großen Arber und nach Zwiesel. Grafenau oder Freyung sind gute Startpunkte für einen Besuch im Nationalpark Bayerischer Wald.

Durch das wuchtige Biertor führt der Weg hinein nach Cham.

TOUR 44

- **Länge:** rund 150 Kilometer
- **Dauer:** 2–4 Tage
- **Start | Ziel:** Regen | Freyung

1 Regen, die alte Rodungssiedlung am Schwarzen Regen, von Benediktinermönchen aus dem nahen Rinchnach gegründet, liegt im Naturschutzgebiet »Pfahl«. Sehenswert sind der Stadtplatz, die Pfarrkirche St. Michael und das Gotteshaus St. Johannes, die sich nach mehreren Bränden im Stil des 18. und 19. Jahrhundert zeigen. Die Eisenbahnbrücke über die Schlossauer Ohe ist ein Industriedenkmal von 1876/1877.
Besonders sehenswert ist die Benediktinerpropstei Rinchnach südlich von Regen, die aus einer um 1011 gegründeten Einsiedelei hervorging. Johann Michael Fischer gestaltete den Barockbau der heutigen Pfarrkirche St. Johannes Baptist.
Ebenfalls südlich von Regen bietet sich von der auf dem Quarzpfahl thronenden Burgruine Weißenstein eine grandiose Aussicht hinüber zum Bayerischen Wald.

2 Als ehedem wichtiger Verkehrsknotenpunkt und Handelsplatz verfügt der Luftkurort **Viechtach** im Naturpark Bayerischer Wald über einen prächtigen barocken Stadtplatz mit der Rokoko-Pfarrkirche St. Augustin. Ein besonderes Erlebnis ist der Besuch der »Gläsernen Scheune« in Rauhbühl. Übergroße Glasmalereien und Holzskulpturen von Rudolf Schmid sen. lassen sich hier entdecken. Eine entspannte Runde mit dem Ruderboot kann man auf dem Höllensteinstausee drehen.

3 Die Stadtpfarrkirche St. Jakob (13. Jahrhundert) ist der Mittelpunkt von **Cham,** der ältesten Stadt im Bayerischen Wald. Auch der mittelalterliche Straubinger Turm und das Burgtor sind noch gut erhalten. 1722 wurde hier Nikolaus Luckner geboren, der es vom kurbayerischen Kadetten bis zum Kommandeur der Rheinarmee in den Diensten der Krone Frankreichs brachte. Ihm zu Ehren entstand die »Marseillaise«. Chammünster, 3 Kilometer östlich von Cham gelegen, war eine der ersten

WANDERN & FREIZEIT

Eine schöne, rund dreistündige Wanderung führt vom Parkplatz des Großen Arbersees hinauf zum König des Bayerwaldes, zum **Großen Arber.** Es lohnt sich, den idyllischen Großen Arbersee einmal gemütlich zu umrunden und vielleicht eine Bootstour zu unternehmen, bevor es über Forstwege und schließlich sprichwörtlich über Stock und Stein stetig bergauf zum Gipfel geht. Im Arberschutzhaus ist eine Einkehr möglich. Wer will, kann hier auch übernachten. Im Gipfelbereich bieten sich schöne Panoramaausblicke, und vom Seeriegelgipfel ist sogar der gerade besuchte Arbersee auszumachen.

Der Luftkurort Arrach nordöstlich von Viechtach macht es seinen Besuchern leicht, Natur, Kunst und Handwerk zu entdecken. Dafür hat man den **Natur-Art-Parks** geschaffen.
Am Seepark geht es los. Liebevoll gestaltete Hinweistafeln führen zum Naturschutzgebiet Arracher Moor.
Dort wartet ein Info-Pavillon, und ein Holzbohlenweg führt durch das Moor.
Weiter geht es zum Energiepark Gut Kleß, zu einer Kunstsattlerei und zum Mineralienmuseum. Außerdem liegen ein Handwerksmuseum, eine Bärwurzerei und das Arracher Glastor auf dem Weg.

Idyllisch ist der Blick über den Schwarzen Regen auf die Stadtpfarrkirche in Regen.

Vom 955 Meter hohen Silberberg aus liegt der beliebte Luftkurort Bodenmais den Wanderern zu Füßen.

Beim Further Drachenstich-Spektakel, das alljährlich im August die Massen anzieht, tötet Ritter Udo den Furcht einflößenden Drachen.

Klostergründungen der Benediktiner in Bayern (um 740), um die Kolonisierung im »Nordwald« voranzutreiben. Die ehemalige Abteikirche birgt Kunstschätze, die vom 13. Jahrhundert bis ins Spätrokoko datieren.

4 Was Hussiten und Schweden im einst strategisch wichtigen Grenzort zu Böhmen, **Furth im Wald,** nicht zerstörten, das vernichtete der Stadtbrand von 1863. Dennoch lohnt die restaurierte Altstadt mit der barocken Stadtkirche einen Besuch.
An die Bedrängnis der Hussitenkriege erinnert das Spektakel »Der Drachenstich«. In der Drachenhöhle am Festplatz ist das vollhydraulische Monster »Tradinno« mit einer Länge von über 15 Meter und einer Flügelspannweite von 12 Meter erneuert wurde, von Mai bis Anfang November zu bestaunen. Der neue Drache gilt zurzeit als größter vierbeiniger Schreitroboter der Welt. Für diesen Rekord sorgen unter anderem 50 hydraulische, zehn pneumatische und weitere zehn elektrische Antriebe sowie 65 bewegliche Achsen.

5 Um das Gnadenbild der geschnitzten böhmischen Muttergottes des Wallfahrtsziels **Neukirchen beim Heiligen Blut** rankt sich die Legende, der Schwerthieb eines bilderstürmenden Hussiten habe frisches Blut aus der Kerbe am Madonnenkopf fließen lassen.

Auf dem Weg zum Nationalpark Bayerischer Wald liegt **Bayerisch Eisenstein.** Der Grenzübergang zur tschechischen Republik bietet sich als idealer Ausgangspunkt für einen Aufstieg oder eine Sesselbahnfahrt ins Arbermassiv an.
Als »König« oder »Montblanc des Bayerwaldes« ist er schon tituliert worden, der **Große Arber,** mit seinen 1456 Meter Höhe das lohnende Ziel diverser Wanderrouten. Von ihm aus genießt man einen herrlichen Rundblick über das Waldmeer mit den beiden Arberseen und an klaren Sonnentagen eine Aussicht vom Erzgebirge bis zu den 200 Kilometer entfernten Alpengipfeln. Wer den Arber im Winter besucht, wird Zeuge eines fantastischen Naturschauspiels: Vereiste Gestalten bestimmen weit und breit die Szenerie. Der vorherrschende Ostwind bläst den Schnee und die Eiskristalle in die Fichten. Schnell entstehen dann die hier Arbermandl genannten bizarren Figuren.

6 Am Südhang des Arber liegt **Bodenmais.** Der älteste Bergwerksort im Wald lebte bis fast in unsere Tage vom Abbau des Erzes am Silberberg, das in den umliegenden Hütten und Eisenhämmern verarbeitet wurde. Einen Einblick in die Arbeit der Knappen bietet das Besucherbergwerk. Tief im Inneren des Berges werden bei Führungen die historischen Maschinen und Förderschächte wieder zum Leben erweckt.

Zwiesel ist einer der traditionellen Glasorte im Bayerischen Wald.

7 Einer der Hauptorte am »Goldenen Steig«, die Glasmetropole **Zwiesel** am Zusammenfluss von Großem und Kleinem Regen, verdankt die Existenz seiner Glashütten dem Waldreichtum und den Quarzvorkommen des Hinterlandes.
Kostbarkeiten dieser 500 Jahre alten Glaskultur lassen sich im Waldmuseum bewundern. Die Herstellung aktueller Glasprodukte kann man in Glashütten besichtigen und im Werksverkauf erwerben.

8 Auch im alten Glasmacherort **Frauenau** lassen sich diverse Glashütten, -schleifereien und Hinterglasmalereien besichtigen. Besonders schöne Stücke der Glasbläser sind im Glasmuseum ausgestellt.
Schmale Pfade führen von hier aus bergabwärts zu den Bayerwald-Almen, den sogenannten Schachten, die ab dem 16. Jahrhundert durch Brandrodung entstanden, sowie zu den Filzen, wie die Hochmoore auf 1000 Meter Höhe genannt werden. Der Erlebnisweg »Schachten und Filze« bei Frauenau ermöglicht im Rahmen einer Wanderung gute Einblicke.

9 Seit 1970 findet der Besucher im ersten deutschen Nationalpark, im **Nationalpark Bayerischer Wald** einen ausgedehnten Bergmischwald, Hochmoore, Granit- und Gneisfelsen, Almwiesen, Seen und Bäche sowie einen artenreichen heimischen Pflanzen- und Tierbestand. Der Wolf, Bär, Wisent, Luchs, Fischotter sowie eine Vielzahl an Greif- und Hühnervögeln gehören wieder dazu.
Die Nationalparkfläche, die zu über 98 % mit Wald bedeckt ist, wurde mehrfach erweitert und beträgt nun knapp 250 Quadratkilometer. 200 Kilometer gut markierte, teils auch im Winter geräumte Wanderwege erschließen dem Besucher den Wald. Die Nationalparkverwaltung bietet ganzjährig eine Fülle jahreszeitlich wechselnder Führungen und Exkursionen zu den Naturschätzen an.
Vom Lusen (1373 Meter) aus kann man den Blick auf das größte zusammenhängende Waldgebiet Mitteleuropas bei Sonnenaufgang genießen oder die Hochlagenwälder mit einem Nationalpark-Waldführer erkunden. Bei einem Hüttenabend mit Musik und bayerischen Schmankerln klingt eine Abendwanderung im Lusenschutzhaus zünftig aus.
Ebenso verlockend für Naturfreunde ist das »Waldgeschichtliche Wandergebiet« mit seinen Schwellwerken oder Klausen am Reschund Teufelsbach, mit deren Hilfe bis zum Bau der Eisenbahn Holz auf dem Wasserweg nach Passau getriftet wurde.
Bei Neuschönau befindet sich das Informationszentrum (Hans-Eisenmann-Haus), das mit

sehenswerten Ausstellungen und Vorträgen sowie mit einem Tier- und einem Pflanzenfreigehege den Naturraum Bayerischer Wald darstellt. Ein weiteres Highlight hier ist der 1300 Meter lange Baumwipfelpfad, auf dem Groß und Klein bis zu 25 Meter über dem Waldboden spazieren und dank Erlebnisstationen viel lernen können.

10 Grafenau, die alte Salzsäumerstadt am »Goldenen Steig«, war durch den Handel mit Salz reich geworden, das man ab Passau auf Pferden nach Böhmen transportierte. Obwohl die Gemeinde die älteste Stadt des Bayerischen Walds ist (Stadtrecht 1376), sind historische Gebäude nur noch am Stadtplatz zu sehen. Zahlreiche Brände haben in Grafenau gewütet. Heute bietet der Luftkurort im Tal der Kleinen Ohe als wichtigstes Ausflugsziel den Nationalpark Bayerischer Wald.

11 Das am höchsten gelegene Städtchen im Bayerischen Wald, **Freyung,** entstand als Rodungssiedlung zu Füßen der strategisch wichtigen Burganlage Wolfstein, die dem Schutz der Reisenden am Goldenen Steig dienen sollte. Der Ort, dessen Zentrum einem Brand zum Opfer fiel, ist nur 18 Kilometer vom Nationalpark entfernt.

Der Gipfel des Lusen eröffnet herrliche Weitblicke. Nicht nur geologisch interessant sind die Granitblöcke auf dem Gipfel.

Der Große Arbersee in der Nähe des gleichnamigen Berges kann zu Fuß in einer halben Stunde umrundet werden.

WANDERN & FREIZEIT

Seit der Öffnung der Grenzen zu Tschechien gibt es neue, grenzüberschreitende Wanderwege. Besonders attraktiv ist das waldreiche Wandergebiet zwischen Furth im Wald und Waldmünchen mit dem **Dreiwappenfelsen** (917 Meter). Seit Maria Theresias Zeiten ist der Grenzverlauf hier unverändert geblieben. Auf tschechischer Seite lädt der Obere Böhmerwald zu einem ausgedehnten Besuch ein.

Neben den ausgedehnten Wäldern zählen auch einige **Hochmoore,** Filze genannt, zu den typischen Landschaftselementen im Nationalpark Bayerischer Wald. Zwei interessante Filze, das 25 Hektar große Zwieselter Filz und das nur wenig kleinere Latschenfilz können über Wanderwege von Buchenau oder von Frauenau aus gut erreicht werden. Beide Moorflächen sind mit einem 1200 Meter langen Bohlenweg miteinander verbunden, sodass die Wanderer die dortige Vegetation hautnah betrachten und erleben können.

Gerade einmal drei Meter haben dem **Rachel** (1453 Meter) gefehlt, um den Großen Arber an Höhe zu übertrumpfen. Der Große Rachel ist mit seinen geheimnisvoll anmutenden Wäldern und dem schönen Rachelsee der höchste Berg im Nationalpark und zudem ein beliebtes Ausflugs- und Wanderziel. Da der Gipfelanstieg recht anstrengend verläuft, ist der rund zweieinhalb-stündige **Rundweg Buntspecht** eine gute Wanderalternative. Auf der rund 6,5 Kilometer langen Stecke überwindet man insgesamt einen Höhenunterschied von 200 Metern. Der Start liegt am Parkplatz in der Nähe der Racheldiensthütte. Vorbei an interessanten Informationstafeln, die das Werden der Landschaft und die Spuren der Eiszeit erläutern, geht der Weg in Richtung Rachelsee. Der höchste Punkt der Wanderung ist die Felsenkanzel. Auf einer alten Schlittenziehbahn führt die Route hinab zum Parkplatz.

Ebenso im Gebiet des Rachels liegt der **Seelenstieg.** Entlang eines rund 1,2 Kilometer langen Holzsteges wird das Motto des Nationalparks »Natur Natur sein lassen« offenkundig. Wanderer können hier das Vergehen und Entstehen das Waldes unmittelbar miterleben. Informationstafeln bieten beste Informationen und verständliche Erläuterungen.

Ein etwa zwei Stunden dauernder Spaziergang führt von Grafenau im romantischen **Tal der Kleinen Ohe** flußaufwärts Richtung Kleblmühle. Anschließend über Rosenau und weiter zum Schwaimberg wandern.

Das **Besucherzentrum** des Nationalparks Bayerischer Wald, das Hans-Eisenmann-Haus bei Neuschönau ist einen Besuch wert. Das Haus selber bietet jede Menge Informationen zum Nationalpark, einen Nationalparkladen und einen Erlebnisraum für Kinder. Im Außenbereich gibt es ein Tierfreigehege, ein Pflanzenfreigehege und ein Gesteinsfreigelände.

Das Nationalparkzentrum Lusen kann neuerdings mit dem längsten **Baumwipfelpfad** der Welt aufwarten. Auf einer Gesamtlänge von 1300 Meter schlängelt sich der Baumwipfelpfad durch Buchen, Tannen und Fichten und gewährt neue Perspektiven rund um das Thema Bäume. 44 Meter hoch ist der Baumturm, den man sicher erklimmen kann. Und wer in der Höhe Abenteuerlust empfindet, der findet drei Erlebnisstationen mit Seil- und Wackelbrücken, Trapezen und Balancierbalken. Diverse Führungen und Veranstaltungen bieten Einblicke zu Themen rund um die Vielfalt des Waldes, seinem Aufbau und seiner ökologischen Bedeutung. Abends findet regelmäßig auch eine Erkundung des Sternenhimmels statt. Im Nationalpark ist nämlich die Lichtverschmutzung besonders gering und die Sterne sind daher umso heller sichtbar.

Im Ostteil des Nationalparks Bayerischer Wald geht es von Mauth-Finsterau aus über die Grenze nach Buchwald (Bucina) in den benachbarten 68 000 Hektar großen tschechischen **Nationalpark Böhmerwald** (Národni Park Šumava). Das nun »grenzenlose« ehemalige Sperrgebiet bietet endlose Möglichkeiten, um auf gut markierten Wegen Naturschätze zu entdecken oder Ausflüge in Städte wie Krumau (Ceský Krumlov) zu unternehmen.

Unterwegs in Niederbayern

Die Tour führt vom Gäuboden, der »Kornkammer« Bayerns, südlich der Donau über die auf der Isartrasse gelegenen Städte Landau, Dingolfing und Landshut zu den alten Marktflecken im bäuerlichen Vils- und Rottal und endet in der Drei-Flüsse-Stadt Passau.

TOUR 45

- ▶ **Länge:** 180 Kilometer
- ▶ **Dauer:** 2–4 Tage
- ▶ **Start | Ziel:** Landau | Passau

1 Das heutige Stadtbild von **Landau an der Isar** zeigt nach dem Brand aus dem Jahr 1743 vor allem Stilmerkmale des späten 18. und 19. Jahrhunderts. Gegründet wurde die Untere Stadt im Jahr 1224 von Herzog Ludwig dem Kelheimer, später folgte nach bewährtem Wittelsbacher Grundplan am Isarhochufer der befestigte Stützpunkt Obere Stadt. Die barocke Stadtpfarrkirche Mariä Himmelfahrt und die spätgotische Friedhofskirche Heilig Kreuz bergen sehenswerte gotische Ausstattungsstücke. Interessant ist auch die über einer Naturgrotte gelegene kleine barocke »Steinfelskirche« mit ihren zahlreichen Votivtafeln.
In der spätgotischen Johanneskirche im Ortsteil Usterling wurde die Sinterfelsbildung des »wachsenden Felsens« in das Relief der Taufe Christi einbezogen.
Ein lohnenswerter Abstecher führt 25 Kilometer nach **Straubing.** Wahrzeichen und Mittelpunkt der Handels- und Einkaufsstadt ist deren fünfteiliger Stadtturm aus dem 14. Jahrhundert. Mitten im Gäuboden des antiken »Sorviodurum«, den schon Kelten und Römer besiedelten, entwickelte sich im 6. Jahrhundert der bayerische Herzogshof »Strupinga«. Von 1029 bis 1535 herrschte hier das Augsburger Domkapitel. Als Gegengewicht zu diesem gründete Ludwig der Kelheimer 1218 die Neustadt, das heutige Zentrum Straubings. Während der Blütezeit der Siedlung, aus der die spätmittelalterlichen Bau- und Kunstdenkmäler stammen, befand sich hier die Hauptstadt des Wittelsbacher Herzogtums Straubing-Holland (1353–1425). Männer wie der Mitbegründer von Buenos Aires, Ulrich Schmidl, oder der die Epoche prägende Naturwissenschaftler Josef von Fraunhofer wohnten ebenso in der Gäubodenstadt wie die Augsburger Baderstochter Agnes Bernauer. Erst 1802 büßte der Sitz der obersten Finanzbehörde und des fürstlichen Verwaltungszentrums dann seine herausragende Stellung ein.

2 Auch **Dingolfing** entwickelte sich wie Landau aus zwei mittelalterlichen Ortsteilen: Zunächst entstand am Isarübergang der Agilolfinger Herzogshof, dann im 13. Jahrhundert die Burgsiedlung Obere Stadt. Die Backsteinbauten der gotischen St.-Johannis-Kirche, der Herzogsburg und der Hochbrücke über die Asenbachschlucht von 1612 sind jederzeit einen Besuch wert.

Auf dem Storchenturm, Wahrzeichen von Dingolfing, nisten heute keine Störche mehr.

WANDERN & FREIZEIT

Ein familienfreundliches Raderlebnis mit dem Kontrast zwischen Natur und historischen Städten verspricht der gut ausgeschilderte **Isar-Radweg.** Die insgesamt 286 Kilometer lange Strecke beginnt in Scharnitz (Tirol) an der deutsch-österreichischen Grenze und führt, vorbei am Sylvensteinspeicher, südlich von Lenggries aus den Alpen heraus. Anschließend geht es durchs Voralpenland nach München, bis Thundorf an der Donau in Niederbayern.
Ein kürzerer Abschnitt dieser Strecke startet in Landau an der Tourist-Information und führt über Dingolfing und Niederaichbach nach Landshut bis in die wunderschöne Altstadt. Auf der 48 Kilometer langen Tour fährt man flussnah, ohne nennenswerte Steigungen auf gut befahrbaren Wegen und teils auf verkehrsarmen Nebenstraßen. Unterwegs laden immer wieder Biergärten, Seen und Freibäder zur verdienten Rast ein.

Nach der Glas GmbH, die das »Goggomobil« – den wohl meistgebauten deutschen Kleinwagen der Nachkriegszeit – produzierte, kam 1967 ein Zweigwerk der BMW AG. So wurde Dingolfing mit rund 20 000 Arbeitern, überwiegend Pendler aus anderen Regionen, zur größten Industriemetropole Niederbayerns.

3 Eine Schöpfung der Wittelsbacher ist **Landshut.** Der Handelsknoten links und rechts der Isarbrücke und im Schutze der Burg Trausnitz war immer wieder auch die Hauptstadt eines niederbayerischen Teilherzogtums und erlebte im 15. Jahrhundert unter den »Reichen Herzögen« seine Blüte.

Im 16. Jahrhundert entstand die Stadtresidenz nach Mantuaner Vorbild – der erste Renaissancebau auf deutschem Boden. Das denkmalgeschützte Stadtensemble mit einer Vielzahl ehemaliger Patrizierhäuser, dem Rathaus und der Herzogsresidenz wird überragt vom gotischen Martinsmünster. Von der mittelalterlichen, einst wehrhaften Stadtbefestigung sind nur noch einige wenige Türme erhalten.

Zentrum von Landshut ist das Stiftsmünster St. Martin mit dem über 130 Meter hohen Ziegelturm. Beachtenswert sind auch die gotischen Backsteinkirchen St. Jodok und die Spitalkirche Heiliger Geist. In die im Kern gotische Dominikanerkirche St. Blasius kam

Imposant ragt die aus Backstein erbaute Martinskirche in der Landshuter Altstadt empor.

An der Isarpromenade von Landshut passiert man Heiliggeistspital und Heiliggeistkirche.

um 1750 Rokokozier, ebenso in die ursprünglich romanische Zisterzienserinnenklosterkirche, die Johann Baptist Zimmermann ausstattete. Die Burgkapelle St. Georg aus dem 13. Jahrhundert auf der Burg Trausnitz sollte nicht unerwähnt bleiben.

4 An der einstigen Handelsroute Landshut–Burghausen liegt das Vilsstädtchen **Vilsbiburg.** Die Wittelsbacher legten es ab dem 13. Jahrhundert planmäßig als herzogliche Zollstätte an. Der Reichtum des Hauses Wittelsbach stammte nicht zuletzt auch aus den Einnahmen, die das gut ausgebaute Wegenetz, das reiche bäuerliche Hinterland und die damals noch niederbayerischen Erz- und Silbervorkommen in Tirol garantierten. Die dreischiffige Backsteinpfarrkirche Mariä Himmelfahrt aus dem 15. Jahrhundert wurde 1670 barockisiert und zieht mit dem mächtigen Zwiebelturm die Blicke der Betrachter auf den Ort. Ein letzter Rest der einst stolzen und wehrhaften Stadtbefestigung ist das Obere Tor.

5 Das ehemalige Benediktinerkloster St. Veit gab **Neumarkt-St. Veit** am Eingang zum Rottal den distinktiven Namenszusatz. Der lang gestreckte Marktplatz des Städtchens, dessen Gründung Herzog Heinrich XIII. im Jahr 1269 als Gegengewicht zu dem Salzburg zugehörigen Kloster auf dem Vitusberg veranlasste, wird von Ober- und Untertor begrenzt.

6 Die Wittelsbacher erhoben **Eggenfelden,** an der Rott und am Kreuzungspunkt der Straßen nach Passau und Landau gelegen, im 13. Jahrhundert zum Markt. Die Altstadt mit den behäbigen Bürgerhäusern am typischen Rechtecksmarktplatz und den zahlreichen, sehenswerten Kirchen steht unter Denkmalschutz.

Die spätgotische Pfarrkirche St. Nikolaus und St. Sebastian mit ihrem fünfgeschossigen Turm aus Ziegelmauerwerk hatte für die Bauten in der Umgebung Vorbildcharakter. Die neugotischen Altäre sind mit spätgotischen Skulpturen verziert und eine absolute Seltenheit. Repräsentativ für die hoch entwickelte spätgotische Grabplastik der Region sind mehrere, bemerkenswert schöne Rotmarmor-Epitaphe.

7 Der moderne bronzene »Rottaler Fuchs« von Hans Wimmer am Stadtplatz von **Pfarrkirchen** erinnert daran, dass sich hier das Zuchtzentrum vielseitiger Wirtschaftspferde befindet. Die Stadt an der Rott war seit 1317 ein Wittelsbacher Markt. Die um das Jahr 1500 entstandene Stadtpfarrkirche St. Simon und Judas, das Alte Rathaus mit seinem Stuckwerk von 1787, der barocke Pfarrhof und die Bürgerhäuser mit den schönen Fassaden im Inn-Salzach-Baustil prägen das Zentrum. Im Plinganser Hof wohnte der Volksheld Georg Sebastian Plinganser, der die Bauernschaft der Region im Jahr 1706 beim Aufstand gegen die österreichischen Besatzungstruppen führte.
Auf der nahen Höhe des Gartlbergs errichtete der aus Graubünden stammende Baumeister Domenico C. Zuccali 1661–1670 die barocke Wallfahrtskirche, deren prächtigen Schmuck rund um das Gnadenbild der Schmerzhaften Muttergottes die italienischen Meister Giovanni B. Carlone und Paolo d'Aglio schufen.

8 Mit vielen Beinamen kann sich **Passau** zu Recht schmücken: »Drei-Flüsse-Stadt« (am Zusammenfluss von Inn, Donau und Ilz), »Bayerisches Venedig« (wegen der häufigen Hochwasserkatastrophen leider nur allzu wahr), »Nibelungenstadt« (vermutlich wurde das »Nibelungenlied« hier niedergeschrieben), »Hafenstadt« (die älteste Bayerns) und »Universitätsstadt« (hier wurde die siebte bay-

Umgeben von Donau, Inn und Ilz, liegt Passaus malerische Altstadt – besonders fallen der Dom St. Stephan und die Veste Oberhaus auf.

In Vilsbiburg kann man die spätgotische Stadtpfarrkirche Mariä Himmelfahrt besuchen.

Prächtiger Stuck und eindrucksvolle Fresken zieren den barocken Innenraum des Passauer Doms.

erische Landesuniversität gegründet). Aus dem keltischen »Boiodurum« wurde das römische Kastell »Batavis«. Ab dem 8. Jahrhundert blieb Passau bis zur Säkularisation Bischofssitz und verfügte bis 1783 über das größte Bistumsareal nördlich der Alpen.
Die Bischöfe – weltliche Souveräne und Reichsfürsten – profitierten vor allem vom Salzmonopol und davon wiederum die bürgerliche Stadt mit ihren Handwerkern – die Passauer Wolfsklingen etwa waren mittelalterliche Qualitätswaffen erster Güte.
Dieser Wirtschaftsblüte verdankt die Nachwelt architektonische Kostbarkeiten wie den Dom, Kirchen, Klöster, Bischofsresidenzen, das Rathaus und die gesamte historische Altstadt Passaus. Sehenswert ist vor allem der teilweise noch mit spätgotischer Architektur beeindruckende Dom St. Stephan. Barockisiert wurden auch die Jesuitenkirche, die Stiftskirche St. Nikola und die ehemalige »Mutterkirche« Passaus, St. Paul. Zu erwähnen sind ferner die Salvator-Sühnekirche in der Ilzstadt sowie die Wallfahrtskirche Mariahilf, deren Gnadenbild seit dem 17. Jahrhundert besucht wird. Nicht zuletzt findet man hier eine der ältesten Kirchen Bayerns, St. Severin, die am Ort der dort im 5. Jahrhundert erbauten Zelle des Heiligen errichtet wurde. Entlang der Flüsse bieten die Rad- und Wanderwege beste Möglichkeiten zur aktiven Erholung. Der Zusammenfluss von Donau, Inn und Ilz bildet ein spannendes Naturschauspiel.

Auf einem Hügel thront die Wallfahrtskirche Mariahilf über Passau.

WANDERN & FREIZEIT

Eine gut 26 Kilometer lange Strecke führt auf dem **Bockerlbahn-Radweg** durch abwechslungsreiche Landschaft, auf meist asphaltierten Wegen und entlang einer ehemaligen Bahntrasse von Landau nach Arnstorf. Auf der für Familien geeigneten, gut ausgeschilderten Tour geht es vorbei an Wäldern, Weizenfeldern, geschichtsträchtigen Bauwerken und Naturräumen. Start ist die Bockerlbrücke in Landau von der es weiter geht über die Etappen Möding, Wildthurn und Aufhausen sowie Hauernsdorf und Simbach nach Arnstorf. Die Tour enthält keine größeren Steigungen. Der Rückweg nach Landau kann bei müden Beinen auch mit dem Bus erfolgen.

Eine rund 30 Kilometer lange Radtour führt durch das **Königsauer Moos** bei Dingolfing, eines der letzten großen Niedermoore Bayerns. Die ausgeschilderte Tour startet an der neuen Isarbrücke in Dingolfing, führt durch den Stadtteil Sossau zur Bahnlinie und von dort auf einem asphaltierten Radweg vorbei an Gottfriedingerschwaige, über Rosenau nach Mamminger-schwaigen. Dort kreuzt der Weg Richtung Badeweiher eine Bundesstraße. Unmittelbar nach der folgenden Autobahnüberführung geht es links in das Naturschutzgebiet. Auf dem Weg durch das Gebiet kommt man am Behrhof, einem Reiterhof, vorbei und muss eine Staatsstraße überqueren. In Höhe Dornwang erreicht man die zweite Autobahnüberführung, wo man ein Stück auf der Straße über Höfen, Schönbühl nach Teisbach fährt. Dann geht es auf dem Isarradweg zurück nach Dingolfing.

Für eine Tagesunternehmung eignet sich die rund 40 Kilometer lange Rundtour mit **Landshut** als Start- und Zielpunkt. Zunächst geht es am Ufer der Isar entlang bis nach Niederaichbach. Der Rückweg führt über Obermusbach und Jenkofen mit der sehenswerten Kirche Mariä Himmelfahrt, einem schönen Beispiel niederbayerischer Backsteingotik, und Schönbrunn wieder direkt in die Landshuter Altstadt.

Der **Hof- und Herzoggarten** von Landshut lädt mit seinem rund acht Kilometer langen Wegenetz zu einem kleinen oder größeren Spaziergang ein. Das knapp 33 Hektar große Areal unweit der Burg Trausnitz beherbergt malerische Wald- und Wiesenflächen. Auch ein Kräutergarten und ein Schauweingarten lassen sich hier entdecken.

Eine nicht nur für Kinder interessante Wandermöglichkeit sind die Lernwege und Naturerlebnisstationen des Projekts **»Naturerlebnis Mittlere Isarau«** im östlichen Auwald bei Landshut. Nach Themen wie Isar-Auwald-Erkundung, Sträucher-Rallye oder Kräuter-Entdeckertour geordnet, kann man hier auf Erkundung gehen.

Rund um den Bodensee

Die Highlights am Bodensee und alle drei angrenzenden Länder entdeckt diese Tour. Von Konstanz aus geht es ein Stück rheinabwärts in die Schweiz und über Radolfzell an die Nordseite des Sees. Nach einem Abstecher nach Oberschwaben endet die Fahrt in Bregenz.

Entlang des Bodenseeufers erstreckt sich in Konstanz die Seestraße mit ihren prachtvollen Jugendstilfassaden.

TOUR 46

- **Länge:** rund 180 Kilometer
- **Dauer:** 5–7 Tage
- **Start | Ziel:** Konstanz | Bregenz

1 Die Universitätsstadt **Konstanz** liegt zwischen dem Ober- und dem Untersee. Konstanz ist schon aus historischer Sicht höchst bedeutsam als Veranstaltungsort des einzigen Konzils, das je auf deutschem Boden stattgefunden hat. Das in der Kirchengeschichte wie in der politischen Geschichte Europas überaus wichtige Ereignis der Jahre 1414–1418 führte damals Kaiser, Papst und zahllose kirchliche Würdenträger in die Stadt am Bodensee, die damit jahrelang im Zentrum des politischen und diplomatischen Geschehens stand. Das Konzil beendete mit der Absetzung von Päpsten und Gegenpäpsten die damalige Spaltung der katholischen Kirche; folgenreich war auch das Vorgehen gegen den böhmischen Reformator Jan Hus, der unter Zusicherung freien Geleits angereist war, aber trotzdem inhaftiert und als Ketzer verbrannt wurde.

In der malerischen Altstadt erhebt sich das Liebfrauenmünster, der zentrale Ort des Konzils. Das Gebäude zeigt Merkmale verschiedener Stilepochen vom 11. bis zum 17. Jahrhundert. Im sogenannten Konzilsgebäude am Hafen wurde der neue Papst (Martin V.) gewählt; der Bau aus dem 14. Jahrhundert diente ursprünglich als Lagerhaus für den Handel mit Italien. Auch die 1993 aufgestellte Hafenskulptur des Bildhauers Peter Lenk macht auf das Konzil aufmerksam. Die Figur der Imperia trägt mit Gespür für den Ausgleich zwischen den Mächten Kaiser und Papst in ihren Händen.

Einen guten Überblick über die Altstadt mit ihren zahlreichen Häusern aus der Gründerzeit erhält man bei einem Bummel entlang der Seestraße.

Zwei Inseln im Schwäbischen Meer – wie der Bodensee hier gerne genannt wird – lohnen einen Abstecher. Vom Höhenzug Bodanrück aus schieben sich nicht weit von Konstanz zwei Inseln in den See. Sowohl die **Mainau** als auch die **Reichenau** sind jeweils durch eine Landbrücke mit dem Festland verbunden.

Im Jahr 724 gründete Bischof Pirmin auf der Insel Reichenau ein Kloster, das sich zu einem geistigen Zentrum Europas entwickelte. Die Kirche der ehemaligen Klosteranlage beeindruckt durch ihre romanischen Formen. Sehenswert ist der spätkarolingische Bau der Stiftskirche St. Georg in Oberzell. Ein monumentaler Freskenzyklus mit Darstellungen

WANDERN & FREIZEIT

Selbstverständlich lassen sich **Rhein und Bodensee** hervorragend per Schiff oder Boot erkunden. Die schöne und malerische Strecke von Schaffhausen über Stein am Rhein, Reichenau und Konstanz bis nach Kreuzlingen hat die Schweizerische Schifffahrtsgesellschaft Untersee und Rhein in ihrem vielfältigen Ausflugsprogramm (urh.ch). Ein ebenfalls großes Ausflugsangebot, allerdings auf dem gesamten Bodensee, halten die Bodensee-Schiffsbetriebe (bsb.de) bereit.

Neben der Blumenpracht lohnt sich ein Besuch auch wegen des Schlosses Mainau.

Münster St. Maria und Markus (Reichenau).

der Wundertaten Christi schmückt die Wände des Mittelschiffs.
Die etwa 45 Hektar große, klimatisch begünstigte Insel Mainau wurde auf Betreiben des Grafen Lennart Bernadotte zur Blumeninsel ausgestaltet. Rund um das barocke Schloss blühen von Frühjahr bis Herbst die herrlichsten Blumen. Allein zur Zeit der Rosenhochblüte verströmen etwa 30 000 Rosen aus rund 1200 Arten ihren süßen Duft.

2 Dort, wo der Rhein den Untersee verlässt, liegt **Stein am Rhein,** eine der schönsten mittelalterlichen Kleinstädte der Schweiz. Die zum Teil mit prächtigen Renaissancemalereien versehenen Bürgerhäuser gruppieren

Markanter Fixpunkt von Überlingen ist das spätgotische Münster St. Nikolaus.

Die Burg Meersburg blickt auf eine über 1000 Jahre lange Geschichte zurück.

Die Pfahlbauten in Unteruhldingen imitieren die Gebäude aus Stein- und Bronzezeit.

sich um das im 11. Jahrhundert gegründete Kloster St. Georgen, eine hervorragend erhaltene Klosteranlage, die man auf jeden Fall besichtigen sollte.

3 Ein Stück den Rhein abwärts – man kann diese Strecke auch mit einem Ausflugsschiff von Stein aus zurücklegen – gelangt man nach **Schaffhausen.** Einen Rundgang wert ist das historische Zentrum der Stadt; die meisten Besucher kommen aber vor allem wegen des gewaltigen Naturschauspiels, das der Rhein hier bietet: Im sogenannten Rheinfall von Schaffhausen stürzen die Wassermassen des Stroms mit donnerndem Getöse 23 Meter in die Tiefe. Die Breite des Wasserfalls beträgt immerhin 150 Meter. Besucher können das eindrucksvolle Ereignis von mehreren Aussichtsplattformen aus allernächster Nähe betrachten.

4 Über Singen, am Fuße des Vulkanschlots Hohentwiel gelegen, erreicht man **Radolfzell.** Bischof Radolt von Verona gründete hier im 9. Jahrhundert ein Kirche, um die herum schon bald eine Ansiedlung entstand. Mit der Errichtung des spätgotischen Radolfzeller Münsters Unserer Lieben Frau wurde im 15. Jahrhundert begonnen; im 18. Jahrhundert wurde das Gotteshaus im barocken Stil modernisiert.
Das Österreichische Schlösschen, ab 1619 für Erzherzog Leopold Wilhelm errichtet, erinnert daran, dass Radolfzell lange Zeit unter der Herrschaft der Habsburger stand.

5 Auf dem Weg nach **Überlingen** fährt man am Bodanrück vorbei, einem bewaldeten Höhenzug, der sich weit in den Bodensee vorschiebt. In der Überlinger Altstadt reihen sich prächtige Bürgerhäuser aus dem 16. und dem 17. Jahrhundert aneinander. Besonders bemerkenswert ist das St.-Nikolaus-Münster aus dem 15. Jahrhundert, zu dessen reicher Innenausstattung der 1613–1616 gearbeitete Hochaltar von Jörg Zürn gehört. Das Rathaus von Überlingen stammt aus der Zeit der Renaissance. Einen schönen Blick auf den See genießt man von der Uferpromenade aus, der längsten am gesamten Bodensee.
In Goldbach, einem Ortsteil von Überlingen, befindet sich eine echte Rarität: die Sylvesterkapelle, eine kleine Kirche aus dem 9. Jahrhundert mit Fresken aus karolingischer Zeit. Sie ähneln den Fresken in St. Georg auf der Insel Reichenau.

6 Hoch über dem Bodensee thront die berühmte **Birnau,** eine Marienwallfahrtskirche, mit deren Bau die Reichsabtei Salem den Vorarlberger Meister Peter Thumb beauftragt hatte. 1750 wurde das Gotteshaus geweiht. Schon der Außenbau gleicht eher einem Schloss als einer Kirche und der von Joseph

Anton Feuchtmayer im Stil des Rokoko verschwenderisch mit Stuckaturen ausgestattete Innenraum strahlt unverhohlene Lebensfreude aus. Besonders sehenswert sind auch die optischen Illusionseffekte der Deckenfresken. Wer den berühmten »Honigschlecker« sucht, findet ihn am Altar des Bernhard von Clairvaux.

7 Eine besondere Attraktion unmittelbar am Ufer bzw. sogar auf dem Wasser des Bodensees ist das Pfahlbaumuseum in **Unteruhldingen.** Das Freilichtmuseum enthält ein rekonstruiertes Pfahlbaudorf aus der Steinzeit und Bronzezeit; Bauten dieser Art, die auf Stelzen im Wasser stehen, existierten hier einstmals tatsächlich. Eine nahe gelegene Fundstätte befindet sich neben anderen Resten von Pfahlbauten in der Alpenregion auf der Liste des UNESCO-Weltkulturerbes.

8 Die Dichterin Annette von Droste-Hülshoff hat in den Jahren von 1841 bis zu ihrem Tod 1848 mehrere Jahre auf der **Meersburg** gewohnt; schließlich erwarb sie das in einem Weinberg gelegene Fürstenhäusle, das ebenfalls erhalten ist.
Von dem Fischerdorf, das noch zu Annettes Zeiten zu Füßen der Burg lag, ist wenig übriggeblieben. Meersburg ist heute ein Zentrum des Bodenseetourismus. Seine attraktive Lage zwischen Weinbergen, die Seepromenade mit dem ehemaligen Kornspeicher von 1505 und die steil ansteigende Hauptstraße faszinieren jährlich viele Tausend Besucher. Neben der »Altes Schloss« genannten Meersburg, deren Ursprünge bis ins 7. Jahrhundert zurückreichen, ließen sich die Konstanzer Bischöfe nach Entwürfen von Balthasar Neumann 1741–1750 das Neue Schloss errichten.

9 Nur wenige historische Bauwerke von **Friedrichshafen** sind nach den schweren Zerstörungen im Zweiten Weltkrieg wieder aufgebaut worden, darunter die im Jahr 1695 von Christian Thumb errichtete Schlosskirche, die von der Wessobrunner Stuckatorenfamilie Schmuzer prächtig ausgestattet wurde. Zum modernen Gesicht der lebendigen Stadt gehört die weite Strandpromenade. Der ehemalige Hafenbahnhof, ein Gebäude in sehenswerter Bauhaus-Architektur, ist Sitz des bekannten Zeppelin-Museums, das an die Leistungen des berühmten Luftschiffkonstrukteurs (1838–1917) erinnert. Dort ist auch eine Teilrekonstruktion der »Hindenburg« zu bestaunen. Doch das Museum hat mehr als das zu bieten: Eindrucksvolle Ausstellungen widmen sich verschiedensten Innovationen der Technik und auch der Kunst. Geistes- und naturwissenschaftliche Perspektiven gehen so eine spannende Verbindung ein.

10 Das Herz Oberschwabens ist die Spielestadt **Ravensburg.** Auf einem Spaziergang durch das mittelalterliche Zentrum überquert man den Marienplatz, um den sich das spätgotische Rathaus, das Waag-, das Leder- und das Kornhaus gruppieren. Von diesem Platz aus wendet sich die malerische Marktstraße, an der samstags der Wochenmarkt stattfindet, zum Oberen Tor. Hier erhebt sich mit dem »Mehlsack« das Wahrzeichen der Stadt, ein weiß getünchter Rundturm aus dem 15. Jahrhundert. Auf dem »Burgberg« thront die einst namengebende mittelalterliche Ravensburg, die heute Veitsburg heißt.
Mit Ravensburg zusammengewachsen ist mittlerweile die Stadt Weingarten, die besonders durch ihre mächtige barocke Abteikirche auf sich aufmerksam macht.

11 Liebhaber mittelalterlicher Städtebaukunst zieht es ins württembergische Allgäu nach **Wangen.** Die gesamte Altstadt steht als Ensemble unter Denkmalschutz. Man schlendert vorbei an stattlichen Giebelhäusern, Gaststätten mit kunstvollen Wirtshausschildern, der gotischen Pfarrkirche St. Martin, der Heilig-Geist-Kirche mit angeschlossenem Spital und über den Friedhof bis zur Rochuskapelle.

In Alleinlage thront die Wallfahrtskirche Birnau mit Blick auf die Schweizer Alpen über dem Bodensee.

12 Lindau, das »schwäbische Venedig«, wurde auf einer Insel errichtet, die heute durch Eisenbahndamm und Seebrücke mit dem Festland verbunden ist. Handel und Schifffahrt begründeten den Wohlstand Lindaus, der sich in prächtigen Patrizierhäusern, dem Alten Rathaus mit seiner bemalten Renaissance-Fassade, Laubengängen und schmucken Brunnen manifestiert. Das Haus zum Cavazzen, ein ansehnlicher Barockpalast der italienischen Kaufmannsfamilie Cavazza, beherbergt seit dem Jahr 1929 das Lindauer Stadtmuseum, unter anderem mit einer Ausstellung zur Wohnkultur seit dem 15. Jahrhundert. Im Lindauer Seehafen werden die einfahrenden Schiffe vom bayerischen Löwen und dem neuen Leuchtturm begrüßt.

13 Am Ostufer des Bodensees liegt **Bregenz,** die Hauptstadt Vorarlbergs. An Hafen und Seebühne schließt sich die Unterstadt an, weiter oberhalb liegt die mittelalterliche Oberstadt mit dem Martinsturm, einem ehemaligen Getreidespeicher, und der Pfarrkirche. Von Bregenz ist es nicht mehr weit bis zum Zisterzienserkloster Mehrerau, das auf eine Gründung im 11. Jahrhundert zurückgeht.
Weithin berühmt ist Bregenz heute aber vor allem wegen der Bregenzer Festspiele, einem renommierten, sommerlichen Kulturfest auf der weltweit größten Seebühne, deren Reiz natürlich nicht zuletzt die eindrucksvolle Naturkulisse des Bodensees ausmacht. Die Festspiele, die mittlerweile vor allem Opern- und Musicalproduktionen im Programm haben, gehen auf die Zeit unmittelbar nach dem Zweiten Weltkrieg zurück. Mit der wachsenden Bedeutung des Events wurde eine Ausweichspielstätte für schlechtes Wetter erforderlich; zu diesem Zweck wurde in Bregenz eigens ein Festspielhaus errichtet, das auch für eigene Kulturveranstaltungen genutzt wird.

WANDERN & FREIZEIT

Um die Annehmlichkeiten des Wassers zu genießen, muss man nicht unbedingt im Bodensee baden: Moderne **Thermalbäder** garantieren ganzjähriges Badevergnügen und bieten darüber hinaus all die Raffinessen und Wellness-Angebote, die mittlerweile zum Standardangebot eines gehobenen Bades gehören. Thermen findet man in Konstanz, Lindau und Überlingen.

Klettergärten und Seilparks, in denen man – gut gesichert – in luftiger Höhe durch die Baumwipfel balanciert oder an Seilen in die Tiefe gleitet, erfreuen sich einer stetig wachsenden Beliebtheit. In diese Kategorie gehört auch der **Adventure Park Rheinfall** in Schaffhausen (ap-rheinfall.ch). Vor allem vom Panoramaparcours aus hat man einen schönen Blick hinab auf den Rheinfall.

Museumsbesuche gelten bei den meisten Kindern nicht unbedingt als liebste Urlaubsbeschäftigung. Eine Besichtigung der **Meersburg** mit ihren etwa 35 zugänglichen Räumen ist aber auch Familien mit Kindern unbedingt zu empfehlen. In den historischen Räumlichkeiten wird unter anderem an Annette von Droste-Hülshoff erinnert, man bekommt aber auch Rüstungen, historische Waffen und Kanonen zu sehen. Zum Abschluss kann man das Burg-Café aufsuchen oder den Museumsshop, der hier vor allem die passende Ausstattung für angehende Ritter bereithält.

Eine schöne Wanderung führt von Singen aus hinauf auf den **Hohentwiel.** Die markante Erhebung im Hegau ist 686 Meter hoch und vulkanischen Ursprungs; heute gilt der Berg als bedeutendes Naturdenkmal. Hoch oben auf dem Hohentwiel thront die gleichnamige Festungsruine; zu den regulären Öffnungszeiten kann man das interessante Areal auch besichtigen.

In Bregenz startet man zur Besteigung des 1063 Meter hohen **Pfänders.** Vom Gipfel aus bietet sich ein atemberaubender Blick auf den Bodensee – unbedingt Picknick einpacken und Panorama genießen!

Von Radolfzell aus radelt man auf einem ausgeschilderten Weg rund um die leicht hügelige **Halbinsel Höri,** die Gnadensee und Zeller See trennt.

Der ca. 260 Kilometer lange **Bodensee-Radweg** umrundet den gesamten See. Die gut ausgeschilderte Strecke lässt sich je nach verfügbarer Zeit und Kondition in einzelne Etappen unterteilen.

Das Naturschutzgebiet **Wollmatinger Ried** gilt als natürlicher Lebensraum für seltene Pflanzen und vom Aussterben bedrohte Tiere. Vom Informationszentrum aus können Besucher an zahlreichen Führungen teilnehmen. Zudem ist die Erkundung der Natur durch spezielle Informationspfade möglich.

Die Bregenzer Festspiele sind für ihre spektakulären und raffinierten Bühnenbilder bekannt.

Die Hafeneinfahrt von Lindau bewachen der 36 Meter hohe Leuchtturm und der imposante bayerische Löwe.

Durch das abwechslungsreiche Allgäu

Von Memmingen führt die Tour in die Kurorte Ottobeuren und Bad Wörishofen. Die vielgesichtige Landschaft des Allgäus kündigt sich bei Kempten an, weiter geht es zur südlichsten Stadt Deutschlands, Sonthofen, und zu den Wintersportorten Hindelang und Pfronten. Den Abschluss bilden die Königsschlösser bei Füssen.

TOUR 47

- **Länge:** rund 200 Kilometer
- **Dauer:** 4–6 Tage
- **Start | Ziel:** Memmingen | Füssen

1 Der mittelalterliche Stadtkern der ehemaligen Freien Reichsstadt **Memmingen** lädt zu einem gemütlichen Spaziergang ein. Besonders lohnenswert sind Besichtigungen der spätgotischen Stadtpfarrkirche St. Martin, der typisch schwäbischen Kirche »Unsere Frauen« und des Fuggerbaus, der 1581–1599 als Handelsniederlassung erbaut wurde. 1630 weilte hier Wallenstein. Diesem Aufenthalt zu Ehren feiern rund 2500 Memminger Bürger mit Umzügen, Lagerleben und Theaterspielen auch heute noch alle vier Jahre den »Wallenstein-Sommer«.

2 Der Kneipp-Kurort **Ottobeuren** ist untrennbar mit seinem berühmten, über 1200 Jahre alten Benediktinerkloster verbunden. 1766 fertiggestellt, wirkt der heute barocke Bau so prachtvoll, dass er auch als der »Schwäbische Escorial« bezeichnet wird. Die mächtige Abtei verfügt über etwa 200 Räume; für die Innenausstattung zeichneten so bekannte Künstler wie Johann Michael Feuchtmayer verantwortlich.
Noch heute leben im Kloster Mönche, die neben ihrer Tätigkeit als Seelsorger, Lehrer, Landwirte und Wissenschaftler die Anlage bewirtschaften. Die Klosterbibliothek ist auch heute ein bedeutendes Zentrum der Wissenschaft, und die alljährlichen Orgel- und Kammerkonzerte gelten als Höhepunkte bayerischen Kulturlebens.

3 Der Pfarrer Sebastian Kneipp, der 1881 nach **Bad Wörishofen** übersiedelte, machte den heutigen Kurort weltberühmt. Durch die Bekämpfung seines eigenen Lungenleidens stieß er auf die Heilkraft des Wassers und konnte so in der Folgezeit zahllosen Kranken Linderung verschaffen. Überall wird man an die heilbringende Tätigkeit von Kneipp erinnert. Das 1718 gegründete Dominikanerkloster gilt als Geburtsstätte der Physiotherapie und beherbergt heute ein Kneipp-Museum; in der Pfarrkirche St. Justina wurde dem Seelsorger und Heiler ein Deckengemälde gewidmet.
Den Kurgästen werden unter anderem Meditationsabende, Vortragsveranstaltungen und Kurgottesdienste angeboten. Das Umland mit seinen gepflegten Wanderwegen und zahlreichen Sportanlagen macht einen Kuraufenthalt in Bad Wörishofen zu einem abwechslungsreichen Erlebnis.

4 **Kaufbeuren,** das 1126 erstmals urkundlich erwähnt wurde, ist der Geburtsort von Ludwig Ganghofer (1855–1920). Über ihn kann man im Stadtmuseum mehr erfahren. Dort befindet sich außerdem eine Sammlung von rund 300 Kruzifixen. Im Herzen der pittoresken Altstadt befindet sich das 1659 erbaute Crescentia-Kloster der Franziskanerinnen, heute die Gedenkstätte der selig gesprochenen Kreszentia Höss. Hauptwallfahrtstag ist der 30. April.
Der Fünfknopfturm mit sechs Geschossen und Zeltdach im Westzug der alten Stadtmauer ist das Wahrzeichen der Stadt.

5 Die Ursprünge der Stadt **Kempten** gehen bis in die Römerzeit zurück. Die Ansiedlung in der Provinz Raetia trug damals den Namen »Cambodunum«. 1361 wurde sie zur Reichsstadt erklärt. In der St.-Lorenz-Kirche, die als Wiege des süddeutschen Barocks gilt, befinden sich die Grabmäler der Fürstenäbte. Die Kirche ist der erste bedeutende Bau der »Vorarlberger Bauschule«. Gleich nebenan befin-

Im prunkvollen Barockstil präsentiert sich die Alte Bibliothek der Abtei Ottobeuren.

Die Memminger Altstadt zeigt auf Schritt und Tritt architektonische Zeugnisse des Bürgerstolzes, wie hier am prächtigen Marktplatz.

WANDERN & FREIZEIT

Eine zwei Stunden dauernde Wanderung führt um Oberbeuren auf dem Naturpfad **»Via Aqua«** (blaue Markierung), der mit Infotafeln zum Thema Wasser aufwartet. Die Tour beginnt am Parkplatz des Gasthauses Skihütte und führt an einer Trinkwasserquelle vorbei hinauf zu einer Hochfläche. Hier entspringen zahlreiche Quellen, die zur Trinkwasserversorgung genutzt werden. Der Weg führt nach Großkemnat und zurück Richtung Oberbeuren.

Eine vierstündige Wanderung bietet sich in Immenstadt an. Von der Talstation der Mittagbahn fährt man zur Bergstation auf dem **Mittelberg** (1451 Meter). In nur 20 Minuten führt ein Weg zur Alpe Oberberg. Zurück auf dem Mittelberg, wandert man entlang des Höhenkamms der Nagelfluhkette über den Bärenkopf und weiter bis zum Steineberg (1660 Meter). Über einen Pfad unterhalb der Felswand biegt man links ab und gelangt auf der Südseite des Steinebergs zum Gipfel. Das Alpenpanorama ist fantastisch. Der Rückweg führt zur Mittelstation der Schwebebahn, wobei man beim Sattel zwischen Steineberg und Bärenkopf links abzweigt und zur Station hinabwandert.

det sich die erste barocke Klosteranlage Süddeutschlands, die Residenz der Fürstäbte. In der Innenstadt am Rathausplatz stehen bemerkenswert gut erhaltene alte Häuser wie das Zollhaus mit einem Schatz von bürgerlichen Wandmalereien und das Neubronner Haus, das heute das Stadtarchiv beherbergt.

6 Der Luftkurort **Sonthofen** ist die südlichste Stadt Deutschlands und wurde bereits im Jahr 839 urkundlich erwähnt. Die landschaftliche Umgebung des Ortes verleitet geradezu zum Schwärmen und zahlreiche Wanderwege machen Lust auf einen Erkundungsgang. Im Ort selbst empfiehlt sich ein Besuch im Alpenstadtmuseum. Abwechslungsreiche Dauerausstellungen beleuchten verschiedene Aspekte der Stadtgeschichte, dazu gehört auch das historische Bauernhaus, das mit authentischer Inneneinrichtung in das bäuerliche Familienleben im 19. Jahrhundert entführt.
Am Faschingssonntag wird auf dem Rathausplatz alle drei Jahre das »Egga-Spiel« veranstaltet, ein altes Allgäuer Fastnachtsspiel, bei dem im Getümmel prachtvoller Maskeraden eine Hexenpuppe verbrannt wird.

7 Der Name des Kneipp-Kurortes und Wintersportzentrums **Hindelang** geht auf eine von dem Priester »Hundilanc« im Jahre 1170 gemachte Schenkung zurück. In puncto Tourismus gilt bei den Hindelangern die Devise »Klasse statt Masse«. Besonders für den Naturschutz setzt man sich hier auf vorbildliche Art und Weise ein. Die hiesigen Landwirte verzichten auf mineralischen Dünger und chemische Pflanzenschutzmittel und wurden deshalb mit dem Deutschen Umweltpreis für das »Öko-Modell Hindelang« ausgezeichnet. Mit einem reichhaltigen Angebot an Freizeiteinrichtungen sorgt sich die Gemeinde um das Wohlergehen ihrer aktiven Gäste.
Wenn der Alpsommer vorbei ist, werden die Kühe geschmückt und mit wertvollen Kuhglocken behängt. Der Viehscheid, der zwischen dem ersten und dritten Wochenende im September stattfindet, zählt zu den Höhepunkten im Allgäuer Brauchtum, so auch in Hindelang.

8 Der Luftkurort **Pfronten** ist der größte Ferien- und Wintersportort des Ostallgäus. Er besteht aus insgesamt 13 Ortschaften, die zum Teil recht weit auseinander liegen. Einen besonderen Blick auf die Seen des Umlandes, die Königsschlösser, den Säuling, die Zugspitze und die Tannheimer Berge hat man von der Burgruine Falkenstein auf 1270 Meter Höhe. König Ludwig II. kaufte sie 1884, um hier eine gotische Burg als Gegenstück zum romantischen Schloss Neuschwanstein errichten zu lassen. Seine großen Träume von einer »Raubritterburg« konnte er infolge seines tragischen frühen Todes jedoch nicht mehr realisieren.

Der Hinanger Wasserfall bei Sonthofen.

Nördlich von Pfronten kann die Ruine der im Spätmittelalter errichteten Burg Hohenfreyberg besichtigt werden.

Wahrlich märchenhaft zeigt sich Schloss Neuschwanstein, das zu den meistbesuchten Sehenswürdigkeiten Deutschlands zählt.

9 Am Ende der »Romantischen Straße« liegt **Füssen,** dessen Stadtbild vom Hohen Schloss beherrscht wird. Dieses Paradebeispiel mittelalterlichen Burgenbaus mit seinen um 1500 entstandenen Holzkassettendecken im Rittersaal birgt heute ein Museum mit spätgotischen Skulpturen und Malereien aus dem schwäbisch-bayerischen Raum. Außer seiner Nähe zu den Schwanenschlössern ist Füssen auch wegen seiner zahlreichen anderen Sehenswürdigkeiten wie der Stadtpfarrkirche St. Mang, der Spitalkirche Heilig Geist und der St.-Anna-Kapelle sowie der pittoresken Altstadt mit engen Gässchen und Straßencafés beliebt.

10 Inmitten der malerischen Umgebung von Schwangau und der Ostallgäuer Seenplatte ließ König Maximilian II. im Jahre 1832 die Ruinen von drei Stauferburgen restaurieren. Daraus entstand im Stil der Neugotik **Schloss Hohenschwangau.** Im Inneren finden sich zahlreiche Malereien und Fresken von Moritz von Schwind, in denen Szenen aus deutschen Sagen sowie der bewegten Vergangenheit dieses Gebiets dargestellt sind. Hier verbrachte der junge Kronprinz und spätere »Märchenkönig« Ludwig II. oft die Sommermonate. In dieser Abgeschiedenheit und der eher düsteren Atmosphäre gab sich der spätere König seinen romantischen Fantasien hin und träumte von einem Schloss »im echten Stil der alten teutschen Ritterburgen«.
In späteren Jahren verwirklichte er diesen Traum in Form des **Schlosses Neuschwanstein.** Außer von der Burgenromantik ließ sich Ludwig II. bei der pompösen Innenausstattung von seinem Freund Richard Wagner und dessen Opern »Tannhäuser«, »Lohengrin« und »Parsifal« inspirieren. Das Herzstück des Schlosses ist der hoch aufragende Palas mit Sängersaal und Thronsaal, in dem Ludwig seinen Träumen von unumschränkter Macht nachhing. Leider konnte der König in seinem Märchenschloss nur für kurze Zeit wohnen, da er am 13. Juni 1886 im Starnberger See den Tod fand.
Das Schloss kann nur in Verbindung mit einer Führung besichtigt werden. Ein besonders schöner Blick auf die mächtige Anlage bietet sich dem Besucher von der 90 Meter hohen Marienbrücke aus, die den Süden und den Osten des Burgbergs, die Pöllatschlucht, überspannt.

Von dichten Wäldern und idyllischen Seen ist die Umgebung von Hohenschwangau geprägt.

Viele Gemälde zieren das Innere von Hohenschwangau.

Illusionsmalereien zeigt die Fassade des Hohen Schlosses in Füssen.

WANDERN & FREIZEIT

Der besonders eindrucksvolle **Tobelweg** beginnt in Hindelang, wo Joch- und Alpenstraße zusammentreffen. Für die gut angelegten Steige, die an kritischen Geländestellen mit Stahlseilen und teilweise auch mit Tritteisen gesichert sind, ist wegen des steilen Geländes jedoch absolute Trittsicherheit und Geschicklichkeit notwendig.

Von Pfronten aus bietet sich ein Aufstieg auf den **Breitenberg** an. Von der Talstation führt der Weg ins Achental. Von dort aus beginnt ein steiler Anstieg auf der bewaldeten Nordwestflanke, die am Ende relativ flach auf den Grat zuläuft. Der teilweise recht anstrengende Aufstieg ist von geübten Wanderern in gut 2,5 Stunden zu bewältigen. Ausblicke bis zum Bodensee kann man bei einer Kammwanderung über die Hörnergruppe genießen.

In Füssen lässt sich eine knapp zehn Kilometer lange **Vier-Seen-Radrunde** in Angriff nehmen. Start ist am Parkplatz Morisse. Dann führt die Strecke durch das Faulenbacher Tal vorbei am Mitter- und Obersee und mit einem Anstieg hinauf zum Alatsee. Im Hochsommer ist eine Abkühlung im See gerade recht. Dann geht es flott hinab zum Weißensee und über den Kobelhangweg und die Kemptener Straße zurück zum Ausgangspunkt. Die Tour führt ausschließlich über geteerte Rad- und Wirtschaftswege und ist auch für Familien geeignet.

Der **König-Ludwig-Weg,** der im Jahr 1977 eröffnet wurde, führt auf mehreren Etappen über insgesamt rund 120 Kilometer den Lech aufwärts zwischen eiszeitlichen Höhenzügen und Gletscherbecken ins Voralpengebiet. Der Weg startet an der Votivkapelle in Berg am Starnberger See und endet im Allgäu an der Grenze zu Österreich bei Füssen. Der Wanderweg kann in mehrere Etappen unterteilt werden. Zahlreiche kommerzielle Anbieter haben auch ein Wandern ohne Gepäck-Programm in ihrem Angebot. Die Wegstrecke ist durchgängig blau-weiß, mit einem blauen »K« auf weißem Grund, gekennzeichnet.

Der 410 Kilometer lange **Bodensee-Königssee-Radweg** durchquert in einigen Teiletappen das Westallgäu, Oberallgäu und Ostallgäu. Die anspruchsvolle Mehrtagestour erfordert Kondition. Die Stecke führt dabei zu vielen idyllischen Voralpenseen und durchquert eine fantastische Voralpen- und Alpenlandschaft. Im Allgäu bieten sich die Teilstrecken von Lindau nach Immenstadt und weiter nach Füssen an. Der Fernradweg ist mit der Bezeichnung »Bodensee-Königssee-Radweg« sehr gut beschildert. In großen Teilen führt der Weg entlang gut befestigter Radwege, allerdings sind auch einige Höhenmeter zu absolvieren.

Unterwegs im Fünfseenland

Starnberger, Ammer-, Wörth-, Pilsen- und Weßlinger See sind umgeben von sanften Hügeln und dunklen Wäldern. Die Tour vom Starnberger See über Weilheim bis zur Wieskirche spiegelt eine Welt voller Gegensätze: Beschaulichkeit neben Trubel, landschaftliche Vollendung neben feudalen Bauwerken.

Von der Ilkahöhe oberhalb von Tutzing genießt man fantastische Ausblicke zum Starnberger See.

TOUR 48
- **Länge:** rund 180 Kilometer
- **Dauer:** 3–5 Tage
- **Start | Ziel:** Starnberg | Wieskirche

1 Wohnort der »oberen Zehntausend« ist die Kreisstadt **Starnberg** am gleichnamigen See, dessen Angebot an Strandpromenaden, Bootsverleihen und Wassersportclubs zahlreiche Besucher vor allem aus dem nahen München anlockt. Starnbergs Rokokokirche St. Joseph mit einem meisterhaften Hochaltar sowie wundervollem Stuck und Fresken zählt zu den schönsten der Region.
Die letzten Tage vor seinem mysteriösen Tod am 13. Juni 1886 verbrachte König Ludwig II. im benachbarten Schloss Berg, ehe der Monarch sowie sein Leibarzt Dr. Gudden tot am Seeufer aufgefunden wurden.

2 Besonderer Anziehungspunkt von **Schäftlarn** an der Isar sind die Anlagen des

Feiner Morgennebel hüllt die Roseninsel im Starnberger See mystisch ein.

ehrwürdigen Barockklosters, erbaut 1702–1707, sowie der jüngeren Rokokokirche. Das Klostergebäude fungiert heute als Internat und steht durch seine Schlichtheit in einem markanten Kontrast zu der mit Fresken und Stuck verzierten Klosterkirche. Das Klosterbräustüberl lädt nach der Besichtigung zu einer Rast ein.

3 Der am Südende des Starnberger Sees gelegene Erholungsort **Seeshaupt** profitiert vor allem von seiner Nähe zu der unter Naturschutz stehenden Seenplatte, den Osterseen. Hier sind noch ausgedehnte Schilfgürtel erhalten. Die 19 Seen entstanden vor 20000 Jahren aus einem Eisblock und sind von einer einzigartigen Flora und Fauna umgeben. Zahlreiche Wanderwege durchziehen das Gebiet.

4 Der einstige Fischerort **Tutzing** wurde vor bereits über 1200 Jahren erstmals urkundlich erwähnt und ist heute ein beliebter Erholungs- und Luftkurort mit einem eigenen Strandbad, mehreren Bootshäfen und schönen Wanderwegen ins wald- und schluchtenreiche Hinterland. Das Tutzinger Schloss beherbergt die Evangelische Akademie und die Akademie für politische Bildung.

Weißgoldene Eleganz in der Klosterkirche St. Dionys und St. Juliana in Schäftlarn.

WANDERN & FREIZEIT

Eine Radtour zwischen Starnberger und Ammersee führt an Weßlinger, Pilsen- und Wörthsee vorbei durchs **Fünfseenland.** Hier bieten sich idyllische Uferpromenaden, bäuerliches Hügelland und wundervolle Ausblicke.

Das Naturschutzgebiet der 19 **Osterseen** von Seeshaupt am Starnberger See bis Iffeldorf bietet Wanderern, Radfahrern und Anhängern des Walking-Sports eine fantastische Kulisse mit den türkisfarbenen Seen mit Schilfgürteln, ausgedehnten Moorlandschaften und immer wieder eindrucksvollem Blickwinkel auf das sich bietende Bergpanorama. Eine gemütliche Familien-Rundwanderung (für Kinderwagen nicht geeignet) beginnt am Parkplatz in Iffeldorf und führt weiter um den Fohnsee und um den Großen Ostersee. Am Großen Ostersee ist Baden erlaubt.

5 In **Feldafing** verbrachte bereits Kaiserin Elisabeth von Österreich in dem noch heute existierenden und nach ihr benannten Hotel »Kaiserin Elisabeth« 24 Sommer. Auf der romantischen »Roseninsel«, auf die man mit einem historischen Boot übersetzen kann, ließ König Maximilian II. eine Villa im pompejanischen Stil erbauen. Ludwig II. nutzte sie um sich hier mit seiner acht Jahre älteren Kusine »Sisi« zu treffen.

6 Das Kloster in **Andechs** ist heute die populärste Marienwallfahrtsstätte Bayerns. Das Kloster, die Burg und die Kirche wurden von den Grafen von Andechs-Meran gegründet. Nach dem Aussterben dieses Geschlechts begann die geistliche Geschichte der Anlage, die heute zum Benediktinerorden gehört. Die gotische Klosterkirche besticht durch Stuckaturen, Deckenfresken, den Hochaltar mit dem berühmten spätgotischen Gnadenbild der thronenden Muttergottes und ein Deckengemälde von Johann Baptist Zimmermann in der Antoniuskapelle.
Ein würdiger Ausklang der Wallfahrt zum »heiligen Berg« ist ein Besuch der Klostergaststätte mit ihrem herrlichen Biergarten, einer wunderbaren Aussicht und dem bekannten selbst gebrauten Andechser Bier.

7 Seit Jahrhunderten genießt die Kleinstadt **Dießen** einen hervorragenden Ruf für ihre geschmackvolle Handwerkskunst. Erholung und Freizeitspaß bieten zwei Strandbäder, ein Hallenschwimmbad, eine Segelschule und eine Reithalle. Kulturellen Interessen kann man bei einem Besuch der Klosterkirche Maria Himmelfahrt gerecht werden, die als eine der schönsten bayerischen Rokokokirchen gilt (1739).

8 Im Jahr 1964 wählte die Deutsche Bundespost **Raisting** zum Standort der größten Erdfunkstelle der Welt. Die gesamte Anlage ist mittlerweile an eine internationale Firma verkauft. Via Fernsprechsatelliten bestehen von Raisting aus Fernseh- und Fernsprechverbindungen mit vielen Ländern der Welt. Die Nachrichtensatellitenstation mit ihren großen Parabolantennen ergibt zusammen mit der wunderschönen Voralpenlandschft einen tollen Kontrast; darunter auch der sogenannte »Radom« (Radar-Dom), die Antenne 1, eine gigantische Kugel, die seit Ende des Kalten Kriegs nicht mehr in Betrieb ist und nun in Raisting den Status eines Denkmals genießt.

9 Am Nordostrand des Pfaffenwinkels gelegen profitierte die heutige Kreisstadt **Weilheim** bereits im 17. und 18. Jahrhundert von ihren gut situierten Bewohnern, vornehmlich Künstlern und Handwerkern, die ihr Geld in schmucke Häuser investierten. Mittelalterliches Flair, schöne Einkaufsmöglichkeiten und einige Lokale laden zum Bummeln ein. Als Wahrzeichen Weilheims gilt der 45 Meter hohe Turm der frühbarocken Pfarrkirche St. Mariä Himmelfahrt. In deren Innerem befinden sich wertvolle Gemälde und Plastiken wie die »Beweinung Christi« von Martin Knoller (1790), Altäre von Franz Xaver Schmädl und das Präntl-Grabmal von Adam Krumpper.

10 Leider ist das Benediktinerkloster, welches 753 von Herzog Tassilo III. in **Wessobrunn** gegründet wurde, nicht mehr vollständig erhalten. Der Ort war bereits im frühen Mittelalter ein bedeutendes Kulturzentrum: Die »Wessobrunner Gebete«, zur Ansicht nachgeschrieben auf einem Findlingsblock, sind eines der ältesten deutschen Sprachdenkmäler.
Im 17. und 18. Jahrhundert wirkte die »Wessobrunner Schule« stilprägend auf den Gebieten von Architektur, Plastik und Freskomalerei. Sehenswert sind der herrlich stuckierte Tassilo-Saal, der romanische Turm

Um das Wohl der Pilger sorgen Benediktinermönche in der Andechser Wallfahrtskirche an der Ostseite des Ammersees.

der Klosterkirche und die Pfarrkirche St. Johannes mit einem überlebensgroßen spätromanischen Kruzifix (um 1250).

11 An der einst bedeutenden Handelsstraße Via Claudia Augusta erreichte **Schongau** im 17. und 18. Jahrhundert seine wirtschaftliche Blütezeit. Aus dieser Ära stammt der barocke Neubau der Pfarrkirche Mariä Himmelfahrt, an dessen Bau Dominikus Zimmermann und Franz Xaver Schmuzer sowie der Stuckateur Matthäus Günther maßgeblich beteiligt waren.
In Schongau ist die lange Tradition der Lechflößerei seit 2024 auch von der UNESCO als Immaterielles Weltkulturerbe geadelt. Heute werden vor allem Ausflugstouren angeboten: An allen Sonntagen von Juli bis Anfang Oktober finden die Floßfahrten statt.

12 Die Klosterkirche St. Johannes in **Steingaden** ist eine der bedeutendsten Kirchen des Pfaffenwinkels und deren Innenausstattung in ihrer Mischung aus Barock und Rokoko ein typisches Zeugnis des Stilwandels der Wessobrunner Schule. Aus spätromanischer Zeit stammt die Johanneskapelle, in der Dominikus Zimmermann seit 1766 seine letzte Ruhestätte gefunden hat.

Die Rokokopracht in der Klosterkirche Andechs ist überwältigend.

Die Wieskirche, ein grandioses Meisterwerk des Rokoko, zählt zu den beliebtesten Wallfahrtskirchen Deutschlands.

13 Durch ihre Lage auf einem kleinen Hügel ist die »Wallfahrtskirche zum gegeißelten Heiland«, meist einfach **Wieskirche** genannt, bereits von Weitem sichtbar. Die vielleicht bedeutendste Rokokokirche der Welt entstand, nachdem eine Bäuerin im Jahr 1738 an einem Bildstock mit einem Gnadenbild des gegeißelten Heilands Tränen gesehen hatte.
Dominikus Zimmermann wurde als Baumeister, sein Bruder Johann Baptist als Maler-Stuckateur verpflichtet. Die Kirche gilt als ein überaus gelungenes Gesamtkunstwerk von Malerei, Stuckatur, Plastik und Architektur und wurde im Jahr 1983 von der UNESCO zum Weltkulturerbe erklärt.
Besonders faszinierend ist die Mischung aus leidensvollem Gnadenbild und innerer Heiterkeit, die der Anblick der Architektur auslöst. Heute ist das Gotteshaus nicht nur ein bedeutender Wallfahrtsort, sondern wird ebenfalls für festliche Konzerte genutzt, die sich beim Publikum großer Beliebtheit erfreuen.

Mit Rokokopracht der Brüder Zimmermann bezaubert die Wieskirche in ihrem Inneren.

WANDERN & FREIZEIT

Eine landschaftlich abwechslungsreiche kleine Wanderung verläuft von Tutzing (gestartet wird am S-Bahnhof) westlich zur **Ilkahöhe.** Mit 728 Meter ist dies der höchste Moränenhügel am Starnberger See, der einen wunderbaren Blick auf den See und auf das sich dahinter auftürmende Alpenpanorama bietet. Im Forsthaus Ilkahöhe und im zugehörigen Biergarten kann man gut einkehren.

Von Herrsching am Ammersee startet der **Andechser Rundweg** durch eine verträumte ländliche Gegend über Frieding und Machtling mit dem lohnenden Ziel, die geistigen und leiblichen Genüsse in Bayerns ältester Wallfahrt, Kloster Andechs, zu genießen. Der Rückweg führt durch das landschaftlich reizende Kiental zurück nach Herrsching, wo sich vielleicht noch eine Fahrt auf dem Ammersee mit einem der Ausflugsschiffe oder ein erfrischendes Bad als gelungener Abschluss des Tages anbieten.

Von der Gegend um den Ammersee aus empfiehlt sich ein Abstecher zu den kleineren, benachbarten **Badeseen.** Ideale Bademöglichkeiten bietet der etwa vier Kilometer lange und zwei Kilometer breite Wörthsee. Mit einem Ruderboot lässt sich die einzige Insel im See erkunden – Wörth, die dem Gewässer seinen Namen gab. Nach einem Spaziergang entlang der kurzen Uferpromenade des Weßlinger Sees sorgt der »Gasthof Zur Post« in Weßling mit typisch bayerischen Schmankerln für das leibliche Wohl in einem Biergarten unter Kastanien. Der Pilsensee war ursprünglich ein Teil des Ammersees, wurde aber durch Schuttablagerungen von diesem abgetrennt. Er ist mit einer Fläche von zwei Quadratkilometern einer der wärmsten Seen Oberbayerns und kann sich einer sehr geringen Wasserverschmutzung rühmen. Wegen seiner artenreichen Flora und Fauna steht er unter Naturschutz. Über dem See wacht Schloss Seefeld. Wer die Strecke mit dem Fahrrad fahren will, muss mit rund 65 Kilometer Streckenlänge rechnen.

Ein rund ein Kilometer langer Rundweg durch den **Paterzeller Eibenwald** – eines der ältesten Naturschutzgebiete Deutschlands – eröffnet Einblicke in die prächtige Vielfalt der Natur. Ausgangspunkt ist der Parkplatz am Gasthof »Zum Eibenwald«, wo man auch Faltblätter mit Wissenswertem über den Eibenwald, der bereits 1939 unter Naturschutz gestellt wurde und das größte Eibenvorkommen Deutschlands ist, erhält. Informative Klapptafeln verraten auf dem Weg, der in gut einer Stunde bewältigt werden kann, mehr über diese seltene Baumart und ihren Lebensraum. Über 2000, teils mehrere Hundert Jahre alte Eiben sorgen für eine besondere Stimmung in diesem Wald.

Auf einer Streckenlänge von rund 2,5 Kilometern führt der **Senioren-Steig,** der auch sehr gut geeignet ist für Familien mit Kindern, vom Ortszentrum Hohenpeißenberg hinauf auf den Hohen Peißenberg (988 Meter). Zunächst geht der Weg durch den Bruckwald, kreuzt die Bergstraße und führt eine kleine Teilstrecke auf der ehemaligen Fahrstraße zum Gipfel. Nach dem Verlassen des Waldes geht es immer entlang der Ausschilderung über Wiesen und Weiden auf den Hohen Peißenberg. Immer wieder eröffnen sich fantastische Ausblicke zum Fünfseenland und zu den Bergen. Wer Zeit und Lust hat, kann auf der letzten Teilstrecke der Wanderung den Lehrpfad Wetter und Klima (rund 500 Meter lang) mit seinen interessanten Schautafeln in seine Tour einbeziehen.

Eine zehn Kilometer lange Rundwanderung führt von Steingaden entlang der Wegstrecke 2 über die Schlögelmühle und weiter über den Brettleweg, der das Wiesfilz überquert, zur **Wieskirche.** Nach der Besichtigung führt der Weg über die Landvolkshochschule Wies und Litzau zurück zum Ausgangspunkt. Ohne die Zeit für die Besichtigung ist mit rund drei Stunden zu rechnen. Die Wies passiert auch der König-Ludwig-Weg von Füssen zum Starnberger See.

Alpen und Alpenvorland

Das Alpenland, als das sich unsere Republik gern touristisch präsentiert, ist Deutschland mit Sicherheit nicht. Die Alpen sind bei uns eher eine reizvolle »Randerscheinung«. Was die südliche Region allerdings nicht weniger besuchenswert macht. Das liebliche Alpenvorland gleicht einer Bilderbuchlandschaft.

Das alpine Hochgebirge nimmt hierzulande allenfalls ein Hundertstel der Landesfläche ein. Selbst wenn man das von den Alpenflüssen durchflossene Vorland bis zur Donau sowie die Voralpen hinzurechnet, ergibt sich nur ein vergleichsweise kleiner Flächenanteil. Doch der umschließt viele Reiseziele, die nicht nur für Gäste aus dem Ausland ein absolutes »Muss« auf ihrem Reisefahrplan sind.
Zu Recht, denn das mit Kunstschätzen prall gefüllte, vom Landschaftscharakter her liebliche Vorland und das grandiose alpine Hochgebirge im Hintergrund gehören zweifellos zu den schönsten und interessantesten Landschaften, die über Donau und Main hinweg bis hinauf zur »Waterkant« zu finden sind. Die oberschwäbisch-oberbayerischen Alpen bilden vom Allgäu bis hinüber zum Berchtesgadener Land den nördlichsten Strang der Kalkhochalpen. Mit knapp 3000 Meter Meereshöhe erreichen die höchsten Gipfel (darunter die Zugspitze als Deutschlands höchste Erhebung) zwar nicht die Höhen der Bergriesen in den Zentralalpen und die Vergletscherung ist bloß dürftig; bei der wilden Hochgebirgsszenerie können unsere von den Gletschern der Eiszeiten geformten Berge jedoch leicht mithalten.
Die obere Baumgrenze und damit das untere Limit der Lebensräume alpiner Pflanzen und Tiere verlaufen in den Deutschen Alpen sogar deutlich niedriger als zum Beispiel in den Schweizer Alpen. Steinböcke, Gämsen und Murmeltiere sind zumindest im Sommer schon oberhalb von 1800 Meter anzutreffen. Ebenso blühen dort charakteristische Gewächse der

Von vielen Gipfeln hat man einen grandiosen Blick zum legendären Watzmann.

Hochgebirge, unter anderem die Enziane oder das Edelweiß. Am üppigsten natürlich in den großen Naturreservaten der Region wie dem Nationalpark Berchtesgadener Alpen. Das von Natur aus fast vollständig bewaldete Nördliche Alpenvorland ist heute ein abwechslungsreiches Mosaik aus Wiesen, Feldern und kleineren Waldinseln.

Wie die Almen in den mittleren Gebirgslagen wurde es in Jahrhunderten vom Menschen gestaltet. Moore und zahlreiche kleine und große Seen – vom Bodensee im Westen bis zum Chiemsee im Osten – sowie die vielfach nur zum Teil gebändigten Alpenflüsse setzen hier als ökologisch besonders wertvolle Feuchtgebiete natürliche Akzente.

Der Chiemsee mit der Herren- und der Fraueninsel ist auch ein Beispiel dafür, wie sich im Vorland Natur und Kultur durchdringen und verflechten. Was wäre außerdem das »Märchenschloss« Neuschwanstein ohne die überwältigende Szenerie der Füssener Voralpen, die weltberühmte Wieskirche, ein Kleinod des Barock, ohne die Ammergauer Berge, die ehemalige Abtei in Bad Schussenried ohne die sanft gewellten Hügelketten Oberschwabens. Hinzu kommt, dass man in den Deutschen Alpen und ihrem Vorland nahezu alle denkbaren Arten von Sommer- und Wintersport betreiben und vorzüglich kuren kann.

Das Murnauer Moos ist ein Biotop mit großer Artenvielfalt.

Das Alpenvorland zwischen Loisach und Inn

Im oberbayerischen Alpenland gibt es viel zu sehen. Die Tour führt vom Geigenbauort Mittenwald über Garmisch-Partenkirchen zum Königsschloss Linderhof. Von dort geht es durch Oberammergau zum Tegernsee und weiter nach Bayrischzell. Die Alpenkulisse macht jede Wanderung zum Highlight.

TOUR 49

- **Länge:** rund 240 Kilometer
- **Dauer:** 3–5 Tage
- **Start | Ziel:** Mittenwald | Bayrischzell

1 Den Namen **Mittenwald** erhielt der Ort durch seine Lage mitten im Scharnitzer Wald, umgeben vom mächtigen Wetterstein- und Karwendelgebirge. Neben Oberammergau zählt Mittenwald zum Zentrum der Lüftlmalerei, welche an den Hauswänden die Geschichte der Stadt erzählt. Goethe beschrieb den Ort als »lebendiges Bilderbuch«. Bekannt ist Mittenwald wegen der Geigenbaukunst, eine Fertigkeit, die Matthias Klotz nach einer Lehre bei Amati in Italien in sein Heimatdorf mitbrachte.
Ein kleiner Abstecher führt zum **Walchensee.** Der dunkelgrüne Gebirgssee vor der eindrucksvollen Kulisse von Karwendel- und Wettersteingebirge ist ein Paradies für Wind- und Kitesurfer, aber auch bei Anglern hat er mit seiner erstklassigen Wasserqualität und seinem reichen Bestand an Seeforellen und Hechten einen guten Ruf. Mit der Herzogstandbahn Walchensee kann man vom Seeufer aus bequem zum Bergasthof hinauffahren und den Ausblick genießen. Auf einem schmalen Pfad, der Trittsicherheit und festes Schuhwerk erfordert, geht es dann in 45 Minuten zum Herzogstandgipfel, von dort eröffnet sich ein fantastischer Panoramablick, der sowohl weit in das Alpenvorland als auch zu den Alpengipfeln reicht.

2 Garmisch-Partenkirchen ist durch seine Lage in den deutschen Alpen, als Talort der Zugspitze, als Austragungsort der Vierschanzentournee, der alpinen Skiweltmeisterschaften und als Olympiastadt zur weltbekannten Wintersportmetropole avanciert. Der Luftkurort bietet mit seiner reizvollen Umgebung, wie den romantischen Schluchten von Partnach- und Höllentalklamm, naturbelassenen Bergseen und zahlreichen Bergbahnen, hervorragende Erholungsmöglichkeiten.

3 Ein Unikum in Bayern ist das monumentale **Kloster Ettal** aufgrund des Kuppelbaus seiner Klosterkirche. Kaiser Ludwig der Bay-

Die Spiegelung der Berge und sein klares Wasser machen den Eibsee zu einer Augenweide.

WANDERN & FREIZEIT

Auf dem Parkplatz vor dem Hotel Rieger in Mittenwald startet die einfache, rund dreistündige Wanderung zum **Lautersee und Ferchensee.**
Am Kurpark führt der Weg in die Ferchenseestraße, dann steil hinauf und immer entlang des Hauptweges zum Lauter- und weiter zum Ferchensee. Wer die Wanderung um gut eine Stunde abkürzen will, umrundet nur den Lautersee und geht nicht weiter zum Ferchensee. An beiden Seen gibt es Einkehr- und Bademöglichkeiten.
Auf dem Lautersee kann man auch ein Ruder- oder Tretboot mieten und auf diese Weise den See erkunden. Auf dem Rückweg geht es vorbei an der Kapelle Maria Königin, immer der Beschilderung Mittenwald folgend über den Schwibbader Weg zurück ins Tal.

Von Garmisch-Partenkirchen nach Grainau und dort Richtung Eibsee fahren. Bei der Informationstafel beginnt eine Wanderung rund um den **Eibsee,** mit seinem kristallklaren Wasser, das sich im Farbspektrum von Hell- über Tiefblau bis Türkis zeigt. Der Weg gewährt immer wieder einzigartige Blicke auf Deutschlands höchsten Berg, die Zugspitze. Es gibt auch eine Badeanstalt, einen Bootsverleih und Einkehrmöglichkeiten. Die Streckenlänge beträgt etwa sieben Kilometer und ist je nach Kondition gut in eineinhalb bis zwei Stunden zu bewältigen.

Faszinierende Natureindrücke verspricht eine Wanderung zur berühmten **Partnachklamm.** Ausgangspunkt ist das Olympia-Skistadion in Garmisch-Partenkirchen. Der Weg führt vorbei an der Talstation der Bergbahn zum Graseck. Schnell ist man beim Eingang zur Klamm angelangt. Die rund 900 Meter lange Schlucht der Partnach überwindet wild tosend einen Höhenunterschied von 90 Metern. Festes Schuhwerk und wasserdichte Kleidung sind unabdingbar.

Garmisch-Partenkirchen betört trotz Urbanität mit prächtiger Oberbayern-Romantik.

Das hübsche Münter-Haus in Murnau war einst ein wichtiger Treffpunkt der Avantgarde.

In Mittenwald kann man dank Lüftlmalerei prächtige Kunstwerke an frischer Luft bestaunen.

er hat es der Ortschaft aufgrund eines Gelübdes nach seiner Rückkehr aus Italien gestiftet. Heute leben hier Benediktinermönche, die den Erhalt des Klosters durch eine eigene Brauerei, die Herstellung eines Likörs, eine Schaukäserei, einen Buch- und Klosterladen und den Betrieb eines komfortablen Hotels finanzieren. Auch ein humanistisches Gymnasium mit Internat gehört zur Anlage.

4 Nach dem Vorbild des Petit Trianon in Versailles erbaut ist das kleine und intime **Schloss Linderhof,** das einzige unter den Märchenschlössern Ludwigs II., das bereits zu dessen Lebzeiten fertiggestellt wurde. Zitate des italienischen Barocks neben französischem Rokoko, im Park der berühmte Maurische Kiosk der Pariser Weltausstellung von 1867 sowie Anleihen aus Antike und Romantik führen den Besucher ins Reich der königlichen Fantasie. Im Inneren des Schlosses ist das »Tischleindeckdich« – ein in den Boden zur Küche versenkbarer Esstisch – eine der Hauptattraktionen.

5 Franz Seraph Zwinck, der Erfinder der Lüftlmalerei, verbrachte sein Leben in **Oberammergau** und die bunte Bemalung der Häuserfassaden prägt das Stadtbild bis heute. Die Kunst der Holzschnitzerei wird hier seit mehr als 1000 Jahren gepflegt. Zahlreiche Schnitzer arbeiten noch immer in den Werkstätten. Am Ortseingang hat man den »Kraxentragern«, Hausierern, die ihre wertvollen Schnitzobjekte im 18. Jahrhundert in ganz Mitteleuropa feilboten, ein Denkmal gesetzt.
Weit über die Grenzen Bayerns hinaus bekannt ist Oberammergau jedoch in erster Linie als Ort der Passionsspiele. Alle zehn Jahre gedenken die Bürger der Erlösung von der Pestepidemie des Jahres 1633.

Ein idyllisches Bild geben die Bootshäuser am Kochelsee nahe Schlehdorf ab.

Inmitten blühender Wiesen und vom Alpenpanorama umgeben das Kloster Benediktbeuern.

Über die Pfarrkirche am Schliersee führt der Blick zur Brecherspitz.

6 Die Umgebung von **Murnau** besticht durch eine faszinierende Flora und Fauna in einem naturgeschützten Hochmoorgebiet am Staffelsee. Die Ortschaft mit ihren farbenfrohen Giebelhäusern lockte einst die Künstler Wassily Kandinsky, Gabriele Münter, Carl Spitzweg, Max Beckmann, August von Kaulbach und Ödon von Horváth hierher. Die Hauptattraktion ist das Schlossmuseum mit wertvollen Hinterglasbildern. Die Malereien am neugotischen Rathaus zeichnen die Gründungsgeschichte nach, zu der Kaiser Ludwig der Bayer den Anstoß gab. Heute laden der Staffel- und der Riegsee zum Baden, Campen und Wandern ein.

7 Der Luftkurort **Kochel** liegt direkt am gleichnamigen See, einem beliebten Ausflugsziel für Badelustige. Im Ortszentrum steht das Denkmal des legendären Schmieds von Kochel, der den Bauernaufstand gegen das Regime der Österreicher im Jahr 1705 anführte und in der »Mordweihnacht« auf dem Sendlinger Friedhof in München den Tod fand. Auf dem Friedhof von Kochel liegt der berühmteste Bürger der Stadt, der Maler Franz Marc (1880–1916), begraben.

8 Das älteste Kloster Oberbayerns wurde im Jahr 739 vom heiligen Bonifatius in **Benediktbeuern** gegründet. Goldschmiedekunst, Malerei und das bedeutende Skriptorium hatten ihre Blütezeit im Hochmittelalter. In der Schreibstube entstanden unter anderem die Texte der »Carmina Burana«. Im November ist der Klosterhof das Ziel des traditionellen Leonhardiritts.

9 Die Bezeichnung Heilbad verdankt **Bad Tölz** der Entdeckung der reinsten und stärksten Heilquellen am Sauersberg. Am linken Isarufer liegt das Kurviertel, am rechten die mittelalterliche Altstadt mit wundervollen Fresken, Arabesken und Lüftlmalereien an den Häusern entlang der Marktstraße. Im Rathaus befindet sich das Stadtmu-

Der 7,5 Kilometer lange Tegernsee lässt sich mit Ausflugsbooten erkunden, hier mit dem Wallberg im Hintergrund.

seum mit einer Übersicht über Geschichte und Brauchtum der Stadt. In der von Johann Schmuzer erbauten Wallfahrtskirche Mariahilf schildern Fresken im Altarraum die Tölzer Pestprozession von 1634.

10 Der **Tegernsee** wird als »Kronjuwel Bayerns« bezeichnet. Der gleichnamige heilklimatische Kurort zählt zusammen mit Benediktbeuern zu den ältesten bayerischen Landesordnungen. Vom ursprünglichen Kloster ist heute nur noch das Bräustüberl übrig geblieben. In dessen Gewölben brauen die Benediktiner ihr berühmtes Bier, während sich im ehemaligen Kloster – von Max I. Joseph in ein Schloss umgewandelt – das weit über die Grenzen bekannte Herzoglich Bayerische Brauhaus befindet.

11 Als Anziehungspunkt für Künstler, Geldadel und Prominenz wird Tegernsee nur noch von **Rottach-Egern** mit dem 1722 Meter hohen Wallberg als Hausberg am südlichen Seeufer übertroffen. Stolz ragen die Türme der spätgotischen Pfarrkirche St. Laurentius über den Stadtkern hinaus; im Inneren befindet sich ein prächtiger Hochaltar mit einem Altarblatt von Johann Georg Asam.

12 Vom Luftkurort **Schliersee** am gleichnamigen See ist die Schliersbergalm in 1061 Meter Höhe mit einer Gondelbahn zu erreichen. Von dort aus bietet sich eine unvergleichliche Aussicht auf Ort, See und Umgebung. Zu einem Freizeitvergnügen der besonderen Art lädt eine Sommerrodelbahn ein. Schliersee selbst macht mit seiner Pfarrkirche St. Sixtus mit Stuckaturen und Fresken des jungen Johann Baptist Zimmermann sowie der gemalten Schutzmantelmadonna von Jan Polak und seinem Bauerntheater einen Besuch zum wahren Kunsterlebnis. Zwei Museen lohnen den Besuch besonders: Zum einen das Heimatmuseum im Schredlhaus – statt in Vitrinen sind die Ausstellungsstücke hier authentisch in den Wohnräumen des mittelalterlichen Hauses arrangiert. Zum anderen das Markus Wasmeier Freilichtmuseum. Am Ortsrand hat der bekannte Skifahrer dieses Bauernhof- und Wintersportmuseum aufgebaut. Oberländer Bauernhöfe wurden samt Nebengebäuden hierher verlegt und vermitteln einen Eindruck vom Leben im 18. Jahrhundert

13 Der idyllisch gelegene **Spitzingsee** bietet ein schönes Bergpanorama, saftige Almwiesen und auch schattige Wanderwege im Bergwald. Kein Wunder, dass dieses Fleckchen Erde eine beliebte Wanderregion und im Winter ein gut frequentiertes Wintersportgebiet ist. Den See kann man in gut einer Stunde umrunden und im Anschluss vielleicht noch eine Tretboottour unternehmen oder eine Einkehr an der Seepromenade halten. Wer höher hinauf in die alpine Bergwelt will, kann mit der Bergbahn zum 1600 Meter hohen Taubensteinsattel fahren und von dort unterschiedliche Wanderungen, die jedoch eine gute Ausrüstung und gutes Schuhwerk erfordern, unternehmen. Ein Spektakel ist am Faschingssonntag der Firstalmfasching, zu dem Skifahrer kreativ und bunt kostümiert die Pisten bevölkern.

14 Im Tal zwischen Wendelstein und Großem Traithen liegt das oberbayerisches Bilderbuchdorf **Bayrischzell.** Den Mittelpunkt des Ortes bildet der spätgotische, spitz zulaufende Kirchturm der Pfarrkirche St. Margaretha. Um dieses Kernstück herum platzieren sich die traditionsreich anmutenden Häuser, denn die Einwohner sind auf die Erhaltung des bayerischen Charakters ihres Ortes sehr bedacht.
Der Wendelstein, einer der meistbesuchten Berge im Voralpenland, lässt sich bequem mit der Wendelstein-Seilbahn erreichen und die zahllosen Wander- und Rundwege durch das dicht bewaldete Umland hinterlassen einen bleibenden Eindruck dieser einzigartigen Berglandschaft.

WANDERN & FREIZEIT

Auf den Spuren früherer Kaufleute wandelt man von Oberammergau nach Ettal. Im Passionsspielort führt ein Schild zum **»Ettal-Vogelherdweg«.** Auf dem Weg weist ein kleiner Steg hinauf zur Bärenhöhle. Von dort erstreckt sich ein Fußweg entlang der Kapellwand mit vielen kleinen Votivnischen. Endziel ist das Kloster Ettal.

Ein Rundweg oberhalb vom **Königsschloss Linderhof** bietet eine einfache Ganztageswanderung, die nur auf den letzten Metern zum Brunnenkopfgipfel etwas ansteigt. Auf dem alten Jagdweg geht es zurück zum Ausgangspunkt.

Eine für Familien geeignete Radtour führt von Kochel am See zum **Kloster Benediktbeuern** und zurück. Die Route ist rund 17 Kilometer lang und verläuft weitgehend eben. Start ist am Bahnhof Kochel. Der Straße Am Unteranger wird bis zum Ortsende gefolgt, weiter geht es parallel zum Bahngleis und vorbei am Dorf Ort in Richtung Brunnenbach und weiter Richtung Benediktbeuern. Vor der Bahnlinie heißt es links abbiegen und schließlich dem Gleisverlauf bis zum Kloster folgen. Nach einer Klosterbesichtigung und einer Rast im Klosterbräu geht es am besten auf gleichem Weg zurück zum Ausgangspunkt.

Vor den Toren von Bad Tölz verläuft ein Wanderweg im **Tölzer Land** von Kirchbichl über Ellbach durch das Naturschutzgebiet der Kirchseefilze. Diese Hochmoore sind ein schützenswertes Refugium für viele Tier- und Pflanzenarten und spielen als CO_2-Speicher eine wichtige Rolle im Kampf gegen die Klimakatastrophe.

Schöne Radwege ermöglichen bis auf wenige Teilabschnitte entlang der Seestraße eine **Umrundung des Tegernsees.** Als Start kann Gmund gewählt werden, wo es am Bahnhof oder am See Parkmöglichkeiten gibt. Auch jeder andere Ort am See bietet sich zum Einstieg in die Rundtour an. Der Radweg führt oberhalb des Sees über Holz nach Bad Wiessee, weiter nach Abwinkl, Ringsee, Egern, Rottach und weiter nach Tegernsee. Vielleicht füllt man die Flüssigkeitsreserven im Tegernseer Brauhaus auf, bevor es über Sankt Quirin zurück nach Gmund geht. Der Weg verläuft zumeist

in Ufernähe um den See und hat eine Länge von rund 20 Kilometer. An vielen Stellen bietet sich die Möglichkeit für ein erfrischendes Bad und natürlich auch die Möglichkeit zu weiterer Einkehr.

Von Burghausen ins Berchtesgadener Land

Die Route verbindet unterschiedlichste Landschaftseindrücke, sie reicht von den kulturhistorischen Höhepunkten in Burghausen über das fromme Altötting, die Salzstadt Bad Reichenhall und das Städtchen Wasserburg am Inn bis nach Berchtesgaden und an den malerischen Königssee.

TOUR 50

- **Länge:** rund 260 Kilometer
- **Dauer:** 4–6 Tage
- **Start | Ziel:** Burghausen | Königssee

1 Ihren Namen verdankt die Stadt **Burghausen** der längsten Burganlage der Welt mit 1030 Meter Länge. Sie entstand zwischen dem 12. und 15. Jahrhundert und ist mit ihren kleinen Wohnungen, Werkstätten, Ställen, Vorratskammern und Arsenalen wie eine Miniaturstadt aufgebaut. Die Herzöge von Niederbayern nutzten sie einst als zweite Residenz, als Schatzkammer und als Verbannungsort für lästige Ehefrauen. In der malerischen Altstadt lohnt sich der Besuch einer der wenigen gotischen Kirchen Ober-

Direkt in den Stadtkern Wasserburgs führt die Innbrücke, auch Rote Brücke genannt.

Hoch über der Salzach und der Stadt Burghausen thront die trutzige Burganlage.

WANDERN & FREIZEIT

Eine leichte Rundwanderung (ca. 2,5 Stunden) um das malerische **Wasserburg** startet in der südlichen Burgau, dann durch die Innauen zum Wasserkraftwerk und weiter zur Stadt. Der Weg führt zur Wasserburg und zur Jakobskirche, durch das Brucktor und über die Innbrücke zum Kellerberg. Der leichte Anstieg zur »Schönen Aussicht« wird mit einem fantastischen Ausblick belohnt, bevor es wieder auf gleichem Weg zurück in die Altstadt geht. Nach einer Einkehr und einem Bummel in der Altstadt geht es über den Inndamm um die Altstadt herum zurück zur nördlichen Burgau und zum Start der Runde.

Eine familienfreundliche Radtour im Rosenheimer Land ohne große Steigungen ist die Teilstrecke Rosenheim-Vagen entlang des gut ausgeschilderten **Mangfall-Radweges.** Ein guter Startpunkt ist die Innmündung der Mangfall in Rosenheim auf dem Gelände der ehemaligen Landesgartenschau. Die Strecke führt entlang der Mangfall oder in flussnaher Entfernung. Das Flussgebiet ist renaturiert und lädt an vielen Stellen zum Ausspannen oder auch Schwimmen ein. Wer die Strecke nicht zurückfahren will, kann in Bruckmühl oder Bad Aibling in die Bahn einsteigen.

So schön der Königssee ist, so kalt ist Bayerns tiefster See auch. Für ungetrübte Badefreuden empfiehlt sich deshalb ein Besuch im **Schönauer Freibad,** das neben Sport- und Spaßbecken und Rutschen über einen Wasserlift für Behinderte verfügt.

bayerns, der Spitalkirche Hl. Geist. Sie wurde 1320–1326 erbaut und blieb bis heute nahezu unverändert.

2 Die »Schwarze Madonna« in der Gnadenkapelle, auch »Heilige Kapelle« genannt, hat **Altötting** zu einem der bedeutendsten Marienwallfahrtsorte Deutschlands gemacht. Pilger erbitten jährlich Hilfe von der Statue, die ein unbekannter Künstler im Jahre 1330 angefertigt hat. In der Stifts- und Wallfahrtskirche St. Philipp und Jakob ist in der Schatzkammer das »Goldene Rössl« zu besichtigen, ein Meisterwerk französischer Goldschmiedekunst des 15. Jahrhundert Im Untergeschoss befindet sich der Sarkophag des Oberbefehlshabers des bayerischen Heeres im Dreißigjährigen Krieg, des Feldherrn Graf Tilly. Ein Museum mit ungewöhnlichem Thema stellt das Weihrauchmuseum dar.

3 Das Zentrum von **Mühldorf am Inn** ist der Stadtplatz der Altstadt mit prächtig verputzten Häusern, die sich durch einen für die innstädtische Bauweise typischen Laubengang im Erdgeschoss auszeichnen. Der Platz wird auf beiden Seiten von einem Torturm begrenzt und mit vier Barockbrunnen geschmückt. Die reich dekorierte Stadtpfarrkirche St. Nikolaus birgt eine schön geschnitzte Rokokokanzel sowie einen wertvollen Hochaltar.

4 Wasserburg am Inn wird auch das »Bayerische Venedig« genannt, denn der Fluss macht hier eine große Schleife um die Stadt. Einem Gesamtkunstwerk gleich bezaubert das mittelalterliche Stadtbild durch einen bemalten Brückentorbau, zinngekrönte Häuser, Treppengiebel und Türme.
Mit einer Schnitzgruppe im Heiliggeistspital – die das Pfingstwunder darstellt –, dem Mauthaus aus dem 14. Jahrhundert, der von Johann Baptist Zimmermann gestalteten Rokokofassade des Kernhauses und der gotischen Hallenkirche St. Jakob präsentiert sich der Ort als ein wahrer Hort der Kunstschätze. Weitere Kunstwerke lassen sich auf dem 1,5 Kilometer langen Skulpturenweg entdecken.

Durch den Morgendunst über dem Chiemsee blickt man von Gstadt aus auf die Fraueninsel.

5 Die historische Salzstadt **Rosenheim,** die wirtschaftliche und kulturelle Metropole Südostbayerns, ist für ihre Fach- und Hochschulen bekannt. Das Herz der Stadt bildet der Max-Joseph-Platz mit seinem aus dem 14. Jahrhundert stammenden, noch erhaltenen Mittertor; hier befindet sich auch das Städtische Museum, das einen guten Überblick über die Stadtgeschichte bietet. Wechselnde Ausstellungen finden Kunstinteressierte im umgebauten Lokschuppen des Alten Bahnhofs. Ab dem letzten Samstag im August findet jährlich das 16-tägige Herbstfest statt.

6 Das »Bayerische Meer«, wie der **Chiemsee** häufig genannt wird, liegt inmitten einer wunderschönen Kirchen-, Kloster- und Schlösserlandschaft vor dem Hintergrund der Chiemgauer Berge. Im Nordosten liegt die Fraueninsel. Ihr reicher Lindenbestand, das malerische Fischerdorf, ein uraltes Münster und die Baugruppe des Nonnenklosters machen einen Besuch zu einem Erlebnis. Und natürlich sollte man sich auch eine geräucherte Chiemsee-Renke nicht entgehen lassen – vor oder nach einer Rundfahrt um den See.
Berühmt wurde der Chiemsee durch sein Schloss auf der Insel **Herrenchiemsee.** Das Königsschloss Ludwigs II. mit seiner riesigen Gartenanlage war als Kopie von Versailles konzipiert – eine Hommage an des bayerischen Herrschers großes Idol Ludwig XIV. Durch den plötzlichen Tod Ludwigs II. wurden die Bauarbeiten jedoch abgebrochen und so blieb die Nordseite des Prachtbaus unvollendet. Umso überwältigender wirken die Kostbarkeiten im Inneren: Marmor, Porzellan, Elfenbein, Seiden, Damaste, Brokate, Silber, Gold und Rosenholz, so weit das Auge reicht. Beeindruckend ist das Paradeschlafzimmer mit seinen drei Zentner schweren goldenen Vorhängen.

7 Als Ausgangspunkt für ausgedehnte Radtouren bietet sich **Traunstein** an. Hier kreuzen sich Inn- und Traun-Alz-Radweg sowie Salinen-, Achental- und Chiemgauradweg. Im Mittelalter verlief hier die »Güldene Salzstraße«. Dank einer 1616 erbauten Soleleitung von Bad Reichenhall war es den früheren Bewohnern über Jahrhunderte hinweg möglich, ihren Lebensunterhalt durch die Salzgewinnung zu bestreiten. Auf dem Gelände der einstigen Saline im Stadtteil Au wurde 2019 der Salinenpark eingeweiht. Hier lässt es sich, von Obstbäumen und Blumenwiesen umgeben, nicht nur herrlich flanieren und entspannen, auch kann man die Rekonstruktion der sogenannten Reiffenstuelpumpe mit Wasserrad sowie eine originale, nach wie vor funktionstüchtige Reichenbachsche Wassersäulenmaschine aus dem 19. Jahrhundert bewundern.

8 Im geschützten Talkessel der Roten Traun gelegen wurde **Inzell** als Eisschnelllaufzentrum weltberühmt. Seit 2009 ist die 400 Meter-Eisschnellbahn und das Eishockeyfeld im Innenraum von einer Freiluftanlage in eine moderne Hallenanlage umgewandelt worden. Auf einem der zahlreichen schönen Wanderwege der Umgebung gelangt man zum eiszeitlichen Gletschergarten Weißbach und auf dem historischen SalzAlpenSteig zum Solehochbehälter Nagling.
In dem reizvollen Städtchen lassen sich im Fitnesspark hervorragend Sportferien verbringen. In kultureller Hinsicht sind die Pfarrkirche St. Michael von 1727 und die romanisch-gotische St.-Nikolaus-Kirche in Einsiedl mit ihren spätgotischen Gemälden lohnende Ziele.

9 Die großen Salzvorkommen von **Bad Reichenhall** haben bereits die Kelten und später die Römer genutzt. Die Geschichte der Gewinnung des »weißen Goldes« wird im Bad Reichenhaller Quellenbau gezeigt. Durch die Nutzung von Solebädern und Inhalationen entwickelte sich die Stadt zu einem bedeu-

Herrenchiemsee, das kleine Versailles Bayerns, ist ein wahrer Touristen-Hotspot.

Die Pfarrkirche St. Sebastian in Ramsau bei Berchtesgaden ist aufgrund ihrer malerischen Lage ein beliebtes Fotomotiv.

tenden Kur- und Bäderzentrum, in dem vor allem rheumatische und Erkrankungen der Atmungsorgane sowie Kreislauf- und Durchblutungsstörungen behandelt werden. Die Kuranlagen bestehen aus einem Kurhaus, einem Kurmittelhaus, einer Wandelhalle mit Trinkbrunnen, einem Musikpavillon und einem Gradierwerk, bei dem über ein mit Reisigrosten bedecktes Gerüst täglich 400 000 Liter Sole geleitet werden. Die Verdunstung bewirkt eine Anreicherung der Luft mit zerstäubten Soletröpfchen.

10 Die Lage am Hang des Locksteins mit Blick auf den Watzmann, den Hohen Göll und das Steinerne Meer veranlasste bereits Ludwig Ganghofer über den malerischen Ort **Berchtesgaden** geradezu ins Schwärmen zu geraten: »Herr, wen du lieb hast, den lässest du fallen in dieses Land.«
Im Museum im Schloss Adelsheim findet man die reich geäderten Murmeln, die in den Kugelmühlen im Umland gefertigt werden. Sie gehörten bereits zu den Waren, die von den Kraxenträgern nebst anderem handgefertigten Kinderspielzeug in ganz Europa verkauft wurden und den Ort bereits im Mittelalter bekannt machten.

11 Einer der schönsten Alpenseen mit tiefgrünem Wasser und einer der Glanzpunkte des Berchtesgadener Landes ist der **Königssee** inmitten des Nationalparks. Im gleichnamigen Ort starten die Bootsfahrten über den See, vorbei an der berühmten Echowand und zur Kirche St. Bartohlomä. Über einen Fußweg am bewaldeten Ostufer gelangt man zum Malerwinkel, dessen wunderbarer Blick über den See, die Funtenseetauern und die Schönfeldspitze im Steinernen Meer bereits zahlreiche Maler inspiriert hat. Vom 1875 Meter hohen Jenner eröffnet sich ein herrlicher Panoramablick über den Watzmann, den Hohen Göll, die Gipfel des Hasengebirges und das Steinerne Meer.

Über Berchtesgaden thront der früh am Morgen bereits in der Sonne liegende Watzmann.

St. Bartholomä am Königssee ist jeden August Ziel der weltweit ältesten Hochgebirgswallfahrt.

WANDERN & FREIZEIT

Eine Wanderung von Aschau auf die 1669 Meter hohe **Kampenwand** kann man entweder zu Fuß über den ehemaligen Reitweg oder mit der Kampenwandbahn beginnen. Von oben hat man eine wunderbare Panorama-Aussicht auf den Chiemsee, die Chiemgauer Berge und weit hinein in die österreichischen Hochalpen. Bei der Bergstation beginnt der Marsch entlang den bewaldeten Hängen des Markasers hinab zur Hinteren Dahlsenalm und wieder aufwärts zum Greigelstein. Nach einem gemütlichen Abstieg in den Prienwald ist die Talfahrt mit der Kampenwandbahn möglich.

Die Umrundung des »Bayerischen Meeres« auf dem 60 Kilometer langen **Chiemsee-Uferweg** ist eine landschaftlich reizvolle Tour, ohne große Höhenunterschiede und meistens entlang des Ufers. Der Einstieg in die gut beschilderte Tour kann von jedem beliebigen Ort am Chiemsee aus gemacht werden. Die Stecke gilt unter Radfahrern als Genießertour. Das sich bietende Alpen- und Seepanorama ist herrlich. Unterwegs bieten sich zahlreiche Einkehrmöglichkeiten, und wer die Tour abkürzen will, kann die Streckenlänge dadurch halbieren, dass für eine Teilstrecke, z. B. zwischen Chieming und Prien, ein Ausflugsdampfer genutzt wird. Auch zu Fuß ist man auf dem Uferweg gut unterwegs.

Der Harz hat einige außergewöhnliche Wegstrecken zu bieten, die im Herbst ihre ganze Farbenpracht entfalten.

ZEICHENERKLÄRUNG

- Autobahn (im Bau)
- Autobahn gebührenpflichtig (im Bau)
- 4- oder mehrspurige Schnellstraße (im Bau)
- Fernstraße/Nationalstraße (im Bau)
- Fernstraße im Tunnel
- Wichtige Hauptstraße (im Bau)
- Hauptstraße (im Bau)
- Nebenstraße mit Mautstelle
- Straße gesperrt
- (1216) 16% Pass · Steigung
- Route des Crêtes — Touristenstraße

- 6 20 Autobahn-Anschlussstelle
- Sonstige Anschlussstelle
- 65 Entfernung an Autobahnen in km
- 46 Entfernung an Straßen in km
- Straße für Wohnwagen ungeeignet · gesperrt
- E18 Europastraßen-Nr.
- 6 4 M4 A13 Autobahn-Nr.
- 85 52 25 25 47 68 Bundes- Nationalstraßen-Nr.
- FRA Internationaler Flughafen mit IATA Code
- LEJ Nationaler Flughafen mit IATA Code
- Regionaler Flughafen

- Bahnlinie
- Autoverlad per Bahn
- Autofähre
- Staatsgrenze
- Provinzgrenze
- Zeitzonengrenze
- Nationalpark
- Naturpark
- **Berlin** Hauptstadt eines souveränen Staates
- **Schwerin** Hauptstadt eines Bundesstaates
- **GENÈVE** Sehenswerter Ort

BESONDERE SEHENSWÜRDIGKEITEN

Herausragende Naturlandschaften und Naturmonumente

- UNESCO-Weltnaturerbe
- Gebirgslandschaft
- Felslandschaft
- Wüsten-, Dünenlandschaft
- Seenlandschaft
- Küstenlandschaft
- Flusslandschaft
- Schlucht/Canyon
- Depression
- Gletscher
- Vulkan, erloschen
- Vulkan, aktiv
- Geysir
- Wasserfall/Stromschnelle
- Höhle
- Fossilienstätte
- Nationalpark (Landschaft)
- Nationalpark (Flora)
- Nationalpark (Fauna)
- Nationalpark (Kultur)
- Biosphärenreservat, Waldgebiet
- Naturpark
- Botanischer Garten
- Schmetterlingsfarm
- Zoo/Safaripark
- Vogelschutzgebiet
- Wildreservat
- Schutzgebiet Seehunde
- Insel
- Strand
- Unterwasserreservat
- Quelle

Herausragende Metropolen Kulturmonumente & -veranstaltungen

- UNESCO-Weltkulturerbe
- Vor- und Frühgeschichte
- Römische Antike
- Wikinger
- Keltische Geschichte
- Prähistorische Felsenbilder
- Kirche/Kloster allgemein
- Kirchen-, Klosterruine
- Romanische Kirche
- Gotische Kirche
- Renaissance Kirche
- Barocke Kirche
- Byzantinisch/orthodoxe Kirche
- Islamische Kulturstätte
- Moschee
- Synagoge
- Kulturlandschaft
- Historisches Stadtbild
- Burg/Festung/Wehranlage
- Burgruine
- Palast/Schloss
- Technisches/industrielles Monument
- Spiegel- Radioteleskop
- Staumauer
- Bergwerk geschlossen
- Sehenswerter Leuchtturm
- Windmühle
- Wassermühle
- Herausragende Brücke
- Kriegsschauplatz/Schlachtfeld
- Grabmal
- Denkmal

- Mahnmal
- Sehenswerter Turm
- Herausragendes Gebäude
- Freilichtmuseum
- Markt/Basar
- Feste und Festivals
- Theater
- Weltausstellung

Berühmte Reiserouten

- Autoroute
- Hochgeschwindigkeitszug
- Bahnstrecke
- Schiffsroute

Sport- und Freizeitziele

- Hafen
- Arena/Stadion
- Rennstrecke
- Golf
- Pferdesport
- Skigebiet
- Windsurfen
- Wellenreiten
- Segeln
- Badeort
- Kanu/Rafting
- Freizeitbad
- Hallenbad
- Mineralbad/Therme
- Freizeitpark
- Spielcasino
- Aussichtspunkt
- Wandern/Wandergebiet

0 90 km
Nordsee
Ostsee
Kattegat
DÄNEMARK
SCHWEDEN
NIEDERLANDE
BELGIEN
DEUTSCHLAND
POLEN
TSCHECHISCHE REPUBLIK
ÖSTERREICH
SCHWEIZ
FRANKREICH
SLOWENIEN
LIECHTENSTEIN
KØBENHAVN (KOPENHAGEN)
AARHUS
ODENSE
MALMÖ
HELSINGBORG
Bornholm
Öland
Rügen
Fehmarn
Helgoland
Sylt
336 - 337
338 - 339
340 - 341
342 - 343
344 - 345
346 - 347
348
349
350 - 351
352
353
354 - 355
356
KIEL
LÜBECK
ROSTOCK
SCHWERIN
HAMBURG
BREMERHAVEN
SZCZECIN
OLDENBURG
BREMEN
HANNOVER
WOLFSBURG
BRAUNSCHWEIG
MAGDEBURG
BERLIN
POTSDAM
OSNABRÜCK
MÜNSTER
BIELEFELD
HILDESHEIM
SALZGITTER
ENSCHEDE
GRONINGEN
AMSTERDAM
HAARLEM
ZAANSTAD
LEIDEN
UTRECHT
ROTTERDAM
AMERSFOORT
APELDOORN
ARNHEM
DORDRECHT
BREDA
TILBURG
EINDHOVEN
ANTWERPEN
BRUXELLES BRUSSEL (BRÜSSEL)
LIÈGE
NAMUR
CHARLEROI
MAASTRICHT
HAMM
DORTMUND
GELSENKIRCHEN
ESSEN
MOERS
DUISBG.
DÜSSELDF.
HAGEN
MÖNCHENGLADB.
KÖLN
LEVERKUSEN
AACHEN
SIEGEN
BONN
PADERBORN
KASSEL
GÖTTINGEN
HALLE (S.)
LEIPZIG
ERFURT
JENA
GERA
CHEMNITZ
DRESDEN
LIBEREC
ZIELONA GÓRA
LEGNICA
WROCŁAW
PRAHA (PRAG)
PLZEŇ
ČESKÉ BUDĚJOVICE
BRNO
KOBLENZ
WIESBADEN
MAINZ
FRANKFURT A.M.
OFFENB. A.M.
DARMST.
WÜRZBURG
ERLANGEN
FÜRTH
NÜRNBERG
LUXEMBURG
TRIER
SAARBRÜCKEN
METZ
MANNHEIM
LUDWIGSHFN.
HEIDELBERG
HEILBRONN
KARLSRUHE
PFORZHM.
REGENSBURG
STRASBOURG (Straßburg)
STUTTGART
REUTLINGEN
ULM
INGOLSTADT
AUGSBURG
MÜNCHEN
FREIBURG I.BR.
MULHOUSE
BASEL
ZÜRICH
SALZBURG
LINZ
WIEN
INNSBRUCK
GRAZ
BERN
LAUSANNE
GENÈVE (GENF)
BESANÇON
DIJON
NANCY
REIMS
VILLEURBANNE
BOLZANO BOZEN
UDINE
TRIESTE
LJUBLJANA
ZAGREB
BERGAMO
MONZA
GORZÓW Wlkp.
POZNAŃ
KOSZALIN
SŁUPSK
Zugspitze 2962
Schwäbische Alb
Thüringer Wald
Erzgebirge
Bayerischer Wald

A
B
C
D
1
2
3
4
5
6
Kampen
Rotes Kliff
Lister Ley
Højer
Schackenborg
Westerland
Keitum
Hindenburgdamm
Rudbøl
Sylt
Rantum
Morsum
Morsum Kliff
Klanxbüll
Horsbüll
Nationalpark
Emmelsbüll
Hörnumtief
Föhr
Richard-Haizmann
Hörnum
Oldsum
Friesen-museum
Utersum
Alkersum
Nordfriesische Inseln
Norddorf
Nieblum
Wyk auf Föhr
Oland
Windmühlenhaus
Nebel
Norderaue
Kirchwarft
Hunnenswarft
Wittdün
Gröde
Langeneß
Rixwarft
Nordmarsch-Langeneß
Amrum
Süderaue
Halligen
Hooge
Japsand
Nordst
Königspesel
Norderoog-sand
Pellworm
Elisa
Alte Kirche
Tammens
Westertilli
Pellworm
Süderoogsand
Süderoog
Südfall
Schleswig-
Westerheversand
Osterhever
Eider
Bad St. Peter
Tating
St. Peter-Ording
Eider
Deutsche
Bucht
Helgoland
Helgoland
Blauort
Holsteinisches
Tertiussand
Trischen
Wattenmeer
Helgoländer
Bucht
Nationalpark
Scharhörn
Hamburgisches
Neuwerk
Wattenmeer
Kugelbake
Nationalpark
Großer Knechtsand
Cuxhaven
Wrackmuseum
Berensch
Wangerooge
Wangerooge
Spiekeroog
Spiekeroog
Roter Sand
Niedersächsisches
Langeoog
Langeoog
Nordholz
Spieka
Wattenmeer
Norderney
Baltrum
Baltrum
Norderney
Neuharlingersiel
Minsen
Mellum
Midlum
Juist
Juist
Dornumersiel
Carolinen-siel
Horumersiel
Dorum
Neßmersiel
Bensersiel
Deichmuseum
Nationalpark
Hagermarsch
Dornum
Werdum
Esens
Hohenkirchen
Wremen
Nieder-sächsisches
Borkum
Norddeich
Lütetsburg
Arle
Harlinger Land
Wanger-land
Hooksiel
Jade
Weser
Langwarden
Langen
Wattenmeer
Norden
Hage
Moorweg
Burhafe
Schloss Jever
Jever
Bremen
Berumerfehn
Westerholt
Wittmund
Burhave
Zoo am Meer
Niedersachsen
Butjadingen
Ogenbargen
Schortens
Wilhelms-haven
Pilsum
Marienhafe
Rechtsupweg
Eckwarden
Schiffdo
Ostfriesland
Rispel
Greetsiel
Wasserschloss Gödens
Stollhamm
Sellstedt
Wirdum
Uthwerdum
Moordorf
Aurich
Wiesedermeer
Gödens
Sande
Nordenham
Loxstedt
Jadebusen
Eemshaven
Krummhörn
Südbrookmerland
Dangast
Großes Meer
Westerende-Kirchloog
Ems-Jade-Kanal
Seefeld
Dedesdorf
Roodeschool
Groot-husen
Hinte
Forlitz-Blaukirchen
Ihlow
Ostgroße-fehn
Zetel
Lunestedt
Campen
Wiesmoor
Bockhorn
Varel
Schwei
Riepe
Mittegroßefehn
Rodenkirchen
Ems
340
Maßstab 1:750 000
0
10
20 Kilometer
0
10 Miles

Flensburger Förde
Kieler Bucht
Hohwachter Bucht
Eckernförder Bucht
Angeln
Schleswig
Holstein
Holsteinische Schweiz
Dithmarschen
Stapelholm
Kehdingen
Altes Land
Ærø
Marstal Bugt
Flensburg
Harrislee
Husum
Schleswig
Eckernförde
Kappeln
Sønderborg
Ærøskøbing
Marstal
Kiel
Rendsburg
Büdelsdorf
Heide
Neumünster
Itzehoe
Brunsbüttel
Glückstadt
Elmshorn
Pinneberg
Uetersen
Wedel (H.)
Stade
Buxtehude
Bremervörde
Hamburg
Lübeck
Bad Segeberg
Bad Oldesloe
Kaltenkirchen
Henstedt-Ulzburg
Norderstedt
Ahrensburg
Reinbek
Geesthacht
Schwarzenbek
Mölln
Ratzeburg
Eutin
Malente
Plön
Preetz
Schönberg (Holst.)
Lütjenburg
Neustadt in Holstein
Scharbeutz
Timmendorfer Strand
Bad Schwartau
Stockelsdorf
Meldorf
Marne
Nortorf
Bordesholm
Altenholz
Kronshagen
Schwentinental
Sommerland Syd
Marine-Ehrenmal
Hansa-Park
Wildpark Eekholt
Aqua Tropicana
Erlebnisstraße der Deutschen Einheit
Deutsche Fachwerkstraße
E45
E47
E22
E26
338
341

Maßstab 1:750 000

0 10 20 Kilometer

0 10 Miles

O S T S E E
Rügen
Stralsund
Greifswald
Usedom
Wolin
Pommersche Bucht
Zatoka Pomorska
Greifswalder Bodden
Stettiner Haff
Zalew Szczeciński
Neubrandenburg
Anklam
Wolgast
Demmin
Świnoujście
SZCZECIN
Hiddensee
Nationalpark Jasmund
Biosphärenreservat Südost-Rügen
Torgelow
Pasewalk
Malchin
Waren (Müritz)

Maßstab 1:750 000 — 0 10 20 Kilometer — 0 10 Miles

337
345
342
BREMEN
HANNOVER
BRAUNSCHWEIG
Lüneburg
Celle
HILDESHEIM
SALZGITTER
Wolfenbüttel
Minden
Hameln
Detmold
Goslar
Verden (A.)
Nienburg (Weser)
Soltau
Walsrode
Rotenburg (Wümme)
Buchholz i. d. Nordheide
Seevetal
Winsen (Luhe)
Tostedt
Zeven
Achim
Langenhagen
Garbsen
Burgdorf
Lehrte
Peine
Gifhorn
Uelzen
Bad Fallingbostel
Schneverdingen
Bergen
Munster
Neustadt am Rübenberge
Wunstorf
Stadthagen
Bückeburg
Rinteln
Lemgo
Bad Pyrmont
Alfeld (Leine)
Bad Gandersheim
Seesen
Bad Harzburg
Lüneburger Heide
Naturschutzpark
Naturpark
Südheide
Steinhuder Meer
Wedemark
Burgwedel
Deutsche Fachwerkstraße
Heide-Park
Serengeti Park
Sperrgebiet
Weserbergland Schaumburg-Hameln
Erdölmuseum
Pferdemus.
Kleinbahnmus.
Westf. Freilichtmus.
Fagus-Werk
Schiffshebewerk
Thonhopsberg
Schloss Holdenstedt
Kloster Wienhausen

Maßstab 1:750 000

0 10 20 Kilometer

0 10 Miles

339
347
348
Neustrelitz
Schlossgarten
Feldberger Seen-landschaft
Naturpark
Hans-Fallada-Haus
Prenzlau
St. Marien
Uckermärkische Seen
Uckermark
Fürstenberg
Gedenkstätte Ravensbrück
Klosterkirche
Templin
Stadtbefestigung
Ruppiner Land
Rheinsberg
Biosphärenreservat Schorfheide-Chorin
Angermünde
Alte Buchenwälder
Schwedt /Oder
Nationalpark Unteres Odertal
Zehdenick
Ziegeleipark Mildenberg
Schloss Meseberg
Chorin
Kloster Chorin
Schiffshebewerk
Eberswalde
Barnim
Bad Freienwalde
Oranienburg
Gedenkstätte Sachsenhausen
Wandlitz
Bernau b.B.
Bauhaus
Velten
Hohen Neuendorf
Hennigsdorf
Falkensee
BERLIN
Strausberg
Museumsinsel
Schl. Charlottenburg
Olympiastadion
Zoo
Neuenhagen b.B.
Rüdersdorf b.B.
Müncheberg
Märkische Schweiz
Seelow
Oderbruch
Wriezen
Wilhelmsaue
POTSDAM
Werder (Havel)
Kleinmachnow
Teltow
Stahnsdorf
Schönefeld
Erkner
Köpenick
Fürstenwalde
Frankfurt (Oder)
Słubice
Blankenfelde-Mahlow
Ludwigsfelde
Michendorf
Beelitz
Zossen
Königs Wusterhausen
Naturpark Dahme-Heideseen
Beeskow
Burg
Eisenhüttenstadt
Naturpark Schlaubetal
Luckenwalde
Jüterbog
Nuthe-Nieplitz
Niederer Fläming
Spreewald
Lübben Lubin
Biosphärenreservat
Tropical Islands
Gut Hirschaue
Guben Gubin
POLSKA
Gryfino
Chojna
Szczeciński Park Krajobr.
Cedyński Park Krajobrazowy
Dębno
Kostrzyn nad Odrą
Myślibórz
Słubice
A6
A2
E28
E30
E36
E55
E65

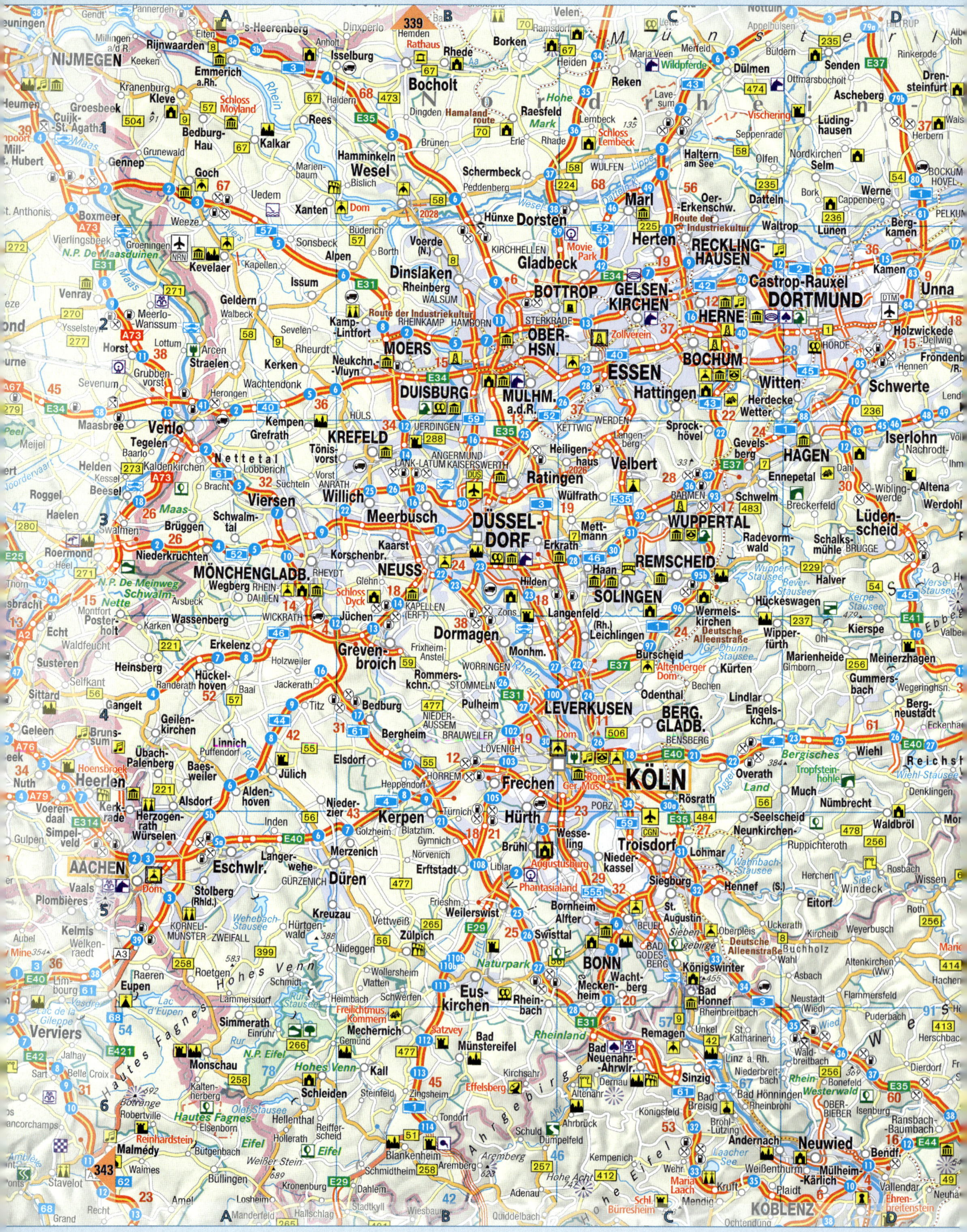

Maßstab 1:750 000

0 10 20 Kilometer

0 10 Miles

Paderborn
Lippstadt
Soest
Beckum
Oelde
Herzebrock-Rheda
Wiedenbrück
Verl
Schloß Holte-Stukenbrock
Hövelhof
Delbrück
Rietberg
Horn-Bad Meinberg
Steinheim
Höxter
Holzminden
Dassel
Einbeck
Bad Lippspringe
Bad Driburg
Brakel
Beverungen
Uslar
Solling-Vogler
Salzkotten
Geseke
Erwitte
Büren
Bad Wünnenberg
Borchen
Lichtenau
Bad Sassendorf
Warburg
Hofgeismar
Marsberg
Brilon
Warstein
Rüthen
Arnsberg
Meschede
Olsberg
Bestwig
Sundern (Sauerland)
Sauerland
Schmallenberg
Winterberg
Lennestadt
Kirchhundem
Rothaargebirge
Bad Berleburg
Bad Laasphe
Hilchenbach
Kreuztal
Netphen
Siegen
Neunkirchen
Wilnsdorf
Burbach
Haiger
Dillenburg
Herborn
Wetzlar
Solms
Braunfels
Weilburg
Hadamar
Limburg a.d. Lahn
Korbach
Bad Arolsen
Wolfhagen
Diemelstadt
Volkmarsen
Kassel
Vellmar
Fuldatal
Baunatal
Kaufungen
Lohfelden
Hann. Münden
Reinhardshagen
Melsungen
Felsberg
Fritzlar
Bad Wildungen
Gudensberg
Borken (Hess.)
Homberg (Efze)
Spangenberg
Rotenburg a.d. Fulda
Bad Hersfeld
Schwalmstadt
Frankenberg (Eder)
Battenberg (Eder)
Biedenkopf
Marburg
Kirchhain
Stadtallendorf
Alsfeld
Lauterbach (Hessen)
Schlitz
Hünfeld
Fulda
Neuhof
Gießen
Linden
Lich
Grünberg
Hungen
Laubach
Nidda
Butzbach
Bad Nauheim
Langgöns
Vogelsberg
Hoher Vogelsberg
Kellerwald
Nationalpark Kellerwald-Edersee
Edersee
Knüllgebirge
Deutsche Fachwerkstraße
Deutsche Alleenstraße
Hochtaunus
Lahn-Dill-Bergland
Kl. Corvey
Sperrgebiet
346
351

Maßstab 1:750 000

0 10 20 Kilometer

0 10 Miles

Bernburg (S.)
Schloss
Köthen
Deutsche Alleenstraße
Südliches Anhalt
Straße der Romanik
Wolfen
Bitterfeld-
Muldestausee
Gräfenhainichen
Kemberg
Jessen (Elster)
Annaburg
Herzberg
Bad Schmiedeberg
Dübener Heide
Bad Düben
Torgau
Schloss Hartenfels
Wettin-
Löbejün
Petersberg
Sandersdorf-
Brehna
Landsberg
Delitzsch
Stadtbefestigung
Eilenburg
Salzatal
HALLE (Saale)
Roter Turm
Schkopau
Schkeuditz
LEIPZIG
Taucha
Wurzen
Oschatz
Riesa
Merseburg
Leuna
Bad Dürrenberg
Markkleeberg
Belantis
Braunsbedra
Weißenfels
Naumburg (Saale)
Dom
Bad Kösen
Rudelsburg
Grimma
Borna
Colditz
Döbeln
Hubertusburg
Meißen
Porzellanmanufaktur
Nossen
Zeitz
Altenburg
Meuselwitz
Schl.
Rochlitz
Mittweida
Burgstädt
Rochsburg
Frankenberg
Lichtenwalde
CHEMNITZ
Freiberg
JENA
Eisenberg
Hermsdorf
Gera
Schmölln
Meerane
Crimmitschau
Glauchau
Hohenstein-Ernstthal
Limbach-Oberfrohna
Zwickau
Werdau
Greiz
Reichenbach im Vogtland
Zeulenroda-Triebes
Plauen
Oelsnitz
Auerbach
Falkenstein
Stollberg
Annaberg-Buchholz
Marienberg
Zschopau
Aue-Bad Schlema
Schneeberg
Schwarzenberg
Hof
Klingenthal
Chomutov
Kadaň
Klášterec n.O.
Jáchymov
Vogtland
Erzgebirge
Thüringen
Brandenburg
Sachsen
Sachsen-Anhalt
Elbe
Mulde
Saale
Weiße Elster
Zschopau

Maßstab 1:750 000

0 10 20 Kilometer

0 10 Miles

345
354
351
KOBLENZ
Bendorf
Mülheim-Kärlich
Lahnstein
Boppard
Bad Ems
Nassau
Mayen
Andernach
Weißenthurm
Vallendar
Cochem
Zell (Mosel)
Traben-Trarbach
Bernkastel-Kues
Wittlich
Daun
Gerolstein
Prüm
Bitburg
Speicher
Hermeskeil
Morbach
Idar-Oberstein
Kirn
Simmern (Hunsrück)
Kastellaun
Emmelshausen
Bingen
Bad Kreuznach
Rüdesheim a.Rh.
Oestrich-Winkel
Geisenheim
St. Goar
St. Goarshausen
Kaub
Bacharach
Nordpfälzer Bergland
Kusel
Landstuhl
Kaiserslautern
Pirmasens
Zweibrücken
Homburg
Neunkirchen
St. Wendel
Tholey
Nohfelden
Birkenfeld
Baumholder
Ramstein-Miesenbach
Pfälzerwald
Dahn
Rodalben
SAARBRÜCKEN
Saarlouis
Völklingen
Dillingen
Merzig
Mettlach
Losheim am See
Wadern
St. Ingbert
Blieskastel
Sulzbach
Püttlingen
Lebach
Schmelz
Saarburg
Konz
TRIER
Schweich
Hunsrück
Idarwald
Soonwald
Schwarzwälder Hochwald
Osburger Hochwald
Saargau
Eifel
Hohe Eifel
Vulkaneifel
Schneifel
Luxembourg
LUXEMBOURG
Echternach
Remich
Wasserbillig
Grevenmacher
Diekirch
Thionville
METZ
Montigny-lès-Metz
Forbach
Sarreguemines
Saint-Avold
Creutzwald
Bitche
Plateau Lorrain
Parc Nat. Rég. des Vosges du Nord
Sarralbe
Sarre-Union
Freyming-Merlebach
Hombourg-Haut
Hagondange
Maizières-lès-Metz
Bouzonville
Falquemont
Niederbronn-les-Bains
Wissembourg
Woerth
Reichshoffen
Lemberg
A1
A4
E25
E29
E42
E44
E50
E422

Maßstab 1:750 000

0 10 20 Kilometer

0 10 Miles

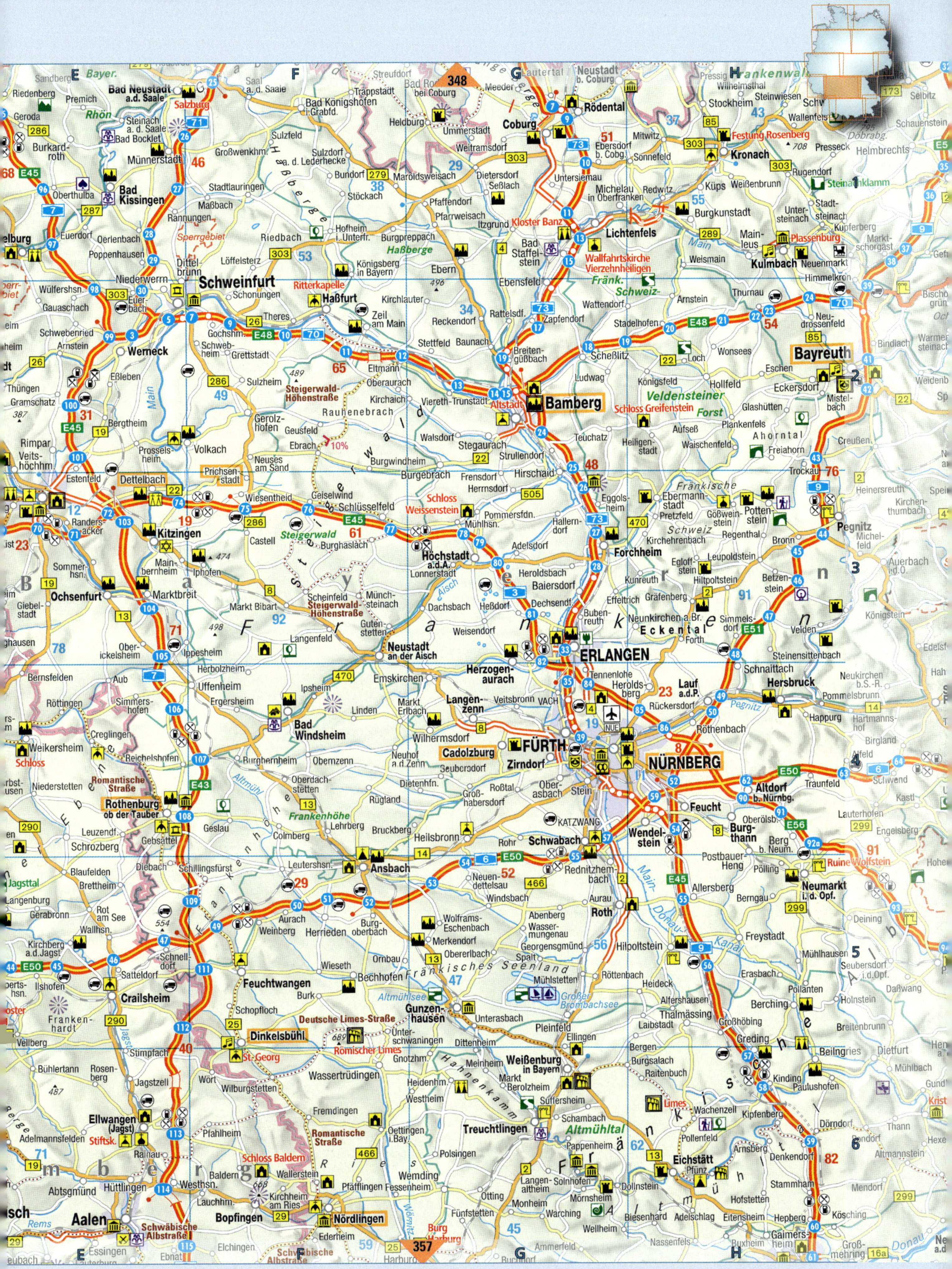
Bad Neustadt a.d. Saale
Bad Königshofen i.Grabfd.
Coburg
Rödental
Neustadt b. Coburg
Stockheim
Kronach
Bad Kissingen
Münnerstadt
Schweinfurt
Haßfurt
Lichtenfels
Kulmbach
Bayreuth
Bamberg
Werneck
Volkach
Dettelbach
Kitzingen
Ochsenfurt
Marktbreit
Höchstadt a.d.A.
Forchheim
Pegnitz
ERLANGEN
Herzogenaurach
Neustadt an der Aisch
Bad Windsheim
FÜRTH
NÜRNBERG
Zirndorf
Cadolzburg
Lauf a.d.P.
Hersbruck
Rothenburg ob der Tauber
Ansbach
Schwabach
Altdorf b. Nürnbg.
Feucht
Wendelstein
Roth
Neumarkt i.d. Opf.
Feuchtwangen
Crailsheim
Dinkelsbühl
Gunzenhausen
Weißenburg in Bayern
Treuchtlingen
Ellwangen (Jagst)
Nördlingen
Aalen
Bopfingen
Eichstätt
Haßberge
Steigerwald
Fränkische Schweiz
Veldensteiner Forst
Frankenhöhe
Fränkisches Seenland
Altmühltal
Hahnenkamm
Romantische Straße
Deutsche Limes-Straße
Steigerwald-Höhenstraße
Schwäbische Albstraße
Schloss Weissenstein
Kloster Banz
Wallfahrtskirche Vierzehnheiligen
Schloss Greifenstein
Festung Rosenberg
Plassenburg
Altstadt
348
357

Maßstab 1:750 000

0 10 20 Kilometer

0 10 Miles

353
357
KARLSRUHE
PFORZHEIM
Rastatt
Baden-Baden
Gernsbach
Calw
Sindelfingen
Böblingen
Herrenberg
Tübingen
Haguenau
STRASBOURG
Kehl
Offenburg
Freudenstadt
Horb a.Neckar
Nagold
Altensteig
Lahr/Schw.
Hechingen
Balingen
Oberndorf a.N.
Schramberg
Rottweil
St.Georgen i.Schw.
Villingen-Schwenningen
Trossingen
Tuttlingen
Donaueschingen
Colmar
Sélestat
FREIBURG i.Breisgau
Emmendingen
Waldkirch
Breisach a.Rh.
Bad Krozingen
Müllheim
MULHOUSE
BASEL
Lörrach
Rheinfelden (B.)
Bad Säckingen
Waldshut-Tiengen
Schaffhausen
Singen (H.)
Bülach
Kloten
Winterthur
Baden
Brugg
Liestal
Frauenfeld
Schwarzwald
Südschwarzwald
Kaiserstuhl
Schwarzwaldbahn
Deutsche Fachwerkstraße
Hohenzollernstraße
Deutsche Alleenstraße
Route du Vin
Route des Vosges
Nationalpark Schwarzwald
Naturpark Schwarzwald Mitte/Nord
Titisee
Feldberg
Schluchsee
Rhein
A
B
C
D
1
2
3
4
5
6

Maßstab 1:750 000 — 0 10 20 Kilometer — 0 10 Miles

355
INGOLSTADT
MÜNCHEN
AUGSBURG
INNSBRUCK
ÖSTERREICH
Donauwörth
Neuburg a.d.D.
Dillingen a.d.Donau
Höchstädt a.d.Donau
Lauingen (Donau)
Gundelfingen a.d.Donau
Burgau
Zusmarshausen
Gersthofen
Neusäß
Stadtbergen
Friedberg
Aichach
Schrobenhausen
Pfaffenhofen a.d.Ilm
Manching
Geisenfeld
Vohburg a.d.D.
Mainburg
Wolnzach
Hopfen Museum
Deutsche Hopfenstraße
Moosburg a.d.Isar
Freising
Erding
Neufahrn
Garching
Unterschleißheim
Dachau
KZ Gedenkstätte
Karlsfeld
Ismaning
Olching
Gröbenzell
Maisach
Fürstenfeldbruck
Puchheim
Germering
Gilching
Gräfelfing
Unterhaching
Ottobrunn
Haar
Vaterstetten
Ebersberg
Grafing b.M.
Frauenkirche
Riem
Starnberg
Gauting
Grünwald
Oberhaching
Wolfratshausen
Geretsried
Holzkirchen
Miesbach
Bad Aibling
Bruckmühl
Kolbermoor
Bad Tölz
Penzberg
Weilheim i.OB.
Murnau a.st.
Starnberger See
Ammersee
Kloster Andechs
Landsberg a.L.
Schwabmünchen
Königsbrunn
Bobingen
Mindelheim
Bad Wörishofen
Kaufbeuren
Marktoberdorf
Schongau
Peiting
Peißenberg
Füssen
Neuschwanstein
Hohenschwangau
Pfronten
"Die Wies"
Oberammergau
Passionsspiele
Kloster Ettal
Garmisch-Partenkirchen
Zugspitze 2962
Mittenwald
Walchenseekraftwerk
Kochelsee
Walchensee
Tegernsee
Schliersee
Rottach-Egern
Achenpass
Achensee
Jenbach
Schwaz
Hall i.T.
Telfs
Reutte
Ehrwald
Seefeld in Tirol
Wattens
Wörgl
Zell am Ziller
Fügen
Romantische Straße
Deutsche Alpenstraße
Allgäu Skyline Park
Westliche Wälder
Ehem. Abtei Ursberg
Benediktinerabtei
Sisi-Schloss
Schloss Scherneck
Heiligkreuzk. Bergen
Schl. Linderhof
Floßfahrten
St. Quirinus
Ammergebirge
Wettersteingebirge
Karwendelgebirge
Mangfallgebirge
Rofangebirge
Pfaffenwinkel
Donaumoos
Lechfeld
Außerfern
Lechtaler Alpen
Tirol
Bayern

Maßstab 1:750 000

0 10 20 Kilometer

0 10 Miles

A

B

F

G

H

I

J

K

L

M

N

O

P

Q

R

S

T

U

▶ REGISTER

Abkürzungen: G = Getty Images;
M = Mauritius Images
Cover: Vorderseite: Look/Ulf Böttcher (Rügen), Look/Rainer Mirau (Sylvensteinstausee), G/Westend61 (Hannover), Look/Thomas Bugdoll (Elbtal); Rückseite: G/Marco Bottigelli (Obersee).
S. 2/3 M/Oliver Gerhard, S. 5 Look/Heinz Wohner, S. 6/7 Look/Wolfgang Ehn, S. 8 G/Nordenfan, S. 10 Look/Ulf Böttcher, S. 10 Look/Heinz Wohner, S. 11 Look/Karl Johaentges, S. 11 M/Klaus Neuner, S. 12 Look/Karl Johaentges, S. 12/13 G/Fotomax, S. 14 M/Hans P. Szyszka, S. 15 Look/Stephan Bücker, S. 16 Look/Sabine Lubenow, S. 17 Marc Venema/Shutterstock.com, S. 17 Look/Sabine Lubenow, S. 19 M/Michael Abid, S. 19 M/Torsten Krüger, S. 20 Look/Sabine Lubenow, S. 20 Look/S-E Arndt, S. 22 Look/Olaf Meinhardt, S. 22 M/imageBROKER, S. 23 Look/Christian Mueringer, S. 24/25 Look/Norbert Achtelik, S. 24/25 G/Westend61, S. 26 Look/Thomas Grundner, S. 26 Sina Ettmer Photography/Shutterstock.com, S. 28 Look/Sabine Lubenow, S. 29 Look/Christian Bäck, S. 29 Look/Sabine Lubenow, S. 30 Look/Peter Schickert, S. 31 Sina Ettmer Photography/Shutterstock.com, S. 31 Look/Daniel Schoenen Fotografie, S. 32 Look/Christian Mueringer, S. 33 Look/Sabine Lubenow, S. 34 Look/Ulf Böttcher, S. 35 Look/Ulf Bher, S. 35 Look/Thomas Grundner, S. 36 Look/Heinz Wohner, S. 37 Look/D. Najak, S. 38 Look/Sylvia Pollex, S. 38 Look/Heinz Wohner, S. 40 Look/Christian Mueringer, S. 40 Look/Rainer Mirau, S. 40/41 Look/Stephan Schulz, S. 41 Look/Thomas Stankiewicz, S. 42 Look/Konrad Wothe, S. 42 M/Hans P. Szyszka, S. 43 M/Werner Dieterich, S. 44 Look/Karl Johaentges, S. 45 M/Torsten Krüger, S. 46 Edgar G Biehle/Shutterstock.com, S. 46 Andreas Rose/Shutterstock.com, S. 47 Look/Karl Johaentges, S. 47 M/Nora Frei, S. 48 Look/Karl Johaentges, S. 49 John Kehly/Shutterstock.com, S. 49 Look/Heinz Wohner, S. 50/51 Look/Heinz Wohner, S. 51 pixel creator/Shutterstock.com, S. 52 Wirestock Creators/Shutterstock.com, S. 52 M/Markus Naumann, S. 54/55 Look/Andreas Straufl, S. 55 Marc Venema/Shutterstock.com, S. 55 Look/Karl Johaentges, S. 56 Look/Darshana Borges, S. 56 Look/Christian Bäck, S. 57 M/Otto Werner, S. 58 M/Torsten Krüger, S. 58 Look/Axel Ellerhorst, S. 59 Look/Rainer Mirau, S. 60 Look/Brigitte Merz, S. 60/61 Look/Sylvia Pollex, S. 61 Look/Heinz Wohner, S. 63 Look/Sylvia Pollex, S. 63 M/Udo Bernhart, S. 64 M/Volker Preusser, S. 64 G/A-Tom, S. 65 M/Peter Schickert, S. 66 Look/Brigitte Merz, S. 66 Look/Brigitte Merz, S. 67 M/Wilfried Wirth, S. 67 Look/Brigitte Merz, S. 68/69 Look/Heinz Wohner, S. 69 M/Alamy, S. 69 Look/Heinz Wohner, S. 70 Look/Thomas Bugdoll, S. 70 Look/Holger Leue, S. 71 M/Thomas Gruffydd, S. 72 Look/Werner Jungk, S. 72 Look/Heinz Wohner, S. 73 M/Christian Bäck, S. 73 Fabian Junge/Shutterstock.com, S. 74 Look/Heinz Wohner, S. 74 Look/H.& D. Zielske, S. 74 G/Gonzalo Azumendi, S. 75 Look/Werner Jungk, S. 76 Look/H.& D. Zielske, S. 77 Look/Karl Johaentges, S. 78 H. & D. Zielske, S. 79 M/Sven Otte, S. 79 Look/Christian Bäck, S. 80 M/Novarc Images, S. 80 H. & D. Zielske, S. 81 Look/Walter Schmitz, S. 82 Look/Dave Derbis, S. 82 Look/Foto Herzig, S. 83 G/Norbert Neetz, S. 84 Look/Karl Johaentges, S. 85 G/Peter Unger, S. 86 Look/Stephan Schulz, S. 87 Look/Stephan Schulz, S. 87 G/Heiko Schneider, S. 88/89 DeHoerb/Shutterstock.com, S. 89 Peter Fodor/Shutterstock.com, S. 90 M/imageBROKER, S. 90 Look/Karl Johaentges, S. 91 Heide Pinkall/Shutterstock.com, S. 92 Look/Axel Ellerhorst, S. 92 Look/Ernst Wrba, S. 93 Elly Miller/Shutterstock.com, S. 93 Look/Andreas Straufl, S. 94 NataliaVo/Shutterstock.com, S. 94 Look/Foto Herzig, S. 95 Look/Karl Johaentges, S. 96 Look/age fotostock, S. 96 ArTono/Shutterstock.com, S. 98 Look/Thomas Bugdoll, S. 98 Look/Stephan Schulz, S. 99 Rolf G Wackenberg/Shutterstock.com, S. 99 H.& D. Zielske, S. 100 Ralf Geithe/Shutterstock.com, S. 100 Look/Stephan Schulz, S. 101 G/Westend61, S. 101 Look/Günther Bayerl, S. 102 Look/Ulf Böttcher, S. 103 Look/Konrad Wothe, S. 104 Kirk Gulden/Shutterstock.com, S. 104/105 Look/Lukas Spörl, S. 105 Werner Spremberg/Shutterstock.com, S. 106 Look/Günther Bayerl, S. 106 Look/Konrad Wothe, S. 108 Look/Brigitte Merz, S. 109 Look/Brigitte Merz, S. 110 M/Peter Schickert, S. 110 Kateryna Frost/Shutterstock.com, S. 111 Look/Brigitte Merz, S. 111 Look/Heinz Wohner, S. 112 Look/Walter G. Allgöwer, S. 112 Look/Heinz Wohner, S. 112 Look/H. & D. Zielske, S. 113 Look/Heinz Wohner, S. 113 Monkey Business Images/Shutterstock.com, S. 114/115 Look/Heinz Wohner, S. 115 Look/Isabela Pacini, S. 116 Look/Sabine Lubenow, S. 118/119 M/Walter G. Allgöwer, S. 120 Look/Hans Georg Eiben, S. 120/121 Look/Dominik Ketz, S. 120/121 Look/Jacob Börner, S. 122 Look/Heinz Wohner, S. 123 Look/Heinz Wohner, S. 123 Look/Brigitte Merz, S. 124 G/Peter Fischer, S. 125 M/Rupert Oberhäuser, S. 126 Look/Sabine Lubenow, S. 127 Chris Hoff/Shutterstock.com, S. 128 M/Werner Otto, S. 129 M/Alamy , S. 130 M/Frank Schultze, S. 131 Look/Brigitte Merz, S. 131 Look/H.& D. Zielske, S. 132 M/Stefan Ziese, S. 132 Look/Heinz Wohner, S. 133 PHOTOGRAPHY IS ON/Shutterstock.com, S. 134 Sina Ettmer Photography/Shutterstock.com, S. 135 M/Olaf Döring, S. 136 Tobias Arhelger/Shutterstock.com, S. 137 G/eurotravel, S. 137 Look/Heinz Wohner, S. 138 Look/Heinz Wohner, S. 139 Wirestock Creators/Shutterstock.com, S. 139 Look/Werner Jungk, S. 141 M/Frank Sommariva, S. 142 Look/Konrad Wothe, S. 142 Look/robertharding, S. 143 Borisb17/Shutterstock.com, S. 143 Nemo1963/Shutterstock.com, S. 144 Look/Heinz Wohner, S. 144 G/Nikada, S. 145 G/Andreas Rentz, S. 146/147 Look/Heinz Wohner, S. 147 Look/Wolfgang Ehn, S. 148 Woloha/Shutterstock.com, S. 149 M/Peter Schickert, S. 150 Look/D. Najak, S. 151 M/Hans P. Szyszka, S. 151 Look/Kay Maeritz, S. 152 Look/Heinz Wohner, S. 152 Look/Val Thoermer, S. 153 Oliver Hlavaty Photo/Shutterstock.com, S. 154 M/Peter Schickert, S. 155 M/Annett Schmitz, S. 156/157 Look/Günther Bayerl, S. 158 Look/Daniel Schoenen Fotografie, S. 158 M/Hans P. Szyszka, S. 158 M/Hans P. Szyszka, S. 159 Guido Vermeulen-Perdaen/Shutterstock.com, S. 159 Oliver Hlavaty Photo/Shutterstock.com, S. 160 Look/olafprotze, S. 161 Look/Günther Bayerl, S. 162 Look/Günther Bayerl, S. 163 M/Rainer Weisflog, S. 163 Look/robertharding, S. 164 Look/Günther Bayerl, S. 164 Look/olafprotze, S. 165 Look/H.& D. Zielske, S. 165 Look/Günther Bayerl, S. 165 Look/Heinz Wohner, S. 166/167 G/Westend61, S. 167 Look/Sylvia Pollex, S. 168 Look/Tobias Richter, S. 169 H.& D. Zielske, S. 170 Look/Günther Bayerl, S. 170 Look/olafprotze, S. 171 Look/olafprotze, S. 172 Look/olafprotze, S. 173 Look/Markus Ixmeier, S. 174 G/Gabriele Hanke, S. 175 Look/olafprotze, S. 176 imageBROKER.com/Shutterstock.com, S. 176 Look/Günther Bayerl, S. 177 M/Volker Preusser, S. 178 scimmery/Shutterstock.com, S. 179 Look/travelstock44, S. 179 M/Sina Ettmer, S. 180 G/Achim Thomae, S. 181 Look/ClickAlps, S. 182/183 Look/Heinz Wohner, S. 183 Look/Hans Georg Eiben, S. 184 M/Hans-Peter Merten, S. 185 H. & D. Zielske, S. 185 Look/Günther Bayerl, S. 186 Look/Heinz Wohner, S. 186 Look/Brigitte Merz, S. 188 M/Andreas Pacek, S. 189 M/Christian Bäck, S. 189 Look/Heinz Wohner, S. 189 Look/Hans Georg Eiben, S. 190 Look/Daniel Schoenen Fotografie, S. 190/191 Look/Werner Jungk, S. 191 G/Jocrebbin, S. 192 Look/H.& D. Zielske, S. 193 Look/Hanna Wagner, S. 194 Birgit Reitz-Hofmann/Shutterstock.com, S. 195 Look/Heinz Wohner, S. 195 M/Raimund Kutter, S. 196 Look/Christian Mueringer, S. 197 Look/Katharina Jaeger, S. 198/199 Look/Holger Leue, S. 199 Look/Heinz Wohner, S. 200 Look/ClickAlps, S. 202 Igor Link/Shutterstock.com, S. 202 Look/Christian Mueringer, S. 202 Look/Tim Langlotz, S. 203 G/Teka77, S. 204 M/Manfred Mehlig, S. 204 Look/Christian Mueringer, S. 205 G/Marco Bottigelli, S. 205 Look/H.& D. Zielske, S. 206/207 Look/Steffen Hoppe, S. 207 M/Wilfried Bahnmüller, S. 208 Look/Val Thoermer, S. 209 Look/Val Thoermer, S. 210 G/Westend61, S. 211 Look/Rainer Martini, S. 212 Look/Val Thoermer, S. 212 Look/Walter Schieflwohl, S. 212 M/Martin Moxter, S. 213 Look/D. Najak, S. 213 Look/H.& D. Zielske, S. 214/215 Vincent Vroom/Shutterstock.com, S. 215 Look/Florian Werner, S. 217 G/Manfred J. Bail, S. 218 Look/Brigitte Merz, S. 218 Look/Brigitte Merz, S. 219 Look/Brigitte Merz, S. 220 nnattalli/Shutterstock.com, S. 220 Look/Harald Obergrusberger, S. 221 Look/Martin Siering Photography, S. 222 M/Erhard Hess, S. 222 Look/robertharding, S. 223 Look/Hans Georg Eiben, S. 224/225 Look/Hans Georg Eiben, S. 225 Look/Daniel Schoenen Fotografie, S. 225 Kari Ahlers/Shutterstock.com, S. 225 Look/Heinz Wohner, S. 226 Look/Ernst Wrba, S. 227 M/Udo Bernhart, S. 227 travelview/Shutterstock.com, S. 228 Look/Thomas Stankiewicz, S. 230 Boris Stroujko/Shutterstock.com, S. 231 G/Domingo Leiva, S. 232 Look/Heinz Wohner, S. 232 G/Harald Nachtmann, S. 233 Look/Heinz Wohner, S. 234 NeZlat/Shutterstock.com, S. 234 G/Gueholl, S. 236 Look/Peter Schickert, S. 237 M/Hans P. Szyszka, S. 238 M/Udo Siebig, S. 239 G/Habub3, S. 239 Look/Heinz Wohner, S. 240 M/Christian Bäck, S. 242 Look/Hanna Wagner, S. 243 Robert Ruidl/Shutterstock.com, S. 243 M/Volker Preusser, S. 244 Look/Arthur F. Selbach, S. 244 Look/Andreas Straufl, S. 245 G/Steve Daggar Photography, S. 245 Look/Heinz Wohner, S. 246 Umomos/Shutterstock.com, S. 247 Sina Ettmer Photography/Shutterstock.com, S. 248/249 M/Michael Abid , S. 249 Jens Hertel/Shutterstock.com, S. 250 Look/Peter Schickert, S. 250 M/Werner Dieterich, S. 251 Timo Haberl/Shutterstock.com, S. 251 pisces2386/Shutterstock.com, S. 252/253 dennis Krumm/Shutterstock.com, S. 253 G/Sergey Alimov, S. 254 Vivvi Smak/Shutterstock.com, S. 254 Look/Daniel Schoenen, S. 256 M/Udo Siebig, S. 256 Sina Ettmer Photography/Shutterstock.com, S. 257 Look/Sabine Lubenow, S. 258 G/Maximilian Müller, S. 258 Look/Alex Marc Wagner, S. 259 Look/Arthur F. Selbach, S. 259 Look/Heinz Wohner, S. 260 Look/Daniel Schoenen Fotografie, S. 260 Look/Brigitte Merz, S. 261 G/Westend61, S. 261 Denis Belitsky/Shutterstock.com, S. 262 Look/Daniel Schoenen Fotografie, S. 262 Look/Daniel Schoenen Fotografie, S. 262 Michael Mantke/Shutterstock.com, S. 263 Look/Peter Schickert, S. 264 M/Chris Seba, S. 264 M/Daniel Schoenen, S. 265 Look/Peter Schickert, S. 265 Look/Daniel Schoenen Fotografie, S. 266 Look/Arnt Haug, S. 266 H. & D. Zielske, S. 268 Look/Heinz Wohner, S. 268 M/RODRUN/Knöll, S. 269 Look/robertharding, S. 270 RaphaelM/Shutterstock.com, S. 271 M/Markus Keller, S. 271 Look/Heinz Wohner, S. 272/273 Look/Günther Bayerl, S. 273 Look/Heinz Wohner, S. 274 Look/Daniel Schoenen, S. 275 M/imageBROKER, S. 276 Look/robertharding, S. 276 Sina Ettmer Photography/Shutterstock.com, S. 277 M/Michael Weber, S. 278 LuisPinaPhotography/Shutterstock.com, S. 278 Look/Günther Bayerl, S. 279 Look/Günther Bayerl, S. 279 G/AndreasWeber, S. 280 Look/Andreas Straufl, S. 281 Look/Franz Marc Frei, S. 282/283 ecstk22/Shutterstock.com, S. 283 trabantos/Shutterstock.com, S. 284 Look/Hanna Wagner, S. 285 Look/Franz Marc Frei, S. 285 Look/Christian Mueringer, S. 286/287 Look/Konrad Wothe, S. 287 G/Frank Rothe, S. 288 M/Robert Ruidl, S. 289 Look/Andreas Straufl, S. 290 Look/Thomas Stankiewicz, S. 290 M/imageBROKER, S. 291 Christian Baur/Shutterstock.com, S. 292 Look/Konrad Wothe, S. 292 G/Markus Bolliger, S. 293 Look/Andreas Straufl, S. 293 precinbe/Shutterstock.com, S. 294 G/Westend61, S. 295 Look/Konrad Wothe, S. 295 Look/Hanna Wagner, S. 296/297 G/Harald Nachtmann, S. 297 Look/Hanna Wagner, S. 298 Look/Ernst Wrba, S. 299 Look/Stephan B¸cker, S. 299 Look/Val Thoermer, S. 300 Look/Val Thoermer, S. 300 Look/Val Thoermer, S. 301 Look/Daniel Schoenen Fotografie, S. 301 G/Westend61, S. 302 Look/Christian Mueringer, S. 302 Look/Franz Marc Frei, S. 302 G/Daniel Schoenen, S. 303 G/Westend61, S. 304 Look/Heinz Wohner, S. 304 Look/Günther Bayerl, S. 305 Look/Val Thoermer, S. 305 Look/Arthur F. Selbach, S. 306 Look/H.& D. Zielske, S. 307 G/Sergiy Trofimov Photography, S. 308 Look/Norbert L. Maier, S. 308 M/RODRUN/Knöll, S. 309 G/RudyBalasko, S. 310 milezaway/Shutterstock.com, S. 311 M/imageBROKER, S. 311 Look/Helge Bias, S. 311 Look/Heinz Wohner, S. 312 Look/Jürgen Richter, S. 312 M/Stefan Hefele, S. 313 M/Manfred Bail, S. 313 M/Jan Greune, S. 314 canadastock/Shutterstock.com, S. 315 Atosan/Shutterstock.com, S. 315 Look/Heinz Wohner, S. 316 Look/Christian Mueringer, S. 317 M/Stefan Hefele, S. 318/319 G/DieterMeyrl, S. 319 M/Stefan Hefele, S. 320 Vadym Lavra/Shutterstock.com, S. 321 Sina Ettmer Photography/Shutterstock.com, S. 322 M/Udo Siebig, S. 322 G/Wilfried Krecichwost, S. 322 Michael Thaler/Shutterstock.com, S. 323 Look/Andreas Straufl, S. 324 Look/Heinz Wohner, S. 324 Look/Andreas Straufl, S. 325 Look/Danita Delimont, S. 326 Look/Thomas Stankiewicz, S. 326 Look/Hanna Wagner, S. 328/329 Look/Florian Werner, S. 329 footageclips/Shutterstock.com, S. 330 DaLiu/Shutterstock.com, S. 331 Look/Andreas Straufl, S. 331 seka33/Shutterstock.com, S. 332/333 M/Heiko Osswald.

MAIRDUMONT GmbH & Co. KG, Ostfildern
Kistlerhofstraße 111
81379 München
Telefon +49.89.45 80 20-0
www.kunth-verlag.de
info@kunth-verlag.de

ISBN 978-3-96965-237-4
1. Auflage
Printed in Romania

FSC
www.fsc.org
MIX
Aus verantwortungsvollen Quellen
FSC® C127233

Verlagsleitung: Grit Müller
Redaktion: Jennifer Valentin, Annika Voigt, Rebekka Wittmann
Gestaltung: Ulrike Lang
Text: : Natascha Albus, Heike Barnitzke, Gesa Bock, Klaus A. Dietsch, Michael Elser, Dr. Peter Göbel, Ursula Klocker, Robert Kutschera, Rosa M. Kölbl, Carlo Lauer, Dr. Thomas Pago, Norbert Pautner, Hans-Wilm Schütte, Dr. Maurice Wiederholdx
Kartografie: © MAIRDUMONT GmbH & Co. KG, Marco-Polo-Straße 1, D-73751 Ostfildern